汉译世界学术名著丛书

罗马史

第二册

〔德〕特奥多尔·蒙森 著

李稼年 译

商務印書館
创于1897 The Commercial Press

Theodor Mommsen

RÖMISCHE GESCHICHTE

（History of Rome）

Band 2

（J. M. Dent and Sons Ltd. 1920）

根据慕尼黑德意志袖珍书籍出版公司 1976 年德文版翻译，校订时参考了

伦敦登特父子有限公司 1920 年英译本

汉译世界学术名著丛书
出 版 说 明

我馆历来重视移译世界各国学术名著。从 20 世纪 50 年代起，更致力于翻译出版马克思主义诞生以前的古典学术著作，同时适当介绍当代具有定评的各派代表作品。我们确信只有用人类创造的全部知识财富来丰富自己的头脑，才能够建成现代化的社会主义社会。这些书籍所蕴藏的思想财富和学术价值，为学人所熟知，毋需赘述。这些译本过去以单行本印行，难见系统，汇编为丛书，才能相得益彰，蔚为大观，既便于研读查考，又利于文化积累。为此，我们从 1981 年着手分辑刊行，至 2013 年年底已先后分十四辑印行名著 600 种。现继续编印第十五辑。到 2015 年年底出版至 650 种。今后在积累单本著作的基础上仍将陆续以名著版印行。希望海内外读书界、著译界给我们批评、建议，帮助我们把这套丛书出得更好。

商务印书馆编辑部

2015 年 3 月

目　　录

第三卷　自统一意大利至征服迦太基和希腊诸国

第三卷

自统一意大利至征服迦太基和希腊诸国

叙史为难

——萨卢斯特

第一章 迦太基

闪米特族居于古典世界各民族之中，可是不在它们之列。闪族的中心在东方，古典世界的中心在地中海；战争和迁徙虽可变更各民族的畛域，使它们成交互错综之势，但深刻的异族之感过去和现在始终深入人心，把印度日耳曼族与叙利亚人、以色列人和阿拉伯人截然分离。说到那向西散布最广的闪族——腓尼基人，也是如此。他们的发祥地在一条狭窄的海岸边上，位于小亚细亚、叙利亚高地和埃及之间，称为迦南（Kanaan），意谓"平原"。这个名称是该民族自用的唯一名称，就是在耶稣纪元时期，非洲农人仍自称为迦南人。但希腊人称迦南为"紫颜料产地"或"红人之乡"，红人指腓尼基人；意大利人也惯称迦南人为布匿人（Phöniker），我们仍惯称他们为腓尼基人或布匿人。此地颇宜农业，可是那优良的港湾以及丰富的木材和金属却最利于商业发展；东边的大陆非常殷富，地中海浩瀚无垠，岛屿星罗，港湾骈列，所以人类初见大规模商业的曙光，或者就在这海陆相接之处。腓尼基人把所有一切勇气、机智和热心，都用在发展商业和随之俱来的航海术、制造业和殖民事业，使东方和西方得以连成一片。在早得难以置信的时期，这种人已见于塞浦路斯和埃及、希腊和西西里，甚至大西洋和北海。他们的商业范围西起塞拉利昂（Sierra Leone）和康沃尔（Cornwall），东至马拉巴(Malabar)海岸。他们经手的,有东方的黄金和珍珠,推罗的紫颜料,非洲腹地的奴隶、象牙、狮皮和豹皮,阿拉伯香料,埃及麻布,希腊的陶器和美酒,塞浦路斯的铜,西班牙的银,英格兰的锡和厄尔巴岛的铁。每一民族所需要或能购买的物品,腓尼基水手无不一一供给;他们漫游各处,可是他们爱乡心切,总以其狭窄的本土为归宿。

在历史上,腓尼基人实堪与希腊民族和拉丁民族齐名,不过古代民族力量的发展各偏一方之说,又由他们得到新的证明,或且是最有力的证明。在精神境界中,高尚而永久的创造起于阿拉米民族的,无一是由腓尼基人而来。就某种意义而言,信仰和知识首先是阿拉米人的特产,其传到印度日耳曼人那里的乃是来自东方;可是据我们所知,在阿拉米族的宗教、科学和艺术之中,腓尼基的却无一占独立的地位。腓尼基人的宗教概念粗糙而简陋,他们的崇拜似乎意在助长淫欲和残暴,而无意加以节制。对于其他民族的宗教,腓尼基宗教毫无特殊影响的痕迹可见,至少在历史昌明时期如此。腓尼基建筑或造型艺术,堪与意大利相比的绝不可见,更不必说与艺术发祥地相比。最古科学观察和科学实际应用都起源于巴比伦,或者就在幼发拉底河一带地方。人类最初追寻星宿的轨道,大概就在这里;他们最初分别语言的声音而形之于文字,也是在这里;他们开始对时间、空间,以及在自然界发生作用的力量进行思考:天文学、纪年学、字母和度量衡的最古遗迹莫不指向此一地区。无疑,腓尼基人为自己的工业利用了巴比伦精美巧妙的手艺,为他们的航海业利用了观星术,为他们的商业利用了表音的文字,以及各有等差的度量衡制,他们销售他们的货物,同时也散播了许多重要的文明种子。可是，字母或人类智能的其他产物，都无法证明为此族所特有，而他们传给希腊人的宗教的和科学的思想，颇类飞鸟的漫撒谷种，而不类农夫的撒播种子。希腊人，甚至意大利人，一与能受文明的民族接触，便能使蛮族受到教化，并使之与己同化，腓尼基人却全无这种能力。在罗马武功所及之处，伊比利 11
亚人和凯尔特人的语言都为罗曼系的语言所消灭；今日非洲柏柏尔人所用的语言，仍是汉诺（Hannos）和巴尔基底（Barcides）时代所用的语言。

最重要的，与印度日耳曼族相反，阿拉米族缺乏建国的本能，以及争取自治自由权的独创思想，腓尼基人亦复如是。当西顿（Sidon）和推罗的全盛时代，统治幼发拉底河的国家与统治尼罗河的国家长期交争腓尼基人之地，该地有时属于亚述人，有时属于埃及人。希腊人城市的力量仅及其半，竟能自治独立；而西顿人则虑事审慎，他们以为东行的驼队商路或埃及的海港若被封闭，其所失必远远多于最重要的贡献，所以他们宁愿按时纳税，应时势的转移，或纳之于尼尼微（Nineveh），或纳之于孟斐斯（Memphis），在别无他法之时，甚至拿船舶去给两王助战。腓尼基人在国内既耐心忍受统治者的凌虐，在国外也绝不放弃和平经商之业另采争城夺地之策。他们的居留地只是商馆。由他们的眼光看，获得远方的广袤领地而在那里费力而持久地推行殖民事业，不如与土人互市交易的重要。他们甚至对于自己的竞争者也避免兵戎相见；在埃及、希腊、意大利和西西里东部，他们都任人排挤出来，几乎毫无抵抗；古代争西地中海霸权的大海战，如阿拉利亚（217 年即前 537 年）和库迈（280 年即前 474 年）两战，都是埃特鲁斯坎人在攻打希腊人之战中身负重担，而不是腓尼基人。争斗如果可以避免，他们总竭力妥协从事，腓尼基人从来没有征服凯雷或马赛利亚的企图。腓尼基人发动侵略战自然也就更少。在较古之时，他们只有一次出师进攻——即非洲的腓尼基人遣军大征西西里之役，终于在希梅拉地方为叙拉古的格伦所击破（274 年即前 480 年）——只因他们是波斯大王的顺民，并且要避免参加对东方希腊人的战事，所以
12 他们对西方的希腊人出兵挑战，正如本年他们的叙利亚同胞，事实上不得不在萨拉米与波斯人共遭败绩。

这不是怯懦的结果；驾武装船只行在陌生的海洋，需要有雄勇之心，而雄勇之心，只有到腓尼基人中间去寻找，这事实已屡为他们所证实。这更不是缺乏坚韧性和独特的民族性所致；事实适为其反，阿拉米族不但以其精神武器，而且也以其鲜血保卫他们的民族性，以抵抗希腊文明的一切诱惑和东、西方暴君的一切压迫；他们抵抗之顽强实为印度日耳曼族一向所不能及，由我们西方人看来，其顽强有时似超乎人性，有时似不如人性。这是缺乏政治意识的结果；尽管他们有极深沉的种族观念，极笃实的依恋祖城的心肠，但这缺点却表示腓尼基人最独特的本性。他们不以自由为可爱，不以霸权为所愿；《士师记》中说："他们像西顿人那样安静地生活着，喜悦而无忧，拥有财货。"

腓尼基人的殖民地，发达最速而最稳妥的，莫过于推罗人和西顿人在西班牙南岸和非洲北岸所建立的殖民地；波斯大王的武力，希腊水手的危险竞争，都达不到这一地带，在这里土人与外来人的关系无异于在美洲印第安人与欧洲人的关系。沿着这些海岸，腓尼基人的城市欣欣向荣，为数众多，其中最为尊显、远胜他城的就

是“新城”迦塔达(Karthada),即西方人士所谓迦太基(Karchedon或Carthago)。迦太基不是腓尼基人在这个区域的最早殖民地,它或许是受邻近的腓尼基人在利比亚的最古城市乌提卡(Utica)保护下的一个城市,可是由于地势无比便利和居民勤勉异常,它不久便凌驾于邻国,甚至凌驾于祖国之上。巴格拉达河(Bagradas,即梅杰尔达[Mejerda])流经北非产粮最丰之地,迦太基所处位置距此河的旧河口不远,位于一片涨起的肥沃冲积地之上;该地至今仍建有农舍,橄榄林和橘林遍布,地势向平原缓缓倾斜,在海岸处终于一个海水环绕的地岬。它居北非大港突尼斯湾的中心,在这良
港最适于大船寄碇之处,岸边即有可供饮用的泉水,所以此地对于 13
农业、商业,以及两者的交易非常便利,以致不但此处的推罗殖民地是腓尼基人第一个商业城市,而且就在罗马时期,迦太基城一经恢复,即刻成为帝国第三大城,至于今日,这里的情势远较以前不利,地址远不如以前选得精当,却仍是一座拥有十万居民的繁盛城市。占有这种地位,又居住着这样多人口的城市,其在农、工、商业上的繁荣自不待言;但有一个问题尚待解答:这个殖民地在政治上何以能达到腓尼基其他城市所达不到的权势地位?

甚至在迦太基,腓尼基人在政治上仍采取消极政策,这事实不乏明证。就是在它达到隆盛时代以后,迦太基仍向土著马克西尔(Maxyer,即 Maxitaner)部落的柏柏尔人缴纳此城所占地面的地租;此城虽受大海和沙漠的保护而不忧东方各国的侵犯,却似乎仅徒托虚名地承认波斯大王的主权,并且常向他纳贡,以保全其与推罗和东方的交通。

可是,腓尼基人尽管甘于俯就屈从,却有一种情势发生,使他

们不得不采取更强有力的政策。希腊移民的洪流势不可挡地向西奔腾而去，它已把腓尼基人排挤出希腊本土和意大利，开始在西西里、西班牙，甚至在利比亚也这样做。如果腓尼基人不愿全被消灭，便非据守一地起而反抗不可。这次他们所要抵抗的不是波斯大王而是希腊商人，昔日他们只要帖然从命，纳税进贡，便可继续经营其工商业，此时却不然。马赛利亚和昔兰尼已经创设，西西里东部全落入希腊人掌握，这是腓尼基人认真抵抗的最后时机。迦太基人负起这个责任，长期的艰苦战斗之后，他们遏住昔兰尼人的进展，于是希腊文化不能侵越的黎波里（Tripolis）沙漠以西。此
14 外，西西里西端的腓尼基移民在迦太基人援助下，抵御希腊人的侵凌，甘愿受其同种族的强盛城市的保护。这些胜利发生于罗马纪元第二世纪，腓尼基人因此能保有地中海的西南部，缔造这些胜利的城市也因此得以成为全国的霸主，同时也改变了它的政治地位。迦太基不再仅仅是个商业城市，因为它志在统治利比亚和地中海的一部，因为它不得不如此。佣兵制的兴起大概也大有助于这些胜利。约在罗马纪元第四世纪中叶，佣兵制始风行于希腊，可是在东方人中间，尤其是在卡雷人（Carians）中间，这制度的兴起远较此为早，始行此制的或许就是腓尼基人。当外国的募兵制度把战争变为大规模有利可图的投机事业时，这便与腓尼基人的性格习惯十分相投。

大概因为在国外得了这些胜利，迦太基人才改变了他们在非洲的地位，由佃户变为业主，由被人容忍变为征服他人。迦太基商人素来须向土人缴纳地租，似乎到了300年即前450年前后，他们才把这地租废除。这种变化使他们能经营大规模的农业。腓尼基

人无时不汲汲于利用他们的资本兼为地主和商人，并且用奴隶或雇工实行大规模的农业；大多数犹太人都挣着工钱为推罗的富商大贾在这方面效力。现在迦太基人始能用一种与近代种植园相近的制度，毫无限制地吸取利比亚丰饶土地的产物。带锁的奴隶从事耕作——我们见一个公民竟拥有奴隶两万人。不但如此，四周地区的农村——很早时候，大概在腓尼基人移来以前，农业即已输入利比亚，这大半是埃及人所为——也被武力征服，利比亚的自由农民变为佃户(Fellahs)，须把土地所产的四分之一贡献地主，并且受按时征兵制的支配，编成迦太基本土的军队。迦太基人与边界上游牧部落(νόμαδες)的战争无时或息，可是一串屏障保住游牧部落所环绕的地方，于是游牧部落被驱回沙漠和山岳，或被迫承认迦 15
太基的主权，缴纳贡献，供给援兵。在第一次布匿战争前后，他们的大城德维斯特(Theveste，即特贝萨[Tebessa]，在梅杰尔达河发源之处)为迦太基人所克。这就是见于迦太基国家条约的“臣属市镇和部落(ἔθνη)”；前者是不自由的利比亚村落，后者是臣属于迦太基的游牧部落。

此外还有其他居于非洲的腓尼基人，即所谓利比腓尼基人(Libyphöniker)，也在迦太基统治之下。利比腓尼基人一方面包括由迦太基分出的小殖民地，在非洲北岸全部和西北岸一部——西北岸并非不重要，因为仅就大西洋岸而言，一度曾有这种殖民三万人——另一方面包括腓尼基人的老殖民地，在今日康士坦丁省(Constantine)和突尼斯的贝力克(Beylik)沿海的为数尤多：如希波(Hippo，以后改称雷吉乌[Regius]，即博纳[Bona])、哈德鲁梅顿(Hadrumetum，即苏萨[Susa])、小列波蒂(Little Leptis，在苏萨南，为腓尼基人在非洲的第二大城）、塔普苏斯（Thapsus，也在此区）和大列波蒂（Great Leptis，在的黎波里附近）。这些城市如何成为迦太基的附庸——究系因赖迦太基的保护以抗昔兰尼人和努米底亚人（Numidians）的攻击而自愿为附庸，或系出于强迫——今已无法考证；所能确定的只是就在官方文书中他们也被称为迦太基的臣民，他们须拆毁他们的城墙，他们须纳贡和出兵助迦太基。然而他们不必服兵役和纳田赋，而只出定额的人员和金钱，例如小列波蒂每年缴纳巨款达三百六十五塔兰特（合九万镑），并且他们在法律上与迦太基人平等，两方以平等资格互通婚姻。① 独有乌
16 提卡得免此难，保住它的城墙和独立，这或许不由于乌提卡自己的力量，而由于迦太基人对于这旧保护主的虔敬；腓尼基人对于这种关系确实怀着非常的敬意，与希腊人的淡漠完全相反。甚至与外国交际，“迦太基和乌提卡”也永远联合着提出条件，缔结约章；这种情形却不妨害远较重要的“新城”在事实上对于乌提卡行使霸权。如是，这个推罗商馆变为北非一个强大的帝国，奄有自的黎波

① 描写这一重要阶级最明白的话见于迦太基的条约，条约里一方面示其与乌提卡人有别，又一方面示其与利比亚属国有别，称之为“那些适用同等法律的迦太基属国”（*οἱ Καρχηδονίων ὕπαρχοι ὅσοι τοῖς αυτοῖς νομοις χρῶνται*）。他处又称他们为同盟市（*συμμαχίδες πόλεις*）或纳贡市。他们与迦太基人的通婚权见于狄奥多罗斯（Diodorus），而所谓“同等法律”自含有财产权。腓尼基旧殖民地也包在利比腓尼基人以内，可以称希波为利比腓尼基城为证；另一方面，关于由迦太基分出的殖民地，汉诺的周航志有云：“迦太基人决使汉诺航行至赫尔克勒斯柱之外，并创立利比腓尼基城市。”大致看来，迦太基人用“利比腓尼基”一词，不用为一个民族的名称而用为宪法中代表一个阶级的名词。这见解完全与一种事实相合，即由文法看，这名称代表与利比亚人混合的腓尼基人；由事实看，至少在设立孤悬异域的殖民地时，利比亚人常与腓尼基人同居共处。在名称和宪法关系上，罗马的拉丁人与迦太基的利比腓尼基人的相似，实属明确无疑。

里沙漠至大西洋之地，在西部（摩洛哥[Marokko]和阿尔介[Algiers]）仅稍为肤浅的占据沿海一带而止，可是在东方较富饶的部分（今康士坦丁和突尼斯），它的势力却伸入腹地，它的疆界南进不息。迦太基人，如古代一个作家饶有意味的话，变为利比亚人。腓尼基文明盛行于利比亚，正如在亚历山大出征之后希腊文明盛行于小亚细亚和叙利亚，不过二者深浅不同而已。游牧酋长的宫廷都操腓尼基语，用腓尼基文，较文明的土人部落用腓尼基字母写他们的语言；①可是要把他们完全腓尼基化，却不合于这民族的精神，也不是迦太基的政策。

迦太基何时变成利比亚的首都，因为这变化必是由渐而至，其 17
时代更不易断言。上述作家指汉诺为此国的改革家。如果这指与罗马首次战争时在世的汉诺而言，他便仅可被视为完成新制的人，新制的实行大概在罗马纪元的第三、第四世纪。

与迦太基的兴隆同时并进的有腓尼基祖国大城的衰落；西顿如是，推罗尤其如是，这城的繁荣半毁于内乱，半毁于外患，它遭罗马第一世纪的萨尔马纳撒（Salmanassar）、第二世纪的奈布科德罗索（Nabukodrossor）、第五世纪的亚历山大三次围攻，受祸尤烈。推罗的贵族和老店大部迁到那安全隆盛的迦太基，把他们的才智、资产和遗风一同带去。腓尼基人与罗马发生接触之时，迦太基已

① 我们所谓利比亚或努米底亚的字母，指柏柏尔人自古至今用以书写其非闪族语的字母而言，字母导源于原始阿拉米字母的不可胜数，而此居其一。利比亚字母固然有几个形式比腓尼基字母尤近于阿拉米字母，可是我们绝不能因此便谓利比亚文字不源于腓尼基人而源于更早的移民，正如意大利字母有一部分形式较古，我们也不能因而谓其非导源于希腊字母。我们毋宁假定，利比亚字母起源于腓尼基字母之时，早于腓尼基文今存的记载的书写时代。

确为迦南人的首城，一如罗马已为拉丁各民社的首城。

可是利比亚的帝国仅是迦太基势力的一半，在同一期间，它的海上霸权和殖民地的统治也有一样强大的发展。

在西班牙，腓尼基人的首府是推罗人的原始殖民地加的斯(Gades，即 Cadiz)。除此以外，他们在此地的东西两方有一串商馆，在内地有银矿区，所以他们所占的地方略当于近代安达卢西亚(Andalusien)和格兰那达(Granada)两省，至少相当这两省的沿海一带。他们不务从凶悍的土人手里取得内地；他们只占据矿区、交通站、采贝和其他渔业的场所，甚至在这些地点，他们也不易保持地位以抗拒附近的部落。大概严格说来，这些地方不算是迦太基属地，而算是推罗属地，加的斯不在迦太基的进贡城市之数；可是在实际上，西方一切腓尼基人都奉迦太基为霸主，加的斯也是如此，迦太基派兵援加的斯人抵抗土人，并且设立商业殖民地于加的斯以西，可为明证。而且就在早年，埃布苏斯(Ebusus)和巴勒利
18 (Balearen)群岛已为迦太基人所据，一方面用为渔场，一方面用为对马赛利亚的前哨，在这些地方他们与马赛利亚人作凶狠的战斗。

同样，在罗马纪元第二世纪末叶，迦太基人已据有撒丁岛，他们以利用利比亚的方式利用这岛。土人退居岛内多山的腹地，以免受农奴制的束缚，正如非洲的努米底亚人退居沙漠边缘；于是腓尼基的殖民团被派到卡拉里(Karalis，即卡格利亚里[Cagliari])和其他重要地点，沿海肥沃地带有利比亚的农夫来耕种，成为农产丰饶之区。

在西西里，梅萨那海峡和占全岛大半的东部已在早年落于希腊人手；可是腓尼基人得迦太基人的援助保持附近较小的岛屿：埃

加底(Aegates)、梅里达(Melita)、高洛(Gaulos)、科西拉(Kossyra)等，马耳他岛(Malta)的殖民地尤为殷富繁荣；他们也据有西西里的西岸和西北岸，由这里先借着牟提亚(Motya)后借着利利拜乌姆与非洲维持交通，借着帕诺穆(Panormos)和索隆顿(Soluntum)与撒丁岛维持交通。西西里的腹地仍为土著的埃里密人(Elymer)、西喀尼人(Sikaner)和西塞里人(Sikeler)所据。希腊人既已被阻而不能再进，全岛便入于较为和平的状态，以后迦太基人受波斯人的唆使，兴兵攻岛上邻国的希腊人也没有永久破坏和平，以后和平仍大致继续存在，直至雅典远征西西里(339—341 年即前415—前 413 年)而后已。这两个互相竞争的民族决计互相容忍，双方大致各保其境。

这一切殖民地和领土本已甚为重要，但就它们成为迦太基海上霸权的栋梁而言，则更形重要。北非海岸的主人既据有西班牙南部、巴勒利群岛、撒丁、西西里的西部和梅里达，又禁止希腊人殖民于西班牙东岸、科西嘉和锡儿第沙洲(Syrtes)地带，他们的领海成为对外锁闭的海，西方的海峡为他们所垄断。只有在第勒尼安
海和高卢海，腓尼基人不得不许外国与他们竞争。埃特鲁斯坎人 19
和希腊人在这两海互相抗衡一日，这种情形便可忍耐一日；迦太基人认为前者的竞争为患较轻，甚至与之结一共御希腊人的联盟。可是到了埃特鲁斯坎人覆亡，而迦太基人按照这种勉强联盟的惯例不竭力加以挽救，阿尔西巴底的大计划又归失败，于是叙拉古卓然成为希腊人的头等海权国，莫能与争，这时不但叙拉古的统治者自然始想统治全西西里，而且迦太基也被迫采取更为振奋的政策。他们与其强大而无耻的敌人叙拉古的狄奥尼修斯(348—389 年即

前 406—前 365 年)作持久顽强的战争,其直接结果是那些介于其间的西西里国家不沦亡即变弱——双方都以造成这种结果为务,于是叙拉古人与迦太基人分据西西里岛。此岛最兴旺的城市——塞利努斯(Selinus)、希美罗、阿格里根图姆、盖拉和梅萨那——都在这些不幸的战争中为迦太基人所毁灭;狄奥尼修斯见希腊文明在那些地方被毁或被禁,未尝不欣然而喜;这样,他倚赖募自意大利、高卢和西班牙的外国佣兵,便可以统治那些一片荒凉或立有军事殖民地的省份,他的政权更为稳固。迦太基将军马哥在克罗宁(Kronion)一战(371 年即前 383 年)得胜,所结和约把希腊城市狄尔美(Thermae,即古代的希美罗)、塞介斯达(Segesta)、赫拉克利亚·密诺亚(Herakleia Minoa)、塞利努斯和阿格里根图姆所领直抵哈力古(Halyko)河的部分都归在迦太基治下。这交争此岛的两国都认为此约不过是暂时的和解;双方以后仍互相排挤不休。迦太基人前后共历四次——老狄奥尼修斯时代的 360 年即前 394 年、帖茂良(Timoleon)时代的 410 年即前 344 年、阿加托克里时代的 445 年即前 309 年、皮罗斯时代的 476 年即前 278 年——为西西里全岛的主人,仅余叙拉古的坚城作梗;叙拉古人在强悍的领袖如老狄奥尼修斯、阿加托克里和皮罗斯之下,也差不多有这些次似乎将要把非洲人逐出岛外。可是优势日益倾向于迦太基人方面,
20 他们通常发动攻势,虽其坚毅不挠的精神不及罗马人,可是因为希腊人城市困于党争,四分五裂,他们的攻势却有条有理,奋力以赴,远胜于希腊人的守势。腓尼基人按理可以期望他们掌握中的利物不致永为疠疫或佣兵头目所夺;而且当时至少在海上胜负已经决定:皮罗斯想恢复叙拉古舰队一事是最后一次的企图。这次失败

以后，迦太基舰队控制西地中海全部，没有敌手；他们想占领叙拉古、雷吉纳和塔兰托，可见他们势力的强大和他们目标的所在。又有一个与这些同时并行的努力，就是他们要日益垄断这区域的海上贸易，使外国人和属国臣民都不得染指；任何暴行是凡能助其达到目的的，迦太基人未尝有所畏缩。地理学的开山祖埃拉托色尼(Eratosthenes，479—560 年即前 275—前 194 年)生当布匿战争之时，谓外国水手驶向撒丁或加的斯海峡的，若落于迦太基人之手，无不被投在海中；事实与其说完全相合：据 406 年即前 348 年的条约，迦太基明言西班牙、撒丁和利比亚的港口对罗马船只开放，而据 448 年即前 306 年的条约，迦太基却禁罗马船只行驶这些港口，只有迦太基港为例外。

亚里士多德之死在第一次布匿战争开始前约五十年，他说迦太基政体原为君主制，以后改为贵族制或倾向寡头政治的民主制，因为亚氏说到他们的政体，常并用两种名称。治国理政之权直接寄在元老会议，这机关与斯巴达的元老会议(Gerusia)相似，也有两个由公民每年推举的国王和二十八名元老，元老似乎也是每年由公民推举。这个会议是处理国事的主要机关——例如筹备战争、下令征兵入伍、推选将军、派若干元老辅佐将军而充任副将；公文也向元老院投递。至于这小组会以外是否还有一个大会与它并立，尚属疑问；无论如何，大会必不关重要。国王似乎也没有特别势力；他们是最高的裁判官，而且常因此得名(Shofetes，*prae-* 21
tores)。将军的权力较大。伊索克拉底(Isocrates)与亚里士多德同时而年较长，谓迦太基人在国内行寡头政治，在战场行君主政治；如是，罗马作家称迦太基将军为独裁，或属不诬；不过在实际上

他属下的元老至少必限制他的权力，他卸职以后又须受正式的考核，这是罗马人所无的。将军没有固定的任期，因为这个缘故，他与每年一任的国王不同，亚里士多德也明示国王与将军的区别。然而迦太基以一人而兼数职之事数见不鲜，所以一个人既是将军又兼国王，也不足为奇。

可是迦太基寡头政治的主脑却是一百零四人（取整数称为百人会）的组织，又名士师团，元老会议和长官都隶属于它。迦太基的宪法里原无这种组织，不过与斯巴达的监国（Ephorate）无异，它起于贵族对宪法中那些君主成分的反抗。因为公职可用钱买，最高会议的人员又不多，迦太基一个富甲全国功业无双的家族马哥氏，有独揽平时和战时的国政和司法行政之势。约在罗马的十人执政时期，这情形造成宪法的改革和这种新组织的设立。我们晓得，一个曾任法官的人都有入士师团的资格；不过尽管如此，候补人却须经过一个自选的五人会（Pentarchies）推举，并且士师虽依法应年年改选，实际上却在职不止一年，甚至终身任职，因此希腊人和罗马人常称他们为“元老”。详情虽暧昧不明，我们却能洞见这团体的性质，它是贵族联合举出的寡头理事会；迦太基于公民所
22 用的普通浴室外还有专供士师用的特别浴室，这个孤证可以表明士师团的特别性质。设立士师，原欲使他们做政治陪审官，他们特有传讯将军之权，遇有必要情形必也能传讯国王和元老，使他们在退位时做一清算，甚至处以死刑，而且往往极为暴虐无道。无论何处，行政官吏若受另一机关的节制，则受节制者实权必至移归节制者之手，此处当然也非例外；所以一方面士师团如何渐至干涉一切政事——元老会议把重要公文先提交士师然后提交人民，另一方

面迦太基的文武官吏惧国内节制机关的按功罪行赏罚，如何不敢擅自划策行事，都不难明了。

斯巴达的公民团受有明文限制，在国事上抱消极的旁观态度，迦太基的公民团虽不如是，它们对于国事的实际影响却也似乎很少。选举元老时，以公开纳贿制为常规；推举将军时，也咨商于人民，不过这在由元老建议而实际上推举已毕之后；他种问题，只在元老以为相宜或无他法取得一致时，才提交人民。有裁判权的人民大会不见于迦太基。公民无权的主因大概在其政治组织；有人说迦太基的制度有聚食会（the mess-associations），与斯巴达的聚会（Pheiditia）相似，这大概是由寡头政治操纵的公所。甚至有人说“市民”与“手工业者”的区别，我们由此可以推知手工业者居很低的地位，或且与奴隶相差无几。

综观其种种因素，迦太基的政体似乎是个资本家政府；一个民社没有殷实的中流阶级，一方面是城市里的无产群众谋朝不保夕的生活，另一方面是大商人、大地主和上流阶级的监管人员，当然产生这种政府。有一种朘削人民而使破落贵族致富的方法，即派
他们到属国去充课税员和监督——这是腐败寡头政治的民社必有 23
的现象——在迦太基也不乏其例；亚里士多德说这是迦太基政体所以经试验而能垂久远的主因。迄于他那时代，迦太基没有值得挂齿的革命，无论是起于上流阶级或下流阶级的。因为对于一切有大志或贫穷的贵人，握政权的少数人都能给予物质利益，大家常无领袖，于是仅由富人的盛馔拾些残羹冷炙如选举时的贿赂等，即觉得心满意足。对于这种政府自不免有提倡民主的反对党发生，不过在第一次布匿战争时，反对党仍十分微弱。到了后来，一部分

受战败的影响，反对党的政治势力似乎与日俱增，而且其增进的迅速远过于同时罗马反对党的势力；人民大会始对于政治问题有最后的决定权，摧毁迦太基寡头政治的万能。第二次布匿战争结束之后，由汉尼拔建议，竟制成一种法令，规定士师会会员不得连任两年，于是迦太基始行完全民主政治，在当时情势之下，如果仍不嫌迟，这诚然是救迦太基的不二法门。反对派为爱国和变法的激烈热情所左右，不过他们立在腐朽的基础上，却是不可抹杀的事实。迦太基的公民团，多闻的希腊人曾比之于亚历山大城的人民，非常嚣张难制，因此很应当没有政权。像迦太基这种由流氓助成的革命究有何益，甚成疑问。

由财政的观点来看，迦太基在各方面都居上古各国的首位。据希腊第一位史家的证明，伯罗奔尼撒战争时，这个腓尼基城市在财政上超越希腊一切国家，其收入与波斯大王相仿佛；波利比乌斯称此城为世界最富的城市。迦太基农业的精明——将军和政治家都不惜亲以科学方法管农业和以之教人——有马哥的农业论著为
24 证，后世的希腊人和罗马论农村的作家无不奉此书为合理农业的金科玉律，不但把它译成希腊文，而且罗马元老院命令发行这书的拉丁文本，并由官方把它推荐给意大利的地主。腓尼基农业的一个特点是它与资本的密切联系；腓尼基农业有一句曾被引用的主要格言，即一人所有的土地切不可过多，以至于经营难周。其国盛产马、牛、绵羊和山羊；因为利比亚人行畜牧经济，这些富源或如波利比乌斯所说，为当时全世界之冠，很有利于迦太基人。迦太基人既以土地利用法为罗马人之师，又将利用属地臣民的方法传给他们；迦太基用这种方法间接收得“欧洲最佳部分”和北非殷富地

方——内有几部分如毕查基第(Byzacitis)和小锡儿第河上等地物产极丰——的地租。在迦太基,商业永远被视为高尚职业,航运业和制造业都因商业而茂盛;甚至仅顺自然的趋势,此城的居民即可由经商而获丰厚的利益;上文又已指明他们如何巧于运用日益广大的垄断制度,不但把西地中海的对外贸易而且把内地商业和东西之间的航运业,都日甚一日地集中于这一个港口。

迦太基有如以后的罗马,其科学和艺术虽似依希腊影响为转移,却不为人所忽。腓尼基人有相当多的著作,迦太基城灭亡以后,人发现其所藏艺术品甚丰——这固然不是迦太基人所创造而是掠自西西里庙宇的——和不少的藏书。但在迦太基,就是心智也是资本的仆役;迦太基作品中彰明较著的,以农学书和地理书为主,例如已见上文的马哥书和水师统帅汉诺航行非洲西岸记,此书原由公家藏在迦太基一神庙中,其译本至今尚存。甚至说到某些 25
学识的普及,特别是外国语知识,①当时的迦太基大概与帝国时期的罗马不相上下,迦太基人使希腊文化趋向完全实用方面,可以此为明证。在这个上古的"伦敦",积累的资本究有多少,我们绝对不能想象,不过至少由一种事实,我们可以略窥其国的岁入:迦太基整军备战的方略尽管所费不赀,它管理国家财产的方式尽管欠谨慎和忠实,可是属国贡献和关税却足敷支出,不必向公民征收直接

---

① 管理乡庄的家仆虽是一个奴隶,可是据迦太基著农业书的马哥说,却也应当能读书和有点知识。在普劳图斯(Plautus)所作波埃努卢斯(Poenulus)的序幕,对于主人公有下列一段话:

而且他通各种语言,却假作有自知之明,

他显然仍是波埃努,多言又有何用?

税；再者，甚至在第二次布匿战争之后，国力已衰，仅赖稍加谨严的财政管理，不必征收任何赋税，即足敷经常费用和每年纳给罗马的四万八千镑，并且与罗马讲和十四年以后，迦太基竟提议一次付清下欠的三十六次付款。但能表明迦太基财政上的优势的不仅是岁入的总额。在上古大国之中，我们仅在迦太基一地见到以后进步时代的经济原则。据说迦太基有国家贷给外国的借款，币制除用金银外，据说也用一种本身无价值的代用货币——这是上古他处所不用的通货。就事实而论，如果政治化为一种商业投机，则迦太基解决这个问题，实有灿烂的成绩，非其他国家所能及。

现在让我们把迦太基和罗马的国力做一比较。两城都兼营农业和商业，此外一无所事；大致看来，艺术和科学在两城同居次要的地位，同具实用的性质，不过迦太基在这方面比罗马为进步而
26 已。可是在迦太基，富豪强于地主，而在当时的罗马，则地主仍强于富豪；迦太基的农业家一概是大地主和蓄奴隶的人，而同时罗马的公民则大多数仍亲耕其田。罗马人大都执有财产，所以守旧；迦太基人大都没有财产，所以易于接受富人的金钱和民党要求改良的口号。在迦太基，商业大城所独具的一切豪富现象已到处流行，而罗马的风俗和警察制度至少在表面上仍维持古代严正节俭的遗风。迦太基使者自罗马归国，告语同僚说，罗马众元老之间关系的亲密，出人意想之外，一套银器竟足供全元老院之用，使臣每被邀赴一家，必重见这套银器。这种讥诮足以表示两国经济状况的不同。

两国的政体都是贵族政治，士师会统治迦太基，一如元老院统治罗马，两者同用警察监视制。迦太基各个长官均受这统治机关

的控制，每事必奉命唯谨，公民绝对不许学希腊语，非由公家译员为媒介，不得与希腊人来往：这政策的原意与罗马政府制度的相同，不过迦太基的国家监护制残酷严刻，近于荒唐；与之相比，罗马的罚金制和谴责制似属宽和合理。罗马元老院容才能出众的人参加，最能代表国民，也能信任国民，不必对各长官有所畏惧。迦太基的元老院则不然，其基本政策为假手于政府以猜忌态度监察行政，其所代表的纯为大家巨室；其特色为对于在其上下的人无不猜疑，所以它既不能确信人民唯其马首是瞻，又不免忧虑长官的篡夺权位。因此，罗马的政策能坚持到底，遭不幸而未尝后退一步，遇幸运也未尝以怠忽或淡漠而坐失良机；迦太基人则于最后再一努力或可挽回全局之时停止奋斗，厌倦或忘掉立国的大业，使之半途 27
而废，不可收拾，数年之后，再从头做起。因此罗马的贤能长官常与其政府情投意合；迦太基的贤能长官则往往与国内当局互相水火，不得不用非法的手段抵抗他们，与反对政府的改革派相联合。

迦太基和罗马都统治着同族的民社和许多异族的民社。可是罗马容各地陆续获得公民资格，甚至使拉丁民社依法得有这种资格；迦太基却自始即保持独占，甚至不许属地抱有一日得居平等地位的希望。罗马每获胜利，必把所得的战果分给同族民社一份，尤其是夺得的领土；并且以实利给予富人贵族，想在属国里至少牢笼一派于己有利的人士。迦太基则不但把持战胜的收获为己有，而且竟剥夺最享特权的城市的自由贸易权。罗马就是对于最下等的属国也不完全夺其独立，并且对于任何属国绝不课以固定贡献；迦太基则无往而不派有监督，甚至腓尼基古城也须担负沉重的贡献，而附属部落实际上受国有奴隶的待遇。这样，在迦太基非洲国范围之内，除乌提卡外，无一民社不可因迦太基的覆亡而获得政治和物质的利益；而在罗马意大利国的范围内，政府力避侵害属国的物质利益，至少绝不用极端办法向政治上的反对派挑战，任何民社背叛这个政府，必致所得远不偿其所失。迦太基的政治家若以为属下腓尼基各民社因更畏利比亚人的叛变而拥护迦太基的利益，一切地主因代用货币而与迦太基共其利害，则不啻把商业打算用在他所不适用之地。由经验看，罗马的霸业尽管维系似嫌散漫，却能抗皮罗斯而固若金城；反之，敌军一旦涉足于非洲土地，迦太基的
28 霸业即土崩瓦解。阿加托克里和雷古卢斯登陆于非洲，结果如是，佣兵战争结果亦复如是；流行于非洲的精神为何，可以一事为证：利比亚妇女自愿把饰品捐给佣兵以助其对迦太基人作战。只有在西西里一地，迦太基人似乎为政较为宽和，而且正以此故，结果较佳。对于此岛的属国，他们给予较自由的对外贸易权，并且大概自始即特许其以金属货币来经营内地商业，他们一般所获得的行动自由远较撒丁人和利比亚人所得的为大。如果叙拉古落于迦太基人之手，他们的政策必致迅速改变。可是结果竟无其事，因为迦太基政府刻意宽和，西西里的希腊人又不幸扰攘纷争，所以西西里竟有亲腓尼基人的一派，例如甚至到此岛已移归罗马之后，阿格里根图姆的菲里努斯(Philinus)仍以十足的腓尼基人精神著作这次大战的历史。虽然，大体看来，西西里人无论其为属国或希腊人，必深恶其腓尼基主人，至少与萨谟奈人、塔兰托人痛恶罗马人不相上下。

由财政观点看，迦太基的国家岁入自当远在罗马岁入之上；不过这个优势却为一件事实所抵消，即迦太基的岁入来源不外贡献

和关税，其枯竭远较罗马的财源为迅速，而且正在最感需要之时遽行枯竭；迦太基作战的方式也远较罗马的费用浩大。

罗马人和迦太基人的军事资源迥然不同，可是在许多方面却可谓势均力敌。迦太基被征服时，其公民共计七十万人，包括妇孺在内；[①]在罗马纪元第五世纪之末，大概至少也有此数；在这世纪期间，遇必要时，他们能出四万重装步兵的公民兵。在第五世纪之 29
初，罗马遇同样情形，曾派出同数的公民兵作战，在这世纪罗马大拓疆土之后，能服兵役的完全市民至少必增加一倍。可是有比能服兵役的人数重要远甚的，就是罗马公民兵效力的优良。迦太基政府虽力劝公民参加兵役，却既不能使手工业和制造业的工人有农夫的体力，又不能克制腓尼基人憎恶战事的天性。在第五世纪，西西里军中尚有迦太基"神圣军"两千五百名做将军的卫队；到第六世纪，除军官外，迦太基军中（例如在西班牙的迦太基军）竟不见一个迦太基人。反之，罗马农夫不但列名兵籍，并且置身战场。两民社的同族属国亦复如是；拉丁族为罗马建功立业，不亚于罗马公民兵；利比腓尼基人则与迦太基人同其不善作战，而且不难设想其尤不愿作战，所以他们也绝迹于军队；负有派兵义务的城市大概以付款履行义务。上述西班牙军共一万五千人，仅有一个四百五十人的骑兵队里有利比腓尼基人，并且这种人仅居其一部。迦太基

① 有人质疑于这个数目的确否，以可用的地面计算，可容居民的数目最高不过二十五万。除这种计算难以确定尤其是商业城市的房屋高达六层外，我们须切记此数是以政治的意义而言，不是以居于此市的意义而言，正如罗马民情调查册上的数目；如是，一切迦太基人无论居迦太基城或其邻近，居属国或外国的，都包括在这数目之内。说到迦太基，这种离城在外的当然为数甚多，例如在加的斯，因为这个理由，市民册上所示的人数恒远多于定居当地的人数，见于明文。

军队的精华是利比亚人，这种新兵经贤能军官训练，可成为精锐步兵，其轻骑无出其右。此外有利比亚和西班牙那些多少有点独立的部落的队伍，有巴列利群岛那些介于属国援兵和佣兵之间的驰名轮索队；最后遇有必要，又有在海外招募的佣兵。专就数目说，
30 这种军队殆不难任意扩充；而以军官的才力、知兵和勇敢来看，这种军队也可以与罗马军相抗衡。可是不但佣兵于急需时须经贻误戎机的长期准备始能就绪，而罗马的公民兵则能随时出战，而且更重要的，迦太基军除军誉和货利外没有能使其团结的维系，而罗马军则同属于一个祖国，有使他们合为一体的一切联系。一般迦太基军官视佣兵甚至利比亚的农奴，甚似近代军人之视炮弹；因此有358年即前396年迦太基将军希米尔科(Himilco)欺卖利比亚军的丑事，继有利比亚人起而叛变的危局；因此又有"布匿人的信义"一个口碑，使迦太基人受害不浅。农奴军和佣兵军对于一个国家所能造作的祸害，迦太基人莫不饱尝，深知他们雇用的农奴较敌人为害尤烈。

迦太基政府不能不见这种兵制的缺点，他们诚然用一切可用的方法补救这种缺点。他们坚持使金库长裕、武库常满，以便随时能供佣兵的装备。他们甚注意于那些在古代等于今之炮队的事物——机械的制造。我们见迦太基人所制机械一律在西西里人的以上，象军的使用，这在象军代昔日战车作战以后：迦太基窟堡内有足容三百头象的象厩。他们不敢修筑属国的城垣，任何敌军在非洲登陆，他们不得不任其占据毫无防御的乡间和城邑——这与意大利的情形迥异，这里罗马的属国大都仍保有城垣，罗马的堡垒又连成一串，控制整个半岛。可是关于首都的防御，他们却不吝一

切财力和工巧，其国不亡有几次端赖城垣的坚固；反之，在政治和军事上，罗马城居极安全的地位，未尝受过正式的围攻。最后，迦太基的主要国防在海军，他们倾其全力于海军。说到造船和操舟，迦太基人胜于希腊人；建造三排桨以上的船舶就始于迦太基，此时迦太基的战船大都为五排桨的帆船，通常比希腊的船优良；摇桨人 31
均系公家奴隶，受有甚佳的训练，永不离船一步；船主都是有经验有胆量的人。在这方面，迦太基人确胜于罗马人，罗马以其属国希腊人的少数船只和本国更少的船只，甚至不能出现于大海之上以抗迦太基舰队，迦太基舰队当时却称霸于西地中海，没有敌手。

总之，我们既比较两大国的国力，若把其结果做一结算，或可见一个精明公正的希腊人所下论断为不谬，即通盘看来，在斗争开始之时，两国势均力敌。不过我们不能不再加一句说，迦太基为筹备人为的攻守方法，已竭其心智和财富所能尽的全副力量，可是它根本缺乏自有的陆军和以自助为本的霸权，且不能加以任何妥善的补救。要认真攻击罗马，只有攻之于意大利，要认真攻击迦太基，只有攻之于利比亚：这是无人不知的；迦太基到底难逃这个攻击，也是无人不知。在那航海术的幼稚时期，舰队还不是永久的传国之宝，任何地方只要有树木、铁和水，便可建造舰队。显然地，甚至强大的海权国也不能阻止较弱的敌人登陆，这在非洲已屡试不爽。阿加托克里既已导其先路，一个罗马将军便可步其后尘；在意大利，敌军侵入仅为战争的开端；而在利比亚，敌军侵入却为战争的结束，化战争为围攻；若无特殊意外的事偶发于其间，就是最倔强、最英勇的人士最后也必为围攻所制伏。

第二章 罗马与迦太基争西西里之战

一百余年以来,迦太基人与叙拉古的统治者寻求交斗,使美丽的西西里岛遭其糜烂。双方均以政治招徕为进行战争的武器,迦太基与叙拉古反政府的贵族共和派保持交往,叙拉古君主则与迦太基属下希腊城市的民族党维持关系。双方均雇用佣兵为之作战——帖茂良和阿加托克里如是,腓尼基的将军亦复如是。双方既用相似的手段,其作战也同样不顾体面,不顾信义,为西方历史所仅见。叙拉古较弱。在440年即前314年的和约中,迦太基的要求仍限于赫拉克利亚·密诺亚和西美罗以西的全岛三分之一,明言承认叙拉古对于以东各城的霸权。皮罗斯被逐出西西里和意大利以后(479年即前275年),西西里岛的大半特别是大城阿格里根图姆均落于迦太基的掌握,叙拉古所余的仅陶罗门宁(Tauromenion)和岛东南部而已。

东岸的第二大城梅萨那(Messana,即墨西拿)已为一伙外国兵所占领盘踞,既不属于叙拉古,也不属于迦太基。这些统治梅萨那的新人物原是坎帕尼亚的佣兵。在移居卡普亚及其周围的萨贝利人中间,荒淫的习惯盛行,因此到罗马纪元第四、五世纪时,坎帕尼亚成为全世界的招兵场,君主和城市均求佣兵于此处,一如后世的埃托利亚、克里特和拉哥尼亚。坎帕尼亚的希腊人曾在这里造成部分的文明，卡普亚和坎帕尼亚的其他城市都流于穷奢极欲的生活，罗马的霸权又使他们在政治上毫无力量，可是其严厉尚不致全夺去他们处置己身的权——一切都驱使坎帕尼亚那些青年群趋募兵官的麾下。当然，这种肆行无忌的卖身行为，结果与他处的无异，必致使他们疏远乡土，养成军人横暴不法的习惯，视破坏忠节 33
如弁髦。这些坎帕尼亚人以为一伙佣兵只要能守住一个交给他们保卫的城市，便未始不可把它据为己有——萨谟奈人的占领卡普亚，卢卡尼亚人的陆续占领各希腊城市，其方式不比这个更荣耀很多。一地的政治关系足以鼓动这种冒险事业的，无过于西西里。坎帕尼亚的佣兵首领于伯罗奔尼撒战争之时来至西西里，今已用这方法立足于恩特拉(Entella)和埃特那(Aetna)。一伙坎帕尼亚人前曾隶于阿加托克里的麾下，阿加托克里死后(465年即前289年)，他们自营盗匪事业，于是占据了梅萨那；这是西西里希腊人的第二大城，在此岛仍属于希腊人的部分，这又是反叙拉古的总部。此城公民不遭杀戮，即被逐出，他们的妇孺房屋都被分给兵士。此城的新主人自号"玛末丁人"即"玛斯人"，不久便成为岛上第三强国；他们乘阿加托克里死后的纷乱时期，荡平西西里的东北部。迦太基人自欣然乐观这些事件，因为成立于与叙拉古接壤处的国家是叙拉古的新劲敌，而非与之同族并且常与之同盟或为其属国的城市。玛末丁人以迦太基人之助，得不为皮罗斯所灭，皮罗斯不当去而去时，他们又恢复其全部势力。

玛末丁人以背信犯罪而夺得政权，历史既不当为之辩护，那因一代作孽而罚及第四代的上帝，历史也不当忘却他不是史神。人有以裁判他人罪孽为务的，也许归罪于人；为西西里着想，一个尚武而属于此岛的政权在岛上初具规模，却未必非福——这政权已能派八千人出战，并且在希腊人尽管战无虚岁，却日益不谙武事，不能再胜对外斗争之任的时候，这政权渐渐努力自强，能于适当时机用其一己的力量担任对外人的战争。

34 然而最初之时，局势又一转变。叙拉古一位青年军官系出介洛之族，与皮罗斯王有切近的亲属关系，又在皮罗斯的征战里立有军功，不但博得叙拉古军界的景仰，而且引起国人的注意，这人是希罗克里（Hierocles）之子希耶罗（Hiero），当军队与公民不和之时，受军人的选举而被命为军帅（479—480 年即前 275—前 274 年）。叙拉古的公民已惯见他们的暴君最可耻的非法举动，希耶罗却为政谨慎，品格高尚，见解平和，不久便获得他们的欢心和西西里一般希腊人的爱戴。他铲除——固然用背弃信义的方式——跋扈的佣兵军，恢复公民兵团，起初以将军的称号而后以国王的称号，力图用他的国民兵和新募役制的佣兵，复兴这沉沦已深的希腊国家。迦太基人已协同希腊人共逐皮罗斯于岛外，一时叙拉古人与迦太基人和平无事。叙拉古人的肘腋之患是玛末丁人。他们与叙拉古晚近铲除的佣兵为同族，他们曾残杀那些容纳他们的希腊人，他们曾侵削叙拉古的领土，他们曾欺凌劫掠若干小希腊城市。那时罗马人正遣兵征雷吉乌姆的坎帕尼亚人，玛末丁人与这等人同盟同族而且同恶相济，所以希耶罗与罗马人联合，转旆而攻梅萨那。叙拉古人大获胜利，于是希耶罗被拥戴为西西里人之王（484 年即前 270 年），他竟把玛末丁人围困在城内，围攻几年以后，玛末丁人自觉陷于绝境，以他们自己的力量，不能再守此城以抗希耶罗。显然地，他们投降，绝不能得到优厚的条件；在罗马，刽子手的斧锧已落在雷吉乌姆的坎帕尼亚人身上，在叙拉古，他们的斧锧也在等候梅萨那的坎帕尼亚人。他们唯一的解救方法在献此城于迦太基人或罗马人，两国必皆极愿取得这个重要城市，置一切疑虑于度外。至于把城献给腓尼基人或意大利的主人翁，何者较为有利，尚成问题；长期犹豫之后，坎帕尼亚籍的大多数市民终于决定把他们这个制海的坚城献给罗马人。 35

玛末丁人的使者出现于罗马元老院之时是世界史上一个最关重要之日。因渡过这条狭窄海峡而起的一切，当时固无一人能加以逆料；可是无论有何决定，其所发生的后果较之元老院迄今所议定法案的结果将迥不相同，而且重要远甚，这种情势必为集议一堂的罗马元老所共见。诚然，守正不阿的人也许要问，对于此事何能有所迟疑，人何能竟有所建议，使罗马人不但对希耶罗背弃盟约，而且正在严惩雷吉乌姆的坎帕尼亚人之后，却许西西里那些共犯同罪的人与罗马结盟为友，因而得免其应得之罪。这种不义的举动不但将供敌人以指责的口实，而且必为一切有是非心的人所痛恶。可是甚至不以道德为虚言的政治家也可以反问，罗马市民破坏军人誓言，谋杀罗马的同盟，人何能拿他们与外国人相提并论，这些外国人虐杀外国人，况且无人请罗马人做一方的裁判官，做他方的报仇人？问题如果仅在梅萨那究应由叙拉古人统治，或是由玛末丁人统治，则对于任何一方的统治，罗马当然皆可默认。罗马正力图占据意大利，迦太基正力图占据西西里，两国的计划当时只限于此。但就是因为这种情形，所以两国各欲在边境上保留一个中介国家——例如迦太基人以塔兰托为中介国，罗马人以叙拉古和梅萨那为中介国——如果此策不行，两国各宁欲收这些邻近地方为己有而不欲其为大敌所据。雷吉乌姆和塔兰托将为罗马所占领之时，迦太基曾企图收这两个意大利城市为己有，只因偶遇阻
36 碍，其事不果；罗马现有并西西里的梅萨那为属国的机会，如果罗马人弃此机会，便休想此城仍旧独立或为叙拉古所有，他们将使其投入腓尼基人的怀抱。他们要想据有意大利与西西里之间的天然桥头据点，然后以确实可靠的英勇戍兵固守它，这是个绝不再来的时机，他们是否有任其消逝的正当理由？他们若放弃梅萨那，便委弃东西两海间最后自由航海的控制权，牺牲意大利的商业自由，他们是否有这样行事的正当理由？诚然，除这政策在良心和正义上所启的疑窦外，还有其他反对占领梅萨那的理由。此事必将引起对迦太基的战争，却是个最小的理由；这种战争虽属严重，罗马未必有所畏惧。可是还有更重大的理由在：罗马若渡过海峡，便将乖离其一向遵行的纯意大利和纯大陆的政策；他们将放弃其祖宗奠立罗马伟业所用的策略，而另取一种成败莫卜的策略。这是个计穷智竭的时候，这时的人唯有深信其本身和国家的命运，才有勇气握住那从冥冥的未来向他们招徕的手，然后不知所往地随着他走去。两执政官建议率兵往援玛末丁人，元老院长久郑重地加以讨论，没有得到断然的决定。他们把此事提交市民，市民已以其本身的力量奠立罗马的政权，却深感国力的伟大。罗马人征服意大利，一如马其顿人征服希腊，普鲁士人征服西利西亚（Silesia），使他们敢在政治上取一新路。罗马曾自命有保护一切意大利人之权，现在就以此为正式口实，来援助玛末丁人。海外意大利人都被收入

意大利同盟；[①]依执政官的建议，公民议决派兵援助他们(489 年即前 265 年)。

罗马干涉西西里的事，两个迄今在名义上与罗马联盟的西西里国家均受其直接影响，它们对于这种干涉所持的态度甚关重要。罗马人以梅萨那为其新同盟，要求希耶罗对它停止战争，希耶罗应 37 付这要求的办法正如萨谟奈人和卢卡尼亚人应付罗马占领卡普亚和图里的办法，以宣战答复罗马人，他自有其充分的理由。然而他如果仍是孤立无援，这种战争便系愚妄举动，由他那审慎平稳的政策看来，假若迦太基倾向和平，可望他对于无可避免的事默然承认。这似乎非不可能。现在(489 年即前 265 年)于腓尼基舰队企图占据塔兰托一事已逾七年之后，罗马遣使至迦太基质问那件事的理由。那些不无根据可是半归遗忘的不平之鸣又复腾于口耳——在修整其他战备之中，以开战理由补充外交武库，以便在将来的宣言中能按罗马的惯例自命为受害的一方，似乎不是多此一举。我们至少可以十分公平地说，双方对塔兰托和梅萨那的举动，以其用意和托词而论，完全没有二致，所不同的只是偶然的成败而已。迦太基避免公然决裂。迦太基那曾对塔兰托有所企图的水师统帅否认其事，罗马使者归国，把他的否认和必要的虚伪誓言一并带回。迦太基人方面当然也不乏反诉，反诉故意取和缓的态度，不明言以欲侵西西里一事为开战理由。然而这事确是开战理由，因为迦太基视西西里的事正如罗马视意大利的事，认为是一个独立

① 玛末丁人被许加入意大利同盟，其对罗马所处的地位相当于意大利各民族的地位，约定供应船只，在钱币方面，无造银币之权。

国家不能任人干涉的内政，而且决计依次而行。可是腓尼基人用很柔和的方式推行其政策，不带公然开战的态度。罗马派兵往援玛末丁人的准备正在进行，拿波里、塔兰托、维里亚和罗克里等国战船合组的舰队和罗马军事保民官盖乌斯·克劳狄乌斯（Gaius Claudius）所率罗马陆军的前锋已出现于雷吉乌姆（490年即前264年）；当此之时，惊人的消息自梅萨那传来，说迦太基人已与当地的反罗马派达成谅解，以中立国的资格斡旋希耶罗与玛末丁人的议
38 和，因而梅萨那之围已解，迦太基的舰队泊在梅萨那的海港，迦太基的戍兵驻在梅萨那的子城，二者皆受水师统帅汉诺的指挥。玛末丁的公民今在迦太基影响之下，告罗马统兵官说，谢谢同盟军给他们这样迅速的援助，幸喜他们已不再需援助。尽管这样，罗马前锋的统兵官心灵胆壮，仍带着部下扬帆渡海。可是迦太基人警告罗马船，请他们退回，甚至捉去几只为战利品，不过迦太基的水师统帅奉有严令，切不可予人以开战的口实，现在他忆起命令，把被捉的船送还彼岸的好友。这差不多好像罗马人在梅萨那面前无故地出乖露丑，与迦太基在塔兰托面前无异。可是克劳狄乌斯不为威武所慑，再试一次，渡海竟告成功。他一行登岸，便召集公民大会，迦太基的水师统帅也应他的请求，出席会议，仍以为可以避免公开决裂。可是在大会中罗马人把他捉住，子城里腓尼基的戍兵懦弱无能，又乏领袖；汉诺胆小如鼠，竟发令退兵，其部下也胆小如鼠，竟服从这被擒的将军的命令，与他一同退出城外。如是，西西里岛的桥头据点落在罗马人的掌握。迦太基政府当然深怒其将军的暗弱，把他正法，对罗马人宣战。特关重要的是恢复那已失的地方。汉尼拔之子汉诺率迦太基一个强大的舰队出现于梅萨那的海

面;这舰队封锁梅萨那之时,由舰上登陆的陆军开始攻打北面。希耶罗仅候着迦太基进攻,即对罗马开战,他的军队还未撤退,又被调来攻梅萨那,担任攻打南面。

可是就在同时,罗马执政官阿皮乌斯·克劳狄乌斯·考狄克斯(Appius Claudius Caudex)率主力军来到雷吉乌姆,不顾迦太基的舰队,竟于黑夜渡海成功。罗马人得力于勇敢和幸运,联盟军未准备罗马全军来攻,因而未曾会师,罗马军自城中出击,把他们各 39
个击破,于是梅萨那之围解。罗马军全夏据守战地,甚至图取叙拉古;可是此举归于失败,埃契特拉(Echetla,在叙拉古与迦太基交界处)的围攻又损兵折将,必须放弃,罗马军于是回到梅萨那,留强大部队戍守此地,然后回意大利。罗马人第一次出意大利的战事,所得结果大概不全合国内人士的预期,因为执政官没有行凯旋礼;然而罗马人在西西里的奋力勇为却不免深撼西西里希腊人的心。次年,两执政官率加倍的军队又入西西里,未遇阻碍。一个执政官名马尔库斯·瓦勒里乌斯·马克西姆斯(Marcus Valerius Maximus),后因这次战事称为“梅萨那英雄”,他大破迦太基和叙拉古的联军。此战以后,腓尼基军不敢再拒罗马人于战场,阿列萨(Alaesa)、森图里帕(Centuripa)和小希腊城市一概归附战胜者,希耶罗也背迦太基而与罗马讲和结盟(491 年即前 263 年)。他行一种明智的政策,一旦罗马人似以诚意干涉西西里的事,而他尚有不割地不牺牲而能博得和平的时间,他便归附罗马人。西西里的中介国家叙拉古和梅萨那不能自行其政策,只能就罗马和迦太基中择奉其一以为盟主,他们必宁取前者;因为罗马人大概还没有将征服此岛列入已有的计划,而仅求其不为迦太基所得;无论如何,可望罗马以其较公平的待遇和对于商业自由的相当保护代替迦太基所行的暴虐和垄断政策。自此以后，在西西里岛上，希耶罗永是罗马人最重要、最坚定、最受尊重的同盟。

如是，罗马已达到其眼前的目的。因为他们与叙拉古和梅萨那两国联盟，牢握全部东岸，所以能安然登陆于西西里，并能安然做到素来很难做的驻兵此岛，于是从前危机莫测的战争现在失去
40 其危险性的大半。因此，罗马人对于此战的努力不过如对于萨谟奈和埃托利亚的战争；次年（492 年即前 262 年）派往岛上的两个兵团协同西西里的希腊人，即足以处处把迦太基人驱入堡垒。迦太基的元帅吉斯戈（Gisgo）之子汉尼拔率其精兵入保阿格里根图姆，要死守这个迦太基人在内地最重要的城市。这样的坚城，罗马人不能攻取，于是掘长壕，筑复垒，把它封锁起来；被围的共五万人，不久就苦于供应匮乏。为解围起见，迦太基水师统帅汉诺率兵登于赫拉克利亚，也切断罗马攻军的饷道。双方都大感困苦。后来终于决定交战，以结束这个窘迫不安的状况。在这一战，努米底亚骑兵显然优于罗马骑兵，正如罗马步兵优于腓尼基步兵；步兵决定了胜负，不过就是罗马人也伤亡很多。战争告终以后，战胜军纷乱疲敝，被围的军队竟能逃出围城而与舰队相会，使罗马战胜而不得收完满的效果。尽管如此，这胜利却关系重要，阿格里根图姆落在罗马人手里，于是全岛除沿岸城堡外都在他们的掌握，迦太基将军哈米尔卡（Hamilcar）继汉诺为统帅，在沿海处处深沟高垒以自保，无论武力或饥饿都不能把他逐出。此后继续的战事不外迦太基人常自西西里城堡中突围而出和袭击意大利海岸而已。

实际说来，罗马人今始感到此战的真正困难。据说战争发动

以前，迦太基外交人员曾警告罗马人，切勿致此事于决裂，因为他们若不情愿，一个罗马人就是要在海里洗手也不可能；如果这话是实，则其恫吓绝非虚言。迦太基的舰队独霸海洋，不但保持西西里沿海各城的相当服从，和供给他们以一切的必需品，而且有袭击意大利之势。492 年即前 262 年之所以须留一个执政官率兵镇守意
大利，即以此故。迦太基人并未大举入侵，不过他们的小队人马登 41
陆于意大利海岸，向罗马的同盟国勒索贡献，又有更恶于此的，就是他们把罗马及其同盟的商业完全破坏。这种办法如果继续不改，只要历时不久，便足以毁灭凯雷、奥斯提亚、拿波里、塔兰托和叙拉古，同时迦太基却不难以索得献纳和私掠船劫得的丰富利物弥补其在西西里所失的贡献。罗马现在得到昔日狄奥尼修斯、阿加托克里和皮罗斯所得的教训，即逐迦太基人出战场甚易，而征服迦太基人却甚难。他们晓得一切有赖于建造舰队，便决定成立一个舰队，要有三排桨战船二十艘，五排桨战船一百艘。然而要实行这个黾勉的决定，却非易事。一种渊源于雄辩学校的描写，要使我们相信当时罗马人初次举桨划水，这必系孩提的谰言无疑；意大利的商船队在此时必已甚为庞大，甚至也不乏意大利的战船。不过意大利战船都是旧时通用的三排桨战船，海战新术大半来自迦太基人，差不多专用五排桨的战船，而这种战船却尚未见制造于意大利。所以罗马人采用的方略甚似今日一个海洋国家欲由建造风帆巡洋舰和单桅艇一跃而建造战舰；而正如现在遇有此事，如果可能，必以外国战舰为模范，罗马人也命他们的造船大匠依迦太基一只搁浅的五排桨船来仿制。无疑地，罗马人如果愿意，可借助于叙拉古人和马赛利亚人以达其目的，可是罗马政治家极为精明，不愿

以不属意大利的舰队保卫意大利。然而海军军官和水兵却大部取材于意大利的同盟各国,军官多出于意大利商船队,水兵名 *socii navales*,可见一时专由同盟供给,以后除此而外又用国家和富户所供的奴隶,不久以后又用贫苦阶级的市民。在这种情形之下,假
42 若我们持平而论,一方面计及当时造船术的不发达,另一方面计及罗马人的黾勉,则所谓罗马人在一年内解决了拿破仑所不能解决的问题,把一个陆权国变为一个海权国,竟于494年即前260年春天使一百二十艘的舰队下水,并无不可置信之处。固然,以数目和海中效能而论,这舰队绝非迦太基舰队的敌手,而且因为当时海军战术大致以运动阵势为主,所以这两点更形重要。在当时的海战中,重装步兵和弓手必由甲板上作战无疑,投射的机器也由甲板上猛向敌人发射,可是通常真能决定胜负的战法却是直撞敌船,因为这个缘故,船头皆装有铁做的重船嘴;作战的船只常互相旋绕着行驶,直至一船能撞入敌船而后已,胜负常以此而决。因此希腊一只寻常的三桨船,船员约两百人,其中仅有士兵十人,可是划船的却有一百七十人,每层甲板五十至六十人;一只五排桨船的船员中划船的约三百人,士兵比例与上述相当。

罗马人得一妙计,他们的将士没有实际经验,必缺乏运动能力,为弥补这个缺陷,又在海战里给士兵一个较重大的职任。他们在每船的头部置一飞桥,桥可向前方或左右放下,桥两旁均有短墙,前面足容两人。敌船向罗马船驶来撞击,或罗马船闪避撞击而敌船横靠其侧之时,甲板上的飞桥忽然放下,用一条钩篙钉住敌船,这不但可阻敌船的冲撞,而且使罗马水兵能由飞桥走到敌船的甲板,以陆战的方式攻取敌船。罗马未编制特殊水兵队,需要时仅

以陆军充这种兵。有一次大海战之时，在每艘船上作战的陆军达一百二十人，然而在这一次，罗马船上同时也载有登陆军队。

这样，罗马人创造了一个足与迦太基抗衡的舰队。说到这次 43
罗马舰队的建造，有人拿它当作一个神怪故事来叙述，他们不但错误，而且失其本意；我们必先明白此事，而后能加以赞赏。罗马人的建造舰队不过是全民族的一件伟业，他们灼见其所需要和所能行，用其创作的天才，发挥其能断能行的力量，终能从那初未见及的危局中把国家挽救出来。

尽管这样，最初罗马仍告失利。罗马执政官格涅乌斯·科尔涅利乌斯·西庇阿(Gnaeus Cornelius Scipio)为水师统帅，率十七艘最先造成的船驶向梅萨那(494 年即前 260 年)，途中忽想能用奇袭夺取利帕拉(Lipara)。可是罗马舰队泊在此岛的港湾时，迦太基驻在帕诺穆(Panormus)的一支舰队封锁港口，罗马舰队全部连同执政官都不战而被擒。然而舰队的主力却不受此事的妨碍，一行建造就绪，便即刻驶向梅萨那。舰队沿意大利海岸行驶，遇迦太基一支较为薄弱的巡逻舰队，幸而能使其大受损失，足以偿罗马人的损失而有余，于是这舰队建功得胜，入梅萨那港，第二执政官盖乌斯·杜伊利乌斯(Gaius Duilius)代其被俘同僚为统帅。汉尼拔率迦太基舰队自帕诺穆前进，遇罗马人于梅萨那东北的密莱岬(Mylae)，在这里罗马人初次受到大规模的试验。迦太基人见罗马船驾驶拙劣，运转不灵，以为不难将其毁灭，于是行阵不整，向前进攻，可是罗马人新发明的登船桥证明十分有效。敌船每来一只，罗马船便把一只钩住夺取，敌船一由前面或侧面驶近罗马船，那可畏的桥便落在敌船的甲板上。战事已毕，迦太基被沉或被掳的船约五十艘，几达全舰队之半，其手有水师统帅汉尼拔的坐船，前曾属于皮罗斯。获利固大，可是精神上的影响尤大。罗马忽然成为一个海权国，并且对于这个似将永无绝期而致意大利商业于毁灭的
44 战争，手握着用力把它结束的方法。

罗马人有两条路可走。他们可攻迦太基人于意大利岛屿，陆续夺取其在西西里和撒丁沿海的城堡，若海陆有完善的联合行动，此策或可实行，若能完成这个计划，便可拿割让这些岛屿作基础与迦太基议和；这种条件如果不为迦太基人所接受或证明不满人意，便可移战事的第二阶段于非洲。另一条路是置那些岛屿于度外而即刻倾全力往攻非洲，不取阿加托克里的冒险方式，烧毁留在后路的船只，以一支决死队为孤注之一掷，却以一个强大的舰队保护侵非军与意大利的交通；果如是，最初几次得胜之后，敌人必致惊惶，预料罗马人可结一个不甚苛刻的和约，否则他们如果情愿，可以做到极端，迫使敌人完全投降。

最初，他们采取第一种战略。密莱一战之次年（495 年即前 259 年），执政官卢奇乌斯·西庇阿（Lucius Scipio）陷科西嘉的阿勒里亚港（Aleria）——这位将军的墓碑言及这次战功，至今犹在——把科西嘉作为攻撒丁的海军站。罗马人企图在撒丁北岸的奥尔比亚（Olbia）立足，因为舰队没有登陆的军队，归于失败。翌年（496 年即前 258 年）再举，结果较佳，沿海无防御的村落受劫掠，可是罗马人却不能永久盘踞。西西里的战事也没有较大的进步。哈米尔卡指挥战事，勇力与智谋兼施，不但用武力于海上和陆上，而且用政治的招降办法。众多小乡镇，每年有些背叛罗马，罗马须煞费周折才能从腓尼基人的手中把它们收回；而在沿海城堡，

特别是在其首府帕诺穆和新堡垒德雷帕那(Drepana),迦太基人据地称雄,莫能与争,德雷帕那易于由海上防御,所以哈米尔卡把埃利克斯(Eryx)的居民迁至此处。两国海军又在丁达利岬(Tyndaris)海面大战,各自鸣其胜利,大局却不因此而转移。如是,战争毫无进展,这或由于罗马军号令不一,频易将帅,使一些小规模的 45
军事行动极难集中统制,或由于此役一般的战略关系,以当时军事学的状况而论,战略关系诚然不利于攻军,尤其不利于仍未窥科学战术之堂奥的罗马人。同时,意大利沿海虽不再遭劫掠,意大利商业受害之烈仍不亚于罗马建舰队以前的情形。

既厌用兵的无功,又急于结束战事,元老院决计改变战略,攻迦太基于非洲。498年即前256年春间,战船三百三十艘为一舰队,扬帆驶向利比亚海岸,至西西里南岸之希美罗河口,两执政官马尔库斯·阿提利乌斯·雷古卢斯(Marcus Atilius Regulus)和卢奇乌斯·曼利乌斯·弗尔索(Lucius Manlius Volso)均系富有经验的将军,率登陆军四兵团由此上船。迦太基水师统帅容敌军登舟,但罗马人续向非洲航行时,见布匿舰队已列阵于埃克诺穆(Ecnomus)海面,以保其本土而抗侵军。战事遂起,这次海战人数之多为古今所罕见。罗马船三百三十艘,船员至少十万,另有登陆军约四万;迦太基船三百五十艘,其船员至少与罗马的相等,所以参加这次两大民族的决战的,差不多达三十万人。腓尼基人列成一条松散的单阵线,左翼以西西里沿海为根据。罗马人列成一个三角阵势,以两执政官的坐船为旗舰,置于顶点,第一、二队向左右排开,成两斜线,第三队拖着为运输骑兵而造的船只,成为三角形的底边。他们就这样用密集的队形向敌军而进。第四队为预备队,缓缓随在后面。这个楔形阵的攻势自不难突破迦太基的阵线，因为首当其冲的迦太基中军故意退避；战事便分为三处，分别进行。罗马旗舰率领两翼的两队追击迦太基的中军，与之逼近接战，而第三队则为拖船所累，不能追随其他二队，迦太基沿岸布阵的左翼却
46 转过来攻第三队，用优势的兵力加以急击，迫使靠岸，同时迦太基的右翼在大海上绕过罗马预备队，由背后攻打它。三处之中，第一处的战事转瞬告终，迦太基中军与罗马两舰队交战，显然强弱悬殊，即行逃遁。同时罗马另外两个舰队与兵力较强之敌苦战，但逼近接战时，可怖的飞桥对于他们很有裨益，他们因能固守阵地，以待两旗舰率其舰队到来。两旗舰既来到，罗马预备队得救，迦太基右翼见敌军兵力优越而退去。现在这战事已断然有利于罗马军，他们便倾其仍留在海上的船只攻迦太基左翼的后路，迦太基左翼正乘胜逐利，穷追不舍，竟为罗马军所围，几无一船得脱。其他损失，两军殆属相等。罗马舰队沉没二十四艘，迦太基舰队沉没三十艘，被掳去六十四艘。

迦太基舰队尽管损失重大，却不放弃非洲的保卫，因此回到迦太基湾，以为此处必为罗马人登陆于环抱此湾的半岛之西部而登陆于其东部，那里有克鲁皮亚（Clupea）湾是一个殆可避一切风暴的宽阔港口；其城滨海，位于由平原崛起的扇形高地上，又为此港的绝好防卫。罗马军在此舍舟登岸，未遇敌军阻挠，即据守山巅，不久筑成一座深沟高垒的海军营，于是陆军始可自由行动。罗马军横行各地，勒索贡献，他们竟能取得两万名奴隶，送至罗马。凭
47 借千载难逢的幸运，这奇计竟一举成功，而且牺牲甚少；所愿似乎已遂。在这方面，罗马人深觉自信，元老院决议调回舰队的大半和

陆军的一半，独留雷古卢斯一人率四十艘战船一万五千名步兵和五百名骑兵驻在非洲，可见他们自信力之强。然而他们的自信似乎并非过分。迦太基陆军士气沮丧，不敢来至平原，却在森林险隘之地，不能施展其两种最良的武力——骑兵和象军之处，坐待挫败。各城一齐投降，努米底亚人起而作乱，在无防御的地方到处横行。雷古卢斯或许希望，下次出征以攻迦太基首都开其端，因此他在极近迦太基首都的突涅斯（Tunes）扎营度冬。

迦太基人志气消沉，于是求和。可是罗马执政官所提的条件不但要求割让西西里和撒丁，而且要求与罗马结个不平等的盟约，约定迦太基人须放弃其海军而供应船只助罗马作战，这些条件必置迦太基于拿波里和塔兰托之列；迦太基舰队一日还在海上，其首都一日屹立不动，便一日不能接受这种条件。

东方民族，就是最堕落的，每遇大难将临，其宏伟的热诚常发为熊熊的烈焰，现在迦太基人遭极端的困窘，于是勃然激发热诚，做一些非所望于一个经商民族的努力。哈米尔卡曾在西西里对罗马人做游击战，甚著功勋，今率西西里军的精锐来到利比亚，此军为所募新兵的绝妙核心。除此以外，迦太基人以其关系和金钱招致成群结队的努米底亚骑兵和许多希腊佣兵，希腊佣兵中有名将
斯巴达人赞第普（Xanthippus），他长于组织，善于战阵，对于他的 48
新主人大有裨益。① 冬季期间，迦太基人这样进行准备之时，罗马

① 据谓迦太基所以得救，皆因赞第普的军事天才，此说大概是浮夸之谈；迦太基的军官必不待外国人的指教而后知非洲的轻骑宜用于平原而不宜用于山林地带。这些故事是希腊卫兵室里闲谈的遗响，甚至波利比乌斯的书里也不免有这种故事。一说赞第普于战胜之后为迦太基人所杀，这也与事实不符；他系自动离开，或许去加入埃及的军界。

将军却屯兵突涅斯，无所举动。他或未预料那日益险恶的风波已在临头，他或恐有损于其个人的威名而不敢应情势的要求来行事——他不放弃其甚至连尝试都不具备条件的围攻，不闭门坚守克鲁皮亚的堡垒，却率人数寥寥的军队逗留于敌国首都的城下，甚至忽略了保全那通往海军营的退路，忽略了自备——这是他最需要而且若与叛迦太基的努米底亚部落交涉便极易取得的——一队精良的轻骑兵。如是，因为他的鲁莽，他自己和部下都陷于昔日阿加托克里孤注一掷时所遇的情况。

499 年即前 255 年春季到来之时，局势大变，迦太基人首先出师向罗马人挑战。因为一切要看他们能否于意大利援兵来到之前铲除雷古卢斯军以为断，他们当然如此。因为同一理由，罗马人应该推延战事，可是他们自恃其野战的无敌，尽管众寡悬殊，——双方步兵虽几乎人数相等，迦太基却有骑兵四千名，战象一百头，占决定的优势——尽管迦太基人大概布阵于距突涅斯不远的平原广野，地形不利于罗马军，他们却即刻应战。这天赞第普指挥迦太基军，先调骑兵攻那照常列在战线两翼的罗马骑兵，罗马骑兵甚少，遇众多的迦太基骑兵，不啻如落叶遇到秋风，顷刻溃散，于是罗马步兵两翼被包围，四面受敌。罗马兵团不因处于显然危殆的境地而动摇，进攻敌军，那保卫敌军前方的战象方队虽阻住罗马的右翼和中军，罗马左翼竟通过象队，攻敌军右翼的佣兵步队，把他们完
49 全击败。可是这个胜利乱了罗马的行阵。其主力前面受象队的突击，两翼和后方又受骑兵的攻打，固然列成方阵，英勇自卫，可是这密集队终归破灭。迦太基的中军仍属生力军，罗马得胜的左翼与之相遇，利比亚的步兵也在这里给他预备下同样的厄运。因为地

势不利，敌骑众多，这一支兵不被砍倒，便被擒获；只有两千人，那开始即被击溃的轻兵和骑兵必居其大半，于罗马兵团束手待毙之时，得及早逃走，勉强达到克鲁皮亚。那位执政官也在少数俘虏之列，以后死于迦太基；他的家属以为迦太基人未按战争习惯法对待他，以后残酷的手段泄愤于两个为罗马所擒的迦太基贵人，以至于就是奴隶也动了怜悯之心，告知保民官，保民官便制止这可耻的暴行。①

噩耗传到罗马，罗马人首先注意的当然是拯救那被困于克鲁皮亚的军队。罗马由三百五十艘战舰组成的舰队立刻出发，在赫美岬(Hermaean)大破迦太基的海军，迦太基损失战船一百一十四艘；那时罗马败军残部正固守克鲁皮亚，被围甚急，这舰队恰好到来，及时施救。这舰队如果在祸事发生以前即派出去，或可转败为胜，一胜大概便可结束布匿战争。可是现在罗马人却毫无见识，在克鲁皮亚城下得一胜仗之后，竟命全军登船，扬帆归国，自动退出那易于防守而保证其能登陆非洲的重要据点，舍弃其在非洲的众多同盟，一任他们毫无保护地受迦太基人的报复。迦太基人自不坐失这种机会，以充裕他们空虚的国库，使他们的臣民洞见反叛的 50
后果。他们征收额外贡献银一千塔兰特(合二十四万四千镑)，牛两万头，曾造反的各部酋长一概被钉在十字架上，据说达三千人；

① 关于雷古卢斯的末路，我们所确知的不过如此；甚至他奉使至罗马一事——有时置在503年即前251年，有时置在513年即前241年——证据也很嫌不足。后世罗马人仅由其祖先的祸福寻求学校文课的题材，把雷古卢斯作为落难英雄的典型，一如把法比里奇乌斯(Fabricius)作为贫寒英雄的典型，传播了许多以他为名的逸事——这都是不伦不类的点缀，与庄重朴素的史实相形见绌。

迦太基当局这样穷凶极恶，实为几年后起于非洲的革命奠下基础。最后，罗马人现在的灾难亦如其往日的幸运，似乎还在方兴未艾，其舰队在归途中遇暴风，船只和船员同归于尽的达四分之三之多，抵港的仅八十艘(499 年即前 255 年 7 月)。船长曾预告此祸的将临，可是罗马的临时水师统帅却悍然不顾，发令开船。

获得如此巨大的成功以后，迦太基人又能恢复那久已停顿的攻势。汉诺之子哈兹德鲁巴(Hasdrubal)率一支强大军队在利利拜乌姆登陆，此军特赖象军极盛——共一百四十头战象——之力能在战场上抵敌罗马人；上次一战已明示象军和马队能稍补精良步兵之缺乏。罗马人也再从事于西西里的战争；以退出克鲁皮亚一事看来，罗马侵军的被歼即刻使另一派在元老院里重占优势，此派反对在非洲作战，仅以逐渐征服各岛屿为已足。可是欲为此事，也需要一个舰队；那在密莱、埃克诺穆和赫美岬得胜的舰队今既毁灭，他们便建一新舰队。二百二十艘新战舰即刻安放了龙骨——他们迄今未曾同时建造这样多的船——在短得难以置信的三个月内，战船竟皆造成，只待出海。500 年即前 254 年春，新船居其大半的三百艘罗马舰队，出现于西西里北岸，帕诺穆是迦太基人在西西里最重要的城，罗马人由海岸攻打得手，将其占领，于是那里的小地方索伦图姆(Soluntum)、塞法洛迪乌姆(Cephaloedium)和廷达里斯(Tyndaris)也落于罗马人手中，以至于沿西西里岛北岸的
51 全线只有狄尔美一地尚为迦太基人所有。自此以后，帕诺穆成为罗马人在西西里的一个主要兵站。尽管这样，陆上战事却无进展；两军对垒于利利拜乌姆城下，可是罗马统帅不知抵敌象队的方法，不想迫敌人作正式的交战。

翌年（501年即前253年），两执政官不追求确有把握的利益于西西里，却宁可远征非洲，意不在登陆而在剽掠沿海城市。他们未遇阻碍，如愿以偿，不过舰队在其领港人所不谙的小锡儿第险恶沙滩上搁浅，煞费周折，始得脱险，又于西西里与意大利之间遇暴风，损失战舰一百五十余艘。此次领港人也陈请取道沿岸，两执政官不听，下令自帕诺穆渡大海，直航奥斯提亚，领港人不得不奉命。

现在罗马城的元老深感志气消沉，他们决定削减战船至六十艘，海战仅以防守海岸和保护运输为限。幸而正在此时，西西里停滞的陆战又有较顺利的转变。502年即前252年，迦太基人在北岸的最后据点狄尔美和重要的里帕拉岛都落在罗马人之手，次年（503年即前251年夏季），执政官盖乌斯·凯奇利乌斯·梅特路斯（Gaius Caecilius Metellus）在帕诺穆城下大破迦太基的象军。罗马人置轻兵于城壕内，迦太基人不慎，使象军出战，为轻兵所伤，有的落在城壕，有的反奔本军，其军纷纷乱窜，与象队蜂拥向海岸而逃，以待腓尼基船的拯救。被掳的象达一百二十头，赖象军以称强的迦太基军现在不得不再守城堡，闭门不出。不久以后，埃利克斯为罗马人所得（505年即前249年），迦太基人在岛上的领土仅余德雷帕那和利利拜乌姆。迦太基又复请和，可是梅特路斯的胜利和敌人的力竭，使强硬派在元老院占据优势。

罗马人谢绝和议，决定封西西里那两座城厉行攻打，因此再派 52
两百艘战舰出海。对利利拜乌姆的围攻在罗马所从事的大规模正式攻城中尚属首次，在历史上也是最坚毅不挠的一次，罗马人一开其端，便获得重要的胜利，他们居然能把舰队驶入此城的港口，从向海一面将其封锁。然而攻军却不能完全封闭海道。他们尽管凿沉船只，树起木栅，他们尽管极力严防，熟悉浅滩和水道的灵巧水手却仍驾快艇，行驶于城内被围军队与德雷帕那港的迦太基舰队之间，维持经常的交通。实际上，不久之后，迦太基一支五十艘的舰队竟能驶入港口，运大批给养和增援一万人入城，然后平安无事地回去。陆上攻城的军队也不甚顺利。他们最初用常法攻城，竖立机械，短期内以炮机击毁城垣侧面的六座城楼，以致不久以后造成一个可以通行的缺口。可是迦太基良将希尔米科命人在缺口之后再筑一层墙垣，遏住攻势。罗马人企图与守军达成谅解，又功败垂成。迦太基人首次突围出击，意欲焚毁罗马人的机械，为所击退，以后在一个风狂雨骤的夜间，他们竟得行其志。此后罗马人不再准备攻城，仅以水陆两面封锁此城为事。这样一来，如果他们不能完全防止敌船入港，成功的希望诚属渺茫；因为攻军的饷道常被迦太基既众且勇的轻骑所截断，攻军的境况并不甚优于围城内的军队。那地方又不适于卫生，疠疫丛生，罗马人感染此疾，行伍寥落。然而攻取利利拜乌姆一事甚为重要，足以使人耐心坚持，以便这艰苦工作可望有如愿以偿之一日。

可是在新执政官普布利乌斯·克劳狄乌斯（Publius Claudi-
53 us）看来，保持利利拜乌姆的长围似乎是件太琐屑的事，他宁可再易战略，率他部下新补充的大批船只忽然袭击那停在邻近德雷帕那港的迦太基舰队。他带着封锁舰队的全部，船上载着陆军兵团里的志愿兵，于半夜前后出发，右翼整整齐齐地傍岸而进，左翼在大海上航行，至日出时安抵德雷帕那港。腓尼基水师将领阿达巴（Atarbas）是这里的统帅。此事虽出他意料之外，他却方寸不乱，也不让敌人把他封在港内；港口系向南开，形如镰刀，罗马船由一边入港之时，他便由仍可通行的对面把他的船撤出，在港外列成阵线。罗马的统帅现在别无他法，只好尽快召回最前面的船离港，也在港口之前列成阵势。不过由于这种退却的行动，他失去选择陆地的自由，不得不就在一条战线上应战，一方面他的侧翼暴露竟达五船之远——因为战船没有时间于出港之时充分展开，另一方面战船在近岸处非常拥挤，既不能退，又不能驶至阵后，互相援助。罗马舰队不但未战先败，而且完全落入圈套，几致全军覆没。执政官固然逃出，因为他第一个逃走，可是罗马的九十三艘战船，逾封锁舰队的四分之三，连同载在船上的陆军精华，都落在腓尼基人之手。迦太基人与罗马人海战而获大胜，以此为首次，也以此为仅有的一次。利利拜乌姆向海一面之围实际已解，罗马残余舰队虽复其原位，却孱弱不堪，不能认真封锁那未尝全闭的港口，遇有迦太基战船的攻击，只能赖陆上军队的援助以自卫。由于一个将官缺乏经验，心粗气浮，以一次的轻举妄动，把这长期攻城苦战所艰难获得的一切都付于流水，而且不久以后，未毁于他那狂妄举动的罗马战船，又毁于他同僚的愚昧。第二执政官名卢奇乌斯·尤尼乌 54
斯·普卢斯(Lucius Iunius Pullus)，他奉命在叙拉古装载供应利利拜乌姆陆军的物品，而后率罗马由一百二十艘战舰组成的另一舰队，沿岛南岸护送运船；他不集合各船同行，却犯了错误，使第一批运船先开，不加护送，而仅率第二批随其后。那时迦太基水师副统帅喀达尔哥(*Carthalo*)率精良战船一百艘正封锁罗马舰队于利利拜乌姆港，得知了这个消息，便进至岛南岸，冲入罗马两批船舰之间，截断他们相互的联络，迫使他们分头逃避于盖拉和加马里那(Camarina)两处险恶海岸的避难港。诚然，若干时以来，罗马人已在沿岸一带处处筑有炮台，此处自非例外，他们借海岸炮台之助英勇击退迦太基人的攻击，可是罗马人既难望做到两队会合和继续航行，喀达尔哥可一任狂风暴雨完成其工作。因此，下一次大风便把停在恶劣碇泊所的罗马两舰队全部消灭，同时腓尼基水师统帅以其驾驶有方的轻舟却不难在大海上免于风浪之灾。然而罗马人却能救出大部的船员和载货（505 年即前 249 年）。

罗马元老院束手无策。如今战事已到第十六个年头；而在第十六年，他们距其目标似乎比在第一年尤为遥远。这次战争，四个大舰队已沉海底，其中三个载着罗马兵团；第四支陆军精锐部队已为利利拜乌姆的敌人所消灭，姑不论小海战、陆战、西西里的游击战和病疫所造成的许多损失。此战生命的损失如何浩大，可见于下列一事：只是 502—507 即前 252—前 247 年之间的公民名册就少了四万人左右，合全部人口的六分之一，而这并不包括那些在海战独当其冲，在陆战又至少与罗马人负相等责任的同盟国。关于财政损失，我们无从着想，不过船只和装备的直接损失以及因商业
55 凋零而起的间接灾害，却必非常巨大。更大的祸害还在于，一切想结束战争的方法已竭尽无余。他们已试用生力军乘全胜之势登陆于非洲，结果完全失败。他们已从事于逐一攻取西西里的城市，小地方已告陷落，可是利利拜乌姆和德雷帕那两个海军大堡垒却屹立不动，较前益强。他们将如之何？事实上，他们有某种程度的胆怯。罗马城的元老们意志消沉，他们明知一个旷日持久、无目标也无止境的战事对于意大利为害较烈，而倾全部的人力和财力尽快结束战事为害较轻；可是在巨大牺牲已同虚掷以后，他们缺乏勇气和民族自信心，也不相信自己的运气，而只有这些才能激励他们再

接再厉做出新的牺牲,罗马人既无这种勇气和信心,所以对于此事只好任其自然发展。他们废除舰队,至多奖励私掠,因此把国家的战船交给那些愿自营劫海战事的盗酋,听其处置。陆上战事,因为他们别无他法,仍有名无实地继续进行,不过他们仅限于看守西西里的城堡,一味以保全所有为事——既无舰队,这种策略需要很多陆军和极靡费的预备。

如果迦太基有能挫其大敌之一日,此日今已来临。它当然也必稍觉得财源耗竭,不过在当时情形之下,腓尼基财政绝不至紊乱到不能继续努力而取攻势战的地步,因为除金钱外,他们在战事上所费无几。然而迦太基政府却不积极从事,而适为其反,若非轻而易举便获取稳得的利益或极其危急的形势逼迫他们起而行动,他们便甘于懦弱和懒惰。他们因解除了罗马舰队而感到欢欣的同时,竟愚蠢地使他们自己的舰队也沦于衰朽,又效法敌人的榜样,海陆军事行动仅以西西里岛内及其周围的小战为限。

如是,随后便是六年无精打采的战事(506—511 年即前 248—前 243 年),不但在罗马本世纪的历史上这是最沉闷的时期,就是在迦太基人方面,这时也乏善可陈。然而迦太基却有一人,独具异于其国人的思想和行为。哈米尔卡号称"闪电"(Barak 或 Barca),是一个饶有希望的少年军官,于 507 年即前 247 年被任为西西里最高统帅。他的军队与一切迦太基军队无异,缺乏可靠的惯战步兵,政府或能创造这种部队,无论如何总有做一尝试的义务,可是他们却仅坐观败衄,至多不过把败将钉在十字架上。哈米尔卡决计自行设法。他深知部下佣兵对于迦太基或罗马同样淡漠,他又 56
不能望政府给他腓尼基或利比亚的征兵,政府至多只能以无所耗费为条件许他用自己的部队依照他的方法来救国。可是他也自知，他也知人。他的佣兵对于迦太基漠不关心，但一个真将军能以本人代国家来受部下的爱戴，这位少年统帅便是这等人。他先在德雷帕那和利利拜乌姆两城下的斥候战使部下惯于抵敌罗马的兵团，然后率他们占据埃儿克替山（Ercte，即帕勒莫[Palermo]附近的小佩勒格里诺山[Monte Pellegrino]），此山控制邻近地方，宛如一座城堡；他使部下携带妻子居于此地，由平原地区征收贡献，同时腓尼基的私掠船劫掠意大利沿海，直抵库迈。这样，他不向迦太基人要钱，便能以丰富的物品供其部下，又与德雷帕那保持海路交通，有袭取近在咫尺的重镇帕诺穆之势。罗马人不但不能把他逐出堡垒，而且埃儿克替的斗争经过一时之后，哈米尔卡又在埃利克斯造成同样的局势。此山山半有一同名的城，山巅有一座阿芙罗狄忒庙，一向都在罗马人手中，罗马人据为骚扰德雷帕那的基地。哈米尔卡夺去他们的城，攻打庙宇，同时罗马方面也封锁他通往平原的路。迦太基军有凯尔特人叛降罗马，罗马人以此庙为孤立据点，派他们驻守，这些人是一伙横行的强盗，在这次围攻期间，劫掠庙宇，无恶不作，如今鼓起勇气，死守山顶；可是哈米尔卡不令人再把他们逐出城外，他与舰队和德雷帕那戍兵间的海路交通无时不
57 保持畅达。西西里战争似乎转变得日益不利于罗马人。在这一战，罗马政府丧失了金钱和人员，罗马将军丧失了威望；显然地，罗马将军无一能敌哈米尔卡，甚至迦太基佣兵的敢与罗马兵团较量优劣，也可计日而待。哈米尔卡的私掠船出没于意大利沿海一带，日益肆行无忌：一伙迦太基海盗登陆意大利，罗马一位将军已不得不出师往剿。再过几年，哈米尔卡用他的舰队，或可由西西里做成

了其子日后由西班牙陆路所要做的事。

然而罗马元老院固守其不取行动的政策；此时怯懦派在这里竟占多数。后来若干智勇双全的人士终于立下决心，不管政府的法令为何，自行救国，结束这祸国殃民的西西里战事。私掠船队远征的得手，即使不能提高民族的勇气，却已唤起一部分人民的努力和希望；他们已互相联合成一支队，焚毁非洲沿海的希波，并且在帕诺穆海外与迦太基人海战获胜。用私人捐输的办法——这办法曾用于雅典，不过规模没这样大——爱国的殷富罗马人以那为私掠而造的船只和这些船上熟练的海员为核心，装备了一个战舰队；通盘看来，这舰队的营造极为精备，远胜于素来罗马政府的造船。

苦战至第二十三年，若干公民竟能自动以战船二百艘和水兵六万人献给国家，这在史籍上或是个无与伦比的事。执政官盖乌斯·卢塔提乌斯·卡图卢斯(Gaius Lutatius Catulus)荣膺率此舰队驶往西西里海洋之任，一路殆未遇阻碍；哈米尔卡所用以远航侵掠的迦太基船仅两三艘，今因遇优势敌军而绝迹，罗马人几乎未遭抵抗，即占领利利拜乌姆和德雷帕那的海湾，现在由水陆两面，力攻两城。此举完全出乎迦太基人的意外，就是这两座坚城也因粮饷不足，十分危殆。迦太基在国内配备了一个舰队，可是他们尽管火速从事，已届岁终之时，尚无一艘迦太基船出现于西西里海面； 58
后来到了513年即前241年春间，这些仓促造成的船只终出现于德雷帕那海外，它们仅可名为运输船队，而不足称为准备作战的战舰队。腓尼基人希望登陆无阻，卸下所装的货，然后能装载海战所需的军队；可是罗马船只截住他们，他们要由希耶罗岛(Hiera，今马里提马[Maritima])驶往德雷帕那时，罗马迫其应战于埃古萨小岛(Aegusa,今法维格纳诺[Favignano])(513 年即前 241 年 3 月 10 日)。结局绝无顷刻可疑;罗马舰队制造和驾驶俱佳,贤能的将军普布利乌斯·瓦勒里乌斯·法尔托(Publius Valerius Falto)因执政官卡图卢斯在德雷帕那城下受伤卧病,代做指挥,甚为得宜,一举而击破那些装载沉重、驾驶欠佳、人员不足的敌船,沉其五十艘,掳其七十艘,战胜者带着战利品驶入利利拜乌姆的港口。罗马爱国志士最后的大努力已得结果,这努力赢得胜利和继胜利而来的和平。

迦太基人先把那不幸的水师统帅钉在十字架上——这步骤无济于事——而后给西西里将军无限的媾和权。哈米尔卡见其七年惨淡经营的伟业竟毁于他人的过失,慨然顺受这无可奈何的事,绝不因此而牺牲他的军人荣誉、他的民族或他自己的计划。西西里诚然不可保,因为罗马人现在掌握着海权;迦太基政府库藏空虚,想在埃及募国债以为补充而不果,自难望其再做企图以击破罗马舰队。所以他交出西西里。另一方面,迦太基国家和领土的独立完整却照常得到明文的承认。罗马约定不与迦太基同盟单独联盟,迦太基也约定不与罗马同盟单独联盟——就是说,不与对方的臣属或附庸民社联盟,一国不得在他国领域内作战、行使主权或招
59 募新兵。① 次要条款当然包括免费送运罗马的战俘和付一笔战费;可是卡图卢斯要求哈米尔卡交出武器和罗马逃兵,却为哈米尔卡所断然拒绝而不果。卡图卢斯不再要求第二项,允腓尼基人付

① 一说迦太基人须应允不派战船到罗马同盟的领域——所以不到叙拉古或甚至不到马赛利亚——此说似甚可信;不过条约本文对于此点却未置一词。

区区每人十八个第纳尔（四德元）的赎金，自由离去西西里。

如果迦太基人不愿意继续战争，他们对于这种条件应感满意。罗马将军或者怀着使祖国不但得胜而且得和平的自然愿望，追念雷古卢斯和变化多端的战局，以为爱国努力虽终于决定了胜利，却不能应命而至，亦且可一而不可再；或许也想到哈米尔卡个人的性格，他受了这些影响才肯让步到那种程度。诚然，罗马城的人不满于和约的条件，人民大会起初必受到组成最后舰队的爱国人士的影响，拒绝批准和约。我们不知此举的用意何在，所以不能断定那些反对和议的人将它舍弃，实际上还是仅欲要求敌人再多让步，或是他们记起雷古卢斯曾要求迦太基人放弃其政治独立，于是决心继战不休，必达到那目的而后已，以至于这不再是和约问题而是征服问题。如果他们的拒绝起于前面的见解，可谓错误；与获得西西里相比，其他让步均无足轻重，而且鉴于哈米尔卡的决心和创造才能，若以确保主要利益为博得次要目的之赌注，实甚为冒险。另一方面，反对和平一派如果认为只有迦太基在政治上完全消灭，战争才算达到使罗马民社满意的目标，他们可谓卓有政治明见，预瞩未来的事；不过罗马国力是否足以重演雷古卢斯的远征，并足应需要 60
而尽量再接再厉，不但要打破腓尼基雄城的勇气，而且要攻陷它的城垣，却是令人无敢加以可否的另一问题。

罗马终于把这个重大问题交给一个委员会来解决，他们须到西西里去，就地决定。委员会核准了所提条约的主要部分；不过迦太基应偿的战费增至三千二百塔兰特（合七十九万英镑），其中三分之一须即行交付，余数分为十批，年付一批。条约定本除交出西西里外，还包括割让西西里与意大利间的岛屿，不过这只能视为修正时在细节上所做的改变；因为迦太基既交出西西里，则不能望保留那久已为罗马舰队所据的里帕拉岛，不言而喻；有人揣度条约里关于撒丁和科西嘉故意用含混的条款，这是一种既欠允当，又不可能的疑心。

如是，两国终归同意。一个战败民族的不败将军，走下他防守甚久的山岳，把那至少四百年来一向握在腓尼基人手里的堡垒，希腊人每攻其城无不败退的，交给此岛的新主人。西方遂有了和平（513年即前241年）。

此战把罗马的领域扩张到环绕意大利半岛的海域以外，让我们稍停片刻以论此役。罗马所从事的战争以此为最长最烈的一役；此战开幕时，许多参加决战的士卒远未诞生。然而此役尽管一再发生无比的英勇事件，可是无论从军事和政治的观点来看，我们在罗马所曾从事的战争中，却举不出一个这样措置拙劣、游移不定的战役。这是不能不如此的。这斗争起于罗马政治制度的过渡期间，它正从不再足用的意大利政策过渡到尚未成熟的大国政策。为实行纯粹的意大利政策，罗马元老院和罗马军事体系皆有极佳的组织。这种政策所引起的战争纯是大陆战争，首都位于半岛中央，战争恒倚首都为用兵的主要基地，倚罗马属下一串的堡垒为次要基地。当时要解决的问题以战术问题而非战略问题为主；行军
61 和运动仅居次要地位，交锋接刃却居首要地位，攻城战尚在幼稚时期；海战绝未经人考虑。一个评议会何以能指挥这种军事行动，任何做市长的人如何皆可统率军队，我们不难了解——特别是如果我们不忘当时的战争以白刃战为主，实以交手仗决定胜负，我们更不难了解。这一切都突然改变。战场伸展到远不可见的地方，到

另一大陆人所不知的区域，到一片汪洋大海之外；每一波涛是敌人的一条大路，每一港湾可驶出一支进攻的舰队。攻打坚固地点，尤其是攻打沿海堡垒，希腊第一流的战术家曾屡试屡败，现在罗马人始须加以尝试。陆军和国民兵制度不复足应需要。他们需创建舰队，更难的是他们须使用舰队，他们须寻觅真正攻守地点之所在，集合和指挥大群的人，筹划长时间、远距离的征战，并且调整各远征军的合作；如果对这些事不加注意，就是在战术上远较薄弱的敌人也不难击破一个实力雄厚的对方。在这种情势之下，又何怪政权脱离了评议会和带兵市长之手？

显然，战争初起时，罗马人不自知所事为何，只是在战斗进程之中，他们制度的缺陷才前后相继地迫使他们注意——无舰队，无固定的军事领袖，将军不才，海军统帅无用。这些弊病的一部分有奋力和幸运加以补救，例如缺乏舰队一事。然而这个伟大的创造不过是个大规模的急救方，而且永远如此。一个罗马舰队形成了，可是仅有国立之名，罗马人始终以非我族类的心看待它；比之服务于陆军兵团的荣显，海军业仍受人贱视；海军士官多为意大利的希腊人；水兵是属国人或甚至奴隶和流氓所编成。意大利的农人无时不畏惧海洋，加图有三件恨事，其一就是他于可以陆行之时竟取海道。这一部分是当然的结果，因为船只都是划桨的低身船，划桨 62
不能成为高尚职业；不过罗马人至少可组织单独的海军兵团，设法养成一班罗马的海军将校。他们乘着全国的奋力，应立定宗旨，逐渐成立一支不但人数众多而且航力和训练皆不可侮的海军；要达到这个目的，他们有在久战中发展出来的私掠事业为一个可贵的核心，可是政府对于这类的事却毫未举行。尽管这样，那庞大笨重的罗马舰队仍不失为此战中最高天才的创造，它既在战争伊始时把战局转变得有利于罗马，在战事告终时亦复如是。

又有难克服远甚的缺陷，非改变宪法不能补救。元老院中各党交争，元老院随着党派的强弱而改变其作战方法，铸成令人难信的大错，如退出克鲁皮亚和一再废弃舰队；某一年的将军围攻西西里城市，继任人不促其投降，却宁可去劫掠非洲沿岸或拼一海战；无论如何，最高统帅应依法每年更换——这些弊病非牵动宪法问题不能废除，而宪法问题的解决却难于造一舰队，可是这些弊病若不废除，又不能适合此种战争的需要。再者，最重要的，元老院和将军无一能适应作战的新方式。他们如何非常地墨守着优势战术决定一切的观念，可以雷古卢斯出征一役为例。将军像那样似有幸运把胜利投在他们怀里的，极为少见；在498年即前256年，他所处的地位恰为五十年后西庇阿所处的地位，所异者他没有汉尼拔和惯战的军队与他对阵而已。可是元老院一确知罗马人在战术上占优势，便撤回一半军队；那将军也盲目信赖这种优势，停留原地，在战略上先告失败，而后敌人挑战即行应战，在战术上又告失败。而因雷古卢斯是一员久历戎行的良将，此事更堪注意。那征服埃特鲁里亚和萨谟奈的乡农战法却正是突涅斯平原惨败的根
63 由。“每一公民皆堪为将军”的原则，在其范畴内自甚切当，而今却不复适用；新式战争须用受过军事训练而具有军事眼光的将军，而任何市长都没有这等才力。然而更有恶于此者，即舰队元帅一职被视为陆军元帅一职的附属物，任何偶为罗马市长的人便自以为不但能充陆军将军，而且能做水师统帅。此役罗马所遭最惨的灾祸，非由于狂风急雨，更非由于迦太基人，而实由于罗马那些市民

水师统帅的无知妄作。

罗马终于得了胜利。可是她所得的利益却与她起初所要求的甚至敌人所愿给的，都相差甚远，而她竟以为足，并且和约在罗马遭遇强烈的反对，都足以表示这胜利和这和平的肤浅而不彻底。罗马虽是战胜者，她的胜利一部分固应归功于神恩和人民的奋力，可是更应归功于其敌人战略上的错误——其错误甚至大于罗马的错误。

第三章　意大利扩展至其天然疆界

由罗马纪元五世纪危机而起的意大利同盟——或可谓意大利国家——把亚平宁山和爱奥尼亚海之间种种公民民社和邑聚民社都联合在罗马霸权之下。可是在五世纪告终以前，两面的界线即已俱被超越，属于这个同盟的意大利民社已起于亚平宁山外和海外。在北方，罗马共和国为报复其旧恨新仇，已于471年即前283年灭了凯尔特人的塞农部；在南方，经过490—513年即前264—前241年的大战，罗马逐腓尼基人于西西里以外。属于以罗马为领袖的联合体，北方除市民殖民地塞那外有拉丁城阿里米努姆，南方有梅萨那的玛末丁人民社，二者既在种族上皆渊源于意大利人，所以二者皆共享意大利同盟公有的权利，也分担其义务。意大利同盟所以有此等扩张，可能由于一时事势的推移，而非由于任何远大的政治计划；可是时至今日，对迦太基已获大胜之后，政府受这半岛自然形势的昭示，始憬然于一种崭新广大的政治见解。无论就政治和军事的观点来看，罗马当然应把北界自低平易越的亚平宁山，移至分欧洲为南北两部的巍巍大山阿尔卑斯山，当然应使半岛东西两海和岛屿的主权与意大利的主权合而为一；现在腓尼基人既已被逐出西西里岛，此事最难的部分已告成功，种种情形又联合而来，使罗马政府不难尽其全功。

对于意大利，西海较亚得里亚海重要远甚，依罗马与迦太基的和约，西海中最重要的地点巨大肥沃而富于港湾的西西里岛，已大部分归罗马所有。固然，叙拉古王希耶罗在战事最后的二十二年间一向遵守罗马盟约，坚定不移，颇有要求扩张领土的权利；可是， 65
开战之时，罗马的政策既决定仅容岛上有次等国家，战事告终之时，罗马人便断然欲取西西里为己有。希耶罗的疆域——除叙拉古的直接领域外尚有埃洛鲁（Elorus）、内顿（Neetum）、阿克雷（Acrae）、伦第尼（Leontini）、梅加拉（Megara）和陶罗美宁——及其对外国的独立关系，罗马人没有加以剥夺的口实可借，仍任其规模依旧，希耶罗对此可以知足；并且两个交战的大国俱未完全覆灭，所以西西里的中介国家至少仍有继续存在的可能，希耶罗对此更可知足。于是在西西里所余的绝大部分，在帕诺穆、利利拜乌姆、阿格里根图姆、梅萨那，罗马皆成立了永久殖民地。

罗马人所恨的，只是仅有这个美丽岛屿而撒丁岛仍属于迦太基，不足以化西海为罗马的内海。然而不料媾和不久之后，罗马人竟有自迦太基夺取这地中海第二大岛的希望。在非洲，与罗马一结和约，腓尼基的佣兵和属国即刻联合叛变。这次凶险的叛变，迦太基政府实应负其咎的大半。战事最后几年间，哈米尔卡不能如往日再以其个人的资财发付其部下西西里佣兵的饷项，他请求由本国寄款，结果无效；政府对他说，他可以把军队调到非洲，给资遣散。他遵命而行；不过他深谙兵士的性格，先谨慎从事，把兵士分为小组，分船装运，以便当局按队资遣或至少可使他们各自分开，然后放下他的统帅权。可是他一切预防的措置皆成画饼，其原因不在府库空虚，而在官僚式的办事方法和政府的愚昧。他们俟全军再集于利比亚，然后想削除那许给士卒的饷项。队伍当然起而哗变，当局又犹

豫畏葸，使变兵知可冒险一试。他们大都来自迦太基治下或附属的
66 地域；雷古卢斯远征之役以后，迦太基政府曾下令屠杀此等地方的人民，又强制他们纳重税，激起他们的愤慨，此为变兵所明知；政府一向言而无信，不赦人罪，亦为变兵所明知；如果他们带着哔变索来的饷金散伙回家，则将有何遭遇，更为变兵所熟知。迦太基人久已掘地埋雷，现在自使一班必致地雷于爆炸的人群处其中。于是革命如火燎原，自一戍所蔓延至另一戍所，自一村传到另一村；利比亚妇女捐出她们的首饰以充佣兵的薪饷；若干迦太基公民，内有西西里军几个最有名望的军官，为狂暴的群众所杀；迦太基城已两面被围，自城内出击的迦太基军因统帅不良，指挥失误，完全败溃。

罗马人今见其所恨而仍可畏的敌人陷入那比对罗马作战所致的尤为危险的境地，他们始日益悔结513年即前241年的和约——这事即使在实际上不嫌鲁莽，至少时至今日，人人皆以为鲁莽——始忘其国当时如何精疲力竭，其敌迦太基人如何强大。固然，他们耻与迦太基的叛党公开联络，事实上他们特许迦太基人为此战募兵于意大利，并禁止意大利航海家与非洲叛党交往。可是我们怀疑罗马政府对于此等友善举动是否甚具诚意，因为政府尽管禁止，非洲叛党与罗马航海家的来往却依然如故；迦太基于危急存亡的关头，召回哈米尔卡为军帅，他捕捉若干与此事有关的意大利船主，投之于狱，罗马元老院竟向迦太基政府代为说项，使他们获得释放。叛党也似乎认罗马人为其天然同盟。撒丁岛守军亦如其余的军队，声言拥护叛党，知不能据守此岛以抗未被征服的内地山民的攻击，自请把此岛的所有权交给罗马（约515年即约前239
67 年）；甚至乌提卡也参加这次叛变，今为哈米尔卡的武力所迫，也有

这种请求。乌提卡人的请求为罗马人所拒，无疑地，其主因不外罗马人若允其请，必致勤远略于意大利的天然疆界以外，因而超越罗马政府当时所愿达到的限度；反之，他们对于撒丁叛党的建议表示同意，由其手接收迦太基人所据撒丁岛的部分（516 年即前 238 年）。此次尤甚于昔日容纳玛末丁人之时，罗马人当然不免受人唾骂，以为一个得胜的大国不羞与一伙有罪的佣兵结交，共同分赃，其自制力之薄弱竟至不顾正义和荣誉之所示而唯一时的利益是图。罗马人占领撒丁之日正值迦太基祸难方殷之时，他们对于这种无理的暴行暂守缄默；可是事有出人意外，大概也非罗马人所希望的，贤能的哈米尔卡竟挽救了迦太基人的灾难，他们又恢复其在非洲的完全主权（517 年即前 237 年），于是迦太基使者即刻出现于罗马，要求交还撒丁。但罗马人无意交出赃物，答以无谓或至少无干的不平之鸣，说迦太基人曾加罗马商人以种种损害，并且急忙宣战；[①]"在政治上公理视强权为转移"的原则于是裸露其寡廉鲜耻的真面目。迦太基人为义愤所激，固当不辞一战，如果五年之前卡图卢斯坚持须割让撒丁岛，战争可能连绵不绝。可是到了现在，两岛俱已沦落，利比亚在扰攘之中，国家经二十四年的对罗马战事，又经将近五年的激烈内战，他们不得不屈服。腓尼基人一再吁 68
请，又约定付给罗马一千二百塔兰特（合二十九万二千英镑）以偿其有意寻衅的军事准备，然后罗马人勉强停战。如是，罗马人殆不战

① 513 年即前 241 年的和约命迦太基人割让西西里与意大利间的岛屿，撒丁不在割让之列已是一个确定的事实；不过一说以为媾和三年之后罗马借口和约而占据撒丁岛，却是无稽之谈。他们如果这样行事，不但在政治上不顾廉耻，而且在外交上也不免愚昧无知。

而得撒丁岛，此外又加以科西嘉岛，此岛原为埃特鲁斯坎人的旧属地，自上次战事以来，罗马可能常有孤军戍守此地。然而在撒丁岛尤其是在崎岖的科西嘉岛，罗马人正如以往的腓尼基人，仅以占领沿海为限。他们与内地的土人交战不休，或毋宁谓以捕野兽的方式加以猎取，他们以犬行猎，把捉得的土人运至奴隶市场，可是不真正从事于征服。他们不是为两岛本身之故而加以占领，而为的是意大利的安全。现在意大利同盟据有三座大岛，第勒尼安海可谓为其所有。

罗马既获得意大利西海的岛屿，国家行政上便起了一种区别，这区别似仅源于希图方便，几乎出自偶然；可是尽管如此，其将来的后果却极为重大，这就是大陆行政与海外行政的区别，或用后来通行的名称来说，就是意大利与行省的区别。迄今为止，罗马民社的两位首长——执政官——俱无法定权限，罗马政府势力所及之处就是他们行使权力之处。然而在实际上，他们二人当然分掌职务，也当然在其职务的一切部门须受有关该部门的现行法规的约束；例如管理罗马公民的审判权须一概留给副执政官行使，在拉丁或其他自治民社，现存条约应受尊重。自 487 年即前 267 年以来罗马分设财务官四人于意大利各地，他们至少在昔不削执政官之权，因为在罗马此四人被认为隶属执政官的佐理官，在意大利亦复如是。这种行政方式起初似亦推行于取自迦太基的领土，西西里
69 和撒丁也在执政官监督之下由财务官治理。不过不久以后，罗马人必已实际上深信海外区域非有特别任命的高级长官不可。正如罗马民社扩大，他们不得不放弃那集罗马审判权于副执政官一身的制度，而派代理审判官至较远的区域，所以到了现在（527 年即前 227 年），集行政和兵权于一身的执政官制度也须放弃。海外新

区域——即西西里、撒丁以及与之合并的科西嘉——各有一个特别任命的佐理执政官来治理，此官在阶级和称号上卑于执政官而等于副执政官，可是在其他方面却如往昔设置副执政官以前的执政官，他在其自有的权限内，既是元帅，又是长官，也是最高裁判官。这种新设的官只无直接管理财政之权，亦如执政官自始即无此权，他们属下各有一两个财务官，财务官在一切方面隶属他们，由官方看来，俨若将军家的儿辈，可是他们特以管理财政为务，卸职后须将其政务情形报告元老院。

大陆领土与海外领土的差别只有这种最高行政权上的差别。在其他方面，罗马所用为组织意大利属国的原则也移用于意大利以外的地方。当然，这些民社都失其对外关系的独立，无一例外。至于内部交际，自此以后，行省之人无一能在本省本民社之外获得合法的财产权，或甚至不能缔结合法的婚姻。另一方面，罗马政府至少在西西里见各城的联盟组织不足为患，任其存在，甚至一般西西里的会盟以及其不害事的请愿权和申诉权亦为罗马政府所优容。[1]关于货币办法，事实上不能立即宣布罗马通货为唯一的法币；不过罗马通货似乎自始即有法定的流通；同样，罗马属下西西里各城铸 70
造贵金属货币之权似乎也被收回，至少常例如此。[2]另一方面，不

① 我们一方面由“西沽里人”(Siculi)出面控诉马尔凯卢斯，一方面由“全西西里各民社联合请愿”，又一方面由熟知的类似事件，可以推知这是实情。我们绝不能因为各市之间无财产权，便断定其无集会权。

② 在各行省，罗马垄断造金银钱币之权不如其在意大利那样严格，这显然因为不按罗马本位铸造的金银钱币不甚重要。不过通常看来，就是在各省，造币厂无疑也仅限于铸造小铜币，至多不过铸造小银币；甚至罗马属下西西里最受优待的民社，例如玛末丁、森都利波、阿列萨、赛介斯达和帕诺穆，其所造的钱币也均以铜币为主。

但全西西里的地产不改原状——意大利以外的土地依宣战权应归罗马人所有的原则尚未见于本世纪——而且一切西西里和撒丁的民社都保有其自理行政之权和某种自治。无疑地，民主政体在一切民社皆被废弃，每城的政权皆移归一个代表公民贵族的会议；至少西西里的民社每五年须举行总调查一次，与罗马的民情调查相似。可是这两种措置俱为隶属罗马元老院的必然结果；罗马元老院实不能用希腊的国民会议（*ecclesiae*）以为治，也不可不灼知每一属国在财政和军事上的资源；关于这两方面，意大利各处所施行的政策与此并无二致。

但是除这种大致平等的权利外，又在意大利民社与海外民社之间成立了一种区别——这区别固然仅系事实上的区别，可是却有重大的影响。海外民社不出兵参加罗马的陆军或海军；[1]他们失去用武的权力，他们仅在应罗马将军的征召以保卫其家乡时始
71 能用武，并且罗马政府可随意派意大利军入各岛，至少由此看来，可谓无用武权。作为代替出兵的条件，罗马征收西西里土产物的什一税和西西里各港埠一切出入口商品的百分之五从价税。两种税本身均非新创。波斯大王和迦太基共和国所征收的税大致与什一税性质相同；希腊久已效东方的前例，这种税法在这里与僭主政治不可分离，又常常与霸主制度结不解之缘。特别是西西里人久已纳什一税于叙拉古或迦太基，又久已代他人征收关税。西塞罗说：“我们接收西西里各民社为我们的门客，加以保护，使他们仍受治于昔

① 希耶罗说：“他知道罗马人仅用罗马的或意大利的步骑，用‘外国兵’，至多不过作‘轻装队伍’。”这话即含有此意。

日所行的法律，使他们以昔日服从其长上的态度服从罗马民社。”这一点固当不被忽略，可是不废虐政即等于自行虐政。属国仅更换了主人；我们若不由对属国的关系着眼而由对新主人的关系来看，则罗马舍弃那既明智而又高尚的政治原则——即罗马只受属国的出兵相助，而绝不受其代替出兵的偿金——实为绝大的不幸，与此相比，税率和课税方式的一切减轻以及一切细节上的例外均不足道。这种例外自属屡见不鲜。梅萨那即刻得加入“斗篷人”的同盟，依意大利的希腊人之例，出兵参加罗马的舰队。其他各城——塞介斯达和哈里恺（Halicyae）为迦太基属下最先加入罗马联盟的西西里城市，森都利波（Kenturipa）为岛东部的一个内陆城市，负有监视其邻国叙拉古的责任，[①]北岸的阿列萨（Alaesa）为最先归附罗马的自由 72
希腊城市，而最重要的则为帕诺穆，此城迄今为迦太基属下西西里的首城，今在罗马属下亦为西西里的首城——这五座城虽不得与于意大利军事同盟之列却除其他优待外得有免纳贡献和什一税之权，以致由财政观点来看，它们的地位较意大利各民社尤为优良。如是，罗马人把他们政策的古原则用在西西里，将属国细分为高下不等权利各异的种类；不过通盘看来，撒丁岛和西西里岛各民社不在同盟属国地位，而居公认的纳贡称臣的属国地位。

诚然，出兵民社全异于纳贡或至少不出兵的民社，在法律上未必即等于意大利与行省的差别。海外民社亦可属于意大利同盟，例如玛末丁人实际与意大利的萨贝利人同等，甚至设立享有拉丁权利的民社

① 我们略考地图或看那允许森都利波居西西里任何部分的奇特规定，便即刻明了此事。他们既为罗马做侦探，便须有极大的行动自由。再者，森都利波似在首先归附罗马的城市之列。

于西西里和撒丁亦如设之于亚平宁山外，毫无法律障碍。大陆民社亦可丧失其武备权而成为纳贡国，这已是波河上几个凯尔特人地方的成例，且以后推行甚广。可是就实情而论，出兵的民社在大陆上确占大多数，而纳贡民社确在各岛上占大多数，罗马人虽不想在有希腊文明的西西里或撒丁设意大利殖民地，罗马政府却必已不但决心征服亚平宁山和阿尔卑斯山外的蛮族之地，而且决计随着征战的进展，在那里成立些源于意大利而享意大利权利的新民社。如是，他们的海外领土不但被夷为臣属，而且将永为臣属于未来；而执政官行使职权之地新近经法律划定的，即等于罗马人的大陆领土，这地方将成为范围较广的新意大利，自阿尔卑斯山至爱奥尼亚海。固然，最初之时，“意大利”这个地理概念并不完全等于“意大利同盟”这个政治概念，一部分较为
73 广阔，又一部分较为狭隘。可是就在当今，罗马人即已认远至阿尔卑斯山的一切地方为“意大利亚”，就是说，这些地方都是“斗篷人”现在或未来的领域，而且正如北美洲过去和现在的情形，疆界按地理的意义暂为划定，以便随殖民事业的进展逐渐以政治的意义占领其地。①

① 意大利为罗马的本部或执政辖区，与海外领域或将军辖区截然有别；这区别似乎在罗马纪元第六世纪时即已见于种种应用。祭仪中有某种祭司不得离开罗马的规定，据说其意在不准他们渡海。又有一条旧章规定，执政官仅能在“罗马土地”推举独裁官，544 年即前 210 年有人为这一规定进行解释，谓“罗马土地”包括全意大利，此说把上述区别表示得更为明确。在阿尔卑斯山与亚平宁山之间的凯尔特地方特设一个省区，以别于执政官辖区而另属于一个长官，这是苏拉(Sulla)所为。当然此说绝不是反对下面的见解，即在罗马纪元第六世纪加里亚(Gallia)或阿里米努姆已常常被称为一个执政官平时的“辖区”(*provincia*)。我们熟知，在古文里，*provincia* 一词的意义不是我们现今所谓的 *province*，不是分给一位常任长官的一片明确地域，而仅是法律、元老院的法令或协议所规定某一长官应尽的职分；就这种意义而言，诚然可谓一个执政官负治理北意大利之责，这事甚且为一时的常规。

在亚得里亚海的门户，罗马人于对迦太基战事结束之前毕竟创设了那重要而久经图谋的布隆迪西乌姆殖民地（510 年即前 244 年）；罗马在此海的霸权自始即确定无疑。在西海，罗马曾不得不铲除敌手；在东海，希腊人互相水火，希腊半岛的任何一国因而不能取得或保持强大。其中最大的国家马其顿受埃及的影响，被埃托利亚人逐出亚得里亚海的上游，被阿喀亚人逐出伯罗奔尼撒，甚至不能保其北边以抗蛮族。罗马人如何深愿抑制马其顿及其天然同盟叙利亚王，他们如何密切地参加以此为务的埃及政策，由一个甚堪注意的建议可以概见：埃及王托勒密三世因贝伦尼斯（Berenice）的被杀，与叙利亚王塞琉古二世（Seleucus Ⅱ Callinicus 于 507—529 年即前 247—前 225 年在位）交战，马其顿可能与叙利亚联合作战，罗马于迦太基战争结束之后自请于埃及王，愿助他与叙利亚作战。74 一般说来，罗马与希腊化的各国关系较前密切，元老院甚至已与叙利亚交涉，并且因为认伊里翁人为同族而向上述的塞琉古代为说项。

罗马现在未直接干涉东方各国之事，只因为罗马没有为己事而行干涉的必要。阿拉图斯（Aratus）褊狭的朋党政策阻遏了阿喀亚同盟的繁盛，埃托利亚同盟为一伙投机军人的共和国，马其顿帝国又沦于衰微，这三国互相牵制，无须罗马插足其间而使之如此；当时的罗马又不但不求海外领土而且加以避免。阿加那尼亚人以其在希腊人中独未尝参加灭伊里翁之役为理由，吁请埃涅阿斯的后裔助抗埃托利亚人，元老院诚然试为外交的调解；不过埃托利亚人以其傲慢的方式裁书作复，罗马元老院虽喜博古，却绝不为此所激而作一场使马其顿人得去其世仇的战争（约 515 年即前 239

年）。

在当时情势之下，海盗业当然是亚得里亚海唯一兴隆的职业，意大利的商业大受其害，可是甚至对于海盗之害，罗马人也以非常的耐性加以容忍——这忍耐与其种族的性恶海战和海员拙劣有密切的关系。不过这祸害终至过于昭彰。马其顿不欲再尽其制止亚得里亚海盗而保护希腊商业的旧职以利其敌，斯科德拉（Scodra）的君主受其赞助，诱伊利里亚各部落——约与今日的达尔马提亚人（Dalmatians）、蒙台内革林人（Montenegrins）和北阿尔巴尼亚人相当——合伙共营海盗业，做大规模的远征。以其成群结队的两排桨快船，即驰名的“利伯尼亚（Liburnian）艇”，伊利里亚人对海上和沿岸的一切人作战。这一带的希腊殖民地，伊萨（Issa，即利萨[Lissa]）和法罗（Pharos，即勒西那[Lesina]）两岛城，伊庇丹努斯（Epidamnus，即都拉佐[Durazzo]）和阿波罗尼亚（在阿奥斯[Aous]河上的阿夫洛尼[Avlone]附近）两重要港埠当然特受其
75 祸，屡遭蛮族的围困。再则海盗更向南进，盘踞于伊庇鲁斯最繁盛的城市腓尼斯（Phoenice）；半由于自愿，半由于勉强，伊庇鲁斯人和阿加那尼亚人与外来的盗匪结成不合情理的同盟；海岸不靖之地直达埃里斯（Elis）和梅萨那（Messene）。埃托利亚人和阿喀亚人集合其所有的船舶，欲以制止此祸，亦属徒然：在公海上的一战，他们为海盗及其希腊同盟所击败，海盗竟至夺据那富饶而重要的科西拉岛（Corcyra，即科孚[Corfu]）。意大利的水手声诉，罗马旧同盟阿波罗尼人呼吁援助，被围的伊萨人急切陈请，罗马元老院于是被迫至少派使者往斯科德拉。盖乌斯·科隆加尼乌斯（Gaius Coruncanius）及其弟卢奇乌斯（Lucius）行至彼处，要求其王阿格隆

(Agron)禁绝此害。王答以按伊利里亚人的国法海盗业系合法职业,政府无权禁止私掠;于是卢奇乌斯·科隆加尼乌斯回答说,果若是,罗马将以创行较良法律于伊利里亚为事。这种答语自不甚合于外交辞令,两使者之一因此在归国途中被杀,罗马人谓此系奉王命而行之事,要求交出凶手,竟被拒绝。现在元老院别无他法。525 年即前 229 年春,由两百艘船只组成的舰队载着登陆军队出现于阿波罗尼亚海外,海盗船遇舰队,望风败溃,同时登陆军队捣毁海盗的堡垒;阿格隆王死后,其子平纳(Pinnes)尚未成年,其后条达(Teuta)秉政,今被围于最后的避难所,不得不接受罗马提出的条件。斯科德拉的君主又复在南北两方局促于其狭窄疆土的原界,不但须放弃一切希腊城市,而且须放弃达尔马提亚的阿第埃人(Ardiaei)、伊庇丹努斯附近的帕狄尼人(Parthini)和北伊庇鲁斯的阿丁达尼人(Atintanes);伊利里亚的武装船将来不许驶至里苏(Lissus,即阿勒西奥[Alessio],在斯库塔里[Scutari]与都拉佐之间)以南,非武装船结伴驶至该地以南的不得过两艘。罗马以最可赞美最有效力的方法迅速扑灭海盗之害,争得亚得里亚海的海上霸权。

可是罗马人又进一步,占据东岸。斯科德拉的伊利里亚人被 76
判为罗马的纳贡国,法罗王德米特里乌斯(Demetrius)由服侍条达国而改事罗马人,现在被扶植起来,以属国之君和罗马的同盟身份,治理岛屿和达尔马提亚的沿岸;希腊城市科西拉、伊庇丹努斯、阿波罗尼亚以及阿丁达尼斯和帕狄尼两民社均以宽和的联盟方式附属于罗马。这些在亚得里亚海东岸所获之地不甚广大,不必为它们任命一个特殊佐理执政官,科西拉似仅派有次等官吏,或许其他地方也是如此；这些领土的监督权，似委之于治理意大利的首要长官。[①] 如是，亚得里亚海最重要的航站亦如西西里和撒丁之例，受罗马的统治。试想何能有他种结果，罗马在亚得里亚海上游缺乏一个优良海军站，而其在意大利沿岸的领土不能应此需要；她的新同盟尤其是希腊商业城市视罗马人为其救星，无疑地，竭力以求永有这样强大的保护；在希腊本土，无一人能阻挡这种运动；反之，众口啧啧称赞这个解放者。阿喀亚同盟在希腊军备最强，有战船十艘；现在蛮族部下二百艘的舰队竟代那十艘战船驶入希腊人的港埠，把希腊人所应做而做得极为失败的事业一举完成，这时在希腊惭愧与欢乐二者孰多，或许是个问题。可是即使希腊人以本国
77 人被虐须外国拯救为可耻，他们却至少和颜悦色地接受这种援救，他们不免肃然收纳罗马人于希腊民族之列，许他们参加地峡运动会（Isthmian games）和埃琉西祭典（the Eleusinian mysteries）。

马其顿默无一言；它不能以武力反抗，又不屑以口舌抗议。罗马未遇抵抗。尽管如此，罗马既夺得邻国的锁钥，便化邻为敌，这敌国如果恢复其势力或遇可乘的机会，可料其必厉声发言，打破沉寂。如果那雄才多智的安提古努斯·都松（Antigonus Doson）得

① 罗马有一个常驻科西拉的统兵官，明见于波利比乌斯书（李维书内的译文有误），又有同一例见于李维书叙伊萨之事。此外我们有与之相类的 *praefectus pro legato insularum Baliarum* 和 *Pandataria* 的太守。所以任非元老的太守治理远方岛屿，似为罗马政府的成规。可是依理而言，这些“代理官”势必有更高级长官来推举和监督他们，而当时这更高级长官只能是执政官。以后马其顿和阿尔卑斯山南的加里亚（Gallia Cisalpina）两省既立，便委任两个省长之一执行更高级的行政管理权；现在谈到的地域即以后罗马的伊利里库姆省（Illyricum）的核心，一部分属于恺撒的辖区，这是人所共知的。

延数年之寿，他无疑地必接受罗马人的挑衅而不辞；因为数年之后，法罗君主德米特里乌斯脱离罗马霸权，违背条约而与伊斯特利亚人(Istians)合营海盗业，征服那已为罗马人宣称独立的安丁达尼人，安提古努斯与他结成同盟，德米特里乌斯的队伍在安提古努斯的军中参加塞拉西亚(Sellasia)的一战(532 年即前 222 年)。可是安提古努斯竟死(533—574 年即前 221—前 220 年冬季)，其嗣腓力(Philip)尚在童年，竟任罗马执政官卢奇乌斯·埃米利乌斯·鲍卢斯(Lucius Aemilius Paullus)攻马其顿的同盟，毁其都城，逐之离国出奔(535 年即前 219 年)。

塔兰托覆亡之后，意大利本部的大陆，在亚平宁山以南的，深为平静无事：对法勒里的六日战争(513 年即前 241 年)不过是个插曲。可是在北方，在同盟领域和意大利天然疆界——阿尔卑斯山脉——之间仍有不绝对属于罗马的广大区域。在亚平宁山以外，罗马人所有的只是一条狭小地方，自安科纳以上的埃西斯(Aesis)河至塞色那(Cesena)以下的卢比孔(Rubico)河，[1]大抵等于近代福里(Forli)和乌尔比诺(Urbino)两省之地。波河以南，凯尔特人的强大部落波伊部仍据有其自帕尔玛(Parma)至博洛尼亚的故地；与它们并立的，东有林哥尼部(Lingones)，西有阿那雷部(Anares)——二者都是凯尔特人的小邑，可能是波伊部的附 78
庸——居于平原。平原西端的利古里亚人既与孤立的凯尔特人混合，定居于阿雷佐(Arezzo)和比萨之西的亚平宁山上，始占据波河

① 据晚近最精密的地方考查，卢比孔河即是在萨维格那诺(Savignano)附近的菲乌米奇诺(Fiumicino)河，可是此河上流今已改道。

的发源地。波河以北平原的东部,大抵自维罗那至海岸,为维内替人所有,维内替人异于凯尔特人,可能出自伊利里亚人。这些地方与西山之间,在布雷西亚(Brescia)与克雷默纳(Cremona)附近,有塞诺马尼(Cenomani)部,此部鲜与凯尔特民族共同行动,可能大半与维内替人和茵苏勃儿(Insubres,在米兰附近)互相来往。茵苏勃儿是意大利境内最大的凯尔特城邑,不但与散在阿尔卑斯山谷那些半是半非凯尔特族的小民社常相往还,而且与阿尔卑斯山外的凯尔特城邑相交通。阿尔卑斯山的门户,通航三百七十公里的大河,当时欧洲文明区域最大最肥沃的平原,均仍握在意大利的世仇之手,他们虽曾受挫折,势力衰弱,可是甚至在虚名上也仍不属罗马,而且仍为邻国之患;他们固守其野蛮风俗,仍以牧畜和劫掠为业。我们可预卜罗马人必急于夺取这些地方;而尤其促罗马人为此的,则为凯尔特人渐忘471年即前283年和472年即前282年的败衄,又复跃跃欲试;而且有更危险者在,即阿尔卑斯山外的凯尔特人又复出现于阿尔卑斯山以南。

实则波伊部已于516年即前238年再开城衅,其酋长阿提斯(Atis)和加拉塔斯(Galatas)虽未奉全国大会的命令,已号召阿尔卑斯山外的高卢人来与他们共同举兵。高卢人应召的很多,至518年即前236年,一支意大利久已不见的凯尔特军扎营于阿里米努姆城下。罗马人当时兵力太弱,不能作战,与他们结一休战协定,为迁延时日计,许凯尔特人遣使赴罗马,使者竟敢在元老院要求割让阿里米努姆——布伦努斯时代似乎重见于当今。可是正式战争尚未开始,即有一件意外之事阻住战事。波伊部不满意于那些不召而来的同盟,可能惧其本土有失,与阿尔卑斯山外的高卢人

起了争执。两伙凯尔特人竟公然开战；波伊部的酋长为其部下所 79
杀，然后阿尔卑斯山外的高卢人重返故土。如是，波伊部被置于罗马人的掌握，罗马人可随意效仿驱逐塞农部之例把他们逐出境外，然后至少进到波河；不过罗马人宁可许波伊部讲和，以为其割让几处地方的酬报（518 年即前 236 年）。他们这种作为，或因正在此时他们预料对迦太基的战事又将爆发，可是此战却因割让撒丁岛而得免，罗马政府若实行其真政策，便须尽快完全占领直抵阿尔卑斯山之地。所以凯尔特人无日不忧罗马人这样入侵其国，实有其充分的理由。然而罗马却不急速从事；于是凯尔特人自开战端，这事的原因或在罗马人行班田制于东海沿岸（522 年即前 232 年），此虽非意在与他们直接为难，却使他们惧祸之将至；或因为他们见到为争伦巴底（Lombardy）总不免与罗马一战；而最可能的原因则为凯尔特人天性急躁，又复厌倦安居的生活而欲拿起武器，再去征战。除塞诺马尼部与维内替人共同行动声援罗马人外，意大利一切凯尔特人均加入此战，又有罗讷（Rhone）河上游的凯尔特人，或可谓他们属下的若干投机武人，在其首领康科里达努斯（Concolitanus）和阿涅罗斯图斯（Aneroestus）的麾下，与他们会合。① 凯尔特人的酋长带着步兵五万人，骑兵或车兵两万人，进至亚平宁山

① 波利比乌斯称这种人为“阿尔卑斯山和罗讷河的凯尔特人，他们因做佣兵被称为 Gaesati”（佣兵），卡庇托尔的纪年称他们为 Germani。当代编年史家用这名称或系专指凯尔特人，而恺撒和奥古斯都时代的历史研讨才使编辑纪年的人视他们为“日耳曼人”。另一方面，如果年代纪中提到的日耳曼人以当代的记录为本——果若是，这便是这个名称的最古称述——我们须认为这名称所表示的不是以后所谓的“日耳曼种族”，而是凯尔特人的一个部落；而且据第一流语言学家的意见，Germani 一名原非日耳曼语而系凯尔特语，或有“呼喊者”的意义，上列臆说更形可取。

(529年即前225年)。罗马未尝虑及此方被侵,也未尝逆料凯尔
80 特人不顾东海岸的罗马堡垒,轻视其同族人的保护,竟能直进而攻首都。不久以前,有与此相似的一伙凯尔特人以与此正相似的方式蹂躏希腊。这危险严重,而且由外表来看,比实际尤为严重。一种信念普遍流行于罗马城的民众中间,以为罗马这次难逃毁灭,罗马土地已注定为高卢人所有,以致政府为缓和群众的荒谬迷信计,不惜行出更荒谬的事,竟活埋高卢人男女各一名于罗马广场,以应宿命的定数。同时他们做更严肃认真的准备。当时两执政官各率一军,每军约有步兵二万五千人,骑兵一万一千人,一为盖乌斯·阿提利乌斯·雷古卢斯(Gaius Atilius Regulus)所率,驻在撒丁岛,一为卢奇乌斯·埃米利乌斯·帕普斯(Lucius Aemilius Papus)所率,驻在阿里米努姆。两军俱奉命急速开赴埃托利亚,此地的危机迫在眉睫。塞诺马尼部和维内替人既系罗马的同盟,凯尔特人已不得不留兵守其本土,现在翁布里的征兵又奉命走下其所居的山岳,进入波伊部的平原,肆行损害敌人于其本土。埃特鲁斯坎人和萨宾人的民兵应扼守亚平宁山,如果可能,应堵塞山路以待正规军的到来。罗马城编了一个五万人的后备队。意大利此次始见罗马城为其真正的保护主,全国无处不有能胜兵役的男子报名从军和搜集军需和战具之事。

然而这一切需要时间。这一次罗马竟陷于措手不及,至少要救埃托利亚,已嫌过晚。凯尔特人见亚平宁山的防务薄弱,便如入无人之境,劫掠埃特鲁斯坎区那久已不见敌人的殷富平原。他们已至克鲁西乌姆,距罗马城仅三日的路程,帕普斯所率的阿里米努姆军适出现于他们的侧翼,同时埃特鲁斯坎民兵渡过亚平宁山以

后已集合于高卢人的后方，追踪敌人的进路。忽然一日晚间，两军俱已扎驻营盘，燃起营中之火，凯尔特的步队又拔营而去，向菲苏莱（Faesulae，即费索尔［Fiesole］）撤退；当夜马队居前哨，翌晨也 81
随主力而去。托斯坎民兵所扎之营原密迩敌营，当其发觉敌人离去时，以为敌军开始溃散，急行追赶。这结果正不出高卢人之所料，他们的部队已得休息，排成整齐的行列，在一个精选的战场，等候罗马民兵，罗马民兵急行而来，精力已疲，行列紊乱。一场恶战之后，民兵死达六千人，其余已被迫逃避于山上，有全军覆没之势，幸而执政官所率的军队及时赶到，迫使高卢人撤退还家。他们想阻罗马两军的会合，把较弱的一军单独歼灭，这妙计仅一部分成功；现在据他们看来，应以保全其大批战利品为首务。为取较易行军的路线，他们由其所在的丘西出发，行抵平坦的海岸，然后沿岸而进，不料半途遇到阻碍。这就是撒丁军，此军已在比萨（Pisae）登陆，因到达太晚，来不及阻塞亚平宁山路，便即刻从事行动，按与高卢人相反的方向沿海岸行进。在台拉蒙（Telamon，在翁布隆［Ombrone］河口）附近，他们与敌人相遇。罗马的步兵以密集的前线沿大路而进，同时执政官盖乌斯·阿提利乌斯·雷古卢斯亲率骑兵转趋侧面以攻高卢人的侧翼，使帕普斯所统的另一罗马军急速知其已至。于是发生了一场骑兵恶战，雷古卢斯与不少的罗马勇士皆阵亡；可是他不虚此一死，他的目的已达。帕普斯得知这个激战，判明当时的情势，他急忙把他的军队列成阵势，现在凯尔特人受罗马人的两面夹攻。凯尔特人勇猛不屈，摆开阵势，分头应战，以阿尔卑斯山外的高卢人和茵苏勃儿人对帕普斯部下，以阿尔卑斯山内的陶利斯奇人（Taurisci）和波伊人对撒丁军；骑兵则自行

交战于侧翼。以人数而论，双方兵力不可谓不相匹敌，并且高卢人处于绝境，不得不做极顽强的抵抗。可是阿尔卑斯山外的高卢人
82 仅习于肉搏，遇罗马轻兵的投射武器而败退；在交手战中，罗马的军械锻冶较佳，高卢人居不利的地位；最后，罗马得胜的骑兵攻打敌军侧翼，决定了战局。凯尔特马队遁走，步队一面阻于海，三面陷入罗马的重围，无法脱逃。凯尔特人被擒的达一万人，其王康科里达努斯亦在其内；阵亡的达四万人；阿涅罗斯图斯及其侍从的人则依凯尔特风习而自杀。

罗马人大获全胜，于是坚决地想完全征服阿尔卑斯山以南的凯尔特人，以免再遭这种奇袭。次年（530 年即前 224 年）波伊部不抵抗而与林哥尼部一同投降，又次年（531 年即前 223 年），阿那雷部亦归降，于是波河以南的平原均落于罗马人手。征服波河以北，则需要一场较为激烈的斗争。531 年即前 223 年，盖乌斯·弗拉米尼乌斯（Gaius Flaminius）在新取的阿那雷部境内（约在皮亚琴察[Piacenza]附近）渡河，可是在渡过一半时他受了很重大的损失，在保持立足地于彼岸时受了更重大的损失，觉得背水为阵极为危险，竟至向敌人结约投降，以便得到自由退兵之权。茵苏勃儿人昧然许可。然而他一脱免，便至塞诺马尼部境内，与他们联兵，又由北方攻入茵苏勃儿邑境。高卢人今始灼见罗马人的目的何在，但已嫌太晚；他们由其女神庙里取出那名为“不可动摇”的金旌，发动全国五万兵力，向罗马人挑战。罗马人处于危急存亡的境遇：他们的驻所背面是一条河（或为奥格利奥[Oglio]河），他们与本国间是敌人领域，他们只能依赖塞诺马尼部不可恃的友谊以获得作战的援助和退路。然而他们别无他法。罗马人把随军作战的高卢人

置在此河左岸，把罗马兵团置在右岸，面对茵苏勃儿人，把河桥拆断以免受其可疑的盟友攻击，至少保住后路。

这样，无疑地，这条河截断他们的退路，他们的归途须经过敌军所在之地。可是优良的罗马武器和罗马纪律造成胜利，罗马军且战且行，竟夺路而出；这一次罗马的战术又补救了将军的过失。83
这次胜利应归功于士卒和军吏而不应归功于将军，将军得行凯旋礼，只是由于人民违反元老院的公平法案而偏袒将军。茵苏勃儿人自欣然愿结和约，可是罗马人要求他们无条件降服，而事势却尚未到这个地步。茵苏勃儿人想借北方同族的援助以维持其地位；次年(532 年即前 222 年)罗马两执政官又率兵自塞诺马尼部侵入其地，他们由北方同族和本国募得佣兵三万人来抵抗。狠斗不一而足；茵苏勃儿人想分罗马的兵力，攻波河左岸的罗马堡垒克拉斯提迪乌姆(Clastidium，即卡斯泰焦[Casteggio]，在帕维亚[Pavia]以下)，此役执政官马尔库斯·马尔凯卢斯(Marcus Marcellus)亲斩高卢王维尔度马鲁斯(Virdumarus)。可是在凯尔特人先小胜而罗马人终获全胜的一场决战之后，执政官格涅乌斯·西庇阿(Gnaeus Scipio)攻下茵苏勃儿的都城麦迪奥拉努姆(Mediolanum)；此城和科蒙(Comum)的陷落结束了他们的抵抗。如是，意大利的凯尔特人全被征服，而且正如以往罗马人在海盗之战示希腊人以罗马海权与希腊海权的不同，现在也昭然揭出罗马守意大利门户以抗陆盗的方法与马其顿守希腊门户之道悬殊；而且意大利尽管内讧，对于公敌却显出一条联合战线，希腊人则仅有纷纭和争斗可见。

波河上的平原广野或被夷为罗马属国，或如塞诺马尼和维内替的土地为同盟属国所居，以此而论，阿尔卑斯山的疆界可谓已经达到。然而要由这场胜利获得结果，做到这块地方的罗马化，却尚需时日。关于此事，罗马人所行的办法种种不一。在多山的西北意大利，在阿尔卑斯山与波河之间的较远区域，通盘看来，他们容以往居民继续居住；特别是那些号称对利古里亚人所作的战争（始于516年即前238年），似乎不足称为战争，而只是捕捉奴隶的行猎，邑聚和乡村虽往往服从罗马，罗马在此方的主权却通常仅有虚名。罗马远征伊斯替利亚（533年即前221年），其志也似乎不仅在毁灭海盗的最后巢穴，建立意大利的罗马征服地与其在对岸的
84 领土间的交通。另一方面，波河南的凯尔特人势必被灭，无可挽救；因为凯尔特民族团结不坚，北方凯尔特邑聚除非贪图金钱，无一肯与其在意大利的族人合作；罗马人不但视意大利的凯尔特人为民族仇敌，而且目之为夺其天然遗产的匪徒。522年即前232年的班田已使皮塞努姆至阿里米努姆处处皆是罗马的殖民；同类的步骤也见于实行，像凯尔特人这种半野蛮的人民，仅一部分务农，又缺乏筑有城垣的城市，不难被人歼灭和驱逐。北大路约于八十年前已经过奥特利科里（Otricoli）修到拿尔尼（Narni），不久以前（514年即前240年）又延长到新建堡垒斯波勒提乌姆（Spoletium），现在（534年即前220年）又经新市镇福罗·佛拉米尼（Forum Flaminii，在佛利格诺［Foligno］附近），渡佛尔洛（Furlo）隘口而至海岸，由此沿岸经法努姆（Fanum，即法诺［Fano］）而抵阿里米努姆，名与佛拉明大道（Via Flaminian）；这是第一条越过亚平宁山而联络意大利两海的人工道路。罗马人以极大热心使罗马市镇遍布于那新得的膏腴之地。在波河上，他们已建立坚强堡垒普拉森

提亚(Placentia,即皮亚琴察[Piacenza])以掩护此河的渡口;他们又已经营克雷默纳于左岸;右岸则在得自波伊部的领域内穆提那(Mutina,即莫德那[Modena])地方,筑城工程已大有进展;罗马人已准备再行班田和续修大路,突然来了一件事,使他们暂时不能收获胜利的结果。

85

第四章　哈米尔卡和汉尼拔

由513年即前241年与罗马缔结的和约，迦太基人得有和平，可是他们所付出的代价甚昂。西西里最大部分的贡献不再流入迦太基人的币藏而入敌人的府库，这是他们这次损失的最小部分。他们所最感痛心远甚的，却是他们原希望能垄断东西地中海间的一切交通线，正当这希望即将实现之时，他们竟不得不将其放弃。他们现在眼见其整个的商业体系土崩瓦解，西南地中海原是他们独手控制的区域，自从失去西西里岛以后，却变为万国的通衢，意大利的商业因此竟全不倚赖腓尼基人。然而素爱和平的西顿人或可安然默认这种结果。他们业已受过同样的打击；他们曾被迫与马赛利亚人、埃特鲁斯坎人和西西里的希腊人分享其昔曾独占的事业；甚至到了今日，他们所存的领土非洲、西班牙和大西洋的门户也足以使之强大繁荣。可是实际说来，谁能保证他们至少能常保此地呢？

雷古卢斯的要求以及他的几乎得其所求，只有自愿遗忘的人始能把它遗忘；罗马往昔由意大利举行的事已大获成功，现在她若由利利拜乌姆再行此事，除非有敌人失策或特别幸运居间解救，迦太基必致覆灭，无可疑者。固然，他们现在有一纸和约，可是这和约的批准曾系千钧于一发，他们深知罗马舆论对于缔结这和约的条款有何意见。罗马或许尚未想到征服非洲，以据有意大利为已足，不过迦太基的存在若须视罗马的知足为转移，则前途实形暗淡；谁能保证罗马甚至为其意大利政策的方便计，不觉得应灭其非洲邻国而不夷之为属国呢？

总而言之，迦太基只能视513年即前241年的和约为一种休战协定，再战既不可免，他们不能不利用这和约来备战；他们的志向不在报兵败之仇，甚至也不直接在恢复损失，而在自求一种不赖 86
敌人善意的生存。但是一场毁灭战虽无定期却必将来临一个弱国之时，较为明智果敢而忠贞的人士常立刻准备那无可避免的斗争，遇到有利时机便不辞一战，以攻势战术掩护其守势政策；而偷惰怯懦的大众、拜金者、老者、弱者、无深谋远虑者却只愿迁延时间，在和平中终其天年，不惜任何牺牲以延缓最后斗争之来临，永为明智忠勇人士的障碍。所以迦太基也有一个主和派，一个主战派，两派当然各自附于保守党和改革党已有的政治分野。拥护主和派的是行政部、元老会议、百人会议，以号称"伟人"的汉诺为领袖；拥护主战派的是民众领袖，特别是负重望的哈兹德鲁巴和西西里军的将吏；西西里军在哈米尔卡领导之下大有成功，此等成功虽无其他结果，却至少使爱国人士见一种似可望解救其所遭大难的方法。两派之间大概已有长久的激烈斗争，值利比亚战争忽起，他们的争斗暂息。我们上文已述此战的缘起。政府党既以不善为政而激起兵变，使西西里将吏的预防措施归于无效，又行其不人道的政策化兵变为革命，终于以其不善用兵，特别是他们那葬送军队的领袖汉诺不能用兵，使国家濒于灭亡；在这危急存亡的关头，政府亲请埃尔克特山的英雄，绰号"闪电"的哈米尔卡·巴尔卡来拯救它，使其得

免于其过失罪恶所致之祸。他接受了兵权，甚至政府又任命汉诺为其同僚，他也豁然大度地不辞其职。诚然，愤慨的军队遣汉诺归国，
87 哈米尔卡却徇政府的恳求，又让给他一部分的兵权；而且尽管有仇敌，尽管有这种同僚，他以其对于叛党的感化力，以其善于应付努米底亚的佃户，以其无双的组织天才和将才，竟能在非常短促的时间，完全荡平叛变，使造反的非洲再矢尽忠（517 年即前 237 年之末）。

在这次战争期间，爱国党保持缄默，而今却大声疾呼。一方面由于这次的灾难，当权的寡头政府那种极端的腐败，贻害无穷，他们的无能，他们的结党营私，他们的倾向罗马，均已暴露无遗。另一方面，由于撒丁岛的被夺，由于罗马当时所取的威吓态度，甚至最下贱的人也分明晓得罗马的宣战有如达摩克利斯（Damocles）之剑，无时不悬在迦太基的头上，如果在现今情势之下，迦太基与罗马开战，腓尼基人在利比亚的统治权必致失坠。迦太基人灰心于其国的前途而谋迁往大西洋诸岛的，或不在少数；谁能责备他们？可是侠肝义胆的人士却不屑专为自救而置其民族于不顾，大人物的特长就在由众善士皆认为无望的境遇，独能取得灵感，激发热情。罗马提示的新条件，他们一一接受，现在别无他法，只好屈服，加新仇于旧恨，拳拳地加以培养——这是被害民族的最后本领。于是他们采取措施进行政治改革。[①] 他们已充分明了一班当权人

① 关于这些事件，我们所有的记载不但残缺不全，而且是一面之词，因为罗马编年史家所采的说法当然是迦太基主和派的说法。然而就是在我们所有的残缺失真的叙述中，各派的关系却亦显然可见（最重要的记载见于波利比乌斯（iii. 8），阿庇安（《罗马史》第 4 章）和狄奥多罗斯（xxv. p. 567）等人的著作中对法比乌斯的论述）。关于敌党用以污蔑“革命党”的卑鄙流言可于奈波斯（Nepos）书中得见一斑，此等流言或不易有其匹敌。

的不可救药；这班人的无耻几达于无知之域，他们现在竟控告哈米尔卡未得政府认可，擅许金钱于西西里士卒，说他是佣兵战争的祸首；由此观之，可见甚至在上次战争期间秉政的大佬们既未忘其旧怨，也未获得新知。如果这伙军官和民众领袖要推翻这腐朽恶劣 88
的政府，在迦太基本国不至于遇到困难，可是迦太基的政府首领已与罗马保持近于卖国的关系，在罗马，这势必遭遇较猛烈的障碍。在其他一切困难之上又加以一种困难，即他们所创的救国方法须不使罗马人和他们那亲罗马的政府确知其所为何事。

所以他们对于宪法不加变动，又任政府首领充分享受其独享的特权和公产。一个议案一经提议，即被通过，即利比亚战役结束时，汉诺和哈米尔卡二人同为迦太基军的统帅，今应罢免前者，任命后者为全非洲不限任期的元帅。设法使哈米尔卡对秉政团居于独立地位——他的仇敌名之为不合宪法的君主，加图称之为独裁——只有民众大会能罢免他，传讯他。[1] 甚至继任人的选择权也不寄托在首都的当局，而寄托在军队，就是说，寄托在充长老或军官于军中的迦太基人，这些人的姓名与将军的姓名同列在与将军所立的契约中。当然，核准权保留在民众大会。无论这是不是一种篡夺行为，主战派视军队为其特别势力范围，却由此而昭然若揭。

由形式看来，哈米尔卡的职责似无惊人之处。迦太基对努米底亚部落的战事从未停止，仅在不久以前，内地的“百门城”德韦斯

① 闪电家族能缔结最重要的政治条约，行政部的批准只是一种形式。罗马向他们和向元老院提抗议。在许多方面，这一家对迦太基的地位类似奥兰治王家(Orange)对三级会议(States-General)的地位。

替（即特贝萨）即为迦太基人所占领。非洲新元帅的指定工作是继行边疆战事，此事本不甚重要，所以那仍许在其直接权限内为所欲
89 为的迦太基政府，见民众大会通过关于此事的法案，不妨默然伪作不知，罗马人对于此事的意义或也毫无所知。

如是，在西西里和利比亚两战役，哈米尔卡已以事实证明如果命运决定有一人将成为迦太基的救主，则救主便非他莫属，现在被举为元帅的却正是他。人类与命运的英勇斗争殆没有比他这斗争更英勇的。军队为救国之用，可是所谓军队指何种军队而言？在利比亚战争中，迦太基的国民军受哈米尔卡的指挥，战绩不劣，可是他深知一座城非常危急时，率城内的商贾工人背城一战是一件事，把他们造成精兵却是另一件事。迦太基城的爱国党可充绝佳的军官，不过在爱国党里有代表的当然纯是受过教育的阶级。他没有国民兵，至多不过有几队利比腓尼基的骑兵。他的工作是用利比亚的征兵和佣兵编成一支军队，这工作在哈米尔卡一流将军的手里自能做到，可是甚至要他能做到此事，也非有个条件不可：就是他能按时发给部下饷项，而且饷项优厚。但由于其在西西里的经验，他晓得迦太基的国家岁入都开支在迦太基本城，用在极紧急的事项，无款来发付与敌作战军队的饷项。因此，他所从事的战争须自给自足，他须把已在佩勒格里诺山（Monte Pellegrino）小试的方法大规模地实行。但是更有进者，哈米尔卡不只是个军事领袖，而且是个党魁。寻仇不止的政府党，热心可是耐性地等候把他推倒的机会，他既与此党为敌，便须求助于国民；无论国民领袖如何纯洁高尚，民众却是腐败的，因为不幸有行贿制度，他们惯于不得钱不卖力。固然，特别是遇到危急之时，必要和热情可以卓著效

力,处处如此,就是贪贿腐化最深的也无例外;不过哈米尔卡的计划只能实行于数年之后,他若欲使迦太基全国永久拥护他的计划,便须按期拨款给本国朋友,以保持群众的欢心。如是,因为要拯救一群不热心而贪贿赂的民众,不得不向他们请求或买取做这事的许可;因为欲行其志,不得不以忍辱吞声为代价,向他所恨而常常 90
击败的骄傲敌人换取一个必不可少的喘息机会;因为自命为祖国主人的都是些被人唾弃的卖国贼,不得不对他们掩饰他的计划和蔑视——这个顶天立地的男子汉孤峙于内外敌人之间,绝少与他同志的朋友,利用一方或他方的犹豫不决,既蒙蔽他们又不顾他们只为的是取得与一国较量之资,即金钱和兵士;而且即使军队作战的准备已就绪,此国仍似难以达到,更不能征服。他尚在少壮之年,不过三十岁;可是当他准备远征之时,他似得一预兆,自知要达到其工作的目的,或不由远望而能见其所欲至之地,均为势所不许。离开迦太基时,他命其九岁之子汉尼拔在至尊神的坛前宣誓永与罗马之名为仇;他在军营中教养此子以及较幼二子哈兹德鲁巴和马哥——他呼他们为"一窝小狮子"——使他们继承他的计划、他的天才、他的仇恨。

佣兵战争结束后(或在518年即前236年春间),利比亚的新元帅立即离开迦太基。他似乎欲往征西方的自由利比亚人。他的军队有战象特多,沿海岸而进;海军则与陆军并进,由其忠实同志哈兹德鲁巴率领。忽然传来消息,说他已在赫尔克勒斯柱渡海,登陆于西班牙,与当地土人作战——迦太基当局抱怨说他未奉政府之命,擅与未曾害他的人民作战。无论如何,他们不能抱怨他忽略非洲的事;努米底亚人又复叛乱,他的副官哈兹德鲁巴给他们一个极有效的打击，以后多年，边境晏然，几个迄今独立的部落纳贡归附。他自己在西班牙所为何事，我们不能知其详。他死后三十余年，老加图在西班牙见其遗迹犹新的成绩，他尽管恨迦太基人，却不禁赞叹说，无一国王可与闪电哈米尔卡相提并论。由他所立功业的效果，我们仍能看见，至少一般地看见，哈米尔卡为军人和政
91 治家，在其余生的九年中（518—526 年即前 236—前 228 年）成绩如何，他在壮盛之年，英勇搏斗于战场，竟如香霍斯特（Scharnhorst），洽殒命于其计划将达完成之时。以后八年间（527—534 年即前 227—前 220 年），他的女婿哈兹德鲁巴继承他的职位和计划，依其宗师的精神，进行哈米尔卡创始的事业。在西班牙沿岸，迦太基原只有一个转运货物的小口岸和加的斯保护地，而这小口岸被视为利比亚的属地，现在代替这小口岸，哈米尔卡的将略在西班牙创造了一个迦太基人的王国，哈兹德鲁巴的巧妙政治手腕又把这王国加以巩固。城市创建起来；最重要的，西班牙南岸只有一个良港，哈兹德鲁巴建“西班牙的迦太基”迦太基那（Kartagena）于其上，创建人的壮丽“王宫”即在其中。农业发达，而由于侥幸发现迦太基那银矿，矿业更为发达，一百年以后此矿每年的产量逾三十六万镑（三千六百万塞斯特）。达至埃布罗（Ebro）河，各民社多半成为迦太基的属国，向之纳贡。哈兹德鲁巴用一切巧妙手段，甚至通婚，使各酋长与迦太基成利害相通的关系。如是，迦太基在西班牙获得商业上的好市场；此省岁入不但能赡养军队，而且仍有盈余寄回迦太基，留作将来之用。同时，此省编练军队；正式征兵制实行于迦太基的属地；战俘并入迦太基军团。属国供给援兵和佣兵，要多少便有多少。兵士久历戎行，视军营为第二家庭，以忠于军旗

和钟爱其伟大的领袖代爱国心。步兵无日不与骁勇的伊比利亚人和凯尔特人相冲突，成为可用的兵，足以与绝佳的努米底亚骑兵相配合。

专就迦太基而言，闪电派可以进行无阻。公民不被时时勒捐，反而由新地获得利益；在西班牙，商业恢复了在西西里和撒丁所受
的损失；西班牙战争和西班牙军队以及其灿烂的胜利和重大的成 92
功不久便为人所共赏，以致在特别危急之时，如哈米尔卡阵亡以后，甚至能做到把大批非洲援军调到西班牙；政府党无论喜与不喜，不得不保持缄默，至多不过谈到鼓煽人民的军官和群众时，彼此相对诉苦或向其在罗马的朋友鸣不平而已。

罗马也未举行一事足以大有影响于西班牙的事态。罗马人所以无所举动，无疑是以不谙这荒远半岛的情形为主因——哈米尔卡所以择西班牙为实行其计划之地而不择在其他方面可能中选的非洲当然也以此为主因。罗马派员至西班牙就地搜集情报，迦太基将军向他们说明，并保证这一切作为只为供给速偿罗马战费之用，元老院对这种话绝不能置信。可是他们大概仅灼见哈米尔卡计划的直接目的，即迦太基在各岛丧失了贡献和贸易，要取偿于西班牙；他们以为迦太基人会作侵略战，特别是由西班牙攻入意大利——从含有此意的明文和此事的全貌看来，昭然若揭——是绝对不可能的事。迦太基的主和派当然有许多人眼光较远，不过无论他们意见如何，他们必不甚愿以将临的风波告知罗马友人，因为迦太基当局久已不能阻遏风波的来临，这步骤不但不能挽回危机，而且必至促危机的速发；并且即使他们告知罗马人，这出自党人口中的告密，罗马当然以很戒慎的态度接受它。固然，迦太基在西班

牙的势力，其强大快速的逐步扩张令人不可思议，不能不引起罗马人的注意，唤醒他们的疑虑。实在开战以前的最后几年间，他们确曾欲限制这种扩张。约在528年即前226年，他们念念不忘其新起的希腊风，与西班牙东岸两个希腊或半希腊城市缔结联盟，一个
93 是查辛都（Zacynthus）又名萨贡图姆（Saguntum，即莫维德罗[Murviedro]，距瓦伦西亚[Valencia]不远），一个是安波利埃（Emporiae，即安普里亚斯[Ampurias]）；他们以此事通知迦太基将军哈兹德鲁巴时，乘机也警告他莫拓地于埃布罗河以外，他允许照办。罗马人这种作为，目的不在防范他由陆路入侵意大利——任何条约也不能束缚冒险为此的将军——而意在见西班牙的迦太基人渐形可畏，欲以此限制他们的实力，又在既将埃布罗河至比利牛斯山的自由民社收归罗马保护，如遇有登陆作战于西班牙的必要，便可用这些民社为军事行动的基地。至于即将到来的对迦太基战争，元老院未尝不见其无可避免；对于西班牙发生的事件，他们所担忧的不便却不过是或将被迫派几个兵团前往，敌人的金钱和兵力将较无西班牙时略为充足；无论如何，他们毅然决定，如538年即前216年的作战计划所示而且诚然非如此不可，下次战事要起于非洲，终于非洲——这办法同时也可决定西班牙的命运。此外尚有其他的迟延理由，在最初几年的理由为迦太基应分期付赔款，此款一遇宣战，便将中断；以后的理由为哈米尔卡逝世，其友其敌俱因此而以为其计划将与他同归于尽。最后，在较晚几年，元老院确渐忧虑迟迟不战的失策，当时又有一个很易明了的志愿，要先铲除波河流域的高卢人，因为他们见灭亡将临，可料罗马一旦从事大战，他们必利用时机，再诱阿尔卑斯山外部落来意大利，再发动那

仍为大患的凯尔特人的转徙。罗马人所以不取行动，不是扼于顾
虑迦太基和约或现存条约，这是不言而喻的；再者，他们如果愿战，
西班牙的争斗随时皆可作为现成的口实。由此看来，罗马的行为
绝非不可索解；可是也有不可否认的，即罗马元老院处理此事的方
法显示其眼光短浅、懈弛无力——在其同时处理高卢事件的方式
上，这种缺点尤为情无可原的显著。罗马的政策恒以坚固不移、变 94
诈多端和始终一贯见长，而不以伟大的构思或迅速的组织力卓
著——在这种特性上，罗马的敌人自皮罗斯至米特拉达特梯
(Mithradates)往往非她所能及。

如是，命运佑人，哈米尔卡的妙计得以见于实行。战争的实力得到了——军队人数众多，习于战胜攻取，府库无日不充实；可是要觅得作战的良机和给军队一个正确指导，尚须有个领袖。那个在危急存亡之秋，处于灰心丧气的民族之中用其心智开辟救国救民之路的人，却在甫能行其计划之时，遽然与世长辞。他的继任哈兹德鲁巴不肯从事攻战，这究由于他以为时机未至，或由于他是政治家而非军事家，自度不胜指导战事之任，我们不能断言。至534年即前220年初，他为刺客所害，西班牙的迦太基籍军官便召哈米尔卡的长子汉尼拔继其位。他仍在少年——他生于505年即前249年，所以现在只有二十九岁，可是他的生平业已富有形形色色的经验。他回忆初年，仍记得他父亲作战远方和在埃尔克特山克敌制胜的景象；在卡图卢斯的和议、在饮恨归国、历惨酷的利比亚战争，他始终与其不败的父亲同甘共苦，哀乐一致。尚在童年时代，他便随其父于营中，且不久便显露头角。他身轻体健，因而非常善于竞走和剑术，而且骑马驰骋无惧色；失眠对他不生影响，他

也知如何饱食，如何忍饥，与士兵无异。他虽度其少年时期于营中，却有当时腓尼基人所有的修养；关于希腊文，似乎自他为将军以后，他受挚友斯巴达人索西卢斯(Sosilus)的指导，进步极大，以至于能用希腊文写作公文。他既长大成人，便加入他父亲的军队，在其父眼下初次施展武艺，又亲见其父战死于其侧。自此以后，他在姊夫哈兹德鲁巴的麾下统率骑兵，不但以惊人的勇敢见长，而且以善于将兵著称。现在他的同伴异口同声地叫他这年虽少却经验丰富的将军做元帅，他现在可以实行他父亲、他姊夫所终身致力的
95 计划。他取得遗产，并且不辜负它。他同时代的人想用种种的罪名污蔑他的人格；罗马人骂他残忍，迦太基人骂他贪婪；诚然，他的怀恨方法只有东方人能领略；一个永不缺乏金钱和积蓄的将军不能不贪财好利。可是他的历史虽由愤怒、忌妒和卑鄙所书写，它们却不能损害他纯洁的贵族形象。除拙劣的杜撰自相矛盾，几种罪行是他的副将，特别是汉尼拔·蒙诺马古(Hannibal Monomachus)和萨谟奈人马哥假他的名义做的，姑置不论外，载籍上关于他的叙述无一不可证其适于当时的情势，合于当时的国际法；众人一致地说他兼具冷静头脑和热心，审慎而又敢为，无人能及。腓尼基人的一个主要特性是奸诈，他也特以独出心裁的奸诈著称；他好取奇异难料的路线；谙悉埋伏和一切奇计，他非常细心地研究敌人的性格。以一种无双的侦探制度——他甚至常有侦探驻罗马城内——他时刻晓得敌人的计划；常有人见他亲自改装易服，戴假头发，以采访关于某事的情报。当时历史无一页不证明他为将帅的天才；而他做政治家的才具也同样昭然在人耳目；他与罗马结和约以后革新迦太基的宪法，他亡命外国以后，又能以无比的影响左右

东方各国的内阁。他驾驭众人的能力可见于其空前控制一个种族不同、语言各异的大军——就是在最恶的时期，这大军也未对他讹变。他确是个伟人，无论他走到何处，众目睽睽都盯到他的身上。

汉尼拔被推举后（534年即前220年的春间），立即决定开战。凯尔特人之地仍在鼎沸中，而且罗马与马其顿的战争似乎迫在眉睫；他现在理应即刻揭开假面具，在罗马人随其本身的方便而登陆 96
非洲发动战事以前，选择他所欲攻的地方径往攻战。他的军队不久便有了出征的准备，他的府库由几次抄掠而颇为充盈，可是迦太基政府却表示极不愿对罗马宣战。哈兹德鲁巴在迦太基为爱国的民族领袖，在西班牙为元帅，他在迦太基的地位甚至比他在西班牙的地位尤其难乎为继；主和派如今在本国占了优势，以政治罪名迫害主战派的首领。当局业已删削破坏哈米尔卡的计划，绝不愿使这现在统兵于西班牙的无名少年妨害政府以行他的爱国；汉尼拔又不敢公然违抗正统当局的意思自行宣战。他想挑动萨贡图姆来破坏和平，可是萨贡图姆仅止于向罗马申诉。罗马人接到他们的陈诉，派出一个考察团，汉尼拔对他们无礼，想逼他们宣战，可是考察人员灼见实情：他们在西班牙默不一言，想要向迦太基提出诉状，并想把汉尼拔备战和战事迫在眉睫的消息寄回本国。如是，光阴荏苒，安提古诺·都松的死讯已至，他的暴死约与哈兹德鲁巴同时；在阿尔卑斯山内的高卢，罗马人以加倍的速度和努力续建堡垒；罗马准备于次年春间从速荡平伊利里亚的叛乱。一日值千金；汉尼拔立下决心。他寄一个简短通告到迦太基，说萨贡图姆人正在侵犯迦太基属国陶尔包勒特人（Torboletes），所以他须攻打他们；他不待回音，便在535年即前219年春间开始进攻这与罗马联盟的城，换句话说，与罗马开战。我们由约克（York's）结约投降一事在某几方面所造成的印象，可以大约推知当时流行于迦太基的意见和言论。据说一切"君子"不赞成"未奉命令"的进攻；相传有否认其事或交出悍将之说。可是，究因为迦太基议会畏那离国较近的军队和群众尤甚于畏罗马；或因为他们见事已至此，无可挽回；或仅因为他们陷于惰性，不能有任何具体的行动；他们终于决
97 计不做一事，虽不准备认可战事，却任其进行。萨贡图姆的自卫是只有西班牙城市能做的自卫；如果罗马的努力仅及其附庸的十分之一，而在萨贡图姆被围的八个月不浪费时间于对伊利里亚股匪的琐屑战争，则他们既是海洋和便于登陆地方的主人翁，便可免去那说保护而不保护的耻辱，或许远可以转移战局。可是他们迟延耽搁，这个城终于被人攻陷。汉尼拔把战利品遣送到迦太基分发，爱国心和战争热起于素无此感的众人心中，于是这次分发战利品打断了一切与罗马和解的希望。因此，萨贡图姆灭亡之后，罗马使团来在迦太基，要求交出将军和身在军中的长老，迦太基人要为此事辩护，罗马发言人打断他们的谈话，停止讨论，撩起衣服，声言他把和战置在衣中，长老会议可任择其一，此时长老们便鼓起勇气答道，他们听罗马人选择；罗马发言人请战，他们便受而不辞（536 年即前 218 年春间）。

因萨贡图姆人顽强抵抗，汉尼拔费了一年的时间；535—576 年即前 219—前 218 年的冬季，他照常休整于迦太基那，一方面准备进攻意大利，一方面筹划西班牙和非洲的防务；因为他与其父和其姊夫无异，为两地最高统帅，所以筹备祖国防务之事也传到他身上。他的全部武力共约步兵十二万人，骑兵一万六千人，他又有战

象五十八匹，有装备的五排桨船三十二艘，无装备的十八艘，另有战象和船舶留在首都。除轻兵队里有少数利古里亚人外，这个迦太基军没有佣兵；除几队腓尼基人外，这军队里大都是由迦太基属国征来服兵役的人民——即利比亚人和西班牙人。这位将军深知他所应付的人，为确保西班牙人的尽忠计，准他们一概全冬请假，以示信任；腓尼基人的爱国不免褊狭排外，他却不然，他向利比亚人宣誓，许他们如果能战胜归非洲，必给他们迦太基的公民资格。98
然而这个大军只有一部分为远征意大利之用。将近两万人被调到非洲，其中小部开至首都和腓尼基人的本土，大部则开往非洲西端。为保卫西班牙计，把一万二千名步兵、二千五百名骑兵和半数的战象留在后方，此外还有驻在那里的舰队；至于西班牙的主要兵权和行政权，都委托汉尼拔之弟哈兹德鲁巴执掌。迦太基直接领域的防御较弱，因为遇必要时，首都有充分的财力；同样，因为在西班牙容易征得新兵，少数步兵即足供西班牙一时之用，而非洲特有的武力——马军和象军——却大部留在西班牙。汉尼拔极注意西班牙与非洲间交通的安全；因此留舰队于西班牙，以一支很强大的军队保卫西非洲。为保持队伍的忠心起见，他不但由西班牙民社取人为质，把他们拘留在萨贡图姆的堡垒中，而且把兵士由招募之地调到他处：东非洲的民兵大半被调到西班牙，西班牙的被调至西非洲，西非洲的被调至迦太基。如是，防务有了充分的筹划。至于进攻计划，他派二十艘的五排桨船载着一千人，由迦太基驶往意大利西岸劫掠，另一队二十五艘，如果可能，去重占利利拜乌姆。他决定亲率主力军攻入意大利，这无疑是哈米尔卡原有计划的一部分。只有在意大利才能对罗马做决定性的攻击，一如只有在利比亚才能对迦太基做决定性的攻击；罗马当然以后者为下次战争的第一招，所以迦太基自应起初不自限于西西里一类的次要军事目标，也不应只限于守势——如果战败，则无论如何均不免于灭亡，可是如果战胜，便有截然不同的结果。

可是如何能攻意大利呢？他由海由陆俱可走到这个半岛；可
99 是他的计划如果不只是一场拼命的冒险，而是一个有战略目标的用兵远征，他便需要一个比西班牙或非洲切近的军事基地。因为罗马今握有海上霸权，汉尼拔不能倚赖舰队或设防港湾的支援。意大利同盟境内也没有任何可据守的基地。如果在迥异于今的时代，尽管同情于希腊人，意大利同盟受皮罗斯的震撼而竟不动摇，则望其现在于腓尼基将军来到之后土崩瓦解，实不可能；无疑地，一支入侵的军队一遇罗马的堡垒网或团结坚固的同盟必遭破灭。拿破仑征俄罗斯之役与汉尼拔征意大利之役相似；对于汉尼拔，仅有利古里亚人和凯尔特人之地能有波兰对于拿破仑的功用。这些部落的独立斗争尚未完结，仍觉得创巨痛深；他们与意大利人种族不同；罗马堡垒和大路织成的联合封锁正以其第一批圈套束缚他们，使他们有危及生存之感；所以这些部落不能不认那有许多西班牙凯尔特人的腓尼基军为救星，做他们可靠的支援——一个筹饷募兵的源泉。腓尼基人已与波伊部和茵苏勃儿部缔结正式条约，他们约定派向导迎迦太基军，为之取得其同种部落的殷勤招待和沿途供应，迦太基军一到意大利他们即起兵攻罗马人。最后，罗马人与东方关系的状态使迦太基人也趋向此方。马其顿在塞拉西亚一战而胜，因此已重建其主权于伯罗奔尼撒，与罗马不和；法罗王德米特里乌斯背罗马之盟而与马其顿联合，其国为罗马人所夺，他亡命于马其顿宫廷，罗马人要求马其顿把他交出，马其顿不许。如果瓜达尔奎维尔（Guadalquivir）河与加拉苏（Karasu）河的军队能会在一处以对付共同的敌人，则非在波河上会师不可。如是，一切使汉尼拔趋北意大利；524 年即前 230 年，罗马人遇迦太基侦察队于利古里亚，极为诧异，可见其父已注目于此方。

汉尼拔取陆路而舍海路，原因不明；罗马人的海上霸权和他们 100
与马赛利亚的同盟，无一能防止敌人在热那亚（Genoa）登陆，这事显而易见且有后事为证。此问题的满意解答须赖几个要素，而这几个要素却不见于我们的典籍，又不能由猜测而得。汉尼拔须就两害之中择取其一。由他看来，与其冒犯航海和海战那些变化莫测更不可逆睹的危险，不如接受波伊部和茵苏勃儿部那无疑出于诚意的保证，而因军队即使登陆于热那亚仍须爬山越岭，他更以遵陆路为得计；至于热那亚的亚平宁山的险阻，如何远逊于阿尔卑斯山的主系，他却无法确知。无论如何，他所取的路线是原始凯尔特人的路线，许多更大的人群皆曾由此渡过阿尔卑斯山；凯尔特民族的盟友和救星自可无所畏惧，毅然由此过山。

所以在利于行军的季节之始，汉尼拔便把将参加大军的队伍集合在迦太基那，有九万名步兵和一万二千名骑兵，其中三分之二为非洲人，三分之一为西班牙人。他们携战象三十七匹，大概为使高卢人起敬而非为正式作战之用。赞第普所率的步兵须隐身于象队之后，汉尼拔的步兵不复如是；象队是两面有刃的武器，不但可使敌人败北，而且可陷本军于败北，这位将军十分明智，绝不轻易贸然地使用这一武器。536 年即前 218 年春，汉尼拔带着这个军队由迦太基那出发，向埃布罗河前进。他把他所做的措置，特别是关于他与凯尔特人所成立的联络和这次远征的资源和目的，都告知他的队伍，以至于就是久经战场习于军事的普通兵士，也深感其领袖眼明手稳，而怀着绝对的信任，随着他到陌生辽远的地方去；在一番慷慨激昂的演说中，他向他们阐明国家的地位和罗马人的要求，他们亲爱的故乡必将沦为奴隶之域，他们被诬为能献出所爱的将军及其干部的耻辱，这番话在一切人的心中激起一种武士爱国的热情。

101 罗马政府现在的境况，是甚至稳固而明达的贵族政府所易有的境况。罗马人无疑地自知所愿完成之事，而且也采取了种种步骤；可是无一事做得妥当，无一事做得适当其时。他们很久以前，已可掌握阿尔卑斯山的门户，荡平凯尔特人；现在后者却仍然可畏，前者仍然洞开。他们如果顾名誉而守 513 年即前 241 年的和约，很可以与迦太基有友好关系，他们如果不愿和平，很久以前，他们即可征服迦太基；和平已实际因夺取撒丁而被破坏，他们却许迦太基的力量不受骚扰地恢复，历二十年之久。罗马并不甚难与马其顿维持和平，可是因为一个小小的利益，他们竟丧失了马其顿的友谊。这时必缺乏一位领袖政治家来博观国事的情况；在一切方面，不是不及，便是太过。如今战事开始于他们任敌人决定的时间和地点，尽管他们饶有根据地自信军力优于敌人，却对于最初行动的目标何在和遵循何道，茫然不知所措。他们有五十万以上的可用之兵听其调遣，只有罗马的骑兵不及迦太基的精良和众多，罗马骑兵约占其出战总兵额的十分之一，迦太基骑兵占八分之一。罗马舰队有五排桨船二百二十艘，方由亚得里亚海驶回西海，这次受战事影响的国家没一个有与此相当的舰队。这个压倒对方的优势武力，其天然而正当的用途不言而喻。战事应以登陆非洲为始，是久已决定的战略。以后事势转变，罗马人不得不把同时登陆西班牙包括在计划中，主要目标在使西班牙军不能至迦太基城下。按照这个计划，最重要的，他们应于535年即前219年初汉尼拔攻萨贡图姆实际开了战衅的时候，在此城陷落以前，派一支罗马军入西班牙；可是他们不但忽略了声誉之所要求，也忽略了利益之所明示。萨贡图姆守城八个月，竟属徒劳；罗马甚至尚未把登陆西班牙的军队装备起来，此城已归迦太基人掌握。然而自埃布罗河至比利牛斯山之地仍是自由地带，其地各部落不但是罗马人的天然盟友，而且与萨贡图姆人同由罗马使者得有迅速施援的诺言。由意 102
大利汎海而至加泰罗尼亚（Catalonia），不比由迦太基遵陆至此多费很多的时间；如果罗马人于其间正式宣战之后，仿腓尼基人所为，于4月出发，则汉尼拔也许就在埃布罗河战线上遇到罗马的兵团。

到了后来，罗马陆军海军的大部固然完成了远征非洲的准备，第二执政官普布利乌斯·科尔涅利乌斯·西庇阿（Publius Cornelius Scipio）奉命往埃布罗河；可是他从容就道，遇波河上有叛乱，他让人把那准备登船的军队用在那里，再编新兵团远征西班牙之用。所以汉尼拔虽遇激烈抵抗于埃布罗河，这抵抗仅出自土著人；而且在现今情形之下，由他看来，时间贵于部下的血肉，所以他于数月之内打破障碍，损失其军队四分之一，竟达比利牛斯山一线。罗马在西班牙的盟友将因此迁延而再被牺牲，自是意料中的事，而这次迁延实属不难避免；可是在536年即前218年春间罗马必未预料迦太基将进攻意大利本土，如果罗马人及时出现于西班牙，就是这种进攻抑或尚可挽回。汉尼拔绝无意牺牲其西班牙“王国”，以亡命徒的方式向意大利孤注一掷。他费许多时间用于攻萨贡图姆和荡平加泰罗尼亚，他留下很多队伍据守埃布罗河至比利牛斯山的新克土地，足见如果有一支罗马军队与他争西班牙的所有权，他必不能怡然退让；又有主要之点在，如果罗马人能使他仅再迟几个星期出发，则在汉尼拔抵阿尔卑斯山隘之前，冬天必已将山路封闭，远征非洲的军队便可顺利无阻地出发至目的地。

既抵比利牛斯山，汉尼拔遣一部分军队归国；他自始即决定行此一策，一则使士卒知将军如何自信其必胜，二则欲消除一种疑
103 虑，即他的冒险事业是个有去无归的事业。他率着五万名步兵和九千名骑兵的大军，一概都是久经战阵的兵，毫无困难地渡过比利牛斯山，然后取道海岸，由拿彭（Narbonne）和尼姆（Nimes）经凯尔特人之境；一部分由于事先造成的联络，一部分由于迦太基的黄金，一部分由于武力，迦太基军在这一带通行无阻。至 7 月底，军队行抵阿维农（Avignon）对岸的罗讷河，始似乎要遭遇严重的抵抗。在往西班牙的航程中，罗马执政西庇阿登陆于马赛利亚（约在 6 月底），在这里始知他来得太晚，汉尼拔不但已渡埃布罗河，而且已越比利牛斯山。罗马人听到这些消息，才恍然见到汉尼拔的途径和目标，执政官暂放弃远征西班牙一事；这里的凯尔特人部落素受马赛利亚人的影响，因而也受罗马人的影响，西庇阿与他们联合，决定待腓尼基人于罗讷河，阻其渡河和入意大利之路。天佑汉尼拔，在他要由之渡河的地点对岸，当时只有凯尔特的普通民兵，罗马执政官及其部下二万二千名步兵和二千名骑兵仍在下游距此四日程的马赛利亚。高卢民兵遣人奔告罗马执政官。汉尼拔的目

的是要在敌人的眼下，在西庇阿到来以前，把他的军队以及其众多的骑兵和战象运到急流的彼岸，他一只船也没有。他立刻下令，以任何代价收买罗讷河附近一切船户所有的船只，船只不足，则伐木造筏补其缺，要在一日之内把这人数众多的军队悉数运过河去。此事进行之时，波米尔卡(Bomilcar)之子汉诺率兵向上流急进，在距阿维农二日短程之处，到了一个适于渡河的地点，见其无备。他们在这里用仓促造成的木筏渡河，欲遵左岸沿河而下，攻那防止主力军渡河的高卢人后路。汉尼拔先与所派军队约定举火为号，迦太基军抵罗讷河后的第五日，即汉诺去后的第三日，清晨汉尼拔正在切望之时，烽烟起于对岸。高卢人见敌方船队开动，正急忙占据 104
河岸之时，他们后面的营垒忽然烈焰飞腾。事出不意，兵力分散，他们既不能抵抗敌人的攻打，又不能阻遏其渡河，便慌忙溃逃。

同时，西庇阿开战事会议于马赛利亚，讨论据守罗讷河事宜，甚至凯尔特首领火速告急，他也不因而采取行动。他不信他们的报告，他止于派一小队罗马骑兵去侦察罗讷河左岸。这支兵见敌方全军已运至左岸，正从事于搬运那独留右岸的象队；他们仅为完成其侦察工作计与迦太基的队伍激战于阿维农区域——是为此战中罗马人与腓尼基人的首次接触——然后匆匆回到总部报告。现在西庇阿才十分仓皇地率全军向阿维农进发，可是他到那里的时候，就是迦太基留在后面以掩护象队过河的骑兵也已于三日之前离去，执政官只得率疲惫的兵无功而返回马赛利亚，痛骂布匿首领的“抱头鼠窜”而已。如是，罗马人第三次纯因疏忽而放弃其盟友和一条重要防线；不但如此，他们也牺牲了补救错误的真正法门；他们初次错误之后，便由失之太缓变为失之过急；几日以前确有把握的事，现在已毫无成功的希望，他们却仍想去做。汉尼拔一到罗马这边罗讷河上的凯尔特人境内，罗马人便不能再阻其达到阿尔卑斯山；不过西庇阿若在初得报告之时便率全军向意大利进发——经热那亚而至波河七日可达——与波河流域的薄弱队伍会合，他至少可准备给敌人一个迎头痛击。可是他不但把宝贵光阴
105 浪费在进兵阿维农，而且他虽在他事上颇有能为，却或乏政治上的勇气，或乏军事上的明智，不能应时势变化的要求改变他军队的目的地。他派其弟格涅乌斯(Gnaeus)率主力往西班牙，他自与数人归比萨。

渡过罗讷河以后，汉尼拔集合其军队，向部下说明远征的目的；凯尔特首领马吉鲁斯自波河流域到来，他请这人用一人做翻译，亲向军队致辞，同时他继续进兵，一路无阻，达到阿尔卑斯山的山道。这些山道，他应何所选择，虽则他没有时间绕道，也没有时间决斗，却不能以路线长短或居民向背为标准，而即刻决定应取的路线。他所择的路线必须适用于他的众多骑兵和他的象队，而且沿这条路军队要能用友谊或武力取得充分的给养，因为汉尼拔的军队尽管损失甚大，却仍将近五万人，他虽有用驮兽随军运粮的准备，但仅足供军队数日的需要。沿海路线为汉尼拔所不取，这不是因为罗马人阻路，而因为此路将使他离目的地更远；置此路而不论，上古由高卢越阿尔卑斯山而通至意大利的著名路线仅有两条①：一条是通至陶利

① 到了中古时期，经塞尼斯山(Mont Cenis)的路线始成为军路。东边诸道在这里自不成问题，例如越波宁阿尔卑斯山(Poenine Alps，即大圣伯纳德山)的道路，恺撒和奥古斯都才把它变为军路。

尼部(Taurini)的科提阿尔卑斯山道(Cottian Alpe,即热内夫尔山口[Mont Genèvre],此道经苏撒或腓尼斯特莱斯而至都灵);另一条是通至萨拉西部(Salassi)境内的格雷阿尔卑斯山道(Graian Alpe,即小圣伯纳德山[Little St. Bernard]而至奥斯塔和伊弗里亚)。前一路线较短;不过离开罗讷河谷以后,此路蜿蜒于难行而贫瘠的德拉克(Drac)、罗曼契(Romanche)和上杜兰斯(Duriance)诸河谷,经过崎岖贫苦的山乡,需要至少七八日的攀山越岭。这里的军用道路为庞培(Pompeius)所创修,以使阿尔卑斯山内与阿尔卑斯山外的高卢省交通得一捷径。

小圣伯纳德的路线稍长;可是越过罗讷河谷的东界第一层阿尔卑斯山壁以后,此路沿伊塞儿(Isère)河上游的河谷而行,此谷自 106
格勒诺布尔(Grenoble)经香贝利(Chambéry)直至小圣伯纳德山麓,换句话说,此路沿较高的阿尔卑斯山系而行,在阿尔卑斯众谷中,这一带地势最为宽阔,地味最为肥美,人口也最为众多。更有进者,阿尔卑斯山一切天然的山道虽不以小圣伯纳德山道为最低,却以它为最易通行远甚的路;1815 年,这里虽未造有人工道路,奥地利一个军团带着炮兵队却能由此路越阿尔卑斯山。最后,此路仅经过两个山脊,自最古以来即为由凯尔特至意大利的军事大道。如是,迦太基军实无可选择。还有一件幸而偶合可是不影响汉尼拔的决策之事,即意大利与汉尼拔同盟的凯尔特部落适居于直抵小圣伯纳德山之地;他若取日内瓦山的路线,必直接至陶利尼部境内,而陶利尼部自古即与茵苏勃儿部为仇敌。

所以迦太基军先沿罗讷河而上向伊塞儿河谷走去,我们或可假定他们取最近的路线,自瓦伦斯(Valence)沿下伊塞儿河的左岸上行而至格莱诺布尔，其实不然，他们穿过阿洛布罗根部（Allobroges）的“岛屿”，这是一片肥沃的低地，就是在当时也是人烟稠密之区，有罗讷河环绕其西北两面，伊塞儿河萦绕其南，阿尔卑斯山障其东。这个行动自有其理由在：他们若由最近的路线，须走过崎岖贫瘠的山地，“岛屿”则为一片平原，十分肥饶，与上伊塞儿河谷只隔一层山壁。这次行军沿罗讷河入“岛屿”而后穿过“岛屿”至阿尔卑斯山麓，凡十六日而毕：这事并无困难，在“岛屿”之内时，适值阿洛布罗根部两酋长反目，汉尼拔巧妙利用他们的内讧使一个最重要的酋长归附他，这酋长不但护送迦太基人走过整个平原，而且供应他们的粮饷，给兵士武器和衣履。可是远征军攀越阿尔卑斯山第一个山脉之时，几乎不免于毁灭，这山脉矗立如壁，只有一条可用以过山的小路（在切维鲁[Chevelu]村附近过沙山[Mont du Chat]）。阿洛布罗根部以强大的武力占据这条山路。汉尼拔早知
107 其事，得免被袭，扎营山麓，待日落后凯尔特人散至附近城内的家室，而后在夜间取得此路。如是他达到山巅；不过自山巅下通布尔日湖的道路极为陡峻，骡马行其上不免失足跌落。凯尔特人见军队行走，处处加以攻击，攻击本身并不足为大患，可是因其造成混乱，却极为可恼；汉尼拔率轻兵自上面攻击阿洛布罗根人，诚不难驱他们下山，使他们伤亡甚众，不过战斗的声音使混乱尤其是勤务的混乱更烈于前。所以汉尼拔大受损失，来到平原之时，他立刻攻打最近的城邑，以惩戒蛮族，使之知惧，同时尽量补充他们的驮兽和马匹。在香贝利怡人的谷地休息一日以后，迦太基军继续溯伊塞儿河而进，在河谷仍然宽广肥美时未尝受缺粮或被攻的阻碍只到第四日，他们入森特隆部（Ceutrones，在今塔朗泰斯[Taran-

taise])之地,河谷渐狭,他们才有更加戒备的必要。森特隆部持树枝和花圈欢迎迦太基军于界首(约在孔夫朗[Conflans]附近),以食牛、向导和人质供给他们;迦太基人行经县境内,不啻走过友邦。然而当队伍行抵阿尔卑斯山麓之时,路径离开伊塞儿河,沿雷克鲁斯(Reclus)溪而上,蜿蜒于狭隘崎岖的深涧之侧,直抵圣伯纳德山的峰巅,在这里森特隆部民兵突然出现,一部分在军队之后,一部分在夹道左右的巉岩之顶,意欲截断勤务队和辎重。可是汉尼拔的机警百无一失,他洞察森特隆部的一切礼数不过是个既免贻害境内又可得丰富利物的计策,已预料有这番攻击,派辎重和骑兵先行,用其全部步兵掩护军队的开行。这样一来,他挫败了敌人的计划,可是敌人沿着与步兵进路相平行的山坡行动,投石或滚石来打他们,使他们受很大的损失,他却不能制止。一个白垩高岩峙立于 108
圣伯纳德山麓,控制登山的路,名为“白石”(今仍名 la roche blanche),汉尼拔与其步兵扎营于此,以掩护那终夜劳于登山的马匹和驮兽;在无时或息的血战之中,他终于次日达到山隘的顶峰。这里有一片安全的高原,广袤达四公里,中有一小湖,为多利亚河的源头,汉尼拔使其军队休息于此。兵士已渐感沮丧。道路日益难行,粮饷匮乏,行军所经隘路常暴露在他们所不能及的敌人攻击之下,行伍痛感稀疏,散兵和伤兵处于绝境,除热心的领袖和他的亲近干部外,一切人都以为目标不啻水月镜花——以上种种就是非洲和西班牙的老兵也开始受其影响。可是将军的信念依然如故;众多的散兵又复归队;友好的高卢人即在近处;分水岭到了,使登山人快意适情的下山路已豁然在望:短期休息之后,他们准备做最后最难的工作——行军下山。下山时,军队并未大受敌人的困扰，不过天时已晚——已在9月——下山的困难不亚于上山时受蛮族攻击所生的困难。多利亚河沿岸的山坡陡峭光滑，道路为新降的雪所埋没，人畜行其上，不免迷路滑跌，坠落于深涧中。事实上在第一日行程完毕之时，他们走到一段两百步长的路，路在克拉蒙(Cramont)山的悬崖之下，山上积雪常崩坠于其上，若遇夏日天寒，积雪终年不消。步兵走过了；可是骑兵和象队却不能渡过这一片平滑而只盖着薄薄一层新落的雪的冰，于是汉尼拔与辎重、骑兵和象队在这难行地点的上方扎营。次日，骑兵孜孜努力来挖掘，造
109 成一条马匹的驮兽所行的路；可是他们再轮班做三日的苦工，而后能把那些饿得半死的象牵引过去。如此，耽搁四日之后，全军又聚会在一处；他们又沿多利亚河谷走了三日，河谷日益宽阔，土地日益肥饶，河谷的居民萨拉塞部为茵苏勃儿部的附庸，欢迎迦太基人，呼之为盟友和救星，于是约在9月中旬，这大军行抵伊弗里亚(Ivrea)平原；疲乏的队伍寄寓于各乡村，善为保养，休息半月，以便恢复体力于无比的辛劳之后。罗马人很可在都灵附近的一个地方屯三万准备作战的完全生力军，即刻逼敌人作战；果能如是，则汉尼拔大计划的前途必甚为可疑；天佑此人，罗马人又不在其应在之处，敌军极需休息，他们也不加以骚扰。①

---

① 关于这次著名的远征，多曾讨论的地形学问题，经威康(Wickham)和克莱默(Cramer)的巧妙研究可谓已告澄清和大体解决。关于也有困难的年代学问题，或可特别让我们在此处说几句话。

当汉尼拔行抵圣伯纳德山巅之时，“山峰已开始为深雪所掩”，路上的雪或大部不是新降的雪，而为崩落的积雪。圣伯纳德山的冬季始于圣密克尔节(Michaelas，9月29日)，降雪始于9月；上述英国人于8月底过山，他们不见路上有雪，可是夹道两旁都为雪所遮盖。如是，汉尼拔显然在9月初行抵山隘；这与他“在冬季将至时”到此之说相

目的是达到了,可是损失重大。迦太基军越比利牛斯山之时 110
有久经战阵的步兵五万和骑兵九千,其中一半以上今已牺牲在战斗行军和渡河过程中。据汉尼拔自己说,他现在所有的不过是步兵两万人——其中五分之三为利比亚人,五分之二为西班牙人——骑兵六千人,一部分无马可骑:骑兵的损失较轻,一方面可见努米底亚骑兵的优良,一方面又可见将军的爱惜骑兵,不轻用这样精锐的队伍。这八百四十六公里的行军,即约三十三日的中等行程,只因未曾预料的偶然事件和更未预料的敌方错误而得以继续和完成,这行军虽未遭大规模意外的特别不幸,却不但以这样牺牲为代价,而且使军队身体疲劳、精神颓丧,以致非长期休息不能再适于作战——这个军事行动的价值殊属可疑,汉尼拔本人是否认此举为成功,颇成疑问。不过我们不可因此便无条件地责备将军;我们深知他所遵的行动计划饶有缺点,可是他是否能预知这些缺点——他的路线经过人所不知的蛮族区域——他种计划例如取道海岸或在迦太基或迦太基那乘船渡海,是否使他所冒的危险较少,我们却不敢断言。无论如何,他的小心谨慎和执行详细计划的

(接上页)合,——因为波利比乌斯的记载(iii. 54)“*συνάπτειν τὴν τῆς πλειάδος δύσιν*”的意义不过如此,绝不指昂星团与太阳同时出没之日(约在10月26日)。

如果汉尼拔于9日后所以约在9月中旬抵意大利,自此时起至12月底特雷比亚(Trebia)之战止,中间种种事件便有发生的余地,特别是把开往非洲的军队由利利拜乌姆运至普拉森提亚。这臆说又与另一说相合,即大军齐集,宣布以将近春季(*ὑπὸ τὴν ἐαρινὴν ὥραν*)即在近3月底为启行之期,行军历时五个月(据阿庇安说是六个月)。如果汉尼拔这样于9月初在圣伯纳德山,他必在8月初走到罗讷河——因为他由罗讷河走到那里历时三十天——如果这样,则西庇阿的登船在初夏,所以至迟在6月初,他显然在航程费时甚多,否则非常怠惰,长期逗留于马赛利亚。

巧妙手腕值得我们赞赏，结果无论由何而来——究大部由于天幸或大部由于将军的技巧——哈米尔卡的宏伟思想，即与罗马接战于意大利的思想，现在见于事实。汉尼拔的才智筹划出这次远征；因为斯泰因(Stein)和香霍斯特的工作较约克和布律歇(Blucher)的工作更为难能可贵，所以历史的记载以其可靠的判断力，每叙述这一大串准备步骤的最后一步即渡越阿尔卑斯山一事时，辄大加赞赏，而叙述特拉西美涅湖(Trasimene)和坎尼(Cannae)平原两战时反不那样的揄扬备至。

第五章　汉尼拔战事至坎尼之战为止

迦太基军一出现于阿尔卑斯山内的罗马城，时局便突然改观，罗马的战略瓦解。罗马有两个大军，一军已登陆西班牙，与敌人交战于彼处，不能再召回本国。第二军为执政官提比略·森普罗尼乌斯所率，以非洲为目的地，幸而仍在西西里，就此事而论，罗马的迟延毕竟也有一次有用。迦太基有两支舰队，一队以意大利为目的地，一队以西西里为目的地，第一队为飓风所吹散，有数艘在梅萨那附近为叙拉古人所掳；第二队企图袭取利利拜乌姆无功，以后在此港海外的海战中被击败。可是敌人的舰队留在意大利的海面，甚足为患，所以执政官决定先占据西西里周围的岛屿，逐走迦太基攻意大利的舰队，而后渡海到非洲。他征服梅里达(Melita)，追逐敌舰队，敌舰队袭击维堡(Vibo，即蒙泰莱奥内[Monteleone])附近和抄掠布鲁提亚沿海时他料定必可觅得之里帕利群岛，并且采集关于登陆非洲的适当地点的情报：这样便把夏季度过；所以当元老院的命令到来，要他们尽快回师保卫本国时，陆军、海军仍在利利拜乌姆。

如是，罗马两个大军，每一军的人数即等于汉尼拔的全军，都逗留在距波河流域甚远的地方，罗马人绝未防备那方面被攻。无疑地，甚至在迦太基人来到之前，因为凯尔特人发生变乱，那方面已有罗马军队。罗马创立普拉森提亚和克雷默那两座堡垒，每处屯殖民六千人，尤其是罗马准备在波伊部境内创立穆提那，已迫使波伊部不待到与汉尼拔约定的时期，便于536年即前218年春间
112 起兵造反，茵苏勃儿部立刻与他们联合起来。已移居穆提那境内的殖民者突遭攻击，避入城内。将军卢奇乌斯·曼利乌斯(Lucius Manlius)为阿里米努姆主帅，部下只有一个兵团，他便率这兵团急往援救被围困的殖民者；可是他在森林中被袭，大受损失，他无可奈何，只得据守一个小山，被波伊部围困于此，以后将军卢奇乌斯·阿提利乌斯(Lucius Atilius)率另一兵团由罗马开来，始能解军队和城市的围，一时扑灭高卢人的叛乱。这次波伊部的起兵过早，一方面延缓了西庇阿往西班牙的行期，对于汉尼拔的计划大有裨益；另一方面，如果没有此事发生，汉尼拔必见波河流域除堡垒外全无驻兵。可是罗马军队只有两个伤亡惨重的兵团，不满两万人，他们忙于制止凯尔特人，无暇虑及把守阿尔卑斯山的隘口。到八月间，执政官西庇阿由马赛利亚返回意大利而没有带回军队之时，罗马人只知山隘受有威胁，甚至即在此时，他们或亦不甚注意于此事；因为，不消说，只是阿尔卑斯山本身就可以摧毁这鲁莽的举动。如是，在具有决定性的时刻，在具有决定性的地点，甚至一个罗马哨兵也没有。汉尼拔饶有休养士卒的时间，陶利尼部闭门拒他入内，他三日将其攻下，又利诱和威胁波河上流一切利古里亚和凯尔特民社与他联盟，而后就波河流域统帅的西庇阿才与他相遇。

西庇阿率着人数相差甚远而骑兵很薄弱的军队，负担很困难的工作，一方面须阻止敌方优势兵力的前进，一方面须扑灭凯尔特人处处蔓延的叛变；他大概在普拉森提亚渡波河，沿河上行，迎击

敌军，同时汉尼拔沿河下行，援救茵苏勃儿部和波伊部。罗马骑兵与轻装步兵大队前进侦察，在提西诺（Ticino）与塞西亚（Sesia）两河之间的平原，距佛塞里（Vercelli）不远之处，遇见也为此事而出动的布匿骑兵，双方都由主帅亲自指挥。西庇阿不管敌人兵力的优越，敌人挑战，他便应战；可是他那置在前列的轻装步兵一受敌人重骑兵的攻击，便四散逃走；迦太基重骑兵攻罗马骑兵主力的正 113
面，努米底亚轻骑先冲开罗马步兵的破碎行列，而后攻罗马骑兵的侧翼和后路。这便决定了此战的胜负。罗马人损失很大。罗马执政官以搏斗弥补其缺乏将才，身受重伤，其得免于难，全由于其十七岁的儿子的忠诚，其子奋勇冲入敌阵，逼其部下人马随着他，救出他的父亲。由此一战，西庇阿始知敌人的力量，自觉以较弱军队背水列阵于平原的失策，决定在敌人目睹之下回到波河右岸。军事行动缩到较狭的范围，他那罗马无敌的幻觉舍之而去，他在军事上的雄才大略一时为其少壮敌人的冒险计划所压倒，现在始恢复其作用。汉尼拔正在准备一场阵地战之时，西庇阿以迅速定策而稳妥办理的行军，竟能达到他在不祥之日所放弃的波河右岸，拆毁其军后路的波河桥梁；然而罗马一支兵六千人奉命掩护破坏行动的，却被敌人截断，成为俘虏。可是因为此河上流在汉尼拔之手，罗马人不能阻其走到河的上流，借浮桥渡河，数日后又与罗马人相遇于右岸。罗马人已据普拉森提亚前面的平原；不过罗马营内的一队凯尔特人哗变，高卢人又在四面八方起兵，执政官不得不退出平原，据守特雷比亚河后面的小山。因为派往追击的努米底亚骑兵耗其时间于焚掠罗马人退出的营垒，所以罗马这次退兵，所受损失不大。在这个强固据点，左翼倚着亚平宁山，右翼凭着波河和普

拉森提亚的堡垒，前有特雷比亚河为屏障——在那个季节并不为
114 小——西庇阿固不能救克拉斯提迪乌姆的充盈仓库，敌兵切断了他这据点与彼处的交通，也不能制止叛变运动几普及于一切凯尔特部落，只有塞诺马尼部与罗马人友善；可是他完全阻住汉尼拔的进展，迫使他与罗马对垒。更有进者，西庇阿所守的据点和塞诺马尼部的威胁茵苏勃儿部边境，使高卢叛党的主力不能与迦太基人直接联合，同时罗马第二军已自利利拜乌姆抵阿里米努姆，因而得乘机经叛乱区域无甚阻碍地到达普拉森提亚，与波河的军队会师。

如是，西庇阿成绩斐然地完全解决了这个难题。罗马军现在将达四万人，虽在骑兵方面仍非汉尼拔之敌，至少在步兵方面与之相等，只要留驻原地，即可迫使敌人不于冬季渡河劫营，即须停止前进，以冬季驻营的艰苦生活试验高卢人那种多变的性格。然而这虽显而易见，还有同样明显的情形在：时已 12 月，行此计划，罗马或可得胜，可是提比略·森普罗尼乌斯却不能得胜，他因西庇阿受伤而独握兵柄，他的任期在几个月内即将届满。汉尼拔深知此人，便用一切方法诱他接战。一些仍效忠于罗马的乡村惨遭蹂躏，引起双方骑兵的冲突，汉尼拔让他的敌人自夸得胜。不久以后，在一个寒冷的雨天，一场非罗马人所料的大战到来。自最早的清晨起，罗马轻兵即与敌人的轻骑交手，轻骑缓缓而退，罗马人热望地追过高涨的特雷比亚河，以期完成既得的胜利。忽然之间，敌骑止步；罗马前哨当面看见汉尼拔的军队在其自择的战场上列阵备战，如果主力不快速渡河来援，这支轻兵便要覆没。罗马人饥疲潮湿，
115 开到前面，仓促列成阵势，骑兵照常为两翼，步兵为中军。双方俱以轻兵为前哨，轻兵开始战斗，可是罗马人与敌骑交战时几已用尽

其投射武器，现在即刻不支。同样，两翼的骑兵前面受象队的重大压迫，左右两面又为远较众多的迦太基骑兵所包围，也就不支。可是罗马步兵毕竟名不虚传，在战斗开始时，他们与敌军步兵战，显然优于敌人；甚至罗马骑兵退却，敌人的骑兵和轻兵转而攻罗马的步兵，他们虽不再前进，仍不屈不挠，据守阵地。在这阶段，汉尼拔之弟马哥率领迦太基一队精兵两千人，半为步兵，半为骑兵，由埋伏地方突然出现于罗马军的后方，攻击这陷入重围的大军。遭此一击，罗马军的两翼和中军的后队纷纷溃散，同时前队一万人以紧密的队形冲出迦太基人的阵线，杀开一条斜贯敌军的血路，使敌步兵尤其是高卢叛党大受损失。这一队勇士只遇薄弱的追击，便到了普拉森提亚。余众于企图渡河时，大部为象队和敌人的轻兵所屠戮，只有一部分骑兵和数队步兵涉水渡河，能抵营垒，迦太基人不追他们，于是他们也到了普拉森提亚。[①] 给罗马兵士增光的战 116
事无过于特雷比亚一战，同时暴露罗马统兵将帅的罪状的，也无过于这一战；虽则坦白的批评家，不忘定期任满的元帅不是合于兵法

① 波利比乌斯叙述特雷比亚河上之战，十分明白。普拉森提亚若在特雷比亚河右岸流入波河之处，而战场在左岸，罗马的营垒却在右岸——这两点皆曾引起争论，可是今已无争论的余地——罗马兵要达到普拉森提亚和达到营垒，自必渡过特雷比亚河，可是渡河抵营的兵必先走过他们本军的散乱部队，冲过那迂回到他们背后的敌军，而后几与敌军打交手仗，强渡过河。另一方面，罗马人在追势渐缓以后，才能在普拉森提亚附近渡河，敌人距战场有几英里之远，已达到一座罗马堡垒的范围内；这地点或有一座跨河的桥梁，彼岸的桥头或有普拉森提亚的兵驻守，亦未可知，不过无法证明而已。显然的，第一次过渡很困难，第二次过渡很容易，所以波利比乌斯既是一个军事批评家，说到那一万兵，很有理由的仅言其排成密集纵队，杀开一条血路而至普拉森提亚，而不言渡河一事，因为此次渡河未遇困难。

李维把腓尼基营垒移至特雷比亚河右岸，把罗马营垒移至左岸，他的见解错误晚近屡经有人指出。我们只再加一句。说克拉斯提迪乌姆的故址，今已由铭文确定。

的制度，而且种蒺藜必不能得桃李，我们仍抱着这个意见。这次胜利就是对于得胜者也代价很大。战争的损失虽大半落在凯尔特叛党身上，可是那天是凛冽潮湿的冬天，汉尼拔的老兵受感冒而生疾病，以后死于此病的很多，所有战象除一匹外，均丧了命。

入侵军这第一胜仗产生效果，凯尔特民族的叛变遍起于凯尔特全境，毫无障碍地组织起来。罗马波河军的残部入保普拉森提亚和克雷默那两座堡垒，他们与罗马的交通全被切断，不得不经河道取得给养。执政官提比略·森普罗尼乌斯带了一队薄弱的骑兵为护卫，往罗马去办选举，似有神佑，仅得免于被俘。汉尼拔不愿危害其队伍的健康，在这种严寒的天气不再行军，便在其当时所在之处驻营度冬；因为认真攻打较大的堡垒必致毫无结果，他止于攻普拉森提亚的河埠和罗马的其他小据点，以骚扰敌人。他的主要工作为组织高卢的叛党，据说凯尔特人加入他的军队的有步兵六万人以上和骑兵四千人。

罗马对于537年即前217年的战役，并未格外努力。元老院
117 以为尽管战事失利，他们的地位却无严重危险——这种见解不无理由。除派海岸防军到撒丁、西西里和塔兰托，派增援部队往西班牙外，两执政官盖乌斯·弗拉米尼乌斯(Gaius Flaminius)和格涅乌斯·塞尔维利乌斯(Gnaeus Servilius)所得的兵仅足恢复四兵团的足额，只有骑兵的兵力有加于前。两执政官须保护北方边境，所以驻扎于两条通往北方的大道，当时西北大道终于阿雷佐，东北大道终于阿里米努姆，盖乌斯·弗拉米尼乌斯据守前者，格涅乌斯·塞尔维利乌斯据守后者。他们命波河堡垒的队伍来此——可能经水路——与他们会师，俟利于用兵的时节开始时拟先取守势，占据

亚平宁山的隘口，而后再取攻势，进入波河流域，在普拉森提亚附近一地会师。可是汉尼拔绝无防守波河的意思。他知罗马或深于罗马人的自知，很晓得他如何确实地弱于敌人，而且尽管在特雷比亚河上得到辉煌的胜利，他仍不失为较弱的一方；他也知道罗马人桀骜难屈，要达到他那终极的目标，即挫辱罗马，不能仅赖威胁或奇袭，只有完全征服那座骄恣的罗马城始能如愿。显然，就政局的巩固和军事的资源而言，意大利同盟胜于其敌人不知凡几，这敌人仅从本国得有不定的额外接济，他在意大利起初唯反复无常的凯尔特人援助是赖，腓尼基步兵尽管受汉尼拔的惨淡经营，却在战术上仍远逊于罗马兵团；西庇阿的守势行动和特雷比亚河上已败步兵的赫赫退却完全证明了这项事实。由这种信念生出两条基本原则，这两个原则决定汉尼拔在意大利的全部方法——即一、战事的进行应稍带冒险方式，常常改变方略和战场；二、战事的胜利结束，却须求之于政治上的成功，使意大利同盟渐趋散漫，终至解体，而不当求之于军事上的成功。这种作战方式实为必要，因为汉尼拔遭逢多种不利，却仅有一物与之抗衡，即他的军事天才，只有时时刻刻用出乎意外的联合挫其敌人，他的军事天才始能发生充分的影响；战事如果变成停滞的战事，他便完了。这方针是正当策略命 118
他采取的方针，因为他虽是个百战百胜的伟人，却分明见到他每次征服的是罗马将帅而非罗马城，而且每次新打一仗之后，罗马人仍优于迦太基人，正如他本人优于罗马的统帅。汉尼拔就是当其全盛之时，在这点上也未尝自欺：这事比他最能惊人的战事尤为可惊。

如今汉尼拔所以似乎放弃其新得的攻意大利的基地，而移战场于意大利本土,就源于这些动机,而非由于高卢人请求他保全他们的乡土,他们的请求不至于对他发生影响。离此以前,他令人把一切俘虏带到他的面前。他令人把罗马人另置一处,使他们披枷戴锁如奴隶——一说汉尼拔把在此地和他地落入其手的罗马人能胜兵役的,一概处死,无疑地,这至少是极为过甚之词。另一方面,一切意大利同盟的人均被释放,不需赎金,并奉命向其本国报告,说汉尼拔不是对意大利作战而是对罗马作战,他许每一意大利民社恢复其旧日的独立和旧有的疆界,这位救星将随着他所释放的人而来,将解脱和报复带给他们。所以,冬季告终以后,他便由波河流域出发,寻求一条通过亚平宁山险隘的路线。盖乌斯·弗拉米尼乌斯率埃特鲁斯坎军,当时仍在阿雷佐,意欲俟天时一行许可,即由此点趋卢卡(Lucca),以保护阿诺河谷和亚平宁山隘口。可是汉尼拔先发制人。在尽量偏西,就是说,尽可能距敌遥远的地点,他未遇多大困难即渡过亚平宁山;可是塞尔奇奥(Serchio)与阿诺两河之间的低洼沼地为融雪和春雨所泛滥,以致此军须涉水行军四日,夜间无干地可资休憩,只得休息于堆高的行李和倒毙的驮兽上。此军受不可言喻的艰苦,特别是高卢步兵行于迦太基人之后,沿着已弄得不可通行的路径走,所尝痛苦尤甚;他们怨声载
119 道,如果没有马哥所率的迦太基骑兵使人无法脱逃,他们必致溃散得靡有孑遗。马蹄染病,倒卧山积,兵士死于种种疾病,汉尼拔本人也因患眼炎症而一目失明。

可是目的达到了。那时盖乌斯·弗拉米尼乌斯仍在阿雷佐,等候道路可通时加以封锁,汉尼拔已扎营于费索尔。执政官的兵力或足以防守山隘,可是罗马的防守地位既这样转变了,当然不能

在旷野上抵敌汉尼拔；他的最善之策莫过于静待那在阿里米努姆全归无用的第二军到来。然而他本人却别有企图。他是一个政党领袖，以致力于限制元老院的权力而跻身荣显；在他当执政官期间，贵族阴谋对他不利，他因此深恨政府；他反对偏执成见和墨守故辙，自亦有其理由，可是他却矫枉过正，对于遗风旧俗一概视为粪土；他沉湎于盲目爱平民，也一样盲目地痛恨贵族党；又加之以一个根深蒂固的想法，即他自以为是个军事天才。531 年即前 223 年他征茵苏勃儿部一役，由无成见的批评家看来，只能证明善战的兵往往能补救不称职的元帅的错误；可是由他和他的同党看来，却是个铁证，证明罗马人只要命盖乌斯·弗拉米尼乌斯统率军队，便可把汉尼拔迅速解决。这种言论已使他得为第二任执政官，这种希望令使渴想分赃而手无寸铁的人士成群结队地来随营效力，据冷静史家的保证，其数多于兵团的人数。汉尼拔的计划一部分即根据这种情形。他不攻击他，却率兵走过他的近旁，使那些熟谙抄掠的凯尔特人和他的众多骑兵劫掠四周一切地方。盖乌斯·弗拉米尼乌斯曾誓使大众发财，如今在这位英雄目睹之下，大众竟被劫掠，不免声屈抱怨；敌人又声言不信盖乌斯·弗拉米尼乌斯于其同僚来到之前有做任何事的能力或决心；于是这个人不得不施展他的用兵天才，给他那粗心傲气的敌人一个深刻教训。

计策没有比这个更成功的，敌人绕过阿雷佐，缓缓行经契阿那 120
(Chiana)河谷，趋佩鲁吉亚，执政官急率兵追蹑其后。他在考托那(Cortona)区内赶上他们，汉尼拔得到敌人进兵的准确信息，已有充足时间在这里自择战场——战场是一条狭窄的峡道，夹在两座悬崖绝壁的山间，出口有一座高山，进口有特拉西美涅湖把他阻塞。他率军中的精锐堵住出口，把轻兵和骑兵埋伏在两旁。罗马纵队毫不迟疑，进入无人据守的山路，晨雾浓密，他们不见敌军的位置。罗马先锋行近高山，汉尼拔便发出作战的号令；骑兵由高山后面前进，封锁了山隘的进口，同时雾气滚滚飞散，罗马人始见沿着左右的山峰，处处皆是腓尼基队伍。于是没有交战，只有溃败。仍留在隘路外面的罗马人被骑兵驱入特拉西美涅湖。主力被歼于隘口以内，几乎毫无抵抗，其中大多数连执政官本人在内均在行列中被砍死。罗马先锋为步兵六千人，他们从敌军步兵中杀开一条血路，又证明罗马兵团的无敌；不过他们与其余部队断了联络，不知他们的吉凶，于是冒昧前进，占据一座小山，次日即为一队迦太基骑兵所包围，而且汉尼拔不许他们自由退去的投降条件，他们全被当作俘虏看待。罗马人阵亡一千五百人，被俘的相若，换句话说，他们全军覆没。迦太基军损失轻微——仅伤亡一千五百人——而且大半落在高卢人的身上。① 而且似乎这还不够，格涅乌斯·塞尔维利乌斯已派盖乌斯·森特尼乌斯(Gaius Centenius)率阿里米努姆军的骑兵四千人来援其同僚，其本人则缓缓而进，特
121 拉西美涅湖一战以后，这支骑兵也即刻为腓尼基军所围，一部被杀，一部被俘。全埃托利亚均已沦陷，汉尼拔可以一路无阻地进攻罗马。罗马人准备最恶劣的情势，他们拆毁台伯河上的桥梁，命昆图斯·法比乌斯·马克西姆斯(Quintus Fabius Maximus)为独裁

---

① 据未修正的历法，此战的日期是 6 月 23 日，据修正的历法，必约在 4 月间，因为昆图斯·法比乌斯于 6 个月后卸独裁官职，时在仲秋，所以他就职时必约在 5 月初。甚至即在此时，罗马的历法也很混乱。

官来修缮城垣，指挥防务；又编制一个预备军为防守之用。同时他们又召集两个新兵团以补覆没兵团之缺，又因罗马如果被围，舰队必有重大作用，把舰队也整顿起来。

可是汉尼拔比皮罗斯王眼光远大。他不进攻罗马，甚至也不进攻格涅乌斯·塞尔维利乌斯；格涅乌斯·塞尔维利乌斯是一员良将，他凭借北路堡垒之助以保其军，至今无恙，或能坚守阵地抵抗敌军。汉尼拔又做了一次完全出人意外的行动。他想奇袭斯波勒提乌姆(Spoletium)而无功，于是越过此地，经翁布里亚，用可怕的方式蹂躏那遍地是罗马人田庄的皮塞努姆，然后屯兵于亚得里亚海沿岸。他的人马受春季征战的惨痛影响，至今尚未复原，他在这里休息多时，让他的军队在怡人的地方，晴好的时季恢复其体力，并且仿效罗马的方式改编他的利比亚步兵，战利品中有大批罗马武器给他做这件事的工具。再者，他与本国的音讯断绝已久，由这地点，他重与本国通消息，把他的捷报由水路递至迦太基。后来他的军队既已充分复原，并且受了使用新武器的充足训练，他才拔营，从容沿海岸而行，入南意大利。

他择定这个时期改编步兵之时，他已有正确的计算。其敌人无时不预料首都的被攻，他们的诧异许他至少有四星期不受骚扰的间暇，以实行其空前大胆的试验，用仍较敌军为小的部队，在敌国的腹地，完全改变其军制，使非洲兵团抵敌意大利无敌的兵团。可是他希望意大利同盟现在开始解体，却不能如愿。埃特鲁斯坎 122
人作最后独立战争时，所用的大半是凯尔特佣兵，所以在同盟里，埃特鲁斯坎人不甚关重要；意大利同盟的精华，尤其是用军事眼光看，除拉丁人外，是萨贝利民社，汉尼拔现在来到他们的附近，自有正当的理由。可是一城复一城都对他闭门不纳，没有一个意大利民社与腓尼基人联合。这个结果对于罗马大有利益，而且实在是个高于一切的利益。尽管如此，首都的人却觉得使同盟的忠诚受这种试验而无罗马军队常在战场，实为失策。独裁官昆图斯·法比乌斯合并阿里米努姆军与在罗马城编成的两个补充兵团；汉尼拔走过卢凯里亚的罗马堡垒时，罗马旌旗出现于其右侧的埃加(Aeca)。然而此军统帅的行径却与其前任的不同。昆图斯·法比乌斯是个年老的人，他的审慎和坚定，有不少的人认为是迟延和顽梗。他热心崇奉的是往日的盛世，元老院的政治万能和市长的号令，他视有条不紊的作战为救国手段，仅亚于祭祀和祈祷。法比乌斯为盖乌斯·弗拉米尼乌斯的政敌，因为盖乌斯借战争煽动人民的手段引起反动，他被召主持国政，前往军营；正如他的前任决定不惜任何代价地做一场对阵战，所以他也一样坚主不惜任何代价以避免一场对阵战。无疑地，他深信罗马军一日完全无恙地与汉尼拔对垒，按兵法的基本原则，汉尼拔便一日不敢前进，所以罗马人不难用小规模战事削弱敌军，而因敌人赖抢粮供给养，罗马人不难使他们绝粮。

汉尼拔在罗马城和罗马军中的间谍善尽其职，所以他即刻获悉当时的情势，又照常按敌帅的性格调整他的作战方略。他越过罗马军队，渡亚平宁山脉，入意大利腹地，趋贝内文托，在萨谟奈与坎帕尼亚交界之处攻陷不设防城市特雷西亚(Telesia)，由此转攻卡普亚，卡普亚是罗马属下最重要的意大利城市，而即因此故，受
123 罗马政府的压迫虐待尤甚于其他民社。汉尼拔已在那里结有联络，这使他希望坎帕尼亚人或将背叛罗马盟约；不过他的希望竟成

画饼。所以他由原道折回，取路往阿普利亚而去。在迦太基军取这个行动的期间，罗马独裁官寸步不离地沿着高处追蹑其后，他部下的士卒目睹努米底亚骑兵处处劫掠罗马的忠实同盟，满布平原的村庄烟焰冲天，却不得不手执武器伤心惨目地在旁观看。罗马军忿懑不平，渴欲攻打敌人，后来法比乌斯终于给他们开辟了一线希望。汉尼拔已开始退兵之时，法比乌斯在加西里农（Casilinum，今卡普亚）附近截断他的路线，一方面派重兵守弗尔图尔努斯（Volturnus）河左岸的城，以主力军占据那保护右岸的高地，同时使一队四千人扎营于沿河岸的道路上。可是紧接在道路的旁边便有高地耸峙着，汉尼拔命部下轻兵攀登高地，赶着一群角上燃起柴把的牛，看起来，迦太基军仿佛是在夜间借炬光遁走。罗马塞路的军队以为敌军已遁，不必再把守这条道路，于是向侧面行动，也到那个高地上。这样，这条路可通行无阻，于是汉尼拔率其兵的大半由此退去，未遇敌军，翌晨，他解脱了他的轻兵，把他们撤回，毫无困难，可是罗马人伤亡很重。然后汉尼拔向东北方继续行军，无人阻挡；由一条迂曲甚远的路线，经过赫尔皮尼人（Hirpinians）、坎帕尼亚人、萨谟奈人、佩里格尼人和弗伦达尼人的境内，向他们征取贡献，无人敢抗，然后带着丰富的战利品和充盈的库藏，正在秋收将始之时，又回到卢凯里亚区域。在他辽阔的行程中，他未在一处遇到积极的反抗，可是也未在一处寻得同盟。他明知现在别无他法，只有在旷野度冬，于是始着手一件难事，以他自有的人力，由敌人的田地，收集军队所需的冬季给养。为达此目的起见，他选定北阿普利亚广阔而大部平坦的地区，其地能供应丰富的粮草，并且可完全受他那精良骑兵的控制。他在卢凯里亚以北四十公里的格鲁 124

尼乌姆(Gerunium)建一座深沟高垒的兵营。他每日派出部下队伍三分之二收取军需品,同时率其余军队屯在一个据点,以保护他的兵营和派出的队伍。

罗马骑兵将军马尔库斯·米努奇乌斯(Marcus Minucius)在独裁官离营时暂代统帅之职,认为这是进而紧逼敌军的适当机会,于是在拉里那特人(Larinates)境内造一营垒,一方面,他在这里,敌人便不敢派兵出去,敌军因而不能取得粮草;另一方面,他的队伍与腓尼基的零星队伍甚至与汉尼拔本人屡次交锋得胜,把敌人由其前进据点逐出,迫使他们集中于格鲁尼乌姆。这些胜利的消息当然在传述中毫不减色,所以一到首都,便发生了反昆图斯·法比乌斯的风潮。这不是全无理由的。坚持守势,大部以断敌人的生活所需为制胜之道,在罗马方面虽属得计,可是一个取守势断敌粮的方略竟许敌人在人数相等的罗马军目睹之下劫掠全部中意大利而无人反抗,并且用井井有条、规模最大的抢粮方法取得足度一冬的粮草,这方略却属罕见。普布利乌斯·西庇阿在波河上统兵时并未采取这样一种守势,他的继任人在卡西利努姆想模仿他,极为失败,以致贻罗马城里的嘲笑者以丰富的笑料。汉尼拔把腓尼基的优越和罗马援助的无效,这样彰明地昭示意大利各民社,而他们竟不动摇,煞是奇事;不过可望他们能历多久忍受这双重战事的负担,让自己在罗马队伍和他们本地军眼见之下被人侵掠呢?最后,人不能借口于罗马军的状况迫使将军采用这种作战方式。固然,罗马军有一部分是应急征集的民兵,但军中精华却是惯于征战的阿里米努姆兵团;他们远未因最近的败绩而丧气,而是因为其主
125 将“汉尼拔的仆人”分派给他们甚不荣耀的工作而感到气愤,并大

声疾呼，要求把他们带去杀敌。在人民大会中，最激烈的攻讦都加在这顽固的老人身上。他的政敌以前任将军马尔库斯·特伦提乌斯·瓦罗(Marcus Terentius Varro)为首领，抓住这个争执——我们要明白这场争执，须不忘这独裁官实际为元老院所任命，这个职位被视为守旧派的护符——并且与不平的兵士和家业被劫的产主相联合，他们通过一个荒谬而不合宪法的人民议决案，独裁官之职原欲以在危急时解除分掌兵权之害，现在他们议决用给予昆图斯·法比乌斯以独裁官职位的方式，也给予那曾充法比乌斯的副将的马尔库斯·米努奇乌斯[①]以独裁官职位。如是，罗马军在其分为两军团的危险刚有相当补救后，又复分而为二；不但如此，而且两位以战略完全相反著名的将帅分统两个部队。昆图斯·法比乌斯当然固守他那有计划的不战主义，尤甚于前；马尔库斯·米努奇乌斯不得不在战场上自证其堪为独裁官，便以不足的兵力急忙进攻，如果他的同僚不及时率生力军挽救了更大的不幸，他必致全军覆没。最近事势的转变稍稍证明消极抵抗的不谬。可是就事实而论，汉尼拔在此次战役中已完全做到了武力所能做到的事，无论他的敌人鲁莽或审慎，都没有挫败他任何一个重要行动，他的劫粮虽然不是未遇困难，可是大体甚为成功，以至于军队能毫无怨言，在营里度过冬季。救了罗马的并不是那位迟迟不进的将军而是意大利同盟的坚实结构，而西方人士对于腓尼基这位英雄的举国痛

---

① 新独裁官于格鲁尼乌姆战胜后致供献于赫尔克勒斯胜利神，其铭文 *Hercolei sacrom M. Minuci(us) C. f. dictator vovit* 于 1862 年出土于罗马的圣洛伦佐(S. Lorenzo)附近。

恨，其功或亦不在意大利同盟之下。

尽管遭了这些挫折，罗马的傲气与罗马的盟主权同样屹然峙
126 立，毫不动摇。叙拉古王希耶罗和意大利的希腊城市自愿致馈赠于罗马，以助下次的征战——这些城市所受战事影响轻于意大利的罗马同盟，因为他们不出兵参加陆军——罗马竟加以谢绝；罗马通告伊利里亚的酋长，不许他们忽略纳贡；甚至又复要求马其顿王交出法罗的德米特里乌斯。晚近事件虽使法比乌斯的迟延战略似乎合法，元老院的多数派却以为这种战略将陷国家于缓来可是必至的毁灭，决计加以放弃；如果那民选的独裁官行其较为亢奋的战略已告失败，他们归咎于所取步骤不足达到目的，他们给他的兵太少，实属不无理由。他们决计避免这种错误，所装备的军队大于罗马往昔任何时期所派的军队——八个兵团，每兵团大于常额五分之一和人数与此相当的同盟军——这足以压倒那兵力不及其半的敌人。除此以外，将军卢奇乌斯·鲍斯图米乌斯（Lucius Postumius）率一兵团往波河流域，以便如果可能，把服务于汉尼拔军队的凯尔特人吸引还乡。这些决定是明智的；一切皆视一件事为转移，即关于最高统帅问题，他们是否也能达到这样明智的决定。昆图斯·法比乌斯态度强硬，激起民众领袖的攻击，于是一般说来，独裁官和元老院较前更失民心，一种愚妄的传闻流行于民间，而且不乏人民领袖的明知故纵，说元老院有意拖延战事。所以既不能考虑推举独裁官，元老院便拟使适当的执政官当选；可是其结果仅完全引起人的猜疑和固执。元老院煞费气力才能使其所举候补人之一卢奇乌斯·埃米利乌斯·鲍卢斯通过人民大会，此人于535年即前219年指挥伊利里亚的战事，颇有见识；公民极大多数却举

民党候选人马尔库斯·特伦提乌斯·瓦罗为其同僚，他是一个无能的人，他所以著名，只因他激烈反对元老院，并且是建议选马尔库斯·米努奇乌斯为同独裁官的主要发起人；他所以为民众所赏识，只因为他出身微贱，粗鄙无耻。

这些对下一战役的准备正在进行之时，战争已开始于阿普利 127
亚。天时一许他离开冬营，汉尼拔照常决定战事的进程，采取攻势，由格鲁尼乌姆出发南进，行经卢凯里亚，渡奥非杜(Aufidus)河，取坎尼堡(Cannae，在卡诺萨[Canosa]与巴勒塔[Barletta]之间)，此堡垒控制卡努西乌姆(Canusium)平原，迄今为罗马人的一座主要武库。自法比乌斯依照宪法于仲秋辞去独裁官职务后，罗马军现任统帅为格涅乌斯·塞尔维利乌斯和马尔库斯·雷古卢斯，他们先任执政官，后为地方总督，竟无法挽救这种不能不觉得的损失。无论就军事或政治的理由而言，以一场对阵战阻遏汉尼拔的进展，现在比以前更加重要。因此，两位新元帅鲍卢斯和瓦罗奉元老院明示此意的命令，于538年即前216年夏初来到阿普利亚。他们带来四个新兵团和人数相若的意大利分遣队，罗马军增至步兵八万人，市民兵和同盟兵各半，骑兵六千人，市民兵占三分之一，同盟兵占三分之二；而汉尼拔军有骑兵一万人，可是步兵仅四万人。汉尼拔所愿的莫过于一战，不但因为上文所述的理由，而且特别因为阿普利亚平原广大，他的骑兵有发挥其全部优势的余地；又因为敌军密迩，其兵力比他的大一倍，并且有一串堡垒可资凭借，他尽管有极佳的骑兵，但不久便将难于供应其众多军队的给养。如上文所述，罗马军的领袖也对于接战的一般问题已有成算，而且即以此为志进逼敌人；可是其中较聪明的见汉尼拔阵地，便欲先行等候，仅屯兵于敌人的近旁，逼他后退而接战于对他较为不利的场所。汉尼拔扎营于奥非杜河右岸的坎尼附近。鲍卢斯扎营于沿河上流的两岸，主力驻在左岸，可是一支强大队伍驻在右岸直对
128 敌军之处，以便扰乱敌人的饷道，或也威胁坎尼。对于汉尼拔，一切皆系于速战，所以他率其军的主力渡河，在左岸挑战，鲍卢斯却不接战。不过民主党执政官不以此种拘迂兵法为然；常言道：兵士出征不是去站岗布哨而是去挥刀舞剑；他下令无论何时何地一遇敌人即行攻击。按一种被人愚昧地固守的旧习惯，在作战会议中，两元帅须按日更番操决定权，所以他们翌日不得不服从他，让这位铺路英雄为所欲为。敌人优势的骑兵在左岸的平原广野有充分用武之地，他当然也不在这里作战；不过他决定把罗马全部兵力集结于右岸，在这里列阵于迦太基营垒与坎尼之间，严重威胁敌营，向敌挑战。罗马军只留一万人驻在大营命他们于交战时袭取敌营，以便截断敌人渡河的归路。按未经修正的历法那天是 8 月 2 日，按修正的历法那天约在 6 月间，此河在这时节水浅而不甚有碍行军；罗马主力军于拂晓时渡过此河，列阵于坎尼以西罗马的小营附近。迦太基军也随他们渡河，罗马军的右翼和迦太基军的左翼均倚河为固。罗马骑兵分在两翼，鲍卢斯指挥较弱的市民队，在距河最近的右翼，瓦罗率较强的同盟队，在面向平原的左翼。步兵为中军，排成非常纵深的行列，由前任执政官格涅乌斯·塞尔维利乌斯指挥。汉尼拔把他的步兵置在罗马中军的对面，排成一个新月形，凯尔特和伊比利亚队伍各披其本国的衣甲为前列的中军，利比亚人却用罗马式的武装，为殿后的两翼。哈兹德鲁巴率全部重装骑兵驻在距河最近的一面，努米底亚的轻骑则驻在面向平原的一面。

双方轻兵交手不久以后，全线便行接战。迦太基轻骑与瓦罗的重 129
骑兵交锋，因努米底亚人不断冲锋，胜负久而不决。另一方面，罗
马中军的兵团把首先与他们相遇的西班牙和高卢队伍完全击破；
战胜者赶紧进逼，乘胜穷追，可是就在同时，右翼的战局已对罗马
不利。汉尼拔的目的只在牵制敌人左翼的骑兵，以便用哈兹德鲁
巴所率的全部正规骑兵先攻敌人较弱的右翼，把他击破。一场英
勇抵抗之后，罗马骑兵不支，未被砍倒的都被追渡河，在平原上溃
散，鲍卢斯受伤，驰至中军，欲挽救兵团的厄运，不成则与之同归于
尽。为更便于乘胜穷追敌人的前列步兵计，这些兵团已把前线阵
势变为进攻的纵队，成一楔形，冲入敌人的中军。他们在这个地位
之时，利比亚步兵由左右两方转过来向他们两面夹攻，很是激烈，
于是一部不得不止步自卫以抗侧面的攻击；因此他们的前进被阻，
步兵集团先已过于拥挤，如今不复有展开阵线的丝毫余地。同时，
哈兹德鲁巴击破鲍卢斯一翼既毕，已重行集合整顿其骑兵，率领他
们攻瓦罗一翼于罗马阵后。瓦罗的意大利骑兵对付努米底亚人已
感手忙脚乱，今在双重攻击之下迅即溃散，哈兹德鲁巴让努米底亚
人去追击败兵，第三次集合其马队，率他们攻罗马步兵的后路。这
最后一次的冲锋毕竟决定了战局。脱逃既不可能，求饶又不见许。
这样庞大的军队在战场上这样全被歼灭，而敌人的损失又这样轻
微，如罗马军在坎尼的情形，或属得未曾有。汉尼拔的损失不及六
千人，而且其中三分之二落在那首当罗马兵团之冲的凯尔特人身
上。反之，罗马参加战阵的兵原为七万六千人，阵亡的竟达七万
人，执政官卢奇乌斯·鲍卢斯和前任执政官格涅乌斯·塞尔维利
乌斯，官员的三分之二，八十名元老级的人物均在其内。只赖决策 130

迅速和坐下良马，执政官马尔库斯·瓦罗得免于难，抵达维努西亚，身经这场灾难，仍觍着脸苟活于人世。罗马营垒的一万名守兵大部分成为战俘，只有几千人，一部分为守营队伍，一部分为战场队伍，逃到卡努西乌姆。不但如是，罗马似乎在本年有全灭之势，本年将终时，派往高卢的兵团也中了埋伏，全军为高卢人所覆灭，其将军卢奇乌斯·鲍斯图米乌斯已被举为次年的执政官，却死于此役。

汉尼拔为一个政治上的大联合而来意大利，这个空前的胜利似乎终使联合臻于成熟。固然，他原以他的军队为计划的基本；可是既确知敌人的力量，他规定这军队仅做前锋，西方和东方的力量将逐渐与之相会合，以造成那骄傲城市的灭亡。然而似乎最为可靠的援助，即由西班牙派来的增援，却因罗马派到那里的将军格涅乌斯·西庇阿的骁勇坚定而成画饼。汉尼拔渡过罗讷河以后，西庇阿即乘船至安波利埃，先占领比利牛斯山至埃布罗河一带的海岸，而后击败汉诺，又成为内地的主人（536年即前218年）。次年（537年即前217年），他在埃布罗河口完全击破迦太基的舰队，其兄普布利乌斯即防守波河流域的英雄率援兵八千人来会，他甚至能渡埃布罗河进至萨贡图姆。哈兹德鲁巴于次年（538年即前216年）得非洲的援助，固然遵其兄命，企图率兵越比利牛斯山；不过西庇阿兄弟阻其渡过埃布罗河，约在汉尼拔战胜于坎尼之时，完全击破哈兹德鲁巴的军队。凯尔特伊比利亚人的强大部落和许多西班牙部落都归附了西庇阿兄弟；他们控制海洋和比利牛斯山各隘口，而且借忠实的马赛利亚人之力控制高卢海岸。所以如今汉尼拔得西班牙援助的希望尤较往日为小。

在迦太基方面，他们给予其在意大利的将军的援助，是凡可望做到的均已做到。腓尼基舰队威胁意大利和罗马属岛的海岸，并 131
且守非洲海岸以防罗马人登陆，不过如是而已。更为切实的援助却不能做到，主因不在汉尼拔行踪不定和缺乏一个在意大利下船的港口，而在西班牙军多年来惯于自给自足，而最重要的原因却在主和派的啧有烦言。汉尼拔痛感这不可原谅的无为的影响；他尽管节用他所带来的金钱和士卒，他的库藏却渐见空虚，兵饷陷于积欠，行伍中老兵渐形稀疏。可是现在坎尼的捷报传来，甚至本国的反对派也弄得无话可说。迦太基元老院议决拨款项和援兵听这位将军随意支配，援兵一部分来自非洲，一部分来自西班牙，中有努米底亚骑兵四千人和战象四十只，并议决在西班牙和意大利一概努力继续作战。

迦太基与马其顿的攻势同盟久经讨论，先因安提古努斯突然死去，后因其嗣君腓力犹豫不决，他和他的希腊同盟又不合时宜地对埃托利亚人作战(534—537 年即前 220—前 217 年)，这件事竟被延搁。直到现在，坎尼一战之后，法罗的德米特里乌斯割让伊利里亚领土于马其顿的建议——无疑地这种领土须先由罗马人手中夺来——始为腓力所愿闻，直到现在，佩拉(Pella)的宫廷始与迦太基商妥条件。马其顿承诺派一支进攻的军队登陆于意大利东岸，而得一保证以为报，即罗马在伊庇鲁斯的领土应归还马其顿。

在西西里的和平时期，希耶罗王在不失其安全的限度内尽量保持中立政策；在迦太基与罗马结和约后的危急时期，他有意予迦太基人以方便，特别是送谷物供应他们。无疑，他见迦太基与罗马又复决裂，极为痛心，不过他无力加以挽救；决裂既已发生，他便以经过熟虑的忠尽依附罗马。可是不久以后（538年即前216年秋），这个在位五十四年的老人即与世长辞。继这位精明耆宿的为其孙希耶罗尼穆斯（Hieronymus），此人年少无能，即刻与迦太基使者开始谈判；因为使者先不反对他凭条约取得西西里之地远至
132 迦太基与西西里的旧界，而后当他的要求更加狂妄之时，甚且不反对他取得西西里全岛，他便与迦太基缔结盟约，命叙拉古舰队会合迦太基那来此示威的舰队。罗马在利利拜乌姆的舰队已须应付驻在埃加提群岛的迦太基第二舰队，至是忽然陷于很危急的地位，同时罗马准备登船到西西里的军队又因坎尼之败改充其他更为紧急的用途。

最重要的是一件有决定性的事实：罗马同盟的组织经两年苦战的震撼而不动摇，至是终于兆崩坏之端。投归汉尼拔一面的有阿普利亚的阿庇和梅萨庇亚的乌赞顿（Uzentum），两个大受罗马殖民地卢凯里亚和布隆迪西乌姆之害的古城；布鲁替人——他们为首——的一切城市，只有佩台利尼人（Petelini）和康森替尼人（Consentini）为例外，被攻而后降服；卢卡尼亚人的大半；移居萨勒农区的庇森替人；赫尔皮尼人；彭特利人（Pentri）以外的萨谟奈人；最后而最重要的，意大利第二大城卡普亚，它能出步兵三万，骑兵四千，其附近阿台拉（Atella）和卡拉提亚（Calatia）两城皆因它叛罗马而亦叛罗马。固然，贵族党处处与罗马利害相联，在卡普亚尤其如此，自极力反对这种变节，于是关于这个问题起了顽强的内讧，结果汉尼拔由此等叛变所收的利益为之大减。例如卡普亚贵族党一个领袖德西乌斯·马吉乌斯（Decius Magius）甚至在腓尼基人入城以后仍固执其联罗马的主张，汉尼拔不得不把他执送迦太基；

如是，可见迦太基将军才向坎帕尼亚人郑重担保的自由和主权无甚价值，这对于汉尼拔甚为不便。反之，南意大利的希腊人固守罗马盟约——这个结果的造成，罗马的戍兵固亦与有力，可是更由于希腊人一方面极坚决地不喜腓尼基人及其卢卡尼亚和布鲁提亚的新同盟，另一方面因罗马人每遇时机辄热心表现其希腊精神，而且 133
待遇意大利的希腊人非常宽厚，所以亲附罗马。如是，坎帕尼亚的希腊人，特别是拿波里人，英勇抵抗汉尼拔的亲征；在大希腊，雷吉纳、图里伊、梅达朋顿和塔兰托尽管处境极危，却也如此。反之，克罗顿和罗克里为腓尼基和布鲁提亚的联军所袭取，一方面被迫，才结约投降；于是克罗顿的公民被押送至罗克里，而布鲁提亚的移民占据这个重要海军站。南意大利的拉丁殖民地如布隆迪西乌姆、维努西亚、裴斯顿、科萨和加勒当然对罗马保持忠尽，毫不动摇。这些城市是战胜者控制异域的堡垒，处在异族环居的地方，与其邻邑常在争斗，如果汉尼拔实践诺言，恢复每一意大利民社的旧界，他们必首先受其影响。全部中意大利，即罗马最早行使统治权之处，亦复如是；这里拉丁风俗和语言处处占有优势，人民不自觉为其统治者的臣属，而为其统治者的同伴。迦太基元老院中反对汉尼拔的人士不免引此为例，说罗马公民或拉丁民社无一自投于迦太基的怀抱中。罗马权力的这个基础有如赛克洛普（Cyclopean）的城墙，只有一块复一块地拆去其石头，才能将其毁坏。

坎尼一战，死了意大利同盟将士的精英，意大利能胜兵役的全人数七分之一，其结果如是。平心而论，不但一些愚昧或卑鄙的人，而且罗马民族本身都犯了严重的政治错误，这一战就是惨酷而公正的责罚。适用于一座小乡镇的宪法不再适用于一个大国；在这种战事里，罗马城的军事领袖问题简直不能年复一年地听任那祸胎乱源的投票盆去决定。因为宪法的根本修正即使可能，横竖不能现在着手，所以别无他途，只好把实际监督战事，特别是颁给和延长统帅权一事，即刻委托那唯一能胜其任的官府——即元老
134 院——仅把形式上的核准权留给人民大会。西庇阿兄弟在西班牙那种艰苦的战场竟获得辉煌的胜利，可见这种办法可收何等的效果。可是政治上的枭雄主义已腐蚀宪法中贵族政治的基础，握得意大利战事的管理权。一种无理的控告说贵族与国外敌人通谋，已深印在“人民”的心坎上。由于政治上的迷信，人民盼望盖乌斯·弗拉米尼努斯和马尔库斯·瓦罗两位英雄能救国，两人都是极为纯粹的“新人”和人民之友，他们在罗马广场于民众赞许之中说明战事的计划，所以民众委托他们去执行其计划；结果便是特拉西美涅湖和坎尼两战。现在的元老院知其所当为，当然不是由非洲撤回雷古卢斯军之半时可比，以职任而言，他须掌握国事的支配权，反对这种有害的行动；可是第一次战败之后，元老院暂时执掌政权，他的行动仍不免拘于党派利益的偏见。昆图斯·法比乌斯虽与那些罗马的“克里昂”(Cleons)不可同日而语，他也不纯以军事领袖资格指挥战事，而特以盖乌斯·弗拉米尼乌斯的政敌身份坚持其守势的顽强态度。并且在应付他与部下的争执上，当需要协调之时，他却竭力激发人的怒气。结果是：第一，罗马人圣明的祖先交给元老院供此用途的最要工具——独裁制——坏于其手；第二，至少间接地，坎尼之战。可是罗马势力的一落千丈不是由于昆图斯·法比乌斯或马尔库斯·瓦罗的过失，而由于政府与被治者的互相猜疑——即由于元老院与市民的不和。救国和复兴如果

尚属可能，工作须始于重建国内的一致和互相信赖。洞见此点，更重要的，付诸实行；而且实行时，免去一切即使因正当理由而发的攻讦，这是罗马元老院光辉不朽的荣耀。坎尼一战以后，一切统兵的将军只有瓦罗一人回到罗马，罗马众元老到城门迎接他，感谢他的不灰心于救国：这并不是以堂皇字句掩饰心实怀怒的虚文，也不是对一个可怜虫的刻薄嘲笑，这是政府与被治者缔结和约。面对着严重的时局，又面对着这种严肃的呼吁，人民领袖的烦言归于沉寂；自此以后，罗马人唯一的怀抱便是如何能共挽这个共同的危局。在这存亡所系的一刻，昆图斯·法比乌斯的勇毅比他一切的武功尤有益于国家，他和其他有名的元老领导一切行动，使公民恢复其信赖自己和信赖将来的能力。使者从四面八方赶到罗马，报告战事失利、同盟离叛、据点和仓库失陷，在意大利被放弃而罗马城几无守兵之时，请派兵增援波河流域和西西里，元老院却仍保持其坚定不屈的态度。民众大会不得在各城门开会；旁观者和妇女被遣回家；为战死者服丧不得逾三十日，以便快乐神的祭典，衣丧服者不得参加的，不致中断太久——因为阵亡将士极多，无一家不要哀悼死者。同时，两个贤能的军事保民官阿皮乌斯·克劳狄乌斯(Appius Claudius)和小普布利乌斯·西庇阿已把战场生还的残军集合在卡努西乌姆。一切青年贵族流于偷惰，既感救国的无望，便欲逃至海外，小普布利乌斯·西庇阿英勇的态度及其同志的挥刀舞剑，设法改变了他们的见解。执政官马尔库斯·瓦罗率少数人与他们相会，渐集于此处的军队约两个兵团；元老院下令把他们改编，使他们戴罪服役，不领兵饷。至于那位不才的将军，遇有相当的口实，他便被召还罗马，副执政官马尔库斯·克劳狄乌斯·马

135

尔凯卢斯曾在高卢战役中富有经验，原定随舰队由奥斯提亚往西西里，至是就元帅职。罗马人以极大的努力编制一个能出战的军
136 队，招拉丁人出兵援助，以救共同的危亡。罗马人以身作则，征发一切童年以上的男子，把债务农奴和罪犯都武装起来，甚至国家购置奴隶八千人编入军队。因为缺乏武器，他们取出神殿里的旧战利品，处处发动作坊和工匠。胆怯的爱国人士力劝用拉丁人补元老院的缺，他们不听，而用最有身份的罗马市民。汉尼拔请罗马出库款赎回俘虏，罗马人加以拒绝；迦太基使者与俘虏代表同来，罗马人拒其入城；由任何事情来看，元老院毫无想到和平的迹象。他们不但不使同盟国相信罗马人有开谈判的志愿，甚且使最卑贱的公民都明了他和一切人均不得和平，仅在胜利中才有安全。

第六章　汉尼拔战事——自坎尼之战至扎玛之战

汉尼拔远征意大利的目的在打破意大利同盟，三战以后，这目的只要能达到的均已达到。显然地，意大利的希腊民社和拉丁或拉丁化的民社既不因坎尼一战而动摇其忠节，可见他们不为威吓所屈，而只能为武力所服；甚至孤立于南意大利的小乡镇如布鲁提亚的佩台利亚等也奋勇拼命，保持其对腓尼基人的绝望防御，玛斯人即玛末丁人和拉丁人对他们将如何，可以此为明白的预示。汉尼拔如果想在这方面有更多的成就，甚至能率拉丁人反罗马，这种希望已成泡影。可是在其他方面，意大利同盟似乎也未造成汉尼拔所预期的结果。卡普亚即刻提出一个条件，规定汉尼拔不得有强迫坎帕尼亚公民当兵的权力；公民不忘皮罗斯在塔兰托的办法，他们痴想能同时退出罗马和腓尼基的统治。萨谟奈和卢凯里亚的境况已不复如往昔皮罗斯王想率萨贝利少年入罗马之时。不但成串的罗马堡垒处处切断此地的神经和筋肉，而且继续多年的罗马统治已使居民不习武事——他们仅出不多的队伍参加罗马军——已平息了他们的旧恨，且已处处赢得若干人为上国谋利益。诚然，在罗马似乎大势已去之后，他们与战胜罗马的人相联合，不过他们觉得问题不再是自由问题，这只是以一个腓尼基主人替换一个意大利主人，萨贝利各民社所以投入战胜者的怀抱，不是热心而是灰心的结果。在这种情形之下，意大利的战事不免懈弛。汉尼拔控制北抵佛尔突奴（Volturnus）河和加迦奴（Garganus）河的半岛南
138 部，他不能像放弃凯尔特人之地那样放弃此等地方，他现在有须扼守的边界，若任其无所庇荫，必遭其害；而为据守已得的地方，以对付处处反抗他的堡垒和自北进攻的军队，同时又对中意大利再取攻势，他的兵力——不算意大利属国所出的兵，约四万人——十分不足。

最重要的，他现在所遇的敌人与往日的截然不同。罗马人受了凶险经验的教训，采取一种较明慎的作战方略，只命宿将负统兵的责任，而且至少在必要时使他们统兵期间较为长久。这些将军既不仅立在山头旁观敌人的行动，也不无论何处一遇敌人辄行攻击，他们于不取行动和鲁莽从事之间保持真正的中道，他们驻扎在堡垒城下有壕堑的营里，他们只在胜可收功败可不灭的地方应战。这种新式战术的主脑便是马尔库斯·克劳狄乌斯·马尔凯卢斯。坎尼一战惨败以后，元老院和人民都不期然而然地注目于这位骁勇干练的军官，即刻委托他做实际的最高统帅。在西西里对哈米尔卡的苦战中，他受到训练；在最近对凯尔特人的战争中，他的领袖才能和个人的骁勇都有辉煌的事实可证。年龄虽已早过五十，他仍性如烈火与最年轻的兵士无异，仅在数年前他为将军时，曾斩敌军一个骑在马上的将军——罗马执政官能立这种功劳的以他为第一人，也仅有他一人。他把他的一生献给两个神祇，即荣誉神和勇敢神——在卡佩尼门（Capene Gate）替他们修建了两座壮丽的庙宇；救罗马于万分危急之中，其功虽不属于任何一人，而属于全

体罗马公民，尤属于元老院，可是对于公众事业的贡献却没有一个人能多于马尔库斯·克劳狄乌斯·马尔凯卢斯的。

汉尼拔已由战场转往坎帕尼亚。古今有一班愚人以为进攻敌国首都即可结束战争；汉尼拔却深知罗马，非愚人可比。固然，近代战争在战场上决定胜负，可是在古代攻城术远不及守城术发达 139
的时候，战场上最完满的胜利因首都城垣的抵抗而归于无效的，不可胜数。迦太基的议会和公民与罗马的元老院和人民不可同日而语；雷古卢斯第一战役以后的迦太基较之坎尼一战以后的罗马，其危急的程度大至无限；然而迦太基人凭城固守，竟完全获胜。我们能有何种理由能望罗马现在将钥匙移交战胜者，甚或接受一个公平的和约？所以汉尼拔不为这种空洞的表示而牺牲切实重要的成功，也不浪费时间来攻那困在卡努西乌姆城内的两千罗马败兵，他乘罗马戍兵开入以前即刻前往卡普亚，意大利这第二大城于长期犹豫之后竟因汉尼拔的前进而与他联合。他大概希望据有卡普亚以后，便能夺得坎帕尼亚的一个港口；本国的反对党已因他的大胜而不得不给他增援，他希望可以在这港口把增援卸下船来。

当罗马人闻知汉尼拔的行踪时，他们也离开阿普利亚，只把一个弱小部队留在那里，把其余的兵都集结在佛尔突奴河的右岸。马尔库斯·马尔凯卢斯率坎尼遇救的残部两兵团进至帖亚努姆·西底西努姆（Teanum Sidicinum），当时可供调遣的队伍来自罗马和奥斯提亚在这里与他相会，同时有独裁官马尔库斯·尤尼乌斯（Marcus Iunius）率仓促编成的主力军缓缓随后而来；马尔库斯·马尔凯卢斯进到佛尔突奴河的加西里农，意欲如可能时拯救卡普亚。他见此城已为敌人所控制；可是另一方面，敌人对于拿波里的企图已为公民的英勇抵抗所挫，罗马人仍有派兵入守这重要港口的时间。另外两座沿海大城库迈和努塞利亚也同样忠实地依附罗马。在诺拉，对于归附迦太基或归附罗马一问题，人民党与元老党发生争斗，仍未解决，马尔凯卢斯听说人民党渐占优势，便在凯亚提亚(Caiatia)渡河，沿苏伊苏拉(Suessula)的高处进兵以绕过敌
140 军，他赶到诺拉，饶有固守以抗内奸外敌的时间。有一次出击，他甚至能击却汉尼拔亲率的兵，使之大受损失，这个胜利是汉尼拔首次遇到的败仗，其精神上的效力比物质上的结果重要远甚。在坎帕尼亚，诚然有努塞利亚、阿凯莱(Acerrae)和受顽强的围攻延至次年(539 年即前 215 年)始下的加西里努姆(佛尔突奴河的钥匙)为汉尼拔所征服，这些依附罗马的城市的元老院均受极重的惩罚。可是威吓不是劝人归化的利器，罗马人以较小的损失竟度过他们最初孱弱的危险时期。坎帕尼亚的战事归于停顿，然后冬季到来，汉尼拔驻兵于卡普亚，他的军队三年来未尝居于户内，卡普亚的奢侈对于他们绝无益处。次年(539 年即前 215 年)，战局又形改观。宿将马尔库斯·马尔凯卢斯为续任执政官，去年担任独裁官的骑兵统领战功卓著的提比略·森普罗尼乌斯·格拉古(Tiberius Sempronius Gracchus)和老将昆图斯·法比乌斯·马克西穆斯为执政官，统率将来包围卡普亚和汉尼拔的罗马三军；马尔凯卢斯驻兵于诺拉和苏伊苏拉，马克西穆斯据佛尔突奴河右岸的加勒附近，格拉古据海岸附近的利特努姆(Liternum)，掩护拿波里和库迈。坎帕尼亚人进至距库迈五公里的哈迈，欲袭库迈人，格拉古把他们完全击破；汉尼拔亲来库迈城下以雪此耻，在一场搏斗中身蒙不利，他欲做对阵战而被拒绝，于是怏怏回到卡普亚。如是，罗马人

不但在坎帕尼亚守住他们已有的领土，而且克复了康普尔特里亚
(Compulteria)和其他小邑，同时汉尼拔听得他东方同盟的讹然怨
诉。罗马将军马尔库斯·瓦勒里乌斯(Marcus Valerius)已率兵据
卢凯里亚，一方面可以会同舰队监视东岸和马其顿人的行动，一方
面可以协同诺拉的陆军向那些叛变的萨谟奈人、卢卡尼亚人和赫
尔皮尼人勒索贡献。为解救他们起见，汉尼拔先转旆攻击其最活
动的敌人马尔库斯·马尔凯卢斯；可是马尔凯卢斯在诺拉城下对
腓尼基人打了个不小的胜仗，腓尼基军未雪此耻，即不得不去坎帕 141
尼亚而往阿儿庇，以便终能制止敌军在阿普利亚的进展。提比
略·格拉古率军追蹑其后，罗马其他两军在坎帕尼亚的则筹划于
翌年春间从事于攻卡普亚。

汉尼拔并未为胜利所眩惑而失其清晰的眼光。日益凸显的是他未倚赖他们以达其目的。那些敏捷的行军，那种往来倏忽的冒险作战，汉尼拔所大部赖以获胜的，今已告终；敌人已较前聪明；因为既得之地不免有加以把守的必要，再行进取殆不可能。攻势非意想所能及，守势是困难的，且有每过一年更加困难的趋势。他不禁见到只靠他自己和意大利盟友的武力，他不能成就其大业的后半，即平拉丁人和克罗马。要成就这个大业，须视迦太基议会，迦太基那的总部和佩拉及叙拉古的宫廷以为断。如果非洲、西班牙、西西里和马其顿的一切人力物力现在都认真对共同敌人发挥出来；如果下意大利成为西方南方和东方海陆军大会合的场所；他便可希望这先锋队在他领导之下既有了这样灿烂开端的事业，能得个胜利的结局。最自然最容易的方法当为本国给他充分的援助，迦太基政府几乎仍未受到战事影响，他由于一小组果敢的爱国志

士自取行动，自冒危险，才从沉沦衰微的地步复兴起来，跻于几近
全胜的地位，这政府必能为此无疑。一个大小任意的腓尼基舰队
必能在罗克里或克罗顿造成登陆，在叙拉古港口对迦太基人仍旧
开放和驻布隆迪西乌姆的舰队为马其顿所牵制的时候，尤其如此
约在此时，鲍米尔卡自迦太基带非洲兵四千人渡海来援汉尼拔，在
罗克里下船，未遇阻碍，可为明证；特别是到了全盘皆已失败时，汉
142 尼拔竟能登船泛海，未受干扰，尤可为明证。可是坎尼胜利的最初
印象既归于幻灭，迦太基的主和派原无时不愿牺牲其国家以换取
其政敌的覆亡，又得无远见而习于偷惰的公民忠实拥护，当将军请
求更重大的援助时，他们用半直爽半狡猾的话答复他，说他既真是
战胜者，实无须援助；如是，他们拯救罗马之功不甚在元老院以下。
汉尼拔生长于军营中，不谙人民党派的机构，他的父亲有可靠的人
民领袖哈兹德鲁巴相援助，他却没有；他的祖国饶有救国的工具，
他却不得不求之于海外。

要达到这个目的，他可以倚赖而至少较有成功的希望的，是西班牙爱国军队的领袖，他在叙拉古所结的联络和腓力的参战。一切端赖由西班牙、叙拉古或马其顿调新军到战场来以抗罗马；为达到或阻挠这个目的起见，西班牙、西西里和希腊都有战事进行。此等战事不过都是达到目的的手段，而人予以较此为大的重要性，实为错误。专就罗马而言，这些战事本都系防御战，他们固有的目的在扼守比利牛斯山的隘口，牵制马其顿军于希腊，保卫梅萨那，断绝意大利与西西里的交通。当然在任何可能的地方，罗马人以攻势手段进行守势战争；因为情势利于这种战略的扩大应用，这战争才至于把腓尼基人逐出西班牙和西西里，解散汉尼拔与叙拉古及

腓力的联盟。意大利战事本身已暂时演变为争夺堡垒的冲突和一些抢劫性的袭击，这对于战争的主要结果没有决定性的影响。然而腓尼基人一日保持其攻势，意大利便一日不失为军事行动的中心目标；汉尼拔孤立于南意大利，一方想解除这种孤立，一方想使他继续孤立，一切努力莫不针对于此，一切注意也莫不集中于此。

如果在坎尼一战以后，汉尼拔认为可恃的一切力量能即刻发动起来，他对于胜利便可略有把握。可是埃布罗河一战以后，哈兹德鲁巴在西班牙的地位非常危急，以至于迦太基公民因坎尼胜利 143
而踊跃提供的金钱和兵士大半用在西班牙，当地的局势却不以此而大有进步。次一战役（539 年即前 215 年），西庇阿兄弟把战场由埃布罗河移至瓜达尔奎维河；在安达卢西亚，正当迦太基固有的领土中心，他们获得伊里突吉（Illiturgi）和茵替比里（Intibili）两次赫赫的胜利。在撒丁岛，迦太基人与土人的交通有使他们成为此岛主人的希望，这岛是西班牙与意大利间的中继站，颇为重要。可是提图斯·曼利乌斯·托夸图斯（Titus Manlius Torquatus）奉命率一支兵往撒丁，完全击破迦太基的登陆部队，保证罗马人据有此岛，不受干扰（539 年即前 215 年）。由坎尼派往西西里的兵团以其勇敢，竟能据守此岛的北部和东部以抗迦太基人和希耶罗尼穆，获得胜利；至 539 年即前 215 年将终之时，希耶罗尼穆死于刺客之手。就是在马其顿，批准盟约一事也遭延搁，主要原因是派到汉尼拔处的使者在归国途中为罗马战船所擒。因此，罗马所惧的东岸被侵暂告终结；罗马人得有时间先用其舰队而后用其在格拉古到来以前从事保护阿普利亚的陆军，来巩固那甚为重要的军站布隆迪西乌姆，甚且准备一旦宣战便侵入马其顿。意大利境内的战事既这样陷于停顿，在意大利以外，迦太基人却无所作为以加速新陆军或海军的开赴战场。罗马人又极力在处处修守备，在这防御态度中，作战大半得有良好结果。如是，坎尼战胜在迦太基唤起的爱国心历时不久即告消逝；这里所编的军队为数不少，或因党派的反对，或因欲调和议会中发表的不同意见，都被浪费于无用之地，以至于他们在任何地方都没有真益处，只有很小一部达到他们最为有用的地点。到了539年即前215年年底，罗马深思熟虑的政治
144 家可以感到急迫的危险已成过去，英勇开始的抵抗只要在各点继续努力，即可达到其目的。

最先，西西里的战事告一结束。汉尼拔的原来计划本不想在这岛上引起战事，可是一半由于偶然，主要由于不智的希耶罗尼穆幼稚虚骄，一场陆上战事起于此地；迦太基议会却特别热心从事这个战事，无疑的是因为汉尼拔无此计划。539年即前215年年底希耶罗尼穆遇刺以后，叙拉古公民是否仍行他所循的政策，似乎大成疑问。如果一个城市按理应附罗马，这城市必为叙拉古；迦太基人对罗马得胜以后，势必至少为全西西里的主人，至于迦太基向叙拉古人所作的诺言，无人真信其必被实践。一部分以这个理由为动机，一部分见罗马人那种咄咄逼人的准备而惊骇——这重要的岛为意大利至非洲的桥梁，罗马竭其全力要使它再完全受其控制，而今派最良将军马尔库斯·马尔凯卢斯来西西里以备于540年即前214年出征——叙拉古公民表示愿及早恢复与罗马的同盟关系以取得不咎既往的待遇。可是希耶罗尼穆死后，有人企图恢复此城旧有的人民自由，又有多人要求补王位之缺，突然起事，使此城迭遭骚扰，同时外国佣兵的头目却为此地的真主人；在这种极端的

混乱中，汉尼拔灵巧的密使希波克拉底(Hippocrates)和埃庇恺底斯(Epicydes)得有摧毁和平计划的机会。他们假自由的名义煽动群众；良替尼人(Leontines)新近又为罗马人所荡平，据说受了可怖的惩治，无限铺张的叙述甚至在上流公民中也引起疑问；要恢复他们与罗马的旧关系是否已嫌太晚；同时佣兵中众多罗马逃兵，大半系由舰队脱逃的荡桨人，不难相信公民与罗马的缔和等于宣布他们的死刑。于是主要官吏被处死，休战协定被破坏，希波克拉底 145
和埃庇恺底斯担任统治此城的职责。除从事围攻外，罗马执政官无他途可循；可是此城巧于守御，叙拉古工程师阿基米德(Archimedes)以精究数学驰名，在此次守城特著功绩，罗马人攻城历八个月之后，不得不变围攻为海陆封锁。

同时，迦太基一向只用舰队援助叙拉古人，今听得他们又起兵抗罗马的消息，便遣希米尔科率强大陆军往西西里，此军未受阻碍即在赫拉克利亚·密诺亚登陆，立刻占领重要城市阿克拉加。因为要与希米尔科会师，骁勇善战的希波克拉底率军由叙拉古冲出，马尔凯卢斯处在叙拉古守兵与两支敌军之间，境遇渐形危急。然而一些援兵自意大利到来，他借他们的助力保持其在岛上的地位，继行封锁叙拉古。另一方面，罗马人在岛上的行为非常残酷，特别是他们疑恩那(Enna)的人民谋反，驻恩那的罗马戍兵便大肆屠戮，因此而非因敌军，内地小城多半被迫投归迦太基人。到了542年即前212年，叙拉古城中举行一个佳节。守兵离去一段外郭，围军乘机攀援而上，竟能深入自“岛”部和市本部(Achradina)沿海伸向内地的郊区。犹利亚鲁斯(Euryalus)的堡垒位在郊区西端，保障郊区和内地通叙拉古的大道的，于是沦于孤立，不久即告陷落。

攻城的战局始这样变得对于罗马人有利的时候，希米尔科和希波克拉底所率的两军进援叙拉古，企图同时攻打罗马人的阵地，加之迦太基海军企图登陆，叙拉古守兵企图突围出击；可是各方面的攻势均被击退，两支救兵只得在城下扎营，驻于沿阿那普斯(Anapus)河的低湿沼地，夏秋盛暑之时，此地疠疫丛生，逗留此地的人
146 都有生命的危险。这种疠疫昔曾拯救此城多次，甚至非公民的武勇所能及；在狄奥尼修斯一世时代，腓尼基军两次围城，都这样覆灭在城垣之下。现在命运把此城的特别防御变为毁灭它的工具；马尔凯卢斯的军队驻在郊区，受害不大，疠疫却迫使腓尼基人和叙拉古人放弃了营地。希波克拉底丧了命，希米尔科和大多数的非洲人也丧了命，两军残余的人大都是西西里土人，他们四散逃到邻近的城市。迦太基人又企图由海洋方面援救此城，不过罗马舰队向水师统帅鲍米尔卡挑战，鲍米尔卡便退去。埃庇恺底斯统兵于城内，至是也以为此城无望，把他放弃，逃到阿格里根图姆。叙拉古人未尝不欣然愿向罗马人投降；交涉业已开始。可是罗马逃兵又阻碍交涉，兵变再起，主要长官和若干有身份的公民被杀，外国兵把政府和城防交给他们的首领。马尔凯卢斯现在与一个首领举行交涉，结果城内仍有的两自由区之一即“岛”部落于马尔凯卢斯之手，以后公民又自动向他开放了市本部的门(542 年即前 212 年春)。这个城显然没有自取行动的自由，而且屡次最挚诚的企图解脱外国兵的虐政，如果宽恕尚有可用之处，则甚至按照罗马政治法对待背信民社那种甚不可嘉的原则，也应施行宽恕于此城。然而不但马尔凯卢斯玷污了他的军人荣誉，许兵士大掠这般富的商业城市，以至于阿基米德和许多其他公民在大掠中被杀，而且后来叙

拉古人控告这位名将，罗马元老院也置若罔闻，既不归还私人的财
产，也不恢复此城的自由。叙拉古和归属于它的各城被置于罗马
纳贡民社之列——只有陶罗梅宁和内顿（Neetum）得到与梅萨那
相同的特权，而良替尼的疆域成为罗马的领土，其昔日的业主变为
罗马的佃户——自此以后，叙拉古公民无一得居“岛”部，即市区内 147
控制海港的部分。

如是，西西里似乎已非迦太基人所有，可是汉尼拔的天才甚至能自远方播其影响于此处。汉诺和埃庇恺底斯率迦太基军逗留于阿格里根图姆，不知所为，无所作为，汉尼拔派利比亚骑兵官穆丁（Mutines）到那里，此人接任努米底亚骑兵统领一职；罗马的暴政已在全岛上激起痛恨，他用部下的游击队把这痛恨煽成熊熊的烈焰，发动一个规模极大结果极佳的游击战；以至于迦太基军与罗马军相遇于希美拉河之时，他竟能与马尔凯卢斯本人相持，几次交锋均获胜利。然而汉尼拔与迦太基议会的关系重见于此，不过具体而微而已。议会任命的将军心怀嫉妒，排挤汉尼拔派来的将官，坚持不用穆丁和努米底亚人而与马尔凯卢斯一战。汉诺的志愿实现，他被完全击破。穆丁并不因而改弦易辙，他自保于内地，占据几个小城，不少的援兵由迦太基来与他相会，他竟能渐渐扩大他的军事行动。他立下赫赫之功，以致元帅没有他法阻止他功出己上，只好立即将他革职，任命自己的儿子为轻骑统领。这个努米底亚人两年以来为其腓尼基主人保全此岛，而今受了这种待遇，忍无可忍。他和部下不肯服从小汉诺的骑兵，向罗马将军马尔库斯·瓦勒里乌斯·莱维努斯（Marcus Valerius Laevinus）接洽，把阿格里根图姆献给他。汉诺乘船逃回迦太基，向上峰报告汉尼拔部下军

官的卑鄙叛国。城内的腓尼基戍兵均为罗马人所杀，公民被卖为奴隶（544年即前210年）。为确保此岛不再有540年即前214年敌人突然登陆之事，城内屯驻了一个罗马殖民团，旧日光荣的阿克
148 拉加变为罗马的堡垒阿格里根图姆。全西西里既这样被征服，罗马人便努力使这扰攘的岛稍稍恢复平静和秩序。出没内地的股匪成群被逐，解往意大利，以使他们由其在雷吉乌姆的总部可以焚掠汉尼拔各盟国的领土。西西里的农业已完全荒废，政府竭其所能提倡农业的复兴。迦太基议会不止一次谈到派舰队往西西里，再兴那里的战事；不过计划仅止于计划而已。

对于时局，马其顿原可比叙拉古发生更有决定性的影响。当此之时，人既不能望东方各国协助，也不必怕他们作梗。安条克大王（Antiochus the Great）是腓力的天然同盟，537年即前217年埃及人在拉非亚（Raphia）得了决定性的胜利以后，他由偷惰的菲洛波托（Philopator）获得保持战前状态的和约，便不得不自以为幸。他一方面有拉吉德（Lagidae）与他竞争，无日不忧战事的复发，另一方面国内有僭伪起事，小亚细亚、大夏（Bactria）和东方各省有种种冒险举动，所以他不能参加汉尼拔心目中的反罗马大同盟。埃及的宫廷毅然拥护罗马，于544年即前210年与罗马再结同盟，可是人也不能期望托勒密·菲洛波托除载运粮食外再以他法援罗马。因此，除了他们自己不和外，无一事阻碍希腊和马其顿把决定胜负的力量用在意大利的大战，如果他们有自制力，能在少数几年之间互相援助以对付共同的敌人，他们便可拯救希腊人的名誉。这种思想无疑在希腊风行一时。瑙帕克托的阿基劳斯（Agelaus of Naupactus）有一句预言，说希腊人如今在国内所举行的比武恐怕

不久即可成为过去；他切实告人向西注目，莫使一个强国把和平加在一切交战国，把他们夷为同等的奴隶——这一席话对于促成腓力与埃托利亚人的媾和（537 年即前 217 年）大有贡献，而且埃托利亚同盟立刻举阿基劳斯为其将军（*strategus*），又足为这和平趋势作个饶有意义的证明。

民族的爱国心在希腊亦如在迦太基那样勃然突起，一时似能
煽起一个希腊民族对罗马的战争。可是只有腓力一人能充这种征 149
战的元帅，只有热心而信赖民族的人才能领导这个战事，腓力却缺乏这两种性质。他原是希腊的压迫者，如何把自己变为希腊的护法，这是他不知如何解决的难题。他与汉尼拔结盟的迟延败坏了希腊爱国人士最初最高的热情；到了他真与罗马交战的时候，他作战的方式更不足以感发同情和信任。就在坎尼一战那年（538 年即前 216 年），他首先企图占据阿波罗尼亚，结果失败得近于可笑，因为腓力接到一个完全无稽的报告，据说罗马一支舰队正向亚得里亚海驶来，便仓皇转身回去。此事发生在与罗马正式决裂以前；决裂既终于发生，友人、敌人均逆料马其顿人必登陆于下意大利。自 539 年即前 215 年以来，罗马一支舰队和一部陆军即屯在布隆迪西乌姆备战，腓力没有战舰，便建造伊利里亚的轻艇一小队以运兵渡海。可是需要认真行事的时候，他却无勇气与那为人所畏的五排桨船相遇于海上，他曾向他的同盟汉尼拔做试行登陆的诺言，现在他背弃诺言；为仍有所作为起见，他决定攻其应得的一份战利品，即罗马在伊庇鲁斯的领土（540 年即前 214 年）。就是遇到最佳情形，这事也不会有结果，可是罗马人深知攻势保护优于守势保护，绝不如腓力可能的逆料，甘心坐视来自彼岸的攻击。罗马舰队

由布隆迪西乌姆运一支陆军至伊庇鲁斯。由腓力手里夺回奥利库姆(Oricum),置戍兵于阿波罗尼亚城内,攻陷马其顿的营垒。自此以后,腓力由半动变为完全不动,汉尼拔欲把自己热烈果断的力量注入腓力那种迟疑短见的政策,终属徒劳,他尽管鸣不平,腓力仍使几年的光阴在按兵不动的状态中荏苒过去。

再开战衅的并不是腓力。由于塔兰托的陷落(542年即前212年),汉尼拔在最便于马其顿军登陆的海岸上得有一个绝好的港
150 口,罗马人因此欲从远处防御这个打击,使马其顿人忙于本国的事,以至于无暇想到攻意大利。希腊民族的热心当然久已烟消云散。借着对马其顿的旧仇和腓力新犯的狂妄横暴的罪恶,罗马海军统帅莱维努斯不难把中等国和小国在罗马保护之下组成一个反马其顿的联合。这个联合以埃托利亚人为领袖,他们开公会时,莱维努斯亲自到场,应诺把他们久已对之垂涎的阿喀那尼亚人领土给他们,博得公会的拥护。他们与罗马结一个体面协定来共同掠夺希腊的人民和土地,土地应归埃托利亚人,人民和动产应归罗马人。希腊本部欲反马其顿或毋宁谓欲反阿喀亚的国家也加入这个联合;特别是斯巴达,它的陈腐宪法约在此时新为一个勇悍的武人梅恰尼达(Machanidas)所推翻,其王裴洛普(Pelops)尚未成年,他加入这个联合,为的是假借国王名义行使其暴主的权力,成立一个为佣兵部队所支持的投机军人政府。再则有马其顿的宿仇,即半野蛮的色雷斯和伊利里亚各部落的酋长,也来加入;最后又有波加蒙王阿塔鲁斯(Attalus)加入,此王在环绕其侧的两希腊大国毁灭之中,竭智奋力地追求他自己的利益,甚至时在今日,他也有很锐敏的眼光,于其援助尚有价值时自结于罗马,做个附庸。

缕述这场漫无目标的战争的变化，既不是快意的事，也不是必
要之举。腓力虽优于每一敌人，奋其精力和个人的骁勇击退各方
面的攻击，可是一切光阴和力量都消耗于那种无益的守势战。忽
而埃托利亚人，协同罗马舰队歼灭了不幸的阿喀那尼亚人，威胁罗
克里和德萨莱，他须抵抗他们；忽而蛮族入侵，他驰援北方各省；忽
而波加蒙王阿塔鲁斯和罗马海军统帅普布利乌斯·苏尔皮奇乌斯 151
(Publius Sulpicius)率其联合舰队威胁东海岸，或运兵登陆于优卑
亚。因为缺乏舰队，腓力的一切运动均不灵便；他甚至向其同盟比
提尼亚的普鲁西亚(Prusias of Bithynia)甚至汉尼拔请拨战船。只
是到了战事将终之时，他才决定——他最初就当做的——下令造
战船一百艘，然而即使这命令见诸实行，这些战船也未见使用。这
次不幸的战事使希腊以其最后的力量自相残害，使全国的繁荣化
为乌有，一切了解希腊的情势而对它同情的人莫不痛心；商业国家
如罗德斯、契欧、密泰林、拜占庭、雅典，甚至埃及都屡次企图居间
调停。就事实而言，和解对双方均有利益。埃托利亚人最为罗马
联盟所倚重，他们与马其顿人无异，也大受战事之害；特别是阿达
马尼(Athamanes)小王受腓力的笼络以后，埃托利亚内地便门户
洞开，受马其顿人的侵掠。许多埃托利亚人也渐渐觉悟罗马盟约
使他们充卑污毒害的角色；及至埃托利亚人协同罗马人把整批希
腊公民，如安替凯拉(Anticyra)、欧略(Oreus)、代美(Dyme)和埃
吉那(Aegina)的公民卖为奴隶，骇愕的呼声遍于希腊全国。可是
埃托利亚人已不复为自由人，如果他们自动与腓力结和，他们所冒
的危险很大；罗马人仅用寥寥几只战船从事此战，而战争的负担和
损害却大半落在埃托利亚人身上，他们觉得罗马人绝不愿停战，特

别是西班牙和意大利的局势正变得对于罗马有利以后，尤其不愿。然而埃托利亚人终于决定听各城市的调停，尽管罗马人尽力作梗，希腊各国竟于548年即前206年与549年即前205年间的冬季商订一个和约。埃托利亚人已把一个过强的盟友化为危险的仇敌，可是罗马已臻疲乏，元老院此时正在竭国家一切的力量供远征非洲决一胜负之用，所以认为对于背盟这不是表示愤慨的适当时机。埃托利亚人既已退出，罗马人要进行对腓力的战事，不能不自做很
152 大的努力；由罗马人看来，他们若也以和约结束战事，似乎对自己较为便宜，和约规定实际恢复战前的状态，罗马特保有伊庇鲁斯沿岸的领土，只有阿丁达尼人（Atintanes）毫无价值的领土为例外。在这种情形之下，腓力得有这种条款，自可引以为幸；可是据事实的明示——这诚然是不能再掩的——希腊经十年惨无人道的战争，忍受了不可言喻的苦痛，竟属徒然；那尽情尽理的伟大联合为汉尼拔所计划而全希腊一时所加入的，现已土崩瓦解，不可收拾。

在西班牙，哈米尔卡和汉尼拔的精神势力雄厚，战斗较烈。随着地方特殊的性质和人民的习惯，战事的进展特多非常的变化。埃布罗河的谷地优美，安达卢西亚地味膏腴，物产丰富，介于两者之间的是丘陵起伏的高原地带，许多林木蓊蔚的山脉经行其处；这里的农夫和牧羊人不难应一般的号召而集合从军，可是要率领他们抵抗敌人或使他们常聚不散，却是难事。城市居民，虽然每遇有人压迫他们，他们便隐身城墙之后向他倔强叫战，也同样不能联合起来取坚毅一致的行动。对于罗马人和迦太基人，他们都似乎无所别择于其间；占据埃布罗河流域的人和占据瓜达尔奎维河流域的人同是讨厌的外客，他们领有半岛部分的大小，由土人看来，大

概是个很不关重要的事；因为这个缘故，西班牙那种党派团结的特色不显见于此一战争，只有零星的例外如萨贡图姆的党于罗马人，阿斯达帕（Astapa）的党于迦太基人而已。可是因为罗马人和非洲人都没有带来充足的兵力，战争势必成为双方争取党羽的斗争，这种斗争决定于实心归附的很少，而决定于恐惧、金钱或偶然的较为常见；斗争在似乎结束之时，仅变为层出不穷的攻打堡垒和做游击战，不久之后，战事却又死灰复燃。军队忽隐忽现有如海岸上的沙丘；昨日小山峙立的地点，今日不见小山的踪迹。一般说来，罗马 153
方面占优势，半因为他们最初来西班牙时是解除腓尼基暴政的救星，半因为他们幸而择得好将帅，将帅又带来可靠的队伍做坚强的核心。然而传到今日的载籍甚为残缺，而且——特别在年代方面——甚为混乱，我们不能对于这样进行的战事做一个满意的描写。

罗马在这半岛上的两位续任执政官格涅乌斯和普布利乌斯·西庇阿——两人俱是良将和绝好的行政官，尤以格涅乌斯为最——能尽其职，立下最显赫的功绩。他们不但能固守比利牛斯山的关塞，用血战摧毁了敌军元帅与总部重建那已断的陆路交通的企图；不但仿照西班牙的新迦太基，以广泛筑垒修港的方法，在达拉哥（Tarraco）创造了一个西班牙的新罗马，而且在539年即前215年罗马军已战胜于安达卢西亚。次年（540年即前214年），他们又远征此地，所获胜利尤大。罗马人的武力几达赫尔克利斯柱，他们扩充南西班牙的保护区，最后又克复并重建萨贡图姆，因而获有自埃布罗河至迦太基那路线上一个重要兵站，同时也尽可能履行了罗马人应尽的旧义务。西庇阿兄弟既这样把迦太基人差不多逐出西班牙去，又设法在西非洲鼓动一个危险敌人攻击他们，这人就是西非洲的强大君主赛法克斯（Syphax），他统治近代欧兰（Oran）和阿尔吉儿两省地，约在 541 年即前 213 年与罗马建立关系。如果罗马能以一支军队供他使用，必可望大见功效，不过当那时候，意大利无一人可调遣，西班牙军又太薄弱，不能分兵。尽管这样，赛法克斯的直属部队由罗马军官训练和指挥的，仍能在迦太基的利比亚属国中激起严重的骚动，以致西班牙和非洲的副元帅哈兹德鲁巴·巴尔卡须亲率西班牙军的精锐往非洲。他的到来大概确使此事发生另一转变，格拉王（Gala）——在今日康斯坦丁省（Constantine）——及其骁勇的儿子马西尼萨（Massinissa）击败赛
154 法克斯，迫他媾和。关于这次利比亚战争，见于叙述的不过是迦太基人在马西尼萨胜利之后如何照常以残酷的报复加诸叛徒一事而已。

非洲的事有了这种转变，对于西班牙的战事影响很大。哈兹德鲁巴又能前往西班牙（543 年即前 211 年），不久以后，大量的增援和马西尼萨都继他而来。敌帅离开此地的期间（541 年即前 213 年至 542 年即前 212 年），西庇阿兄弟仍在迦太基领域里劫掠和招降，现在出于意外，为优势的兵力所攻，他们不得不退守埃布罗河，否则募兵于西班牙。他们选用后策，雇用凯尔特伊比利亚人两万，然后为更能抵挡敌人的三军——哈兹德鲁巴·巴尔卡、吉斯戈（Gisgo）之子哈兹德鲁巴和马哥各率一军——起见，他们也把军队分开，甚至他们的罗马军也不留在一处。这样，他们实自开灭亡之路。格涅乌斯所率的军团包含罗马军三分之二和全部西班牙队伍，扎营于哈兹德鲁巴·巴尔卡对面，巴尔卡不难用一笔钱诱使罗

马军中的西班牙人撤退——或者由他们当佣兵的道德观念看来，这事似乎不是背信弃义，因为他们并未投归其雇主的敌人。罗马将军无可奈何，只得仓皇开始退却，敌人紧蹑其后。同时，普布利乌斯率第二军团，遭吉斯戈之子哈兹德鲁巴率腓尼基其他两军猛击，马西尼萨的骁骑使迦太基人占决定的优势。罗马人的营垒几为敌人所包围，已在途中的西班牙补助兵如果到来，罗马人便将全被包围。这位续任执政官毅然决定乘那前进的西班牙人尚未出现，封锁线的缺口尚未塞住之时，用精锐部队攻他们，结果失利。罗马人诚然起初得胜，可是努米底亚骑兵迅即奉派追击，不久便赶上他们，使他们既不能乘着既得一半的胜利追击敌人，又不能引兵退回，后来腓尼基的步兵来到，将军阵亡，不利的战事终于变为败 155
衄。缓缓退却的格涅乌斯抵御迦太基的一军已感棘手，现在普布利乌斯既阵亡，他见敌人三军忽然一齐来攻，努米底亚骑兵又切断他们的一切退路。被围困在一座甚至无处扎营的秃山上，全军的人不被杀死，即被捕掳。至于格涅乌斯的生死如何，却无确实消息可得。只有盖乌斯·马尔奇乌斯(Gaius Marcius)，一个格涅乌斯式的绝好军官，率领一小队人马安抵埃布罗河的彼岸；副使提图斯·方泰(Titus Fonteius)也能带着普布利乌斯军留守营垒的部队安抵此处；甚至散在南西班牙各处的戍兵也大多数能逃到这里。现在腓尼基人统治埃布罗河南岸的西班牙全部，无人抵抗；而且渡埃布罗河、打通比利牛斯山、恢复与意大利的交通的时日似不在远。可是罗马营里的急难使适当的人得为统帅。兵士不推选资格较老而不乏能力的军官，而要求盖乌斯·马尔奇乌斯为全军领袖；他的妙计，和或者与此功效相等的，迦太基三位将军的互嫉不和，使他们不能由其重要胜利得到更多的战果。迦太基人已渡河的都被逐回，同时埃布罗河一线被扼守，以待罗马得有时间派新军和新元帅。幸而卡普亚陷落，意大利的战局转变，此事可以做到。续任副执政官盖乌斯·克劳狄乌斯·尼禄(Gaius Claudius Nero)率一个强大兵团——一万二千人——来到，恢复了双方兵力的平衡。次年(544 年即前 210 年)，罗马人远征安达卢西亚，极为得手；哈兹德鲁巴被包围，只是运用卑鄙的诡计和公然背信，才得免于立约投降。可是尼禄不是西班牙战事的适当统帅。他是个良将，但为人严厉暴躁而不得人心，他不善于重修旧好或成立新交；西庇阿兄弟既死之后，迦太基人对待南西班牙的人，无论敌友，一概用暴戾恣睢的手段，已使一切人对他们愤恨，尼禄也不能利用这种情势。

156 关于西班牙战事的重要和特性，元老院有正确的判断，又由为罗马舰队所获的乌提卡人得知迦太基正大大地努力，派遣哈兹德鲁巴和马西尼萨率大批军队渡比利牛斯山，他们便决定派新军和一个高级的特别将军到西班牙，他们认为应把推举这位将军的权交给人民。据说许久的时候，无人声明愿就这个繁难危险的职务，可是到了最后，一个二十五岁的少年军官普布利乌斯·西庇阿(即阵亡于西班牙的同名将军之子)曾为军事保民官和市政官的，自愿为候补人。一个这样重要的选举，元老院在其所召集的大会中竟委之子机会，实不足信；而且雄心和爱国心竟这样绝迹于罗马，以致没有一个宿将自荐来充这个重要职位，也不足信。反之，这位年少多才而饶于经验的军官，曾在特雷比亚河和坎尼两次鏖战中获卓著辉煌的功绩，可是他的官阶仍不足充候补人，以继曾为副执政官和执政官的人之后；元老院如果注目于他，便当然采取这个办法；用这办法，他的资格尽管不够，人民本其和顺的心不得不承认这唯一的候补人；远征西班牙一事无疑地很不为人所喜，这办法使大众不得不爱护此人此事。据说这候补一事未经预先筹划，他的效果若是先有成算的，此事可谓完全成功。九年之前，儿子在特雷比亚河救了他父亲的性命，现在去报杀父的仇恨；这个长头发的少年美男子，谦卑腼腆的自请若无更适当的人，愿就这危险的职位；百夫会的选举把一个只是军事保民官的人立刻升到最高长官之列——凡此种种在罗马公民和农夫心中造成奇异而不可磨灭的印象。西庇阿实是一个自具热情而又能感发他人热情的人。少数人以其魄力和铁的意志，强使世界入一新路，历数百年之久，或至少操命运的支配权多年，直至时运过身而后已；西庇阿却不是这样一个人。普布利乌斯·西庇阿秉承元老院的训示而战胜攻取；借着 157
所得军事光荣的力量，他也在罗马政治家中取得一个显要地位；可是这样一个人与亚历山大或恺撒相去甚远。就他为军官而言，他对于国家的功劳至少不多于马尔库斯·马尔凯卢斯；就他为政客而言，他虽或不明知其政策的以私害公，他的军事才对于国家至少利与害相等。然而有一种特殊魔力停留在这位美貌英雄像的四周；西庇阿半虔诚半灵巧地造成明确的灵感气氛，这气氛缭绕着他的形象，有如一团耀眼的光轮。他的热心足以感召他人的热心，他的计谋又足以使事事听命于理智，同时又不置庸俗者流于度外；大众相信他受有神灵的感发，他的天真既不至使他同具此心，他的直爽又不致使他加以排斥，可是他却暗中深自信为特受神恩的人——质言之，即真有先知性的人；他超然在人民之上，而且也不在人民之列；这个人坚守承诺，性情如一王者，以为他若采用王者常有的称号，便是自贬身价，不过他不解共和的宪法如何能拘束他；他对于自己的伟大非常自信，以至于不知有嫉妒或仇恨，恭而有礼地承认他人的功绩，慈悲地原谅他人的过失；他是个绝好的军官，炉火纯青的外交家，而不带两种职业使人生厌的特色，他把希腊文化与罗马最完满的民族感合而为一，言谈既见才气，举止又甚风流——所以兵士和妇女、本国人和西班牙人、元老院中的政敌和比他伟大的迦太基敌人，对于普布利乌斯·西庇阿无不心悦诚服。他的姓名不久便有口皆碑，他就是似将为祖国造成胜利和平的明星。

普布里乌斯·西庇阿于544年即前210至545年即前209年前往西班牙，随行的有续任副执政官马尔库斯·西拉努斯(Marcus Silanus)；他将继尼禄的职位并为少年元帅的助理和谋士，又有他的亲密朋友盖乌斯·莱利乌斯(Gaius Laelius)为海军统帅，所带的有强大异常的一个兵团和充盈的金库。他一来到战地，立即有历史上一个最大胆最侥幸的奇袭表示他的到来。迦太
158 基三位将军，哈兹德鲁巴·巴尔卡驻在塔古斯河(Tagus)的源头，吉斯戈之子哈兹德鲁巴驻在塔古斯河口，马哥驻在赫尔克勒斯柱；他们距腓尼基首城新迦太基最近的也有十日的行程。忽然之间，在545年即前209年春季敌军开始行动以前，西庇阿率全部几近三万人的陆军和舰队向此城进发，沿海岸路线经埃布罗河口，几天之内，来到那里；腓尼基守城的兵共一万人，受他海陆并进的奇袭。这座城位于伸入海港的舌形陆地，三面同时受罗马舰队的威胁，第四面受罗马兵团的威胁，一切救援都在远处。然而统兵官马哥毅然自卫，因为兵不足供守城之用，把公民武装起来。他突围出击，

可是罗马人不难把他击退，而且不耗时间于正式的围攻，开始攻打向陆的一面。攻军沿着通往城市的陆路猛烈推进，新队伍时时与疲乏的队伍更番迭进，薄弱的守兵完全精疲力尽，可是罗马人没有得利。西庇阿也未尝希望得利；攻打只是一个计策，诱守兵离开距海港最近的一面；他听说在潮落时海港一部成为干地，于是想在那里进行另一次攻击。当向陆一面战事方酣之际，西庇阿派一支军带着梯子走过浅滩，“那里有海神亲给他们引路”，他们竟遇幸运，见那一地点无备。如是，这座城在第一天便被攻下，以后马哥在子城里立约投降。与迦太基首城一同落于罗马人手里的，有解除武装的战船十八艘，运输船六十三艘，军需品全部，大批谷物，军库里的存款六百塔兰特（合十四万余镑），迦太基属下一切西班牙同盟的人质，俘虏一万人，内有迦太基元老或士师十八人。西庇阿约定各民社一与罗马结盟，便许它们的人质回国，并且用此城的资源来增强和改进部下军队的状况。他命新迦太基的工匠，为数两千人，159
替罗马军工作，允许他们于战事告终时得到自由，他又由残余民众选出精壮的人做舰队的桨手。可是此城的市民却被赦免，仍保有其自由和旧地位。西庇阿了解腓尼基人，知道他们必将帖然听命，并且有一事甚为重要，即要保全一个拥有东岸唯一良港和丰富银矿的城市，应不仅用驻兵戍守一策。

如是，这莽撞的冒险事业竟得胜利的结果——这事是莽撞的，因为西庇阿非不知哈兹德鲁巴已接到政府要他向高卢进兵的命令，而且正从事于实行，又因为西庇阿若迟迟不归，守埃布罗河的薄弱军队不能认真抵抗这个行动。可是在哈兹德鲁巴出现于埃布罗河以前，他又到了达拉哥。这位少年将军放弃他的主要任务而去实行大胆的一击，他所做的是行险侥幸的事，借着西庇阿与海神协同得胜的神话，这事的危险性才被掩饰起来。罗马本国对于这不凡的少年曾有种种期望，现在攻取腓尼基首城这件神奇的事足证一切期望的不谬，以至于无人敢吐露任何反对的意见。于是西庇阿的统帅任期无限延长，他自己决定他的努力不再仅限于守比利牛斯山隘的工作。由于新迦太基的陷落，不但埃布罗河以北的西班牙人业已全部归顺，而且甚至埃布罗河彼岸最强大的君主也脱离迦太基而受罗马的保护。

西庇阿利用545—546年即前209—前208年的冬季来解散他的舰队，并用这样得来的人丁增加他的陆军，以便同时把守北方和较前更有力的取攻势于南方；至546年即前208年，他进到安达卢西亚。在这里，他遇到哈兹德鲁巴·巴尔卡，此人在实行他那久蓄于心的计划，正向北往援其兄。两军交战于贝古拉(Baecula)，罗马人自鸣胜利，据说捕掳一万人；可是哈兹德鲁巴虽牺牲一部分军
160 队，却达到他的目的。带着他的金库、他的战象、他最大部分的军队，他且战且行，到了西班牙的北海岸；沿海岸而行，他又达到比利牛斯山西部似无守兵的隘口；在恶劣天气开始以前，他到了高卢，在这里驻营度冬。显然地，西庇阿原奉命保持守势，他却决定攻守并用，这战略既欠斟酌，又不明智。这位将军率领着人数众多的军队，既胜而骄；西班牙军所担任的直接工作，不但他父亲和叔父而且甚至盖乌斯·马尔奇乌斯和盖乌斯·尼禄都能以远较弱小的兵力把它完成，他却以为不足；547年即前207年夏季汉尼拔合攻罗马的计划终于实现之时，罗马所以陷入极端危急的境遇，大半应由西庇阿负其咎。可是受神灵庇护的人所犯的过错，自有神灵用桂

枝替他遮掩。在意大利，这危险幸而度过；罗马人欣然接受贝古拉一战可疑的捷报；当胜利的新消息又自西班牙传来时，他们便不再忆及他们在意大利曾不得不抵敌最良的将军和西班牙、腓尼基军的精锐部队。

哈兹德鲁巴·巴尔卡去后，留在西班牙的两个将军决定暂时引退，吉斯戈之子哈兹德鲁巴退到卢西塔尼亚（Lusitania），马哥甚至退到巴勒利群岛；在来自非洲的增援开到以前，他们仅留下马西尼萨的轻骑，仿穆丁在西西里所行有成效的方略，在西班牙作继续无常的战斗。如是，整个东海岸落在罗马人的掌握。次年（547年即前207年），汉诺率第三军来自非洲，而后马哥和哈兹德鲁巴也回到安达卢西亚。可是马尔库斯·西拉努斯击破马哥和汉诺的联军，俘获汉诺。于是哈兹德鲁巴放弃驻兵旷野的念头，把他的队伍分扎在安达卢西亚各城，在本年中，西庇阿仅能攻取其一，即奥林吉（Oringis）。腓尼基人似乎已被征服；可是次年（548年即前206年），他们又能派出一个大军到战场，有战象三十二匹、骑兵四千人、步兵七万人，固然大部都是仓促征募的西班牙民兵。两军又在贝古拉一战。罗马军为数不过敌军之半，西班牙人也占多数。西庇阿一如在同样情形的威灵顿（Wellington），把部下西班牙人置在不能参战的地方——这是唯一可能使他们不致溃散的方法—— 161
同时他反使罗马人部队首先冲击西班牙人。尽管这样，两军的搏斗仍甚激烈，可是罗马终于得胜；当然，腓尼基那种军队一败便等于完全瓦解——哈兹德鲁巴和马哥分头逃至加的斯。现在罗马人无敌于半岛，寥寥几个不愿屈服的城市一个一个地被征服，有几个受了重罚。西庇阿甚至能到非洲海岸访赛法克斯，而且与他甚至与马西尼萨成立联合以准备远征非洲——这是一个冒险投机的事业，其报告虽可大悦本国首都好奇的人士，却无相当目标为其正当理由。现在只有加的斯一城有马哥在这里统兵，仍属于腓尼基人。西班牙人往往抱着一种期望，以为腓尼基人的统治结束以后，他们也能摆脱罗马客人，恢复他们旧有的自由；罗马人既承继腓尼基人的遗产，他们便大失所望，西班牙一时似将有全国叛罗马的事爆发，罗马昔日的同盟首先发难。罗马元帅患病，部下一支兵又因多年欠饷而哗变，对于叛变都有裨益。可是西庇阿的复原早得出乎意外，他用巧妙手段压服兵士的骚动；于是在叛乱蔓延以前，首倡全国起事的民社立被剿灭。迦太基政府见这种运动毫无结果，加的斯又不能久守，便命马哥把所有的一切船只、军队和金钱都汇集起来，而且用这些东西，如果可能，再给意大利战事一个转变。西庇阿不能阻止此事——他卸除舰队的武装，现在受了报应——他负保卫国家的责任，现在是第二次不得不把抵御叛乱的防务委诸他的神灵。哈米尔卡的末子离开西班牙半岛，未遇阻碍。他去了以后，腓尼基人在西班牙最早和最后的领土加的斯得到优厚条件，
162 投降于新主人。在十三年的斗争之后，西班牙由迦太基的领土变为罗马的领土；这里对罗马的冲突虽仍连绵不绝达数百年之久，每次起事，必被压服，但未尝被灭绝，可是在当时这里却没有与罗马对立的敌人。西庇阿乘着假和平的最早机会，辞去统帅职务（548年即前 206 年年底），亲在罗马报告他所赢得的胜利和他所夺得的省份。

如是，马尔凯卢斯结束了西西里的战事，普布利乌斯·苏尔皮奇乌斯结束了希腊的战事，西庇阿结束了西班牙的战事，当此之

时，大战正在半岛上进行不辍。在这里，坎尼一战既毕，此战结果
的为利为害逐渐判明，在战事第五年度540年即前214年之初，罗
马人和腓尼基人对抗的阵容如下。北意大利于汉尼拔去后又为罗
马人所据，有三个兵团保护它，两兵团驻于凯尔特人境内，第三兵
团为预备队，驻于皮塞努姆。下意大利远至迦加奴山和佛尔突奴
河，除堡垒和多数港口外，都握在汉尼拔之手。他率主力军驻在阿
儿庇，提比略·格拉古率四个兵团与他对垒于阿普利亚，依卢凯利
亚和贝内文托以为固。布鲁提亚地方所有居民均已完全归附汉尼
拔，甚至此地的港口，除雷吉乌姆受罗马由梅萨那所加的保护不计
外，均为腓尼基人所占据，这里驻有汉诺部下腓尼基的第二军，当
时不见有敌军当前。罗马主力军四个兵团在两执政官昆图斯·法
比乌斯和马尔库斯·马尔凯卢斯的麾下，正谋克复卡普亚。此外，
罗马方面还要加上驻首都的两个兵团，驻在一切海港的戍兵——
因为恐怕马其顿人在塔兰托和布隆迪西乌姆登陆，有一个兵团增
援两地——最后还有强大舰队控制海洋，莫敢与争。如果我们再
加上在西西里、撒丁和西班牙的罗马军队，罗马全部兵力，甚至不
计下意大利堡垒的守兵为本地殖民团所自备的，约计不下二十万
人，其中三分之一为本年新入伍的兵，约半数为罗马公民。我们可 163
以假定，一切自十七岁至四十六岁能服兵役的男子一概准备作战，
凡在战事许他们耕田的地方，田地均由奴隶、老人和妇孺耕种。当
然，在这种情形之下，财政极感窘迫，田赋是主要岁入，现在田赋仅
有极不规则的收入。然而尽管在人员和金钱上有这些困难，罗马
人——固然迟缓而须奋其全力——却能恢复其骤受的损失；他们
的军队每年增加，腓尼基人的军队却每年减少；汉尼拔的意大利同

盟坎帕尼亚人、阿普利亚人、萨谟奈人、布鲁提亚人既不能如下意大利的罗马堡垒那样力足以自保，汉尼拔的薄弱军队也不能给他们充分的保护，罗马人对他们的势力却年年进展；最后，罗马人用马尔库斯·马尔凯卢斯所创的兵法来发展军官的才能，发挥罗马步兵的全部长处。汉尼拔无疑仍可望得胜利，不过不能再希望得到特拉西美涅湖和奥非杜河上那种胜利；公民元帅的时期已成过去。他别无他法，只得等待腓力实行其久已许诺的攻意大利，或他的兄弟自西班牙来与他会合，同时使他本人、他的军队和他的附庸尽量免害和喜悦。他昔日以殆无其匹的勇猛急进取攻势，现在却从事固执的守势，我们殆不能认识这是同一将军所做的事；一个人竟能做成定要做的极端相反的两种工作，而且做得同样尽善尽美，这不但由军事观点看是神奇的，而且由心理学的观点看亦复神奇。

最初，战事主要转向于坎帕尼亚。汉尼拔及时赶到救此地的首府，使其不致被围，可是罗马人以强大戍兵据守其坎帕尼亚的城市，他却不能从他们手里夺取，除若干不甚重要的乡镇外，他的佛尔突奴河渡口的屏障加西里农，在固守后竟为两执政官的军队所
164 陷，他也不能阻止。汉尼拔企图取得塔兰托，其特殊目的在得一个供马其顿军登陆的安全地点，亦竟无成。同时，汉诺所率驻布鲁提亚的迦太基军与阿普利亚的罗马军屡次在卢卡尼亚搏斗，提比略·格拉古得胜，在距贝内文托不远处得胜后，因被迫当兵的奴隶兵团在此役卓著战功，他以人民的名义把自由和市民权赐给部下的奴隶兵。

次年(541 年即前 213 年)，罗马兵潜入殷富重要的阿儿庇，公民与他们合攻迦太基的守兵，罗马人就克复了阿儿庇。一般说来，

汉尼拔结成的盟约束缚正在解体，若干首要的卡普亚人和布鲁提亚的几座城市叛归罗马，甚至腓尼基军的一队西班牙人听西班牙密使述说其家乡各事的情况，也由迦太基军转投罗马军中服务。

因为罗马人又犯了政治上和军事上的错误，汉尼拔又不失去利用这种错误的机会，所以542年即前212年，战事较不利于罗马。汉尼拔与大希腊所保持的联络没有产生重大的结果；只有一件事为例外；塔兰托和图里伊的人质被拘在罗马城，为汉尼拔的密使所诱，贸然图逃，在逃不久又为罗兵哨兵所获。可是罗马人露出那不智的报复精神，这对于汉尼拔的利益大于他的诡计；一切图逃的人质均被处死，于是罗马失去一种有价值的保证；自此以后，愤怒的希腊人便想开门纳汉尼拔。由于汉尼拔与公民成立谅解和罗马统兵疏于防范，塔兰托竟为迦太基人所据；罗马戍兵煞费气力才能自保于子城。赫拉克利亚、图里伊和梅达朋顿都效法塔兰托，罗马人须撤出梅达朋顿的戍兵以救塔兰托的子城。这些胜利使马其顿人登陆的危险性大增，罗马人殆已完全不注意于希腊战事，至是不得不对于这个战争再加注意，重做努力；幸而叙拉古被攻陷，西班牙战局顺利，她有为此事的可能。

在主要战场坎帕尼亚，战事产生很不一致的结果。驻在卡普 165
亚邻近的罗马兵团并未认真围城，可是大大阻碍了耕植和收获，以致这人口众多的城市迫切需要外边的供应。汉尼拔于是收集大批粮食，命坎帕尼亚人在贝内文托领取，不过他们迟迟不至，两执政官昆图斯·弗拉库斯(Quintus Flaccus)和阿皮乌斯·克劳狄乌斯(Appius Claudius)得有时间来到，大破守护粮饷的汉诺，夺去他的营垒和一切军实。然后两执政官围卡普亚，提比略·格拉古则驻于阿庇亚大道以阻汉尼拔来援。可是一个卢卡尼亚人背信，这位骁将中了他的奸计而死，他的死亡便等于完全败衄，因为他的部下大半是他所解放的奴隶，他们所爱的首领既死，他们便四散逃去。所以汉尼拔见卡普亚的路通行无阻；两执政官刚开始封锁此城，汉尼拔便出其不意地来到，他们不得不解围。汉诺和巴斯卡尔(Bascar)原率腓尼基骑兵驻防于卡普亚，汉尼拔未到以前，他们和同样优点的坎帕尼亚骑兵已完全击破罗马骑兵。马尔库斯·森特尼乌斯(Marcus Centenius)原是由下级军官滥升到将军的，他所率的正规军和义勇队全军覆没于卢卡尼亚；将军格涅乌斯·福尔维乌斯·弗拉库斯(Gnaeus Fulvius Flaccus)骄傲疏忽，在阿普利亚也同样完全败衄；这件事结束本年一长串的灾祸。可是罗马人的坚忍不拔又复抵消汉尼拔速得的胜利，至少在有决定性的一点如此。汉尼拔一转身离卡普亚而往阿普利亚，罗马军队便又集中于此城四周，阿皮乌斯·克劳狄乌斯率一军驻于普托里和佛尔突农，昆图斯·福尔维乌斯率另一军驻于加西里努姆，盖乌斯·克劳狄乌斯·尼禄率第三军驻于诺拉路。三座营垒都是墙高池深，用设防的路线互相联络，使人不能行近卡普亚，如果外援不到，只是包围
166 便能迫这个缺粮的大城于不远的时日非投降不可。在542—543年即前212—前211年的冬季告终之时，此城粮食将竭，急如星火的使者仅仅能偷越罗马的封锁线，请汉尼拔火速来援，当时汉尼拔在塔兰托，正从事攻打子城。带了战象三十三匹和他的精锐部队，他由塔兰托急赴坎帕尼亚，掩捕加拉提亚的罗马哨兵，扎营于与卡普亚密迩的替法达(Tifata)山，深信罗马将军必将如去年那样撤围。可是罗马人已有时间把营垒和战线修成要塞，现在毫不移动，

当坎帕尼亚骑兵在一面、努米底亚骑兵在另一面突击他们的阵线时，他们从壁垒上恬然坐视。汉尼拔不能做正式攻打的计划，他能逆料：在这受了有系统的劫掠的地方，即使罗马其他队伍未至以前他不因缺粮而被迫离开，他的进兵也必将吸引罗马军队随他而来。这方面毫无办法。

汉尼拔又试行另一计策，他那创造天才所有的最后计策，以救这重要的城。既把他的用意通知坎帕尼亚人，勉励他们固守，他率援兵由卡普亚出发，取道往罗马。又以他表现于意大利初期战事的骁勇善战，他带着弱小军队冲过敌军和敌垒之间，率兵穿过萨谟奈，沿瓦勒里路，经台伯河而抵阿诺河桥，他走过桥在对岸驻营，距罗马八公里。罗马时人的孙辈听人说"汉尼拔在门前"这句话仍战战栗栗；真正的危险却是没有。罗马邻近的乡间田舍为敌人所蹂躏，城内两个兵团出城迎击，此城才免于被围。而且汉尼拔并未拟出其不意，袭击罗马，如不久以后西庇阿对新迦太基所做的事，更不想认真围攻罗马；他只希望在最初告急之时，卡普亚围军有一部分开到罗马，于是给他一个打破封锁的机会。因此，小住之后，他 167
便离去。罗马人见他撤退，为有神灵以神力调停于其间，当罗马兵团确实不能逼走恶人的时候，神灵用预兆和幻想迫他离去；在汉尼拔距罗马最近的地方，在卡佩尼门前阿庇亚大道上的第二里程碑，感恩的信士建筑一座"却敌护国"神（Rediculus Tutanus）的祭坛。其实汉尼拔的退兵是因为这是他计划的一部分，他向卡普亚开去。可是罗马将军未犯其敌人所预期的错误，罗马各兵团仍留在卡普亚周围的一线，毫不移动，汉尼拔向罗马进兵的消息传来以后，只有一个弱小队伍被派出去。执政官普布利乌斯·加尔巴（Publius

Galba)不慎,由罗马追蹑汉尼拔之后,汉尼拔迄今避不与战,今知罗马围卡普亚的军队不动,便转攻加尔巴,把他击破,攻陷他的营垒。

可是这不足以抵偿卡普亚今无可免的陷落。此城公民,尤其是上流阶级,早已忧心忡忡,料到正将来临的事,元老院和市政机关殆全在反罗马的民党领袖之手。现在不论贵贱,不论坎帕尼亚人和腓尼基人,都满腔绝望。二十八名元老宁愿自杀,其余的把这城交给愤怒无情的敌人,听其随意处置。当然,残酷的报复必继之而来,所争的只在手续的长短问题:穷究叛逆的枝节到卡普亚以外,还是以迅速处决了却此事,何者较为明智和适当?阿皮乌斯·克劳狄乌斯和罗马元老院欲用前策,后策或许不甚违背人道,却占上风。以续任执政官昆图斯·弗拉库斯的命令而且在他眼前,卡普亚文武官吏五十三人被鞭挞斩首于加勒和台努姆的市场,其余元老被监禁,成群的公民被卖为奴隶,富家的财产充公。阿特拉和加拉提亚也受到相似的惩罚。这些惩处实为严酷,可是鉴于卡普
168 亚背叛对罗马关系重大,鉴于当时虽不正当却属惯用的战争习惯法,这种惩处并不难索解。卡普亚的公民一行离叛,便把当时在卡普亚的罗马公民一概处死,这不等于为自己宣判吗?可是罗马也有不合理处:意大利这两个最大城市久已暗中互争雄长,罗马人不当乘此机会满足其好胜心,而且由政治观点来看,也不当废除坎帕尼亚这个城市的宪法,以灭其所嫉恨的对手。

卡普亚的陷落产生绝大的影响,又因其非由袭击所致,而是不管汉尼拔如何努力而继续围攻两年的结果,所以影响更大。几年前卡普亚的叛归汉尼拔,足证罗马失势于意大利,现在卡普亚的陷

落也完全证明罗马又复得势于意大利。汉尼拔想夺取雷吉乌姆或
攻陷塔兰托子城以抗这个消息在盟友上所生的影响，竟属徒劳。
他率兵急进往袭雷吉乌姆，毫无结果。塔兰托与迦太基联合舰队
封锁海港以后，塔兰托子城大感饥荒之苦，可是因为罗马人以其远
较强大的舰队切断那舰队的饷道，汉尼拔所控制的地域又不足供
其部下的饷粮，距海最近一面的攻军所受苦痛不亚于被困于子城
内的罗马人，他们终于离开海港。现在的企图一事无成；命运之神
似已舍迦太基人而去。卡普亚陷落的结果——在意大利同盟中汉
尼拔一向享受的尊敬和信任现在深感动摇；每一民社只要不是陷
溺太深的都力图以宽容的条件再加入罗马同盟——这种结果伤汉
尼拔的心，尤甚于直接的损失。他须就两条路中择取其一：或置戍
于不稳的城市，他的军队已太嫌薄弱，这样一来将更为薄弱，并且
他的可靠军队有分头被歼或中人奸计的危险，544 年即前 210 年
萨拉皮亚(Salapia)城背叛时努米底亚骑兵五百人就这样被人处
死；或把不可靠的城市毁坏焚烧以免其落入敌手，这办法必不能提 169
高意大利属国的精神。卡普亚既陷落，罗马人又复对于意大利战
事的最后结果自觉确有把握；因西庇阿兄弟阵亡，西班牙的罗马军
有覆没的危险，他们派遣大批增援到西班牙；自开战以来，军队尽
管一年比一年更难招募，总额却逐年增加，终达二十三个兵团之
多，至是他们首次敢于裁减军队。因此，次年(544 年即前 210
年)，虽有马尔库斯·马尔凯卢斯于西西里战事告终时再任主力军
的统帅，罗马人进行意大利战事却较以前松懈；马尔凯卢斯从事攻
打内地的堡垒，与迦太基人只有不分胜负的冲突。争塔兰托子城
的战斗也仍没有决定性的结果。在阿普利亚，汉尼拔击破续任执

政官格涅乌斯·福尔维乌斯·森图马鲁斯(Gnaeus Fulvius Centumalus)于赫尔多奈(Herdoneae)。次年(545年即前209年),罗马人设法收复那叛投汉尼拔的第二大城塔兰托。马尔库斯·马尔凯卢斯仍以其惯常的顽强和魄力亲与汉尼拔搏斗,在两日的战斗中,第一日战败,第二日得胜,可是代价很大,死伤很多;卢卡尼亚人和赫尔皮尼人反复无常,又受执政官昆图斯·福尔维乌斯的引诱而叛变,献出腓尼基戍兵;罗马人自雷吉乌姆策动灵巧的袭击,布鲁提亚人告急,汉尼拔不得不赶紧赴援;当此之时,老将昆图斯·法比乌斯第五次担任执政官职和连带的克复塔兰托的任务,他牢牢占据邻近的梅萨庇亚地域,塔兰托守兵一部分为布鲁提亚人,以此城向他投降。这些愤激的战胜者做下残酷的暴行。他们把全部守兵和能遇见的公民一概处死,他们搜劫住宅。塔兰托人被卖作奴隶的据说达三万人,送到国库的款据说有三千塔兰特(七十三万英镑)。这是八十岁老将所立的最后一功,汉尼拔到来救此城时,一切业已完毕,他退到梅达朋顿。

170 汉尼拔这样失去他最重要的领土并且逐渐被回在半岛的西南端以后,马尔库斯·马尔凯卢斯被举为次年(546年即前208年)的执政官,他希望与他的贤能同僚提图斯·昆提乌斯·克利斯皮努斯(Titus Quintius Crispinus)合作,能以断然的一击结束战事。这位老战士年已六十岁,却不把他的年迈放在心上;不论睡时和醒时,他心中只存着击败汉尼拔和解放意大利一个念头。可是命运把这项胜利花冠留给较年少人的眉宇。两执政官在维奴西亚区域从事于一个不重要的侦察时忽然受一队非洲骑兵的攻击。马尔凯卢斯作这众寡悬殊的战斗,与四十年前他对哈米尔卡,十四年前他在克拉斯提迪乌姆无异，直至身死落马而后已；克利斯皮努斯得脱，不过在交战时受伤，以后因伤毙命（546 年即前 208 年）。

现在是战事的第十一年。几年前威胁国家生存的危险似乎已告消逝，可是罗马人因此更觉得这无穷战事的沉重负担，而且负担的压迫一年重似一年，国家财政受了无量的损害。坎尼一战（538 年即前 216 年）以后，设立了一个特别财政委员会（*tres viri mensarii*），以最尊显的人为委员，这是艰苦时期一个缜密监督财政的永久机关。这机关大概竭其所能；不过事势如此，一切理财的智能都不济事。开战的时候，罗马降低铜币和银币的标准，把银币的法定价格提高三分之一，发行一种远较金价为高的金币。转瞬之间，这办法即嫌不足；他们不得不由包商赊取货品，因为非有包商不可，不得不纵容他们，后来中饱盛行，监察官终于向人民弹劾几个罪魁以昭惩戒。向富人呼吁实是常事，而且并非无效，其实他们正是受害比较多的人。高级兵士和下级军官以及骑士阶级全体或出于自愿，或为团体精神所迫，都谢绝报酬。国家把奴隶武装起来，于贝内文托一战后把他们解放，财政委员会要拿报酬给奴隶的主人，他们回答道：愿缓付此款，至战事结束之日为止（540 年即前 171
214 年）。当国库无钱举行国庆和修理公共建筑之时，一向包办这些的团体声言愿一时继续服务，不受报酬（540 年即前 214 年）。正如第一次布匿战争的情形，甚至富人自愿贷金装备一个舰队（544 年即前 210 年）。他们用去未成年人的款项，终至在攻克塔兰托的那一年，他们动用了最后一笔久留备用的款项（合十六万四千英镑）。然而国家仍不能应付最需要的开支，兵饷积欠到可忧的地步，尤其是在较远的处所。可是国家的困窘还不在最恶劣的物质灾荒之列。田地处处荒芜，就是未受战事破坏的地方，也缺乏锄田割草的工人。五罗马斗半(*medimnus*)谷的价格涨到十五个第纳尔，至少为首都平均价格之三倍；如果没有埃及的供应到来，最重要的，如果没有西西里农业的复兴制止灾荒的登峰造极，许多人必至因绝对乏食而死。这种情势毁坏小农，消耗劳苦获得的积蓄，使繁荣村落变成乞丐和盗贼的巢穴，由留有详细记载的相似战事看来，其效力可以显见。

比物质的灾荒尤为危险的，就是意大利同盟日益厌恶罗马的战争，因为这战争消耗同盟的生命财产。固然，说到非拉丁民社，这还不甚重要。由战事本身看，可见只要拉丁民族助罗马，他们即无能为力；所以他们憎恶心的多寡无关轻重。然而到了今日，拉丁姆也开始动摇。埃特鲁里亚、拉丁姆、玛斯人的领域和北坎帕尼亚——正在意大利受战事直接损害最少的区域——各民社于545年即前209年向罗马元老院声明，自此以后，他们既不派兵，也不助饷；战争原为他们的利益，现在他们让罗马人自付战费。罗马大
172 起恐慌，不过当时对于不受约束的民社，无法加以强迫。幸而拉丁民社不皆如是。反之，高卢人地域皮塞努姆和南意大利的殖民地，以强大而爱国的弗雷吉莱为首领，宣称它们更密切更忠实地依附罗马；它们当然明明看到，它们的存亡，如果可能，较首都的存亡尤系于这个战争，这不只是为罗马而战，而是为拉丁人在意大利的霸权而战，实际说来，是为意大利民族的独立而战。局部的离贰当然不是叛国，而仅是短见和力竭的结果；毫无疑义，这些城市必将愕然拒绝与腓尼基人联盟。可是罗马人与拉丁人之间仍有一种不睦，这对于此等地方的属国人不能不发生有害的影响。严重的骚

动起于阿莱提乌姆；埃特鲁斯坎人中间产生了一个利于汉尼拔的阴谋，被人发觉，情势危急，以致罗马队伍奉命开到那里。军队和警察压服了这个运动，未遭困难，不过这是一个彰明较著的预兆，表示一旦拉丁堡垒不能再令人畏惧，则将有何事发生。

在这种困难和紧张的局势之中，忽然消息传来，说哈兹德鲁巴已于546年即前208年越比利牛斯山，罗马人须准备次年与哈米尔卡的二子作战于意大利。汉尼拔不枉历这些长久艰难的岁月固守其阵地而不退，本国的反对党和短见的腓力不给他援助，他的弟弟毕竟正在把援助带来；他的弟弟与他无异，也大有乃父哈米尔卡的遗风。八千名利古里亚人受腓尼基的金钱而入伍，已准备与哈兹德鲁巴会师，如果他第一战得胜，他可望与其兄一样使高卢人或且使埃特鲁斯坎人起兵抗罗马。更有进者，意大利已不复如十一年前的景象；国家和人民都已精疲力竭，拉丁同盟已呈动摇，他们最良的将军新没于战场，汉尼拔还未被荡平。实际说来，西庇阿已犯了不可饶恕的错误，如果他的神恩能挽回这错误所生的后果，使之无害于他本人和祖国，他便可赞颂他所受的神恩。

一如大难临头之时，罗马又征发二十三个兵团。义勇军被召入伍，法定免服兵役的人也在被征之列。尽管如此，他们仍措手不 173
及。哈兹德鲁巴抵意大利这边的阿尔卑斯山时(546年即前208年)，远较其友或其敌所预料为早；高卢人今已见惯军队过境，甘愿得钱开放他们的隘口，并且供给军队的所需。如果罗马人有意据守阿尔卑斯山隘的出口，他们又复太迟，他们闻知哈兹德鲁巴在波河上，他正在号召高卢人起兵，与往日他的长兄一样成功，普拉森提亚被围。执政官马尔库斯·李维乌斯(Marcus Livius)火速前往北方军中，他的到来不容再缓。埃特鲁里亚和翁布里亚都在沉闷骚动之中，两地志愿兵增强腓尼基军。他的同僚盖乌斯·尼禄召副执政官盖乌斯·赫斯提利乌斯·图布卢斯(Gaius Hostilius Tubulus)由维努西亚与他会师，而后急率四万人堵截汉尼拔的北进。汉尼拔集合部下一切军队于布鲁提亚境内，沿着自雷吉乌姆通至阿普利亚的大道前进，在格鲁门图姆(Grumentum)与执政官相遇。两军顽强交锋，尼禄自称得胜，不过汉尼拔虽稍有损失，至少仍能用他那巧妙的侧进方法闪避敌军，一路无阻地到达阿普利亚。他逗留此地，先在维努西亚，然后在卡努西乌姆；尼禄紧蹑其后，在两地与他对垒。汉尼拔系自动停留而非罗马军阻其前进，似乎不容置疑；他所以恰好驻在此处而不再北进，必视他本人与其弟商妥的办法或揣测其弟行军的路线而定，不过我们对此事毫无所知。两军这样对垒不动之时，汉尼拔营中所切盼到来的羽檄却为尼禄的前哨所截获。檄中说哈兹德鲁巴拟取道弗拉明路，换句话说，即先沿海岸然后在法努姆转弯越亚平宁山，向那尔尼亚(Narnia)进发，他希望与汉尼拔相遇于此。因为那尔尼亚被选为腓尼基两军会师之地，尼禄即刻命首都的后备队开往此处，同时原驻卡普亚的
174 队伍开到首都，首都又编成新后备队。尼禄深信汉尼拔不知其弟的意旨，必将仍在阿普利亚候着他，便决定大胆冒险率由七千人组成一小队精锐疾行北进，如果可能，要逼哈兹德鲁巴接战。他所以能这样做，是因为他留在后面的罗马军仍甚强大，如果汉尼拔来攻，此军足以据阵地抵抗，如果他离去，此军足以随他同行，与他同时到达决战的场所。

尼禄见他的同僚马尔库斯·李维乌斯正在辛那·加里加等候

敌人；两执政官即刻率兵进攻哈兹德鲁巴。正值他从事于渡梅陶鲁（Metaurus）河。哈兹德鲁巴欲避战，用侧进法闪过罗马人，可是他的向导遗弃了他；他在陌生的地方迷失道路，终于在行进中为罗马骑兵所攻，不能向前，以致罗马步兵到来，非战不可。哈兹德鲁巴置西班牙人于右翼，以战象十匹当其前，高卢人为左翼，留在后面。右翼的战局长久在飘摇之中，执政官李维乌斯指挥右翼，陷于窘境，后来尼禄又把战略行动应用在战术上，让对面不动的敌人留在原地，却引本军迂回而攻西班牙人的侧面。这便决定了战局。这血战力争而后得的胜利是个全胜，没有归路的敌军被歼灭，营垒也被攻陷。哈兹德鲁巴眼见这指挥甚佳的战事归于失败，便如其父那样求得一个光荣武士的死。无论做军官和做人，他都不愧为汉尼拔之弟。战后一日，尼禄又出发，在离开阿普利亚不过十四日之后，他又回来与汉尼拔对垒，汉尼拔未得消息，也未有动作。罗马执政官把消息带来；这就是汉尼拔弟弟的头，罗马将军命人把此头掷入敌人的前哨；他的伟大敌人不屑与死人作战，曾给鲍卢斯、格拉古和马尔凯卢斯举行过体面的丧葬，竟得到了这样的回报。

汉尼拔自知其希望已成画饼，一切都完了。他放弃阿普利亚
和卢卡尼亚甚至梅达朋顿，率兵退到布鲁提亚，这里的港口是他回 175
国的唯一归路。由于罗马将军的奋力，更由于遭逢非常的幸运，罗马得免于一次危难，这危难之大足证汉尼拔应坚守意大利而不失，而且与坎尼的危难相比毫无逊色。罗马人无限欢腾，按和平状态重理旧业，人人以为战争的危险已经消逝。

然而罗马人却不急于结束战事。政府和人民的能力遭了精神和物质上的过度紧张，不免精疲力竭，人们欣欣沉湎于苟且偷安。

陆军和舰队都裁减了，罗马和拉丁农人重返荒凉的家园；国库因卖去坎帕尼亚一部公地而见充实。国家的行政又经整顿，对于流行的纷乱有了补救，战时自动贷给政府的款项开始归还，欠款未还的拉丁民社被迫履行他们的义务，缴纳重息。

意大利的战事没有进展，此后四年之久汉尼拔竟仍能在布鲁提亚地方保持阵地，其敌人尽管占优势，却不能逼他闭城自守或登船而去，这昭然证明汉尼拔的军事天才和现在与他对阵的罗马将军的无能。诚然，他不得不退得愈来愈远，不过不是因为与罗马人不分胜负的接战，而因为布鲁提亚盟友日益难制，终致他仅能倚赖他驻兵戍守的城市。如是，他自动放弃图里；经普布利乌斯·西庇阿的提议，由雷吉乌姆出发的远征军克服罗克里（549 年即前 205 年）。迦太基当局素来阻挠他的计划，现在他们虑及罗马人实行预料中的登陆非洲，似乎深以他的计划为然，自动地把他们重新提起（548 年即前 206 年，及 549 年即前 205 年），派援兵和提供财政补贴给意大利的汉尼拔和西班牙的马哥，命他们重振意大利战事，以使利比亚乡间别墅和迦太基商店心惊胆战的主人再有些喘息的余
176 地。一个使团又奉派往马其顿，劝腓力再结盟约，登陆意大利（549 年即前 205 年）。可是已嫌太迟。腓力已于数月前与罗马结成和约；迦太基在政治上将遭灭亡，绝不为他所喜，可是他至少不采取公然反抗罗马的步骤。马其顿兵一小队往非洲，据罗马人说兵费由腓力开支；这也许是实情，不过如以后情况如示，罗马人至少没有证据。至于马其顿人登陆于意大利，则并未计及。

哈米尔卡最幼的儿子马哥从事于此较有热诚。他先率西班牙军的残部至密诺加（Minorca），然后于 549 年即前 205 年率兵登陆

于热那亚，毁坏此城，号召利古里亚人和高卢人起兵。现在无异于往常，金钱和新奇的冒险使他们成群结队地来归附他；在埃特鲁里亚，政治犯的检举尚未停止，马哥甚至与此地处处成立联络。可是他带来的队伍数目太少，不能正式进攻意大利本部；汉尼拔也力量太弱，他在下意大利的势力衰落已甚，不容他有可望成功的进取。迦太基的统治者于国尚可救时不愿救国；如今他们愿意救国，可是国已不复可救。

迦太基攻罗马的战事已告终结，罗马攻迦太基的战事今须开始，对于这层，罗马元老院里也无人置疑；可是远征非洲虽在所不免，他们却不敢着手准备。要做这事，最重要的是他们须有一个受人爱戴的贤能领袖，他们却没有。他们最良的将军不是已战死于沙场，就是如昆图斯·法比乌斯和昆图斯·福尔维乌斯那样太嫌老迈，不适于做这全新而或须持久的战争。辛那的战胜者盖乌斯·尼禄和马尔库斯·李维乌斯或可胜此任，不过他们两人都是极不得民心的贵族；他们是否能获得兵权——当时事态已至才力本身仅在国有大患时始能决定人民的选择——还是问题，而这两人是否能刺激这班精疲力竭的人民，使他们再做努力，更成问题。 177
普布利乌斯·西庇阿终于自西班牙归来，这位为群众所喜的人已赫赫完成了民众交给他的工作。至少似乎如此，即刻便被选为次年的执政官。他在西班牙时已筹划远征非洲，他今一就职（549 年即前 205 年）便毅然决定现在实现他的计划。然而元老院里，不但主张依兵法作战的一派不赞成于汉尼拔尚在意大利时远征非洲的计划，而且大多数对于这位少年将军本人也绝无好感。罗马城的父老严肃而稍为粗鲁，他的希腊风采，他的近代修养和见解，都不合他们的脾胃；对于他在西班牙的指挥战事和他部下军队的纪律，他们都有严重的怀疑。有人反对他，说他对部下军官过于宽容；不久以后，盖乌斯·弗拉米尼乌斯在罗克里的肆行无忌证明此说如何有据，西庇阿以极可耻的方式疏于监管，自不能不间接负其咎。在元老院商讨非洲远征军的组织和此军统帅的任命时，新执政官每遇习惯或宪法与其私人见解相冲突，便不惜排除这些障碍，他明示遇不得已时有意借助于其个人的名望和人民爱戴来抗政府。凡此种种不能不使元老院烦恼，而且引起严重的忧虑，恐怕在将临的决战和可能的与迦太基人议和之时，这样一位将军会不遵所受训令的约束，而他远征西班牙时的独断独行绝不适于消弭这种忧虑。然而双方都卓著明智，不为已甚。元老院不能不见远征非洲为必要的事，不可无限延期；元老院不能不见西庇阿是个很干练的军官，以此而言，很适于为这种战事的领袖，如果有人能使人民视必要而延长他的统帅任期，并且发挥他们最后的力量，西庇阿便是这
178 人。多数派达成一个决议：西庇阿往昔，至少在形式上，既不忽视这最高行政机关应得的尊重，事先便屈从元老院的政令，现在他愿得这个职务，不可拒绝他。西庇阿应于本年赴西西里，监督舰队的营建，攻具的制造和远征军的编制，然后于翌年登陆于非洲。为行此事，西西里军——仍然是坎尼残兵所编成的两个兵团——归他调遣，因为弱小的戍军和舰队即甚足以供保卫此岛之用；他又得在意大利募志愿兵的许可。显然地，元老院并未筹备这次远征，不过仅予以许可：西庇阿所得的不及昔日供雷古卢斯调遣的一半，他所得的军队正是元老院多年来故意加以贬责的军队。由元老院的多数派看来，非洲军是被贬队伍和志愿兵组成的敢死队，无论如何，

国家对于这种兵的伤亡不甚有痛惜的必要。

除西庇阿外，任何人或者会宣言非洲的远征若不用他法来做，便宁可不做；可是西庇阿十分自信，仅为获得他所垂涎的兵权，便接受这种条件。他小心翼翼，尽量避免加直接负担于人民，以免远征失去人民的欢心。远征的费用，特别是营建舰队的庞大费用，一部取自埃特鲁斯坎各城的所谓乐捐——就是说，阿雷蒂内和其他倾向腓尼基人的民社被罚缴纳的战费——另一部分则由西西里各城市负担。水手队之外又加以志愿兵，七千名志愿兵由意大利各处应那得民心的军官号召而来。于是在550年即前204年春季，西庇阿扬帆驶往非洲，带着两个大兵团（约三万人）的老兵，战船四十艘，运输船四百艘，丝毫未遇抵抗，即顺利登陆于乌提卡邻近的美丽岬。

最近几年，罗马舰队常常远来劫掠非洲的沿岸，迦太基人久已预料这种劫掠必继之以较严重的入侵，不但为抵御起见企图使意 179
大利与马其顿再起战事，而且在本国也做了迎击罗马人的武装准备。柏柏尔人的两王争雄，塞尔达（Cirta，即康斯坦丁）的马西尼萨是马西利亚人（Massylians）的君主，西加（在奥兰以西塔夫那河口）的赛法克斯是马塞西利亚人（Massaesylians）的君主，后者远较强大，并且迄今与罗马人友善，迦太基人用条约和同族关系竟使他亲附迦太基，同时弃掉赛法克斯的旧敌和迦太基的盟友马西尼萨。马西尼萨于拼命抵抗之后，为迦太基人与赛法克斯的联合力量所压倒，不得不任其疆土为后者所攫夺，他自己却带了少数骑兵在沙漠中流离转徙。除可望赛法克斯出兵以外，还有迦太基军两万步兵，六千名骑兵，战象一百四十头——汉诺专为此事被派去猎象——准备为保卫首都而战，由在西班牙得有经验的吉斯戈之子哈兹德鲁巴任统帅；海港里泊有一个强大舰队。索帕特(Sopater)所率的马其顿人一队和凯尔特伊比利亚兵一队都可望即刻到来。

不久以前，马西尼萨曾在西班牙为西庇阿的敌人，与他对战，如今既接到西庇阿登陆的报告，便即刻来到他的营里；可是这个失国的君主起初带来援助罗马的，除其个人能力外别无他物。利比亚人虽则满心厌恶征兵和助饷，却已在同类事件中得有极苦痛的经验，所以不立即响应侵军。这样，西庇阿开始这个战役。他每次仅遇迦太基弱小部队的抵抗，自无不占上风；骑兵几次小战得胜以后，他竟能进而围攻乌提卡；可是赛法克斯到来，据报告说带来步兵五万和骑兵一万，他不得不撤围，在乌提卡与迦太基之间易于掘壕筑垒的岬上，造一座设防的海军冬营。在这里，罗马将军度550年即前204年至551年即前203年的冬季。到了春天，他处于颇不愉快的地位，他用一次成功的奇袭摆脱了这种地位。西庇阿以不名誉的诈术向非洲人提和议，使他们不虞被攻，在同一夜间偷劫
180 了他们两处营垒；努米底亚人的芦草房舍烈火飞腾，迦太基人急来援救，他们自己的营垒也遭此厄；逃亡的为罗马军所杀戮，毫无抵抗。这次夜袭的破坏力尤大于多次的战争；然而迦太基人不令勇气消沉，胆怯或可谓明智的人主张召回马哥和汉尼拔，他们甚至不纳其议。正在此时，他们所望的凯尔特伊比利亚兵和马其顿的补助兵到来，他们决定在距乌提卡五日行程的"大平原"再作一次对阵战。西庇阿急往应战，他的老兵和志愿兵不难击溃迦太基人和努米底亚人仓促募集的乌合之众，凯尔特伊比利亚人不能期望西庇阿宽恕，顽强抵抗，都被杀死。在这双重败衄以后，非洲人不能

再据守战场。迦太基舰队攻罗马的海军营，虽不失为胜利，却绝非决定性的胜利；这事的重要远不及赛法克斯的被擒，西庇阿遇非常的幸运，俘获此人，因而马西尼萨与罗马人的关系变为最初赛法克斯与迦太基人的关系。

迦太基主和派已闭口沉默了十六年，如今在这样兵败之后又能抬起头来，公然反抗巴尔卡族(Barcides)和爱国党的政府。吉斯戈之子哈兹德鲁巴不在城内时，政府判他死罪，并且企图由西庇阿取得停战协定和约。西庇阿所要求的是割让迦太基在西班牙的属地和地中海各岛屿，移交赛法克斯的王国于马西尼萨，把他们的战船除二十艘外悉数交出，支付战争赔款四千塔兰特(约一百万英镑)——这些条款似乎非常有利于迦太基，以致人不能不发生疑问：西庇阿提出这几个条款，究为他自己的利益，还是为罗马的利益？迦太基的全权大使接受这些条款，以得双方当局的批准为保留条件；所以迦太基派使团往罗马。可是迦太基的爱国党却无意这样轻易地放弃奋斗；他们笃信其高尚的主义，信赖其伟大的领袖，甚至感于罗马所立的榜样，发奋坚持而不屈，至于和平成立以 181
后反对党势必重握政权，他们势必沦于灭亡，则可置而不论。在人民中，爱国党占优势；他们决定让反对党议和，同时却准备做一个有决定性的最后努力。政府发令给马哥和汉尼拔，要他们尽速赶回非洲。三年以来(549—551 年即前 205—前 203 年)，马哥致力于造成北意大利反罗马的联合，此时适在茵苏勃儿境内(米兰附近)为远较优越的罗马两军所击败。罗马骑兵已被迫不支，步兵已被冲乱，胜利似乎将为迦太基人所得，这时一队罗马兵大胆攻敌人的战象，最重要的，迦太基人所爱戴的贤能领袖受了重伤，于是战局转变。腓尼基军退至利古里亚沿海，他们在这里接到要他们登船的命令，遵令办理；可是在航程中，马哥因伤殒命。

汉尼拔与腓力最近的磋商使他发生一种新希望，以为他在意大利服务，比在利比亚更能有利于国，如果不因为这一层，汉尼拔可能不待命令即行回国；他的总部晚近设在克罗顿，他在这里一接到命令，便毫不迟疑，遵命行事。他使人杀死战马和不肯从他过海的意大利人，走上久已在克罗顿泊船处备用的运输船。这个利比亚的巨狮，甚至到了现在也无人敢逼他离去，竟这样自动地舍意大利土地而去，罗马公民感到心胸舒畅。罗马将军历国难时期而享有荣名的，现在只有年近九旬的老将昆图斯·法比乌斯尚在；当此机会，元老院和市民奉敬他一顶草冠。按罗马人的习惯，一位将军拯救了一支军队，那军队便赠给他一顶草冠，从全民社手里受下这顶草冠，一向是罗马公民的无上殊荣，也是这老将的最后荣誉，他就死在本年（551 年即前 203 年）。无疑，汉尼拔不是受停战协定
182 的保护，而只由于他的行动迅速和遇有幸运，一路无阻，行抵勒普蒂斯（Leptis）；哈米尔卡那“一窝小狮子”的最后一个，于去国三十六年之后，又踏上本国的土地。他去国时，差不多仍是个童子，便走入那崇高可是全无结果的英雄途径，在这条路上他先向西出发，而后在迦太基的海上绕了一个胜利的圆圈，由东回国。现在，他想预防的事，如蒙许可便能预防的事，竟见于实行，他被召来援，可能时从事拯救；他服从命令，既无怨言，也不责备。

他来到以后，爱国党公然挺身而出；哈兹德鲁巴所受的可耻判决被取消；由于汉尼拔的巧妙手腕，与努米底亚酋长又结成新联络；不但人民大会拒绝批准那实际已定的和约，而且因为在非洲沿

岸搁浅的罗马运输船队受劫掠，一艘载着罗马使者的战舰甚至被捉捕，停战协定也被破坏。西庇阿当然愤慨，他由突涅斯营垒出发，经过巴格拉达河（Bagradas，即梅杰尔达）的肥饶谷地，不再许各市镇投降，而使人把村镇的居民一齐掠来出卖。他已深入内地，正在拿拉加拉（Naraggara，在西卡［Sicca］之西，今伽弗［Kaf］地），汉尼拔由哈德鲁梅顿（Hadrumetum）率兵前进，与他相遇。迦太基将军企图取得较佳的条件，与罗马将军亲开会议；可是西庇阿已让步到极点，绝不能于停战协定被破坏之后允许再行让步；汉尼拔取这个步骤，除向民众表示爱国党非绝对反对和平外，不会另有其他目的。会议没有结果。

于是两军在扎玛（Zama，可能距西卡不远）做一决战。[1] 汉尼 183
拔把步兵列成三线：第一部为迦太基佣兵，第二部为非洲民兵和腓尼基国民兵以及马其顿队伍，第三部为自意大利随他而来的老兵。战线之前，列战象八十头；骑兵置在两翼。西庇阿按罗马人的惯例也把他的兵团列成三部，把他们摆成能任战象纵横驰突而不破的阵势。不但这种阵势完全成功，而且战象横冲，也搅乱了两翼上迦太基骑兵的行列，以致西庇阿的骑兵——并且因为马西尼萨的队伍来到，罗马骑兵比敌军优越远甚——不难把他们击溃，不久便从事追击。步兵的战斗较为猛烈。双方第一部的激战历时甚久；后来在极酷的肉搏战中，双方都陷于混乱，不得不求援于第二部。罗

① 此战的地点和时间均无正确的定论。地点可能就是著名的扎玛·雷吉亚（Zama regia），时期可能是552年即前202年的春季。有人因日食的缘故定那天为10月19日，不可凭信。

马人得到这种援助；迦太基的民兵却显出动摇不稳的状态，以致佣兵自以为被欺，于是与迦太基国民兵起了争斗。可是汉尼拔现在把前两线残余的兵撤到两翼，使他的意大利军精锐部队沿全线向前推进。另一方面，西庇阿把第一线仍能作战的少数兵集合在中军，使第二、第三两部密集于第一部的左右两侧。于是在同一地方再做一场更为凶猛的激战；尽管敌人较为众多，汉尼拔的老兵绝不动摇，后来罗马和马西尼萨的骑兵追击败窜的敌骑归来，把他们四面包围。这不但结束了这场战斗，而且歼灭了腓尼基军；十四年前，这些兵士曾在坎尼败退，如今在扎玛报复了他们的战胜者。汉尼拔带着少数的人逃到哈德鲁梅顿。

此战以后，只有傻子才劝迦太基继续作战。另一方面，罗马将军却能即刻开始围攻迦太基首都，此城既无保护，又无存粮，除非有出人意料的事调停于其间，西庇阿现在能即刻使迦太基遭遇汉
184 尼拔所欲加于罗马的厄运。西庇阿却不这样做；他允许和议，可是不再本着以前的条件。除上次交涉为罗马和马西尼萨的利益已要求的条件外，又加以下列各条：迦太基人须于五十年间每年纳贡二百塔兰特（四万八千英镑）；他们须约定不对罗马或其同盟作战，甚且绝不在非洲界线以外作战，在非洲，不请得罗马的许可也不在他们自有的领土以外作战——这条的实际效果是迦太基成为属国，失去它政治上的独立。迦太基似甚至约定，在某种情形之下以战舰供给罗马的舰队。

有人指责西庇阿，说他唯恐须把结束罗马最烈战事的光荣连同他的兵权交给继任人，所以许给敌人过于优厚的条件。如果第一次的提议见于实行，这个罪状也许有些根据；关于第二次的提

议，此说却似乎没有佐证。他在罗马居于受人民爱戴的地位，在扎
玛的胜利以后，不至于深以被召回国为忧；这次胜利以前，已有人
企图夺他的职位，元老院商之市民，市民决然予以驳斥。这些条件
本身也不足证实这个罪状。迦太基城的行动既这样受了束缚，一
个强邻既被置于其侧，迦太基以后甚至未尝企图脱离罗马的霸权，
更未尝与罗马起竞争；再则，是凡愿知的人无不知这刚刚完结的战
事是汉尼拔所为而非迦太基所为，爱国党这个绝大的计划绝对不
能复活。在好报仇的意大利人眼里，毁于烈焰的只是交出来的五
百艘战船而非他们所恨的城市，似嫌不足；乖张和乡绅式头脑的可
以主张歼灭敌人才算真正征服敌人，可以认为使罗马人战栗是个
罪恶，而指责那不屑严治此罪的人。西庇阿却不这样想；我们没有
理由所以也没有权利来假定，说这位罗马人做此事，不是受了他性 185
中也有的高尚动机的影响，而是为卑鄙心所驱使。这位自恃自信
的英雄迄今每做一事，必有使人难信的成功，他所以不完成这不幸
城的毁灭，并不是因为虑到他自己可能被召回国或时运的变化无
常，也不是因为怕马其顿战事在当然不远的时日爆发：灭迦太基一
事于五十年后由其孙儿奉委实行，现在自然也可一样地实行。更
可能的是这两个伟大将军现在负解决政治问题的责任，用这种条
件把和平互相授受，其目的是一方面对战胜者的凶恶报复，又一方
面对战败者的倔强愚妄，都立下一个公平合理的限制。这两个互
相敌对的伟人都具有高尚品格和政治才略，不但见于汉尼拔的慨
然忍受那不可避免的事，也见于西庇阿的明智禁止滥用胜利来凌
辱敌人。试想这样一个慷慨豁达的人能不扪心自问：现在迦太基
城的政治势力既已沦亡，完全毁坏那农商业的古都，恶意地推倒当

世文明的一个主要柱石，对于国家有何利益呢？将来罗马的领袖人物不惜自以毁坏邻国的文明为务，妄想洒一滴闲泪便能从自己身上洗去民族千秋万世的骂名；现在尚非其时。

第二次布匿战争或按罗马人较允当的名称又叫作汉尼拔战争，历时十七年，自赫勒斯滂至赫尔克勒斯柱的大陆和岛屿无不遭其蹂躏，于是告终。此战以前，罗马政策的最高目的，不过是对于意大利半岛天然疆界以内的大陆以及意大利岛屿和领海取得控制；媾和之时他们对待非洲的办法，昭然证明他们结束战事时也怀着一种印象，以为他们不是奠定了统治地中海各国或所谓世界帝国的基础，而是解除了一个危险敌人的毒害，使意大利有了和善的
186 邻国。无疑，战事的结果，特别是征服西班牙，实与那种计划不合；可是他们的成功使他们超出原来计划以外，并且实际上罗马人的获得西班牙，可谓出自偶然。罗马人取得意大利的统治权，是因为他们的努力争取；至于地中海各地的霸权以及由此而生的统治权，则有几分系由时势的推移而落入罗马人手中，他们并无求取的意思。

意大利境外战事的直接结果是：西班牙变为罗马的两省，然而两省常在叛乱中；叙拉古一向为属国，今与罗马的西西里省合并；努米底亚最重要的酋长受罗马的保护以代迦太基的保护；最后，迦太基由一个强大的商业国变为一个无防御的经商城市。换句话说，这一战使罗马在地中海西区成立了人莫与争的霸权。更有进者，第一次布匿战争仅预示东西两系国家的断然接触，此战却实现了这种接触；因而致使罗马以密切果断的态度干涉亚历山大系各君主国的冲突。

在意大利，如果凯尔特人的命运以前尚未决定，他们现在是最先注定必亡的国家，这种宿命的实现仅是个时间问题。在罗马同盟以内，此战的效果是：拉丁统治民族更形尊显，其内部的团结已因受危难的试验而证明，虽间或有动摇的事，这民族却大体能忠实协力，克服危难；非拉丁民族，尤其是埃特鲁斯坎人和下意大利的萨贝利人，更被压制。最重的惩罚或可谓报复，一部分加在汉尼拔最强大的同盟身上，又一部分加在他最早也是最后的同盟身上——即卡普亚民社和布鲁提亚人之地。卡普亚的宪法被废，卡普亚由意大利的第二大城降为第一村落；甚至有划去其城而夷之为平地的主张。元老院宣告此城的土地除外国人或亲罗马的坎帕尼亚人的少数产业外，一概作为公地，所以把他们分给小地主，使他们暂时租佃。西拉鲁(Silarus)河上的皮塞努姆人也受同样的待遇；他们的首城被夷为平地，居民散往四围的村庄。布鲁提亚人的 187
厄运更加惨酷；他们全体变成罗马人的一种佃奴，并且永不许带武器。汉尼拔的其他同盟也须用重价来赎罪。希腊城市除少数坚附罗马的如坎帕尼亚的希腊人和雷吉乌姆人外，无不大受其害。阿儿庇人和其他阿普利亚人、卢卡尼亚人和萨谟奈人的众多民社亦将受到不甚轻的惩罚，他们大半丧失其领土的一部。罗马以这样得来的土地一部分设立新殖民地。如是，560 年即前 194 年，罗马陆续派市民殖民团至下意大利最佳的港口，其中可指名的为锡彭顿(Sipontum，在曼弗雷多尼亚[Manfredonia]附近)和克罗顿，还有置于皮塞努姆人故地以防范他们为事的萨勒努姆(Salernum)，最重要的是普托里，这地方不久以后成为时髦别墅生活的中心和亚洲埃及奢侈品的贸易场。图里成为一座拉丁堡垒，改名寇庇亚

(Copia,560 年即前 194 年),布鲁提亚的殷富城市维博(Vibo)改名瓦伦提亚(Valentia,562 年即前 192 年)。萨谟奈和阿普利亚一部分被分成小块田地,由非洲胜利军的老兵分别居住,其余留为公地,罗马贵族的畜牧站代替了农人的田园。再者,在半岛一切民社中,不服罗马的名流当然都被铲除,只要政治手续和没收财产能做到的均须做到。意大利各处的非拉丁同盟无不自觉他们是有名无实的同盟,自此以后他们是罗马的臣民;人以为战胜汉尼拔就是第二次荡平意大利,战胜者一切的愤怒和骄横都特别向着意大利同盟的非拉丁族发泄出来。甚至本期无色彩的喜剧,虽受过严密的检查,也带有这事的痕迹。在罗马的滑稽剧里,卡普亚和阿特拉两个被征服的城市任人横肆嘲弄,毫无拘束,以致阿特拉成为滑稽剧的大本营;其他喜剧作家用戏谑的口吻说:在致人于死的空气中,甚至最耐苦的奴隶叙利亚人也奄奄待毙,坎帕尼亚的农奴却学得在这里生存之法;这种无情的嘲笑反映出战胜者的揶揄,也反响着
188 被蹂躏的民族的苦难。以后马其顿战争继起,元老院在战争期间显然以戒慎恐惧的心情监视意大利,并且罗马派兵增援最重要的殖民地,554 年即前 200 年至维努西亚,555 年即前 199 年至那尼亚,557 年即前 197 年至科萨,570 年即前 184 年前不久至加勒;当时情势的如何,由此可见。

战争和饥荒在意大利人民大众中造成何等的孔隙,姑以罗马市民在战时减少四分之一为例,可以概见。所以一说意大利人死于汉尼拔战役的达三十万人,似绝非过甚之词。当然,这种损失大半落在市民的精华身上,他们实为战士的核心和大部。坎尼一战以后,元老院减至一百二十三人,为填补缺额起见,勉强另外推举

元老一百七十七人，始恢复常态；特别是元老院的人员如何大为稀疏，由此可见。再者，这十七年的战事同时进行于意大利的一切区域和海外的一切方面，结果必使国民经济根本动摇，这是不言而喻的；不过我们由旧闻看，不足以见其详。国家无疑地由没收财产获得利益，特别是坎帕尼亚土地此后为国家岁入的无穷富源；可是公田制度这样推广，国民繁荣所受的损失当然略等于往日分割国有土地时所得的利益。大批乡邑——计四百座——都被毁为丘墟；勤苦积蓄的资本归于乌有；人民因习于军队生活而道德堕落；上自首都下至最小的乡村，市民和农民的世传美俗都受了暗伤。奴隶和亡命徒啸聚为盗，仅阿普利亚一地在一年之间(569 年即前 185 年)犯劫案而被判罪的达七千人，由此可见盗匪的猖獗；牧场扩张，牧场里是些半野蛮的畜牧奴隶，助长了这种化文明地域为野蛮的恶现象。西西里和埃及运来的粮食能代替罗马人自收的粮食，赡 189
养罗马人民，首由此战而证明，这证据危及意大利农业的存在。

然而上帝许其经巨战而仍存的罗马人，却可以追怀既往，觉得自豪，瞻望将来，觉得自信。错误是犯了许多，可是苦痛也受了不少；十年之久，这个民族一切能执武器的青年几乎未尝放下剑盾，对自己的过失，他们自可多加原谅。不同的民族虽保持相仇的态度，却能和平友善地并存于世，这似乎是近代民族发展的目标，却非上古时期所有。上古之时，不做铁砧，便非做铁锤不可；在战胜者的最后斗争中，胜利终属于罗马人。他们是否有明智来善用这个胜利——以更密切的联系使拉丁民族亲附罗马，逐渐把意大利拉丁化，以统治臣民的方式统治各省属下的人民而不以虐待奴隶的方式虐待他们，改革宪法，重振和扩充那摇摇欲坠的中产阶级——尚未可知。如果他们有技巧做出这些成绩，意大利便可希望有个快乐时代，这时人各努力在顺境中造成繁荣，政治上对于当时文明世界握最确定的统治权，因此大团体的每一分子均有正当的自信力，每种大志均有适宜的目标，每种才能都有立身之道。如果他们不能善用其胜利，那无疑地便另当别论。可是怀疑的意见和悲观的忧虑一时却都默然；武士和战胜者由四面八方转回故乡；谢恩和娱乐以及报答兵士和市民，都是每日的常事；被释的战俘由高卢、非洲和希腊被送还家；最后，年少的战胜者，在壮丽的游行队中，走过首都点缀起来的街市，去把他的桂冠安放在那个神灵的庙宇，据信士私语相告，这个神灵曾以其直接的感召指导他的计谋和行动。

第七章 西方自汉尼拔合约至第三期结束 190

罗马拓地到阿尔卑斯山，或正如当时罗马人的说法到意大利疆界，组织凯尔特领域而殖民于其中，都因汉尼拔战事而受阻。这工作现在必将在中断处再行着手，是不言而喻的；凯尔特人也深明此事。就与迦太基媾和的那一年（553 年即前 201 年），战事又起于最受直接危险的波伊部境内，他们与罗马仓促集合的民兵战，获一最初的胜利；又加以马哥征北意大利时曾留下一个迦太基军官哈米尔卡，从事游说，于是到了次年（554 年即前 200 年），一个普通的叛变蔓延到波伊和茵苏勃儿两个直接感受威胁的部落以外。利古里亚人见危机日迫，不得不起兵；甚至塞诺马尼的少年，此次也不听他们那些谨慎的头领的意见，而听从那些在危亡中告急的同族人。罗马人为制止高卢人的寇掠计，曾筑了两座堡垒，一为普拉森提亚，一为克雷默那；现在普拉森提亚被洗劫，其居民逃得性命的不过两千人，克雷默那被围。罗马兵团急来竭力营救。一场大战起于克雷默那城下。腓尼基领袖的巧妙策略和专门技术也不能弥补部下军队的缺陷，高卢人不能抵抗兵团的进击，战死沙场的很多，迦太基这位军官也在其中。然而凯尔特人仍奋斗不止；次年（555 年即前 199 年），主要由于统帅的疏忽，这战胜于克雷默那的

罗马军几为茵苏勃儿部所歼灭；到了556年即前198年，普拉森提亚始有一部分能重建起来。可是共做这个拼命斗争的部落联盟，
191 却遭内部不和之害；波伊部与茵苏勃儿部发生争执，塞诺马尼部不但退出民族联盟，而且以出卖本国人的卑鄙行为换取罗马人的饶恕；茵苏勃儿部与罗马人交战于闽奇乌斯（Mincius）河上，塞诺马尼部竟乘机攻其后，助敌人毁灭自己的同盟和战友（557年即前197年）。这样受挫被弃，茵苏勃儿部在科莫（Comum）陷落后，也同意单独媾和（558年即前196年）。对于塞诺马尼部和茵苏勃儿部，罗马人所指定的条款当然比他们惯于许给意大利同盟各分子的较为苛刻；特别是他们注意用法律确认意大利人与凯尔特人间的鸿沟，规定这两个凯尔特部落的人永不能获得罗马公民资格。可是这些波河外的凯尔特区域却得保其存在和本国政体，他们不成为郡县而为各部落的邑聚，并且他们似乎没有负担贡献。罗马人的用意在使他们充当波河以南罗马殖民地的藩屏，使意大利免受北方游徙部落的寇掠，免受阿尔卑斯山内那些惯常抄掠此地的匪徒的侵略。再者，拉丁化作用在这些地方进展甚速；凯尔特民族性的抵抗力显然不及较为文明的萨贝利和埃特鲁斯坎民族。著名的拉丁喜剧诗人斯塔提乌斯·凯奇利乌斯（Statius Caecilius）死于586年即前168年，就是个脱籍的茵苏勃儿奴隶；波利比乌斯于罗马纪元第六世纪将终时来游这些地方，据说此方仅有阿尔卑斯山内的少数村落仍为凯尔特人，这或者不无过甚之词，反之，维内替人似乎保其民族性较久。

罗马人在这些地带的主要努力，当然着重在制止阿尔卑斯山外凯尔特人的迁徙，使那划分半岛与大陆内地的天然障壁也成为

半岛的政治界限。罗马的声威已如何深入阿尔卑斯山外邻近的凯尔特邑聚，可以一事为证：不但阿尔卑斯山内的凯尔特人被歼灭或征服之时，山外的凯尔特人保持完全消极的态度，而且更明显的，凯尔特的孤立人群有想越阿尔卑斯山而安居罗马这面的，罗马使 192
者向阿尔卑斯山外各邑——这个名词想必原来用在赫尔维替部（Helvetii，在日内瓦湖与美因河之间）和又名陶利锡部（Taurisci）的加尔尼部（Carni，在加林西亚［Carinthia］和施蒂里亚［Styria］）——诉说此事，他们都正式表示不以为然，并且加以否认。与此有同等意义的是这些移民先低首下心地来罗马元老院请求赐一块田地，然后遵元老院的严命回到阿尔卑斯山外去（568—575 年即前 186—前 179 年），毫无抗议，让他们已建立在距阿奎莱亚不远的城又被拆毁。元老院以严明的态度不许下列原则有一例外：即自此以后阿尔卑斯山的门户应对凯尔特民族锁闭起来，意大利的罗马臣民若有教唆这种移民计划的，必受重罚。一次凯尔特人经亚得里亚沿海最幽僻的地方，遵一条罗马人迄今不知的路线，做迁入意大利的企图；而更重要的，马其顿王腓力似有一个计划，要效仿汉尼拔自西侵入，由东方侵入意大利；因此，罗马人在意大利东北极端的角落建筑了一座堡垒——即最北的意大利殖民地阿奎莱亚（571—573 年即前 183—前 181 年）——建这座堡垒的用意不但要永远对外人封闭这条路线，而且也要掌握这特便于航行的海湾的控制权，制止这里海上仍未肃清的海盗。阿奎莱亚的设立引起对伊斯特里亚人（Istrians）的战事（576 年即前 178 年，577 年即前 177 年），罗马人袭取了几座要塞，伊斯特里亚王埃普洛（Aepulo）阵亡，战事遂告结束，此战可注意的事只有少数蛮族偷袭罗马营垒，舰队和全意大利听得这个消息惊慌失措而已。

罗马元老院决定把波河以南地带合并于意大利，因此所采用的方法与以上的不同。波伊部直接受这种步骤的影响，他们决死自卫。他们甚至渡过波河，企图鼓动茵苏勃儿部再起兵戎（560 年即前 194 年）；他们把一个执政官围困在营内，他眼看着就要覆没；普拉森提亚无日不为愤激的土人所攻打，勉强仅能自保。末后，双
193 方在穆提那作最后一战，战事长久而惨烈，可是罗马获胜（561 年即前 193 年）；自此以后，斗争不复是个战争，不过是猎取奴隶而已。不久以后，罗马营垒成为波伊境内唯一的避难所；仍存的人民大半始来此避难，战胜者竟能不甚夸张地报告罗马说：波伊部除老人和儿童外今已靡有孑遗。如是，这个民族不得不顺受为它指定的命运。罗马人要求它割让领土的一半（563 年即前 191 年），这要求不能拒绝；甚至在留给波伊部的缩小区域中，波伊人不久也便绝迹，与他们的征服者混合为一。①

普拉森提亚和克雷默那遭最近几年的骚乱，居民多半不被扫

① 据斯特拉波所述，这些意大利的波伊人为罗马人所逐，越阿尔卑斯山而去，至奥古斯都时代，盖塔人（Getae）渡多瑙河，攻那居今匈牙利的新居湖（Neusiedlersee）与平湖（Plattensee）之间的波伊人居地，把他们歼灭，这居地就是由意大利波伊部而来，可是以“波伊沙漠”的名称贻留此地。此说与罗马编年史上信而有征的说法甚不相合；据罗马编年史说，罗马人止于割得其领土的一半；并且要解释意大利波伊部的绝灭，我们实不必假定其受暴力的驱逐——凯尔特其他部族所受战争和殖民的损害比波伊部轻微远甚，也几乎同样迅速和完全绝迹于意大利各国之列。另一方面，有人说往日在日耳曼部落逼他们南下之前，凯尔特民族的主支原居于巴伐利亚（Bavaria）和波希米亚，平湖上的波伊部由此而来。我们在波尔多（Bordeaux）附近，波河上和波希米亚都发现波伊部，他们是否真为一个民族的四散分支，抑为仅系名称相似，很成问题。斯特拉波的假设也许仅根据名称相似，进行推测——古人往往无正当理由便妄事推测，如关于辛布里人（Cimbri）、维内替人和其他的推测皆然，这个推测也属于此类。

荡即四散而去，罗马既已这样逐去外人，自取其地，便重整两个堡垒，派新移民到这里来。新建设的城邑，在塞农部故地或附近的有波登提亚（Potentia，在雷卡约蒂[Recanati]附近，距安科纳不远，建于570年即前184年）和皮扫鲁姆（Pisaurum，即佩萨洛[Pesaro]，建于570年即前184年），在新得的波伊部区域的有鲍诺尼亚（Bononia，565年即前189年）、穆提那（571年即前183年）和帕尔玛（Parma，571年即前183年）；穆提那的殖民地设置于汉尼拔战事之前，可是尚未完成，即因战事而中辍。筑堡垒永与修军路相连，这次也非例外。弗拉明大道由其在阿里米努姆的北端延长到普拉森提亚，名为埃米利亚大道（way Aemilian）。再者，由罗马到 194
阿莱提乌姆的卡西亚大道或早已是一条属于自治市的路，大概在583年即前171年为罗马民社所接管重修；到了567年即前187年，自阿莱提乌姆越亚平宁山达鲍诺尼亚的路线远至埃米利亚新路，均已整顿就绪，作罗马与波河堡垒间的交通捷径。由于这些广泛的步骤，亚平宁山实际不复为凯尔特与意大利的疆界，而代之以波河。自此以后，流行于波河以南的，以意大利人的公民政体为主，流行于波河以外的则为凯尔特人的部落政体，如果亚平宁山与波河之间的区域仍称为凯尔特地（ager Celticus），这不过是个空名而已。

意大利西北部的山地大半为种类纷繁的利古里亚人所居，罗马人在这里所循的途径与以上无异。那些直接住在阿诺河以北的人都被彻底铲除。遭遇这个厄运的以阿普阿尼人（Apuani）为主，此族居于亚平宁山与马格拉（Magra）河之间，一方面比萨之地，另一方面鲍诺尼亚和穆提那之地均不断受其侵掠。这里的人不牺牲于罗马人的刀下的，都被解到下意大利的贝内文托一带(574 年即前 180 年)；利古里亚人曾攻陷穆提那殖民地，至 578 年即前 176 年，罗马人须克服此地，奋其精力，把住在波河与阿诺河的分水岭中的利古里亚民族完全毁灭。577 年即前 177 年建在阿普阿尼故地的卢那(Luna，距斯培西亚[Spezia]不远)堡垒，其保边疆以抗利古里亚人正如阿奎莱亚的保边疆以抗阿尔卑斯山外的凯尔特人，并且罗马由此得一个绝佳的港口，自此以后，这个港口成为渡海到马赛利亚或西班牙的埠头。有一条自罗马至卢那的沿海路又名奥雷利亚(Aurelian)，又有一条自卢那经佛罗伦萨而至阿莱提乌姆的横路，这两条路的建造大概都属于此时。

更西的利古里亚部落据有热那亚的亚平宁山和沿海的阿尔卑斯山，罗马人与他们有不断的冲突。他们是讨厌的邻居，惯在海上、陆上行劫；由于他们的侵掠和海盗行为，比萨人和马赛利亚人受过
195 不小的损害。可是在这战无虚日之中，没有得到永久结果，或甚且志不在得到永久结果；不过显然有个例外，罗马人于海上正式路线外，还想对阿尔卑斯山外的高卢和西班牙有一条陆上交通线，所以他们肃清自卢那经马赛利亚而至安波里(Emporiae)的沿海大道，至少远届阿尔卑斯山——至于阿尔卑斯山外，则有马赛利亚人负责使沿岸航驶的罗马船只和沿海行走的陆上旅客，都能畅行无阻。内地有不可逾越的山谷，巉岩峭壁上的山寨，其居民贫苦可是灵敏而狡猾，罗马视这种地方为一军事学校，用作教训和锻炼将士之所。

罗马人对利古里亚人的所谓战争系这种性质，对科西嘉人和更甚的对撒丁内地居民所作的战争，也属于类似性质；撒丁内地居民因罗马人远来劫掠他们，便突袭沿海各地以为报。577 年即前 177

年提比略·格拉古征撒丁人一役特为人永志不忘,这并不因为此役使这省得到"和平",而是因为他说杀死或捉得岛人八万之多,从这里把大群奴隶牵到罗马,以致"价廉如一撒丁人"成为谚语。

在非洲,罗马的政策大致归总于一个念头,一个眼光既短浅而心胸又褊狭的念头:即她应使迦太基的势力一蹶不振,因而应使这不幸的城永受压迫,永有罗马宣战一事像达摩克利斯之剑似的悬在她的头上。按和约规定,迦太基人应保有其领土而无所减削,可是关于她的邻人马西尼萨或其先人在迦太基境内曾有的领土,她却应给她一个保证;这个条件的被插入,其用意似乎在激起而不在防止争执。此说也适用于和约加在迦太基身上的一种义务,即不对罗马的同盟作战的义务;所以按条约的字句说,他们竟不许把邻国努米底亚人由确属他们自己的领土内驱逐出去。既有这些规定,非洲一般的疆界关系又变化无常,迦太基对着一个既强大而又肆无忌惮的邻国和一个既是仲裁又是当事人的宗主国,她所处的 196
不能不是个苦恼的地位;可是实情尤劣于最劣的意料。早在561年即前193年,迦太基便被以各种虚假借口侵犯,她最肥美的一块领土,即小锡儿第河上的安波利省,一部分为努米底亚人所劫掠,一部分竟被他们夺去不还。这种侵占行为屡见不鲜,平坦地方尽入努米底亚人之手,迦太基人勉强能在大城邑里保其地位。迦太基人于582年即前172年声明:仅在最近两年中,又有七十个乡村被违约夺去。使者被派至罗马的前后相继,迦太基人恳求罗马元老院准其武装自卫,或设立一个有权执行判决的仲裁法庭,或再把疆界调整,使他们至少对于应损失若干一目了然;否则即刻使他们成为罗马的臣民,犹胜于这样逐渐把他们交给利比亚人。可是罗马政府在554年即前200年已直接允许其附庸扩大领土，受损失的当然是迦太基，他们似乎并不反对马西尼萨自取约定归他的利物。利比亚人今对于旧日荼毒他们的人，充分报复了往昔所受的苦痛，有时过于猛烈，罗马人固然加以节制，可是罗马人所以指定马西尼萨为迦太基的邻国，根本就为的是加以磨难。一切请求和申诉都无结果，只有罗马委员来到非洲，彻查之后，无所可否；或则在罗马举行交涉，马西尼萨的使者佯称未奉训令，事遂搁置，只有素著耐性的腓尼基人能低三下四地顺应这种局势，甚且能向当权的人，无论他求与不求，表示一切的殷勤和敬礼，久而不倦。他们特别要讨罗马人的欢喜，运给他们粮食。

然而战败者这种柔顺的态度却不纯是忍耐和屈服。迦太基仍有一个爱国党，此党的领袖便是那无论命运把他置于何处仍为罗
197 马所畏的人。罗马显而易见地将与东方诸国发生纠纷，爱国党并未放弃乘着此等纠纷再行奋斗的计划；因为哈米尔卡及其诸子的大计失败，主要都在迦太基的寡头政府，所以主要目的是刷新内政以备新的奋斗。生于患难的改良力量，和汉尼拔清晰高尚而威风凛凛的精神，造成政治和财务上的改进。寡头政府对这位伟大的将军提出刑事诉讼，加以故意不取罗马城和盗用意大利战利品的罪状，他们的愚顽恶贯今已满盈；由汉尼拔的提议，那腐败的寡头政府被推翻，一个合于公民状况的民主政府创立起来(559年即前195年之前)。追缴欠款和盗用的公款，设立较佳的监察制度，财政迅速整理就绪，以致能支付对罗马的贡献而不必使人民负担额外的赋税。罗马政府当时正将与亚细亚的大王发动一个危险的战争，见此等事的发展，我们不难想象，不免担忧；罗马兵团在小亚细

亚作战之时，迦太基的海军可以登陆于意大利，第二次汉尼拔战役可以起于此处：这种危险并不是空中楼阁。所以罗马人遣使至迦太基(559 年即前 195 年)，其使命多半是要求交出汉尼拔；我们不能因此而咎罗马人。迦太基那些挟嫌怀恨的寡头政客发出一封又一封信到罗马，向民族的仇敌控告那推翻他们的英雄，说他与反罗马的国家暗通声气；这种人自系卑鄙可耻，可是他们的情报却大概不虚。这次遣使不仅赤颜承认这样强大的民族畏惧迦太基一个贫贱士师，确属实情；那位心高气傲战胜于扎玛的人在元老院里反对这可耻的步骤，也是理之当然深堪钦佩的事；虽则如此，罗马人所承认的仍不失为单纯的事实，汉尼拔是个非凡的天才，除感情用事的政客外，罗马人无一能容他再主持迦太基的国事。罗马政府这样给他的特殊承认，并非出乎他的意料以外。因为进行上次战争 198
的是汉尼拔而非迦太基，所以须受战败者的厄运的也就是他。迦太基人不能不顺从，他们所引以为幸的是汉尼拔免去他们把他交出的大辱，迅速而明智地逃往东方，只把较小的耻辱留给祖国，这就是把它最伟大的公民永远逐出祖国，没收他的财产，划平他的住宅。有一句意义深远的话，说神灵给予无限快乐和无限忧愁的人，就是神灵所宠的人：这话就这样在汉尼拔身上充分证明了。

罗马政府所负的责任要比迫害汉尼拔尤为严重的，是他们在汉尼拔去后仍继续猜疑凌虐此城而不懈。各党各派仍在这里纷纭扰攘；可是自从那位几乎转移世运的豪杰引退以后，爱国党在迦太基的重要性不比在埃特鲁里亚或阿卡亚大许多。当时流行于这不幸城市的思想种种不一，而其最为合理的，无疑就是依附马西尼萨，把腓尼基人的压迫者变为他们的保护主。可是爱国党无论其为民族派或亲利比亚派,俱未得政权;反之,政府仍在亲罗马的寡头党之手,这一党就是不置将来于度外的,也全抱着一种观念,就是在罗马保护之下保全迦太基的物质繁荣和民社自由。对于这种情形,罗马人很可以放心。可是民众和一般的当权者均不能排遣汉尼拔战争所造成的重忧深惧;罗马商人以妒忌的眼光见这个城失去政权以后仍有广大的商业顾客,仍有根深蒂固不可动摇的财富。在 567 年即前 187 年,迦太基政府即已自请一次付清 553 年即前 201 年条约所规定的全部期款;可是罗马人重视迦太基纳贡的义务,远过于贡金数额的本身,当然拒其所请;他们仅由此得一信念,以为尽管他们已煞费苦心,这座城却依然未毁,并且不能毁。
199 关于无信的腓尼基人的谣言,永远层出不穷,传遍罗马。一次,据说有人见推罗的阿里斯托(Aristo)在迦太基,做汉尼拔的密使,使公民准备亚细亚战船队的登陆(561 年即前 193 年);又一次,谣传议会在医神庙里开秘密夜会,曾接见波尔修(Perseus)的使者(581 年即前 173 年);又一次,有人谈到迦太基正在装备强大的舰队,参加马其顿战事(583 年即前 171 年)。诸如此类的谣传大概至多都不过起于个人的疏忽,可是他们仍不失为罗马在外交上再肆凌虐的信号,也是马西尼萨再做侵略的警钟;而非有第三次布匿战争不能解决迦太基问题的观念,愈缺乏意义和理由,便愈牢不可破。

如是,腓尼基人的势力在其卜居之地趋于衰落,正如其很久以前在故乡一蹶不振;同时一个新国在他们旁边发展起来。自远古以来,就有一个自称锡拉人(Shilah)或达麻吉人(Tamazigt)的民族住在非洲北海岸,至今仍住在这里;希腊人和罗马人称之为诺马德人(Nomades)或努米底亚人(Numidians),即“游牧”民族,阿拉伯人称之为柏柏尔人，可是也有时称之为“牧羊人”(Shâwie)，我们惯名之为柏柏尔人或迦比里人(Kabyles)。这个民族，就经今人研究的语言看来，与其他已知民族均无关系。在迦太基时代，这些部落除直接居于迦太基四周或直接靠近海岸，大致均保持其独立，并且也大都保存其牧羊和骑马的生活，一如现今阿特拉(Atlas)山居民的生活；可是他们非不知腓尼基字母和腓尼基的一般文明，并且也不乏柏柏尔酋长使其子求学于迦太基和与腓尼基贵族通婚之例。罗马人的政策不想在非洲获得直辖属地；他们宁愿在这里建立起一个国家，这个国家的强大应不足以脱离罗马的保护，可是仍足以压倒今仅限于非洲的迦太基势力，使这受桎梏的城市绝不能自由行动。他们在土人君主里得其所求。约在汉尼拔战争之时， 200
有三个霸王统治北非洲的土人，每一霸王，按照当地的习惯，有一大群义当随侍着他的小王：毛里(Mauri)王包卡儿(Bocchar)统辖自大西洋至摩洛卡特河(Molochath，今姆鲁伊亚[Mluia]，在摩洛哥与法国领土的交界)之地；麻塞西里亚王赛法克斯统辖自上述地点至所谓“钻孔岬”(Seba Rûs，在德吉耶里[Djidjeli]与博纳[Bona]之间)，在今奥兰和阿尔及尔两省地；马西里亚王马西尼萨统辖自钻孔岬至迦太基边疆之地，在今康斯坦丁省。其中最强大的锡加王赛法克斯已在上次罗马与迦太基的战争中兵败被擒，解往罗马死于幽囚。他的广大领土大部归于马西尼萨；赛法克斯之子佛明那(Vermina)虽以卑辞祈请由罗马人手里收回其父领土的一小部分(554 年即前 200 年)，可是罗马人的老盟友却是优先的迦太基压迫者，他不能夺其位。

马西尼萨成为努米底亚国的开创人；无论由于选择或偶然，这样一个完全适合其位的人实属千载难逢。身体强健灵活，到极老而不衰；饮食有节如一阿拉伯人；能吃苦耐劳，能自晨至晚立在一地而不动，能骑在马上历二十四小时；在其少年时变化靡常的冒险生活和在西班牙的战场，无论为战士或将军，他都有过阅历；并且他也一样擅长更难的技术，不但能在他那人口众多的家室里维持纪律，而且能在他的领土内保持秩序；无论拜跪于强大护主的膝下或蹂躏其孱弱的邻国，他都一样愿为，毫不犹豫；加以他曾在迦太基受教育，出入于最高贵族的宅第，所以他既确谙迦太基的情形，又对于本身和本民族的压迫者满心怀着非洲人的痛恨——他那民族似将濒于灭亡，这个非常之人成为复兴民族的主脑，他仿佛就是这民族的优点和缺点的化身。他事事遇有佳运，在假以时日完成其事业上特遇佳运。他死时年九十岁（516—605 年即前 238—前 149 年），在位
201 已六十年，始终体力充盈，神智旺盛，留在身后的是一个一岁的儿子和美名，据说他是当时最强壮的人，最贤能也最幸运的君主。

罗马人管理非洲事务，如何明示他们故意偏向马西尼萨，马西尼萨如何热心有恒地利用这种默许，以剥削迦太基来扩充他的领土，都已见于上文的叙述。整个内地直至沙漠的边缘都仿佛出于自动地落在土著君主之手，甚至巴格拉达河上流的河谷连同殷富城市伐加（Vaga）也归在这位君主的治下；在迦太基城以东的沿海地带，他也占据了西顿人的古城大勒普蒂斯和别的地方，以至于他的国家西达毛里塔尼亚（Mauretanian）的边界，东至昔兰尼加（Cyrenaean）的边界，把迦太基的领土由陆上面面包围，处处在最切近的地方压迫腓尼基人。他视迦太基为他将来的首都，是不容置疑的；迦太基的利比亚派就有此意。可是迦太基所受的损失不

只是疆域缩小一事。这位大王把他的游牧民族变成另外一种民族。国王开垦广大的土地，以大量地产传给每个儿子；上行下效，他的臣民也开始定居务农。他既化其牧羊人为安居的公民，也化其劫盗群为兵士，罗马人认为这种兵堪与罗马兵团并肩作战；他传给后嗣的是丰盈的国库，训练精良的陆军，甚且有个舰队。他的驻所塞达(康斯坦丁)成为一个大国的热闹首都，腓尼基文明的一个主要中心，柏柏尔王的宫廷热心培植这种文明，或许鉴于将来迦太基与努米底亚合并为一国，特意加以培植。如是，素受压制的利比亚人自觉地位增高，本地的风俗语言，甚至流入腓尼基人的古城，例如大勒普蒂斯之类。柏柏尔人在罗马卵翼之下，始自觉与腓尼基人平等，甚且在腓尼基人之上；迦太基在罗马的使者不得不静听腓尼基人在非洲是外国人，非洲属于利比亚人的话。就是到了帝国划夷异俗的时期，北非洲的腓尼基民族文明所以依然生气盎然，精力蓬勃，马西尼萨之功实大于迦太基人远甚。

在西班牙，沿海的希腊和腓尼基城市如安波利、萨贡图姆、新 202
迦太基、马拉加和加的斯均极愿受罗马的统治，因为若听他们自恃其力，他们必不能自保以抗土人；因为同样理由，马赛利亚虽比上列各城强大远甚，较能自卫，也不忘求取强大的援助以备不时之需，亲附罗马人；在罗马方面，此城为意大利与西班牙的中间站，对他们甚为有用。反之，土人却使罗马人疲于奔命。诚然，伊比利亚半岛不乏一种初步的民族文明，可是我们对于这文明的特点不能得一个明白的观念。在伊比利亚人之中，我们发现一种流行甚广的民族文字；这文字分为两大类，一类是埃布罗河流域的文字，一类是安达卢西亚文字，每类又可能再分为种种小类。这种文字似乎起源甚古，追溯其源，实出于古希腊字母，而非出于腓尼基字母。据旧闻相传，突德达尼部（Turdetani，在塞维利亚[Seville]附近）有远古流传下来的短歌、一部六千行的谙文法律书，甚且有历史记载；无论如何，在一切西班牙的部落中，这部落据说是最文明的，同时也是最不好战的；诚然，这部落常用外国佣兵作战。波利比乌斯描写西班牙的一段话大概也指这一地带而言，他说这里农业和畜牧业甚为隆盛，以致在无出口机会之时以极低价钱即可买得粮食和肉类；又说王宫壮丽，有金银瓶满盛着“大麦酒”。再者，罗马人带来的初步文化，至少为西班牙一部分人士所热心采用，以致在海外各省中，西班牙的拉丁化较他处进展迅速。例如，就在此时，土人渐渐使用意大利式的热水浴。罗马的钱币似乎不但在西班牙的流通也远较他处为早，而且有西班牙的钱币加以模仿，这里的丰富银矿多少可以说明这种现象。所谓“奥斯加（Osca，今阿拉贡[Arragon]的韦斯卡[Huesca]）的银币”就是有伊比利亚文的西班牙第
203 纳尔，于559年即前195年见于记载；西班牙的造币不能甚在此时以后，因为这种银币的印纹是由罗马最古的第纳尔模仿而来。

可是，在东方南方各省，土人的文化或为罗马文明和罗马统治的开路先锋，使其不遭重大的困难，反之，西方北方和整个内地却为程度不齐的众多野蛮部落所居，他们不知任何文明——例如到了600年即前150年，茵特加提亚（Intercatia）尚不知用金银——而且他们相互的关系不比对罗马人格外友善。这些自由西班牙人有一种特性，即男子有侠义的精神，而女子的侠义精神至少不亚于男子。一个母亲送子出战之时，口诵他祖先的武功，激励他的精神；最美的女子不经请求即自愿与最英勇的男子结婚。单人决斗

是寻常的事，既用以判定武功利物的谁属，又用以解决诉讼的曲
直；甚至君主的亲属对于继统问题有所争执，也用这方法来决定。
常有一个著名的战士面向敌人的队伍，呼着一个敌人的姓名对他
挑战；而后战败的武士把他的斗篷和佩刀送给敌人，甚且与他发生
友谊，加以款待。第二次布匿战争结束后二十年，凯尔特伊比利亚
人的小民社冈普勒加（Complega，在塔古斯河源头附近）送一封信
给罗马将军，说他若不为战死者每人送一匹马、一件斗篷和一把刀
来，他便将遭不幸。他们以军人荣誉自豪，往往被人缴械以后，不
能忍辱偷生；然而西班牙人却愿追随任何约他们来效劳的人，愿在
任何外国战争赌他们的性命。一群凯尔特伊比利亚人受突德达尼
人的雇用，对罗马人作战，罗马将军熟悉当地的习惯，便送一个通
知给他们，要他们或回家去，或加入罗马军而领双饷，否则择定交
战的日期和地点——这个通知可以代表这种人的特性。如果没有
募兵官到来，他们便自动结成无主的队伍，意在劫掠好和平的地方 204
甚且夺据城市，很有坎帕尼亚人之风。罗马人视被派到迦太基那
以西的内地为重罚，在群情激愤之时，远西班牙省的罗马将官所带
卫队竟达六千人之多：内地的野蛮和危险由此可见。希腊人与其
居于安波利城的西班牙邻人有一种奇怪关系，更足以昭示这种情
形。安波利为希腊人与西班牙人共居的城市，希腊移民居于一个
半岛上，向陆一面与西班牙人居地有一墙相隔，希腊人小心翼翼，
每夜以民兵的三分之一守这堵墙，并使一位高级长官不断监查唯
一城门的守兵；西班牙人不许至希腊城，希腊人仅在结成大队保护
周密之时始运货物去给土人。

这些土人好动善战，充满了席德（Cid）和唐·吉诃德（Don

Quixote)的精神,罗马人现在要使他们驯服,并且如果可能,使他们变为文明人。由军事观点看,这事并不困难。诚然,不但在婴城自守或受汉尼拔领导之时,而且就是自赖己力和在野外战场之时,他们都显然不是可侮的敌人;手执两刃的短剑,即罗马人以后采自他们的短剑,列成凶猛的进攻纵队,他们甚至能使罗马兵团动摇,不止一次。如果他们能服从军事纪律和政治团结,他们或可摆脱那加在他们身上的外国统治。可是他们的骁勇是游击队的而非战士的骁勇,而且他们毫无政治的眼光。于是西班牙没有重大的战争,可是也没有真正的和平;西班牙人,如恺撒后来责备他们的极公允的话,在和平时永不见其安静,在战争时也永不见其奋勇。一位罗马将军虽不难击散一股反叛,罗马政治家却难拟出一个适当的方法使西班牙真跻于和平和文明。实际说来,他只能用缓和办法来应付他;因为真正有效的方法唯有广建拉丁殖民地,这方法却与当时罗马政策的目的不相符合。

罗马在第二次布匿战争所得的西班牙领土,自始即分为两
205 块——一块是往日属于迦太基的省份最初包括今安达卢西亚、格拉那达(Granada)、穆西亚(Murcia)和瓦伦西亚各地;一块是埃布罗河省,即近代阿拉贡和加泰罗尼亚,上次战争时罗马军设总部于此。这些疆土形成罗马的远西班牙(Further Spain)和近西班牙(Hither Spain)两省。内地约相当于近代两卡斯蒂利亚(Castiles)的地方,罗马人总名之为凯尔特伊比利亚(Celtiberia),想渐渐把它夷为属地;至于对西方各地的居民,尤其是对现今葡萄牙和现今西班牙的埃斯特莱马杜拉(Estremadura)的卢西达尼亚人,他们仅止于防御他们侵入罗马领土;至于北岸各部落:加莱西亚部(Gallae-

cians)、阿斯图利亚部(Asturians)和坎达布利亚部(Cantabrians),罗马人尚未决与他们发生接触。然而这样获得的领土若无戍兵,便无法维持和保全,因为近西班牙的长官每年忙于制伏凯尔特伊比利亚人,远西班牙的长官每年也忙于逐退卢西达尼亚人。所以年复一年,罗马不得不在西班牙保持四个大兵团(约四万人)的军队;此外在罗马所占领的地方常须举行总动员以加强兵团的力量。这事极关重要,因为有下列两种理由:在西班牙,驻兵一地,至少大规模的驻兵一地,始成为绵延不绝的事,因此在这里的兵役也成为永久的兵役,罗马的旧习惯是何处一时战事紧急,需要派兵,便派兵到何处去,并且除非在严重大战期间不使征来从军的人一年以上不解甲;现在觉得这种习惯与保持海外那不靖而遥远的西班牙各省不能相容。要从这些地方撤兵,是绝对不可能的,甚至大规模的瓜代,也很危险。罗马市民始知统治一个外国人民,不但对于做奴隶的是个烦恼,对于做主人的亦复如是,他们深恶到西班牙去从军,怨声雷动。新任将军根据正当理由,不许现有军队全部瓜代,兵士便哗变,声言如不许他们退伍,他们将自行退伍。

罗马人在西班牙所做的战事,本身仅居次要地位。西庇阿一 206
去,战事即起,汉尼拔战事持续一日,这战事也绵延一日。到迦太基缔和(553年即前201年)以后,这半岛的战事才停,不过这仅是个短期休战。到了557年即前197年,两省又起了全部叛乱,远西班牙的统帅大败被杀。认真从事于战争,实属必要,同时,贤能的将军昆图斯·米努西乌斯(Quintus Minucius)虽控制住最初的危机,元老院仍于559年即前195年议决派执政官马尔库斯·加图(Marcus Cato)亲往西班牙。在安波利登陆以后,他果然看见叛党已蔓延近西班牙全境，那个海港和内地的一二堡垒勉强支持，始能仍为罗马守住。叛党与罗马执政官的军队做一场对阵战，一人对一人的狠斗以后，罗马人善用兵，终于以最后预备队决定了此战的胜负。于是近西班牙全部递书请降；然而这种降服并无诚意，所以一有了执政官已还罗马的谣传，叛变即刻复起。可是谣传不实，加图迅即荡平那些再起叛变的民社，把他们一齐卖作奴隶；然后他规定解除近西班牙省一切西班牙人的武装，发出命令，自比利牛斯山至瓜达奎维河，一切土人城市须在同一日内把城墙拆毁。这命令范围如何，无人晓得，并且没有成立谅解的时间；大多数民社遵命办理；少数抗命的民社，在不久以后罗马军来到城下时还敢静候攻打的，也不多见。

此等强有力的措置自不能没有永久的效果。然而罗马差不多年年须荡平"和平省"的某山谷或山寨，卢西达尼亚人常侵入远西班牙省，结果是罗马人有时大败。例如在 563 年即前 191 年，一支
207 罗马军受了重大损失，不得不放弃他们的营垒，疾行回到较安谧的地方。565 年即前 189 年副执政官卢奇乌斯·埃米利乌斯·鲍卢斯(Lucius Aemilius Paullus)[①]得一胜仗，569 年即前 185 年勇猛

① 以下为副执政官卢奇乌斯·埃米利乌斯·鲍卢斯的法令，晚近在出土于直布罗陀附近的一块铜表上发现，今藏于巴黎博物院：

将军埃米利乌斯令：住在哈斯登修(Hastensium，即哈斯达·雷吉亚[Hasta Regia]距杰雷兹·德·拉·弗隆特拉[Jerez de la Frontera]不远)的拉斯古达那堡垒(Lascutana，由钱币和普林尼书知有此地，不过地址不详)的奴隶应予自由。他们现时所有的田地和村落，若罗马元老院和罗马人民同意，应仍为他们所有。

订于营次(564—565 年即前 190—前 189 年 1 月 21 日)这是我们所知最古老的罗马原本文献，其写成之年比 568 年即前 186 年执政官关于酒神节的著名法令尚早两年。

的副执政官盖乌斯·加尔普尔尼乌斯(Gaius Calpurnius)又在塔古斯河外对卢西达尼亚人得一更大的胜仗，然后才有一些时的安宁。在远西班牙，罗马素来徒有统治凯尔特伊比利亚各部落的虚名，到了573年即前181年昆图斯·福尔维乌斯·弗拉库斯(Quintus Fulvius Flaccus)把他们打得大败，而后逼迫至少附近的邑落降服，才把这统治变为比较切实；他的继任人提比略·格拉古(Tiberius Gracchus，575—576年即前179—前178年)不但用武力征服了三百个乡镇，而且更重要的，他善于适应这淳朴骄傲民族的眼光和习惯，在这方面尤有不朽的功绩。他劝诱凯尔特伊比利亚的名流到罗马军中任职，于是造成一班依赖者；他授田给游徙部落，使他们聚居城市——西班牙城格拉古利(Graccurris)仍保存这个罗马人之名——于是他们的劫掠习惯大受限制；他们公正明智的条约调整各部落对罗马人的关系，于是尽可能杜绝了将来的乱源。西班牙人感激他，把他的姓名永志不忘，自此以后，凯尔特伊比利亚人虽往往仍不耐羁络，西班牙却较为平静无事。

两西班牙省的行政制度与西西里撒丁省的相似，可是并不相同。两省的监督权同寄在两个助理执政官之手，在557年即前
177年，罗马初次任命这两个官，就在本年，规定两省的疆界和具 208
体的组织。巴比亚法律(Baebian law，562年即前192年?)有西班牙将军任期永为两年的明智规定，由于对最高长官的位置竞争日烈，更由于元老院对于长官的权力监督甚严，这规定没有认真实行；在西班牙，除遇非常情形而有变动外，罗马人也固守每年更换省长的制度——在这样遥远而难知的省份，这制度特为有害。附

属民社一概是纳贡民社，可是罗马人正如往日的迦太基人，在西班牙征收各城市和部落的定额款项或他种捐输，以代在西西里和撒丁所征的什一税和关税；由于西班牙人的申诉，元老院于583年即前171年定一法令，禁止用兵征收这些款项。除非得有报偿，他们不供应粮食，并且就是省长给价征收粮食，所取的也不得过二十分之一；并且按最高当局的上述法令，他须用公正的方式调整报偿。另一方面，西班牙属国有出兵参加罗马军的义务，这义务的重要性至少与在太平的西西里的大不相同，这义务在各条约里也有严格的规定。西班牙城市也似乎常常得有按罗马本位铸造银币之权，在这里，罗马政府似乎绝未如在西西里那样力争造币的垄断权。罗马在西班牙极需取得属国，所以不得不以尽可能的谨慎温和的态度成立和实行省宪法。罗马特加优待的民社有希腊人、腓尼基人或罗马人创立的沿海大城，如萨贡图姆、加的斯和达拉哥，此等城市为罗马统治这半岛的天然柱石，所以得与罗马联盟。总而言之，不但由财政而且由军事的观点来看，西班牙是罗马共和国的重负而非利益；一个问题自然发生：罗马政府当时的政策显然不想获
209 得海外的领土，它何以不舍弃一块这样累人的领土呢？西班牙不为不大的商业瓜葛，她那重要的铁矿、她那更重要的银矿在上古即已驰名于远东[①]的——罗马亦如迦太基自理开矿之事，马尔库斯·加图特别整顿银矿管理——无疑必共同使罗马人保持此地；可是罗马人所以保持这半岛为其直接领土，主要原因还是凯尔特

---

① 马加比书（Maccab.）第一卷第八章第三节："犹太听说罗马人在西班牙所做的，就是成为那里银矿和金矿的主人。"

人之地有马赛利亚共和国，利比亚有努米底亚王国，西班牙却无与他们性质相似的国家，于是他们若放弃西班牙，势必使任何冒险家能复兴“闪电”(Barcides)族的西班牙帝国。

210

第八章　东方诸国与第二次马其顿战争

马其顿王亚历山大的工作，在罗马人得一立足地于他称为已有的领土以前，已开始一百年，嗣后时移世易，这工作虽仍大致固守“东方希腊化”的根本大计，却经变化和扩大，成为缔造一系希腊、亚细亚国家的事业。希腊人喜移徙拓殖的习性百折不回，因此他们往日的商人曾至马赛利亚和昔兰尼、尼罗河和黑海，现在他们也能保持亚历山大之所得而不失；在长矛队保护之下，希腊文明安然遍布于阿契美尼德王朝的古帝国全境。几个军官瓜分了那伟大统帅的遗产，逐渐解决了他们的争执，于是成立了一个均势体系，这体系就是时起动摇，也有某种规律性可见。

属于这个体系的头等国家共有三个，即马其顿、亚细亚和埃及。马其顿王腓力五世自 534 年即前 220 年以来即居王位，在他治下，此国至少在外表上仍与在腓力二世治下之时无异——一个紧凑的军事国家，财政井然。在此国的北方边境，高卢洪水的浪头滚滚流去以后，一切都恢复原状；边境的守兵不难防御伊利里亚的蛮族，至少在平时如此。在南方，不但全希腊依赖马其顿，而且希腊的太部——包括自奥林匹斯山至斯波丘（Spercheius）河和马格内西亚（Magnesia）半岛最广义的色萨利全部，重要大岛优卑亚、罗克里、浮西斯和多里斯等地，最后还有阿提卡和伯罗奔尼撒的若干零星据点如苏灵岬(Sunium)、科林斯、奥秋美奴(Orchomenus)、赫拉亚(Heraea)、特里非里亚(Triphylian)地方——都直接属于马其顿，并且屯有马其顿戍兵；尤为重要的是三座堡垒，即马格内西亚的德摩特利亚斯(Demetrias)、优卑亚的喀尔基斯和科林斯，名为"希腊人的三副脚镣"。可是此国的力量，最重要的，却在其世传的土地，即马其顿地。固然，这辽阔地域的人口非常稀疏；马其顿倾 211
其全力，所出的兵额尚不逮罗马一个常额执政军的两个兵团；由于亚历山大的出征和高卢人的入侵，此国人口大减，显然至今尚未复原。可是，在希腊本部，人民的道德力和政治力已衰，民族的盛时似乎已成为过去，人生似乎不值得努力，甚至这里的优秀人士也以饮酒、舞剑或黄卷青灯来消磨岁月；在东方和亚历山大城，希腊人固能在稠密的土著人口中散播富于效果的文化种子，传布他们的语言和他们的利口喋喋，他们的科学和假科学于此处，可是在人数方面他们仅足充这些国家的军官、政客和塾师之用，并且就是在各城市里，也因人数太少，不能形成一个纯希腊式的中流阶级；当此之时，古代强悍的民族性，产生过马拉松的战士的，独仍存其大部于北希腊。因此，马其顿人、埃托利亚人和阿喀那尼亚人得有自信力，无论走到东方何处，便深信不疑地自命为优种人，而他人也视之为优种人，所以他们在亚历山大城和安条克的宫廷中居优越的地位。一个故事有特为深长的意味，说到一个亚历山大城的人久居马其顿，已仿效此国的礼俗和服装，回到他本国以后，把自己当作人，却把亚历山大城的人当作奴隶来看待。这种坚强的力量和健全的民族精神特有助于马其顿人，使他们成为北希腊最强大最有组织的国家。这里的旧宪法多少承认种种阶级，如今无疑地出现了违反旧宪法的专制政体；可是在马其顿，君主与臣民相互的关系与在亚细亚和埃及的君臣关系迥不相同，人民仍觉得自己独立和自由。就其奋勇抵抗任何名义的公敌而言，就其对祖国和世袭政府抱不可动摇的忠贞而言，就其在最严重的患难中不屈不挠的
212 勇气而言，上古史的任何民族没有比马其顿人更近似罗马民族的；而在高卢人入侵之后，此国竟有几近奇迹的复兴，实给它的领袖及其所领导的人民增加不可磨灭的荣誉。

第二大国亚细亚不过是改头换面和希腊化的波斯——此国之主常以既见其骄又示其弱的方式自称"王中王"，这就是"王中王"的帝国——其自命统治由赫勒斯滂至旁遮普(Punjab)与波斯同，其支离破碎的组织亦复与波斯无异，它是一些多少附属于它的属国、不听号令的藩镇和半自由的希腊城市所合成。在小亚细亚，这种情形特为明显；在名义上，小亚细亚包括在塞琉古帝国版图以内，可是北海岸全部和东方内地的大部实际都在本地王朝或由欧洲侵入此地的凯尔特部落之手，西方一大部分为波加蒙王所有，岛屿和沿海城市有些属于埃及，有些是自由城市；所以大王所余的不过是西利西亚、弗雷吉亚(Phrygia)和吕底亚的腹地和一大批对自由市和王侯不易实现的权利——完全与往日德意志皇帝在其世袭领土以外的统治权性质相似。这帝国想把埃及人逐出沿海各省，结果无功；在边境上与东方民族安息人(Parthians)和大夏人(Bactrians)斗争；在小亚细亚与居于境内、为害地方的凯尔特人寻仇构衅；时刻力阻东方的州郡和小亚细亚的希腊城市达到独立；家庭纷争和伪主起事：这帝国的力量就这样消耗无遗。亚历山大继承人所创的国家固然无一能免于这种事变，也不能免于衰世专制君主

政体所必致的其他祸乱，可是在亚细亚国，这种祸乱比在他处为害尤烈，因为这帝国组织散漫，这些灾难常使特别省份长期或短期地与它分离。

与亚细亚显然相反，埃及是个团结统一的国家，拉吉德王朝的始祖明达治术，善于利用民族和宗教上的古代前例，已在这里成立了一个完全专制的内阁政府，甚至最坏的虐政也不能激起独立或
分裂的企图。马其顿全国的忠君亲上本于个人的感情，也是个人 213
感情在政治上的表现；埃及的乡村人民却迥乎不同，他们完全是被动的；反之，首都却是万能，而那个首都又是宫廷的附庸。所以在埃及，统治者若怠忽偷惰，比在马其顿和亚细亚更能陷全国于麻木；反之，埃及若由托勒密一世和托勒密·犹尔吉提斯(Ptolemy Euergetes)一类的人掌政权，这种政治机构证明极为有用。埃及与其两大敌国相比，有一个特殊的优点，就是它的政策不捕风捉影而追求可以达到的具体目标。马其顿是亚历山大的故乡，亚细亚是他建都的所在，这两国永远自视为亚历山大大帝统的直接后继，并且大呼小叫，提出主张，以为他们即使无权恢复这个帝统，至少有权为其代表。拉吉德王朝却未尝想创立个世界帝国，也未尝梦想征服印度，不过为补偿计，把印度与地中海之间的全部贸易都由腓尼基的港口吸引到亚历山大城，使埃及成为当代首要的商业航海国，成为东地中海及其沿岸和岛屿的主人。有一件饶有意味的事，托勒密三世犹尔吉提斯自愿把他所攻取的地方除安条克外一概归还塞琉古·加里尼古(Seleucus Callinicus)。一半由于用这种手段，一半由于处形势便利之地，埃及对那两个大陆强国，达到攻守俱佳的军事地位。埃及几乎在任何一面均非陆军所能接近，敌

人就是乘全胜之势也不能给埃及严重的威胁，同时埃及人却能经由海路不但占领昔兰尼，而且夺据塞浦路斯岛和希克拉底群岛，腓尼基-叙利亚沿海，小亚细亚的全部南岸和西岸，甚至欧洲色雷斯的刻尔松尼斯(Chersonese)。他们以空前的技能开发尼罗河流域的沃壤以直接增益国库的收入，又以既勇且智的财政制度挚诚灵巧地增进物质的利益，所以亚历山大城的朝廷甚至以金钱势力凌
214 驾其敌国。最后，当时有一种热心研究一切部门的可能性和知识的趋势，拉吉德王朝以明慎的厚赏加以奖励，深知如何把这种研究限制在专制君主政体的范围以内，把学术研究与专制政体的利益联结于一处；这事不但直接有补于国，由其船舶和机械的制造可见，亚历山大城研究数学的裨益，而且这王朝使这种智力的新发展——希腊民族在政治的分崩离析以后所产生最大的发展——只要可供人用的，一概为亚历山大城的朝廷效力。如果亚历山大的帝国依然存在，希腊科学和艺术必能得到一个堪容而且能容它们的国家。现在希腊民族已土崩瓦解，学术的世界主义蔚起于其中，不久便为磁石一般的亚历山大城所吸引；这里有无穷尽的科学器械和收藏，这里的人君写作悲剧而大臣加以注解，这里的私立学校和学园甚为繁盛。

由上面的叙述看来，三大国的相互关系如何，显然可见。海权国控制海岸，独霸海上，在第一次大胜使欧亚两大陆在政治上分离以后，当然把进一步的努力用在削弱大陆上的两大国，因此保护几个小国；而马其顿和亚细亚虽互相仇视，却共认埃及为公敌，联合起来或至少应联合起来对付它。

在次等国家之中，请先说那些自里海南端至赫勒斯滂一带，居

于小亚细亚内地和北海岸的国家；专就东西两方的接触而言，这些国家仅有间接的重要性：阿特罗巴坦（Atropatene，在里海西南，今阿塞拜疆[Aderbijan]地），其次为亚美尼亚、小亚细亚内地的卡帕多奇亚（Cappadocia）、黑海东南岸的本都和黑海西南岸的比提尼亚。这一切都是波斯大帝国的残余，都在东方王朝，大半在波斯旧王朝的治下——特别是阿特罗巴坦的僻远山地为旧波斯制度的真正收容所，甚至亚历山大的远征军横扫此地，也没有留下一点痕 215
迹——一切都对那代替或欲代替亚细亚大王的希腊王朝居于暂时表面上的属国关系。

在一般关系上较为重要的，是小亚细亚内地的凯尔特人国家。此国介于比提尼亚、帕弗拉哥尼亚（Paphlagonia）、卡帕多奇亚和弗雷吉亚之间，住有三个凯尔特部落——托里斯托包吉部（Tolistobogi）、特克托萨吉斯部（Tectosages）和特罗克密部（Trocmi）——他们既不放弃其本土的语言风俗，也不舍其政体和劫盗业。三部落各分为四群落，每群落设一小领主，这十二个小领主和他们的三百人议事会组成全国的最高当局，在"圣地"（Drunemetum）开会，特别是宣告死刑时如此。凯尔特人的群落组织，在亚洲人看来，既形罕见，这些侵人的北方人又以冒险和劫掠为习惯，一方面每遇战事必以佣兵供给其不好战的邻国，另一方面在四围各地从事劫掠或勒索捐输，在他们看来，必也一样奇怪。这些粗野可是强悍的蛮族为四周柔弱民族所共畏，就是亚细亚大王也怕他们；凯尔特人既歼灭几个亚细亚军，甚至其王安条克一世·索特也死于对他们的战事（493 年即前 261 年），大王终于允向他们纳贡。

由于大胆反抗高卢部落并且获得成功，波加蒙一个殷富公民阿塔鲁斯(Attalus)从他本城人的手里受下王号,传之子孙。这个新朝廷是具体而微的亚历山大城的朝廷。这里的日常事务也是增进物质的利益,培植艺术和文学,政府行谨慎沉静的政策,其主要目的一方面是削弱它两个可畏的大陆敌国,另一方面是在小亚细亚西部建立一个独立的希腊国家。充盈的国库大增波加蒙统治者的重要。他们以大批款项贷给叙利亚王,以后罗马所提的和约便有偿还此款一条。他们甚至能用这种办法取得领土,例如在上次
216 战争,罗马人和埃托利亚人由腓力的同盟阿喀亚人夺得埃基那,按条约所规定,此地应归埃托利亚人所有,埃托利亚人便以三十塔兰特(七千三百英镑)的代价把此地卖给阿塔鲁斯。可是朝廷和王号尽管富丽堂皇,波加蒙共和国却永远稍有一点都市性质,在政策上常与自由城市携手同行。阿塔鲁斯本人是上古的一位洛伦佐·美第奇(Lorenzo de Medici),终身为一般富市民,阿塔鲁斯的家庭也不因有王号而失其和睦亲爱,与较为贵族的王朝那种荒淫污秽行径不可同日而语。

在欧洲的希腊,除西海岸的罗马领土——最重要的地方特别是科西拉似驻有罗马官吏——和直接属于马其顿的疆土外,多少能自行其政策的国家,在北希腊有伊庇鲁斯、阿加那尼亚和埃托利亚,在中希腊有彼奥提亚和雅典,在伯罗奔尼撒有阿喀亚、拉西第孟尼亚、梅森那和埃里亚(Eleans)。其中伊庇鲁斯、阿加那尼亚和彼奥提亚等共和国都以种种方式与马其顿密切结合,尤其是阿加那尼亚有为埃托利亚所灭之势,只赖马其顿的保护始得免于灭亡;它们没有一个是重要的国家。它们内部的状况很不一致。其情形可以一事为例证:在彼奥提亚——这里的情形固然坏到极点——

有一个惯例，是凡不传给直系子嗣的财产一律移归公餐会；遇有公务长官的选举，当选的首要条件为誓不许债主尤其是外国债主控告欠债人。

雅典人惯受亚历山大城的帮助以抗马其顿，并且与埃托利亚有密切联合。可是他们也没有丝毫力量，并且除了雅典诗歌和艺术的光辉外，无一物足使往日光荣的不肖代表与若干同样的小城有何差别。

埃托利亚同盟的势力较为持久。在此地，北希腊人的强悍性格虽已堕落到蛮横不耐纪律和管制的地步，却仍完好无恙。埃托利亚有一条国法：一个埃托利亚人可以当佣兵对任何国家作战，甚 217
至可以对一个与本国联盟的国家作战；其他希腊人恳求他们矫正这种怪事，埃托利亚公餐会声言埃托利亚人宁可被逐出埃托利亚，也不能删去法典里这条规定。埃托利亚人本可以大有功于希腊民族，只因他们操有组织的劫盗业，根本仇视阿喀亚同盟，又不幸反对马其顿大国，所以反而更有害于希腊民族。

在伯罗奔尼撒，阿喀亚同盟集合希腊本部的精华，结成以文明、民族精神和和平备战为基础的联盟。可是这个同盟尽管有向外的扩展，阿拉图斯(Aratus)那自私的外交却破坏了其繁荣，尤其是其战斗力。他不幸与斯巴达起了争执，更可惜的是他召马其顿人来干涉伯罗奔尼撒，以致阿喀亚同盟完全奉马其顿为上国，自此以后，此地的主要堡垒屯驻马其顿的戍兵，并且在这里每年向腓力宣誓效忠。

伯罗奔尼撒各弱国如埃利斯(Elis)、梅森那和斯巴达的政策，决定于他们对阿喀亚的旧仇恨——关于边界的争执特助长这种仇恨——，他们的倾向是亲埃托利亚而反马其顿，因为阿喀亚人与腓力协力合作。此等国家中只有尚武的斯巴达君主国有些重要，此国自马迦尼达(Machanidas)死后，已入于一个叫纳比斯(Nabis)的人之手。纳比斯日益蛮横，倚仗流氓游勇的支援，不但把公民的田宅赐给他们，而且把公民的妻子也分给他们。克里特岛是佣兵和海盗的庇护所，他孜孜不倦地与该岛保持联络，甚至与它成立一个共营海盗业的协会，岛上有几个地区属他所有。他那陆上的行劫队和养在马勒亚岬(Malea)的海盗船威震遐迩；他本人卑鄙残暴，为人所恨，可是他的统治却渐趋扩大，约在扎玛战役的时候，他甚至能取得梅森那。

218 最后，在中等国家中，希腊的自由商业城市在普罗波恩蒂(Propontis)海的欧洲沿岸、小亚细亚全部海岸和爱琴海各岛屿的，都居最独立的地位；同时，希腊系的国家呈混乱庞杂的景象，它们是这景象中最光彩的分子。特别是其中三个城市于亚历山大死后重获完全的自由，凭着海上的贸易活动，已得到相当的政治势力，甚至得到很多的领土；这三个城市就是博斯普鲁斯海峡的主人拜占庭，因征收过境税和与黑海各地经营粮食业而臻于富强；普罗波恩蒂斯海亚洲方面的塞齐古(Cyzicus)为米利都的女儿和继嗣，与波加蒙朝廷保持极密切的关系；最后也最重要的是罗德岛。亚历山大一死，罗德岛人即刻逐走马其顿的戍兵，因为所处地位便于商业和航海，已取得整个东地中海的运输业；其舰队运用得宜，在450年即前304年著名的围攻中，其公民的勇气经过试验，所以在这混战不休的时代，罗德岛成为中立商业政策智勇双全的代表，遇必要时，并为这种政策的护法。例如他们用武力迫拜占庭让罗德岛船舶免纳博斯普鲁斯海峡的过境税；他们不许波加蒙王封闭黑海。另一方面，他们尽量避免陆上战事，可是他们在喀里亚（Caria）对岸已获得不少的领土；在战争无可避免之处，他们用佣兵进行战事。他们与四周的邻国——对叙拉古、马其顿、叙利亚尤其是埃及——都有友善的关系，在这几国的朝廷上，他们都很受尊重，以致大国交战，他们往往被央来调解。可是他们特别关心的是沿海希腊城市的利益：这种城市甚多，星罗棋布于本都、比提尼亚和波加蒙等国沿海一带，以及埃及夺自塞琉古王朝的小亚细亚沿岸和岛屿；例如西诺培（Sinope）、赫拉克利亚·蓬提卡（Heracleia Pontica）、乞欧斯、郎萨科（Lampsacus）、阿卑多斯（Abydos）、米提利尼（Mitylene）、奇奥斯、士麦那、萨摩斯、哈利卡那苏斯等。这些城市大致都是自由市，除请其确认特权和至多纳轻微的贡献外，与当地的君主没有关系；君主每欲加以侵犯，他们辄用妙法招架，有 219
时用谄媚，有时用武力。遇有这种情形，罗德岛人是他们的主要援助；例如罗德岛人奋力支持西诺培以抗本都的米特拉达特斯。在这些君主的争执中而且就是利用他们的不和。小亚细亚这些城市如何稳固地奠定其自由，可以一事为证：在此后数年，安条克与罗马人的争执不在这些城市的自由本身，而在他们是否须请安条克核准其凭照问题。就一切方面尤其是就其对当地君主的特殊地位而言，这个城市同盟是个正式的汉萨（Hanseatic），罗德岛为首领，为它自己和同盟商订条约。这同盟扶助城市的自由以抗君主的利益；当他们城外四周战事方酣之时，爱国心和城市繁荣在城内得所庇荫，较为平安，艺术和科学欣欣向荣，既不惧为凶暴军队所扑灭，亦不虞为朝廷风气所沾染。

在东西两方的政治隔阂被打破而东方各国以马其顿的腓力为先导干涉西方关系之时，东方的情形如此。我们已稍述这种干涉的来源和第一次马其顿战争（540—549年即前214—前205年）；我们已指明在第二次布匿战争期间腓力本可有何成就，汉尼拔一切正当的期望和算计，真实现的如何地少。一切无把握的事没有比世袭专制君主制度更无把握的；这句至理名言又得到一个新证据。腓力不是能应马其顿当时需要的人；然而他的天资并非卑不足道。他是个真君主，无论就此词最好最坏的意义而言均是如此。他的基本特性是渴欲自理国事，不假人助，他以其王权为荣，而且他以为荣的尚不止于此，他实有引以为荣的理由。他不但有战士的骁勇和将军的见识，而且他每次办理国事，他那马其顿人的荣誉一被触犯，便表现出他的豪侠气概。饶有理解力和机智，他使一切他所愿牢笼的人心悦诚服，尤其是最贤能最风雅的人物如弗拉米尼努斯和西庇阿等；他是一个怡人的酒友，并且不仅由于他的爵
220 位，也是个难却的情人。可是他同时也是那无耻时代产生的一个最骄横凶暴的人。他常说除神灵外，他一无所畏，他的神灵殆似乎就是他那水师统领狄迦阿古（Dicaearchus）按时致祭的神灵——无神（Asebeia）和无法（Paranomia）。在他眼里，他的谋士和赞助他的计划的人，其生命都不是神圣不可侵犯的，他也不惜毁坏可敬的纪念物和驰名的艺术品以泄他对于雅典人和阿塔鲁斯的愤恨；有人引用他的为政箴言，有一句是“杀其父者必并杀其子”。严格地说，他或许不以残暴为乐事，可是他对于他人的生命和苦痛漠不关心；只有慈悲心能使人宽容大度，他那残忍刚愎的胸襟却无慈悲心。他粗率地厉声高叫“一个专制君主不受任何许诺和道德律的

拘束”，以至于他的计划因此受了极大的阻碍。他有聪明有决断，是无人能否认的，可是他的聪明决断却以一种奇怪的方式与因循姑息相联合；这或许可用下列事实来说明：他十八岁时就登基专制王位，每逢有人用反辩或驳议扰乱他的专制行动，他必对之怒不可遏，因此一切有独立精神的谋臣都裹足不前。第一次马其顿战争时，他那无能无耻的作战法由何等原因辐辏而来，我们不知。这或由于偷惰骄矜，非有燃眉的危险，他不肯用其全力；或由于计划本非他所拟定，他对之淡漠，汉尼拔的伟大使他自愧弗如，他怀着嫉妒心。确实无疑的是，他以后的行为丝毫不像那个因他怠忽而败坏了汉尼拔的大计的腓力所为。

腓力于548—549年即前206—前205年与埃托利亚人和罗马人结约时，他的真正用意是与罗马建立长久和平，将来专致力于东方的事。不容置疑地，他见迦太基迅速屈服，未免恼悔；或有汉尼拔望马其顿再行宣战和腓力暗以佣兵增援迦太基最后军队之事。221
可是同时他在东方所着手的庞大事务，以及所谓援助的性质，特别是罗马人正在寻觅战争的口实，竟完全不谈这种破坏和平的举动，使我们深信腓力在551年即前203年绝无意补做他十年前应做的事。

他的眼光已转到一个完全不同的区域。埃及王托勒密·菲洛帕特已死于549年即前205年。其嗣君托勒密·埃庇方尼(Ptolemy Epiphanes)是个五岁的幼童，马其顿王腓力和亚细亚王安条克联合对他，以根本发泄这两个大陆君主国对海洋国所抱的旧仇。两国要瓜分埃及土地，埃及和塞浦路斯应归安条克，昔兰尼、爱奥尼亚和希克拉底群岛应归腓力。完全以腓力对此等考虑付之一笑的精神，两王不但没有理由，也没有借口，“正如大鱼吞小鱼”，开始战事。并且同盟所料不误，腓力尤其不误。埃及忙于对近在叙利亚的敌人从事自卫，不得不于腓力进攻其小亚细亚和希克拉底群岛的领土时，任这些地方防务空虚。在迦太基与罗马结约的一年（553年即前201年），腓力命属下各城市装配一个载运军队的舰队，沿色雷斯海岸航行。马其顿军在这里由埃托利亚戍兵之手取得里西马乞亚（Lysimachia）；波林都（Perinthus）对拜占庭居于附庸地位，也被占领。如是，对拜占庭的和平遭了破坏；至关于埃托利亚人，他们新与腓力媾和，友好关系至少也受了妨害。渡海到亚细亚并非难事，因为比提尼亚王普鲁西亚（Prusias）是马其顿的同盟。作为回报，腓力助他荡平他境内的希腊商业城市。喀尔西顿（Chalcedon）降服。契欧抵抗，被攻陷而夷为平地，居民沦于奴隶——这是无谓的野蛮举动，普鲁西亚本欲保全此城以为己有，也不悦此举，而且这事激起全希腊世界的大愤慨。埃托利亚人的都统曾将兵于契欧，罗德岛人企图调停，遭腓力卑鄙狡诈的手段而归于无效，这两国特为愤怒。

222 可是即使不是这样，全希腊商业城市的利益也系于此事，他们绝不能让马其顿的暴虐政治排除那宽和而几乎纯属虚名的埃及统治，市民自治和通商自由与马其顿的暴政绝不能两立；由契欧人所受的可怕待遇看来，可见要赌的不是各城市凭照的核准权而是单个和全体的生死存亡。朗萨古业已陷落，塔索斯（Thasos）已受了与契欧相同的待遇。现在刻不容缓。罗德岛的英勇都统德欧费里斯古（Theophiliscus）励勉公民共行抵抗以排除这共同危险，不要让城市和岛屿纷纷成为敌人的利物。罗德岛立下决心，对腓力宣战。拜占庭与罗德岛联合，波加蒙老迈的国王阿塔鲁斯在私人和政治方面都与腓力为仇敌，也与罗德岛联合。同盟国的舰队正集于埃奥利亚海岸，腓力命一部分舰队往取契欧和萨摩斯。他亲率另一部分出现于波加蒙的城下，然而他围此城却属徒劳；他不得不仅止于横过平坦地域，使马其顿的骁勇留其痕迹于神庙，把广大区域内的神庙都毁掉。忽然之间，他舍陆登舟，以与在萨摩斯的舰队会合，可是罗德岛和波加蒙的联合舰队追蹑其后，强迫他在契欧海峡应战。马其顿有甲板的船为数甚少，可是无甲板的船很多，足以补其缺陷，腓力的兵又很骁勇地作战。可是他终被击败。他那有甲板的船二十四艘几乎全被击沉或掳去，马其顿阵亡水兵六千人和陆军三千人，水师统领德摩克拉底（Democrates）也在其内，被俘者两千人。联军为这次胜利所付的代价不过八百人和六艘船而已。可是说到联军的领袖，阿塔鲁斯与他所率舰队的联络被切断，他被迫使他所乘的船在埃利特里亚（Erytrae）搁浅，罗德岛的德欧费里斯古既以其爱国心决定了作战问题，又以其骁勇决定了战争的胜负，竟在战后一日因伤而死。如是，当阿塔鲁斯的舰队归国，罗德岛的舰队暂留于契欧之时，腓力伪称得胜，竟能继续航行，转 223
趋萨摩斯，意欲占领迦利亚各城。在喀利亚沿海，这次无阿塔鲁斯的援助，罗德岛人再与赫拉克里底（Heraclides）所率的舰队交战于米利都港口前面的小岛拉德（Lade）附近。双方又各自鸣胜利；因为罗德岛人退到明都（Myndus），又由明都退到科斯（Cos），马其顿人占领米利都，又有埃托利亚人迪迦阿古（Dicaearchus）所率的一支舰队占领希克拉底群岛，这次胜利似为马其顿人所得。腓力同时进取罗德岛在喀里亚大陆上的领土和希腊各城。如果他愿亲攻托勒密，如果他不愿自限于获得他那一份利物，他如今便能想到远征埃及。在喀里亚，马其顿人未遇军队抵抗，腓力通过此地，自马格内西亚至密拉萨(Mylasa)，毫无阻碍，可是此地每一城市是个堡垒，围攻的工作旷日持久，没有任何实际利益可得或可望。吕底亚太守宙克西斯(Zeuxis)不热心援助其君主的同盟，正如腓力不热心促进叙利亚王的利益，希腊各城市又非迫于武力或威吓不肯施助。军队的粮饷日益困难，腓力有时不得不劫掠晚近曾自愿供其所需的地方，有时又须勉强向他们再卑辞请求。如是，本年的良好季节渐将告终，罗德岛人在此期间已增强其舰队，阿塔鲁斯的舰队又与之会合，以致两国在海上占确定的优势。他们殆似乎将断腓力的归路，迫他于本国局势，尤其是埃托利亚人和罗马人有将行干涉之势，急需他归国之时，驻营度冬于喀里亚。腓力见到这种危险；他留下共达三千人的戍兵，一部分驻在迈里那(Myrina)以防止波加蒙，一部分驻在密拉萨周围的小邑——耶素(Iassus)、巴吉里亚(Bargylia)、犹罗穆(Euromus)和裴达萨(Pedasa)——为他保护喀里亚的良港和登陆处；由于联军对海面疏于防范，他竟能率其舰队安抵色雷斯海岸，于553—554年即前201—前200年冬季之前到了本国。

224　实则西方正酝酿着一场对腓力的风波，不许他继续侵掠那不能自卫的埃及。罗马在本年终能以自定的条款与迦太基缔和，始郑重注意到东方这些纠纷。人常谓罗马人于平定西方以后即刻进行征服东方；深思熟虑可得到更确当的判断。只有固执成见的笨伯不见此时的罗马并未攫取地中海各国的主权，反而只愿在非洲和希腊有不为害的邻国，马其顿实不能为罗马的祸害。它的势力诚然很是不小，548—549 年即前 206—前 205 年的和约使马其顿保持其全部的完整性，罗马元老院显然很勉强地予以许可；可是罗马如何对马其顿不怀真正的疑惧，在其下次作战所用的区区兵额上最为显见，罗马素不强迫军队对优势敌军作战。元老院无疑地欣然愿见马其顿遭到挫败，不过这种挫败若以罗马军在马其顿陆上作战来取得，代价便未免太大；因此，在埃托利亚人退出以后，元老院自愿以现状为基础即刻缔和。所以若谓罗马政府缔和时就有待更便利的时机再行开战的具体计划，实为无稽之谈；很确实的，当时国家已完全精疲力竭，公民极不愿进入第二个海外斗争，所以罗马人甚不欢迎马其顿战争。但是这个战争现已无可避免。他们以 549 年即前 205 年的马其顿为邻国，或可感觉满意；可是他们万不能允许它取得亚洲希腊的最大部分和关系重大的昔兰尼，压服中立的商业国家，因而倍增它的势力。再者，埃及的覆灭和罗德岛的挫败或降服不能不重创西西里和意大利的贸易，意大利对东方的商业被弄得依赖大陆上两个大国，罗马何能袖手旁观？更有进 225
者，自从第一次马其顿战争以来，阿塔鲁斯素为罗马的忠实同盟，罗马对他有个荣誉攸关的义务要履行；腓力已把阿塔鲁斯围困在首都，罗马须防止他把阿塔鲁斯逐出其国以外。最后，罗马主张有把它的保护伸张到一切希腊人之权，绝非空谈；拿波里人、雷吉纳人、马赛利亚人和恩波利人均能证明罗马人真诚地给人这种保护，并且有一事不成问题：罗马人当时与希腊人关系的密切非任何民族所能及，罗马关系不比希腊马其顿人的关系格外疏远。契欧人和塔索斯人受了可耻的待遇，罗马人不但同情希腊人而且同情人类，竟有人不承认他们应对此发生反感，宁非怪事。如是，以实情而言，一切政治的、商业的和道义的动机一致使罗马从事第二次反腓力的战争——这是罗马所作的最为义战之一。足为元老院增光的是它即刻决定它的办法，不因国力耗竭或人民不喜这种宣战而不敢做必要的准备。早在553年即前201年，续任副执政官马尔库斯·瓦勒里乌斯·莱维努斯即率其三十八艘西西里战舰出现于东方的海面。

然而政府却不知如何寻出一个假托的战争口实，即使他们不是非常明智不至于像腓力那样轻视开战的合法理由，他们为使人民满意起见，也需要一个口实。据说腓力与罗马缔和以后，曾许迦太基人以援助，这事显然无法证实。固然，多时以来，伊利里亚的罗马臣民已怨诉马其顿的侵犯。551年即前203年，一个罗马使者率伊利里亚的民兵把腓力的队伍逐出伊利里亚境外；因此，元老院于552年即前202年向腓力的使者声称，他若寻求战争，便将于他所不喜的早时间得到战争。可是这些侵犯只是腓力施于邻国的寻常暴行；现在若为他们起交涉，结果必是腓力道歉赔罪，而不至
226 于引起战争。在名义上，罗马与东方各交战国均有友好关系，可以许给他们援助以抵御腓力的攻击。罗德岛和波加蒙当然不能不求助于罗马，可是在形式上他们却是侵略国；亚历山大城的使者虽请罗马元老院为其童子国王的监护人，埃及却似乎不急于央罗马人直接干涉，这种干涉固能消除它一时的困难，可是同时也要对西方的大国开放东方的海洋。再则要援助埃及必先援之于叙利亚，这样，罗马必陷于与亚细亚和马其顿同时作战，而因罗马人坚持其不干预亚细亚事的决心，当然更不愿为此。此时别无他法，只有派一使团往东方，意在第一，取得——在此种情形下不难做到——埃及

的认可，许罗马干涉希腊的事；第二，把叙利亚放弃给安条克王以慰其心；第三，尽量加速对腓力的破裂，促进希腊、亚细亚各小国的联合反抗腓力（553 年即前 201 年年底）。在亚历山大城，他们不难达其目的；埃及朝廷无取舍权，罗马元老院派马尔库斯·埃米利乌斯·雷必达（Marcus Aemilius Lepidus）为"国王监护人"，在不用实际干涉而能做到的范围内，维护国王的利益，朝廷也不得不接待他。安条克不解散其与腓力的联盟，罗马人所欲得的具体说明，他也不给他们；然而在其他方面——无论由于疏忽，或由于听得罗马人宣称不欲干涉叙利亚而受其影响——他向叙利亚进行他的计划，而对希腊和小亚细亚的事置之不理。

同时，554 年即前 200 年的春季已到，战事已重开。腓力再次向色雷斯进军，占据这里沿海的一切地方，特别是马诺尼亚（Maronea）、埃奴（Aenus）、埃卢（Elaeus）和塞斯都（Sestus）；他欲使其欧洲属地无罗马人登陆的危险。然后他攻亚洲沿岸的阿卑多斯；取得此地对他很关重要，因为他据有塞斯都和阿卑多斯，便更能与其同盟安条克密切联络，便不必再忧联盟国舰队截断他往来于小亚细亚的海路。自马其顿较弱小的舰队撤退以后，联盟国的 227
舰队即控制爱琴海；腓力在海上的军事行动只限于驻兵戍守希克拉底群岛，安德罗（Andros）、乞特诺（Cythnos）和帕罗（Paros）的三个岛，和装配私掠船。罗德岛人进至契欧，由契欧至特内杜斯（Tenedos）；阿塔鲁斯已在埃基那度过冬季，已消磨其光阴于听雅典人说书，至是率其舰队与他们相会于特内杜斯。阿卑多斯人英勇自卫，联军未尝不能及时赶到予以援助；可是他们不动，所以在一切能胜兵役的人已阵亡于城下之后，此城终至投降；居民一大部分于约降后自杀，战胜者的慈悲是许阿卑多斯人三日的时限以便他们寻个自尽。罗马使团在叙利亚和埃及事毕以后，便往访希腊各小国，施以游说；他们在这里，在阿卑多斯营中遇见腓力，便提出元老院命他们提出的建议；就是：马其顿王不得对任何希腊国家作侵略战，应把夺自托勒密的领土归还原主，关于加在波加蒙人和罗德岛人的损害，应许人付诸仲裁。元老院原想激怒腓力，使之正式宣战，结果并未达到目的；罗马使者马尔库斯·埃米利乌斯·雷必达得自此王的不过是恭而有礼的对答，说因为使者年轻貌美，又是个罗马人，他原谅使者所说的话。

然而在此期间另一地方已具备罗马所欲得的宣战理由。雅典人狂妄残忍，因为两个不幸的阿喀那尼亚人偶然误入他们举行秘密教仪的所在，便把他们处决。阿喀那尼亚人当然愤怒，请腓力替他们报仇，他不能拒绝最忠实的同盟所请，便许他们在马其顿招兵，没有正式宣战，即以马其顿兵和他们自己的兵侵入阿提卡。按战争二字正当的意义来说，这诚然不是战争，加以马其顿队的队长
228 尼加诺(Nicanor)一听得当时在雅典的罗马使者发言恫吓，即刻发令命他的队伍撤退(553 年即前 201 年年底)。可是这已经太晚了。雅典派一个使团往罗马，报告腓力攻击罗马人古同盟国的事；由元老院接待使团的方式，腓力洞见将来的情形；所以他即刻就在 554 年即前 200 年春季命他在希腊的将军菲洛克里(Philocles)蹂躏阿提卡境内，使雅典城陷于困窘。

现在元老院得偿所愿，在 554 年即前 200 年夏间，他们向人民大会提议宣战，“因为一个与罗马联盟的国家受了攻击”。起初，这提议差不多被人民一致拒绝；愚昧或怀恶意的平民保民官，抱怨元

老院不使人民休息;不过战争势必不免,而且严格地说,业已开始,所以元老院万不能撤回议案。市民为游说和让步所诱,始肯听从。可注意的是这些让步多不利于意大利同盟。高卢、下意大利、西西里和撒丁的戍兵专取自同盟所出的现役兵——这与罗马人的往日原则大相背谬。另一方面,一切公民队伍自从汉尼拔战争以来未尝解甲的都被解散;据说政府只招志愿兵来进行马其顿战争;不过以后才发现所谓志愿兵大半是由强迫而来——到555年即前199年秋季此事在阿波罗尼亚引起一次凶险的兵变。新征的兵编成六个兵团,其中两兵团留守罗马,两兵团驻于埃托利亚,只有两兵团在布隆迪西乌姆登船往马其顿,由执政官普布利乌斯·苏尔皮奇乌斯·伽尔巴(Publius Sulpicius Galba)统率。

如是,又一件事又复得个明证:即握主权的市民大会往往仅依偶然事件为转移而做眼光短浅的决定,罗马的胜利造成广大而繁难的关系,大会的议决绝不复适于应付此等关系;国家机构的工作受大会干涉之害,以致在军事上属于必要的措置,受到危险的修改,而待拉丁同盟国如下国,尤为危险的办法。

腓力处于很不利的地位。东方各国原当取一致行动以抗罗马 229
的干涉,并且在他种情形之下,大概也会取一致行动,但主要由于腓力的失策,他们互相怨怼,以至于对于罗马的侵犯无意加以阻止,甚且有意加以赞助。腓力最重要的天然同盟国是亚细亚,它已置之度外,并且此国为埃及争执和叙利亚战事所牵累,此刻不能做积极的干涉。埃及的急务在使罗马舰队不入东方海洋,就是到了现在,一个埃及使团仍在罗马明示,亚历山大城的朝廷愿为罗马代劳,干涉阿提卡的事。可是亚细亚与马其顿结有瓜分埃及的条约,这个重要国家因此完全投入罗马的怀抱，亚历山大城的内阁不得不宣称，只有得到罗马许可才干预欧洲希腊的事。希腊商业城市以罗德岛、波加蒙和拜占庭为首领，也处于相似可是更甚的窘境。在他种情形之下，他们无疑会竭力封锁东方海洋以抗罗马人；可是腓力所行的残暴毁灭的征服政策，迫使他们作以弱敌强的斗争；在斗争中，为自存计，他们又不得不用尽方法取得意大利这个强国的干预。在希腊本部，罗马奉命在那里组织另一个反腓力的联盟，却见敌人已大致替他们布置就绪。至于反马其顿派——斯巴达人、埃里人、雅典人和埃托利亚人——腓力或许能笼络其中的埃托利亚人，因为548年即前206年的和约大伤其与罗马的友好联盟，至今尚未恢复原状；但昔日马其顿曾把色萨利各城——埃契诺(Echinus)、拉利萨(Larissa)、克雷马斯(Cremaste)、法萨卢斯(Pharsalus)和弗斯奥提斯(Phthiotis)的底比斯(Thebes)——撤出埃托利亚联盟，与埃托利亚发生争执；即置此种争执不论，里西马乞亚和契欧的埃托利亚戍兵被逐，也在埃托利亚人的胸中产生对腓力的愤慨。如果他们迟迟不加入反腓力联盟，其主因无疑在于他们仍与罗马人有恶感。

230 还有更可忧的情形在：甚至与马其顿的利益相固结的希腊国家——伊庇鲁斯人、阿加那尼亚人、彼奥提亚人和阿喀亚人——也只有阿加那尼亚人和彼奥提亚人援助他，毫不动摇。罗马使者与伊庇鲁斯人交涉，结果不无成就；阿达马尼(Athamanes)王阿密南德(Amynander)特别依附罗马。就是在阿喀亚人中间，腓力杀害阿拉图斯一事也一方面激起许多人的愤怒，另一方面为同盟重辟一条更自由发展之路。在菲洛波门(Philopoemen，502—571年即前252—前183年，第一次为将军546年即前208年）领导之下，阿喀亚同盟已改组其兵制，又战胜斯巴达人，恢复了自信心，不再如阿拉图斯时代那样盲从马其顿的政策。由腓力的好大喜功，阿喀亚联盟无利可图，也无即刻的危害可虞，所以在全希腊，他独能以不偏不倚的希腊民族观点看这个战事。这联盟深知一件不难知的事：这样一来，希腊民族，罗马人希望或愿欲他们投降，便会自投罗马；于是它企图调停于腓力与罗德岛人之间，可是已嫌太迟。爱民族的心情昔曾结束联邦的战事，大有助于造成马其顿与罗马的首次战争，现在已归沉寂；阿喀亚的调停无效，腓力亲访各城各岛，想唤起民族的热忱，结果徒劳——他的冷淡无情正是契欧和阿卑多斯的果报。阿喀亚人既不能改变时局，又不愿施助于任何一方，便仍守中立。

554年即前200年秋季，执政官普布利乌斯·苏尔皮奇乌斯·伽尔巴率两个兵团和努米底亚一千名骑兵登陆于阿波罗尼亚，甚至有得自迦太基战利品的战象偕来；腓力接到消息，便由赫勒斯滂回到色萨利。可是一半由于岁时已晚，一半由于罗马将军患病，本年在陆地上无所作为，只有一次大规模的侦察，罗马人在其间占领了附近各地，特别是马其顿的殖民地安提帕特里亚（Antipatreia）。罗马人约定北方各蛮族于次年合攻马其顿，特约定的有当时统治斯科德拉的普洛拉都（Pleuratus）和达尔达尼（Dardani）王巴图（Bato），他们当然热心乘这有利的机会来牟利。231

罗马舰队的作为较为重要。此舰队共有甲板船一百艘，轻艇八十艘，一队停泊在科西拉度冬，盖乌斯·克劳狄乌斯·森图（Gaius Claudius Cento）率其余一队进至庇拉优斯（Piraeeus），援救那被困危急的雅典人。可是森图见阿提卡的境内已有充分的保护，不虞科林斯戍兵和马其顿私掠船的劫掠，便继续航行，忽然出现于优卑亚的喀尔基斯，喀尔基斯是腓力在希腊的主要堡垒，他的仓廪、武库和俘虏均在此地，这里的统兵官索帕特(Sopater)绝未预料罗马人来攻。城垣无守备，罗马人攀援而登，杀戮戍兵，释放俘虏，烧毁积聚；可惜军队无多，不能把守这个重要据点。接到这奇袭的消息以后，腓力勃然大怒，即刻由色萨利的德摩特利亚斯出发赴喀尔基斯，结果除一片焦土外不见敌人的踪迹，他便继进至雅典，要行报复。可是他想偷袭此城的企图却归失败，甚至他亲冒生命危险去攻打，也是无效；盖乌斯·克劳狄乌斯将自庇拉优斯来到，阿塔鲁斯将自埃基那来到，他不得不离去。腓力仍在希腊稍事逗留，不过无论在军事上或政治上，他都很少成功。他想劝诱阿喀亚人起兵相助，结果徒劳；他攻埃琉西(Eleusis)和庇拉优斯，又再攻雅典，结果同样无功。他别无他法，只好以无聊的方式满足他那当然的忿怒，蹂躏乡间，毁坏阿迦德穆(Academus)的树木，而后回到北方。

如是，冬季过去了。555年即前199年春季一到，续任执政官普布利乌斯·苏尔皮奇乌斯自阿波罗尼亚率他部下的兵团取最短的路线侵入马其顿的本土。这自西而来的主要攻击须与三个次要攻击相辅而行；北有达尔达尼人和伊利里亚人入侵，东有罗马和同盟国集合在埃基那的联合舰队来攻，最后，南有阿达马尼人进兵，
232 如果劝埃托利亚人参战而能成功，他们也自南进兵。伽尔巴既渡过阿普苏(Apsus，今贝拉提诺[Beratinó])河所横断的山岭，行经达萨雷代(Dassaretae)的肥沃平原，到了伊利里亚和马其顿中间的

界山，再逾此山，便进入马其顿的本土。腓力率兵迎击，不过在马其顿这些地广人稀的区域，两方互觅不见；以后他们终相遇于林塞斯替（Lyncestis），一片膏腴可是卑湿，距西北边界不远的平原，两军相距不满一千步的地方扎住营寨。遣往扼守北方隘口的兵与腓力相会以后，他的军队共计步兵两万人，骑兵两千人；罗马军的兵力差不多与之相等。然而马其顿人却有大大的便利；他们在本地作战，熟谙大路和间道，他们不难取得给养；同时他们驻营于距罗马人极近之处，以致罗马人不敢分兵远出去抢粮。执政官再三请战，可是这位国王坚辞一战，罗马人虽在轻兵的决斗中稍为得手，这种决斗却不能造出重大的变化。伽尔巴不得不拔营而去，在十三公里以外的奥克托洛孚（Octolophus）另立一个营垒，他想在这里较易取得粮饷。可是在这里，派出去的军队也为马其顿的轻兵和骑兵所破灭；罗马兵团不得不来援，于是马其顿太深入的前哨被逐回营，损失甚重；腓力本人在作战时也丧失了他的马，皆因他部下一名骑兵的慷慨牺牲，才得保全性命。伽尔巴命联军做次要攻击，较为得力，或由于马其顿兵力薄弱，罗马人才能脱离危险的境域。腓力虽在他的境内实行尽量的大征民兵，并且招募罗马的逃兵和他种佣兵，可是除小亚细亚和色雷斯的戍兵外，他能带到战场的兵却不过就是他现在所亲率以对抗罗马执政官的车队；并且为编成这个军队，他不得不听任裴拉哥尼亚（Pelagonian）的北方隘口无兵守卫。为保护东海岸，他所恃的，一部分是下令把斯乞亚图 233
（Sciathus）和裴帕雷图（Peparethus）等岛可为敌舰队的碇泊所的，都毁成一片瓦砾；另一部分是驻兵戍守塔索斯和海岸，又一部分是在德摩特利亚斯编成的舰队，由赫拉克里底率领的。至于南方边界，他不得不全仗着埃托利亚那甚为可疑的中立。埃托利亚人现在却忽然加入反马其顿的联盟，即刻协同阿达马尼人侵入色萨利，同时达尔达尼人和伊利里亚人则蹂躏北方各地，卢奇乌斯·阿普斯提乌斯(Lucius Apustius)所率的罗马舰队驶离科西拉，出现于东方海面，在那里阿塔鲁斯的舰队，罗德岛人和伊斯特利亚人的战船与之会合。

听得这个消息以后，腓力自动放弃他的据点，向东退去；这种行动的用意究在击退埃托利亚人那大概出其意外的侵犯，或在诱罗马人追来以便把他们歼灭，或在随机应变择用二者之一，我们自不能断言。他的退却，做得极为巧妙，伽尔巴采取鲁莽策略，追蹑其后，竟至不见他的踪迹，腓力却能用一种迂回行动达到并见扼守林塞斯替和欧尔代亚(Eordaea)两省交界的狭小隘口，意在候罗马人来，在这里给他们一个迎头痛击。战事起于他所选定的地点，可是马其顿人的长矛证明不适于树木丛生的崎岖地带。马其顿人一部分退回，一部分溃散，伤亡很多。

可是，自这次失利以后，腓力的军队虽不能再阻罗马人的前进，罗马人却恐在这难于通行的敌国再遇不测的危险，于是先蹂躏上马其顿那些肥沃的地方——欧尔代亚、埃里梅亚(Elymaea)和欧雷斯替(Orestis)，而后回到阿波罗尼亚。欧雷斯替最大的城开勒特隆(Celetron，今卡斯托里亚[Kastoria]，在同名的湖的半岛上)已向罗马人投降，马其顿城开门延入罗马人的只此一个。在伊利里亚人之地，在阿普苏斯河上游汇流处，有达萨代人的城裴琉(Pelium)被攻陷，屯驻强大的戍军，以供将来作这种远征队的基地之用。

罗马主力军在退却时，腓力不加以骚扰，可是他转而被迫急 234
行，往攻埃托利亚人和阿达马尼人；他们以为腓力正忙于应付罗马军，便肆无忌惮地劫掠裴臬河(Peneius)的肥沃各地，腓力把他们完全击破，所有未阵亡的都被迫孤身由熟识的山间小径逃窜。有此一败，这同盟的实力大减，又为埃及募兵甚多，同盟的实力更大减。腓力的轻兵统领亚滕那哥拉(Athenagoras)不难驱回达尔达尼人，使他们受重大损失。罗马舰队也没有很多成就；他把马其顿的戍兵逐出安度罗，巡行优卑亚和斯乞亚图，而后攻喀尔基斯半岛，可是驻在门德(Mende)的马其顿戍兵奋勇把他们击退。由于马其顿守军的果敢防御，优卑亚的奥列乌斯(Oreus)久攻不下，现在罗马人以夏季的所余时间攻取这个地方。赫拉克里底所率的弱小舰队仍泊在赫拉克利亚而不动，不敢与敌人争海权。这个舰队早早地驶往驻冬的地方，罗马人赴庇拉优斯和科西拉，罗德岛人和波加蒙人返回本国。

通盘看来，这一战竟能有这样的结果，腓力很可引为幸事。罗马军做了一场极繁难的战事，到了秋季仍在春季的原来地点，并且若不是有埃托利亚人及时参战，又在欧尔代亚隘口意外获胜，罗马全军或至无一人能重视罗马疆土。四路合攻之策处处不能达到目的，到了秋季，腓力不但见他全境敌人肃清，而且竟能企图夺取埃托利亚人的坚城陶马基(Thaumaci，位于埃托利亚与色萨利交界处，控制裴臬河流域的平原)，可是归于失败。腓力向神灵祈祷安条克来援，竟属枉然，如果安条克在下次战争与他会合，他便可预想获得大胜。安条克似乎一时有意为此；他的军队出现于小亚细亚，占领了阿塔鲁斯属下的几个地方，阿塔鲁斯请罗马人派兵保

护。然而罗马人不急于在这时把这大王逼得与他们破裂；他们派
235 使者，使者居然达到使敌军撤出阿塔鲁斯领土的目的。由这方面，腓力无可希望。

可是最近一战既有这种幸运的结果，腓力便因此勇气百倍或可谓趾高气扬，他牺牲了几处坚城以再保阿喀亚人的中立，又牺牲了人所憎恶的水师统领赫拉克里底以再保马其顿人的忠贞，而后于明春（556年即前198年）取攻势，进至阿丁达尼人境内，意欲在亚乌（Aous，即维奥萨[Viosa]）河蜿蜒于埃罗普斯（Aeropus）和阿斯瑙（Asnaus）两山之间的隘道，造一座城高池深的营垒。在他对面，驻扎着新获援兵的罗马军，先由去年的执政官普布利乌斯·维利乌斯（Publius Villius）统率，而后自556年即前198年夏季起由本年执政官提图斯·昆克提乌斯·弗拉米尼努斯（Titus Quinctius Flamininus）统率。弗拉米尼努斯是个年方三十岁的才子，属于青年一辈，这一辈渐把先人的爱国心连同先人的习惯一并抛弃，他们虽非不关心于祖国，却更关心于他们本身和希腊文化。他是个熟练的军官，又是更优秀的外交家，在许多方面，甚适于处理希腊那种繁难的事务。然而假使人选落在一个不这样满心同情于希腊的人，如果罗马派到希腊的元帅不受巧妙谄谀的诱惑，不受刻薄讽刺的激怒，不在追怀往日的文学和艺术中遗忘了希腊各国政体的可怜状态，既能按希腊的功罪对待希腊，又能使罗马人不至于追求那难以实现的理想，如果这样，对于罗马和希腊或俱能有较好的结果。

两军对垒无所动作之时，新元帅与腓力即刻开了一个会议。腓力提议讲和，他愿把他自己侵占的一切领土归还，关于加在各城

的损害，愿听从仲裁；可是人要求他放弃马其顿的旧有领土，特别是色萨利，交涉便归于停顿。两军驻在埃乌河的隘谷中达四十天，腓力不肯退，弗拉米尼努斯不能决定究应下令进攻，抑或置腓力于 236
不顾而重演去年的远征。后来伊庇鲁斯素对马其顿人怀善意的几个头目，特别是喀罗普部（Charops）的头目忽而背叛，罗马将军得其助，竟脱窘境。他们引导罗马军步兵四千人和骑兵三百人由山间小径走到马其顿营垒以上的高处；执政官攻敌人的正面，罗马支队出敌不意，由控制阵地的山上冲下来，决定了战局。腓力丧失营垒壕堑和将近两千人，仓皇退到唐培（Tempe）山隘，这是马其顿本部的门户。除堡垒外，他抛弃了一切，那些他所不能守的色萨利城市，他一概加以破坏；只有菲雷（Pherae）闭门抵拒，得免被毁。一方面由于罗马军的这些胜利，一方面由于弗拉米尼努斯的贤明宽厚，伊庇鲁斯首先背叛马其顿联盟。一听得罗马胜利的消息，阿达马尼人和埃托利亚人立刻侵入色萨利，罗马人不久继至；旷野不难越过，可是亲附马其顿尼亚而受腓力援助的坚城，只在英勇抵抗后才告陷落，或甚至能抗拒优势的敌人——特别是裴臬河左岸的阿特拉克（Atrax），这里密集队立在缺口以代城墙。如是，除这些色萨利的堡垒和忠实的阿加那尼亚人疆土外，北希腊全部都落于联军之手。

另一方面，喀尔基斯和科林斯两堡垒，假道亲马其顿的彼奥提亚境，维持相互的交通；因为有这两座堡垒和阿喀亚人的中立，南方大致仍在马其顿人控制之下；因本年为时已晚，不能进入马其顿，弗拉米尼努斯决定命陆军和舰队先攻科林斯和阿喀亚人。罗德岛和波加蒙的船舶又已与罗马舰队会合，迄今从事于攻取优卑亚两小邑埃勒特里亚(Eretria)和喀利斯图斯(Carystus),加以劫掠;然而此时以后,两邑和奥里乌斯皆被放弃,又为马其顿在喀尔基斯的统兵官菲洛克里所重占。联合舰队由此处进到科林斯的东
237 面港口森克雷(Cenchreae),以威胁这个强大堡垒。在另一面,弗拉米尼努斯进入浮西斯,占领其地,这里只有埃拉提亚(Elatea)一邑受到长期的围攻;罗马人择此区域特别是科林斯海湾上的安提塞拉(Anticyra)为驻冬的地方。阿喀亚人见罗马兵团将至,罗马舰队已在他们的沿海,便抛弃了他们那在道德上可敬、在政治上却不足取的中立,狄密(Dyme)、梅伽洛波里(Megalopolis)和阿尔哥斯等城最亲附马其顿,它们的代表离开公会以后,公会便议决加入反腓力的联合。乞克里亚底(Cycliades)和马其顿党的其他领袖逃奔国外,阿喀亚的军队立刻与罗马舰队相联合,急由陆上包围科林斯;科林斯原为腓力用以对付阿喀亚人的要塞,罗马曾保证把他给阿喀亚人以为他们加入联军的报酬。然而不但马其顿守兵有一千三百人之多,大部为意大利逃兵,立志扼守这几不可破的坚城,而且菲洛克里也由喀尔基斯率一千五百人来到,先解此城之围,而后侵入阿喀亚人境内,与亲马其顿的人民协力夺得他们手里的阿尔哥斯。可是腓力对于这种忠诚的报酬,却是把忠实的阿尔哥斯人交给斯巴达施行恐怖政策的纳比斯。纳比斯原为罗马人的同盟,阿喀亚人加入罗马联合以后,腓力希望诱纳比斯来归附;因为纳比斯所以加入罗马联盟,实以抗阿喀亚人为主因,并且自554年即前204年以来他甚至与他们公然交战。可是腓力的事已陷于绝望的状态,现在无人愿与他联合,纳比斯从他手里受下阿尔哥斯,可是欺骗这背信的人,仍与弗拉米尼努斯联盟;弗拉米尼努斯今与两个

互相战斗的国家联盟，左右为难，便在此时替斯巴达人和阿喀亚人商订了一个休战四个月的协定。

于是冬季到来，腓力又复利用这时机，尽可能地求取一个公平的和约。双方在马里亚古(Maliac)湾的尼西亚(Nicaea)举行会议，腓力亲自到会，力求与弗拉米尼努斯达到谅解。他以高傲而文雅 238
的态度拒绝那些躁妄骄横的小酋长，视罗马人为唯一与他平等的敌人，对他们特示尊重，他想由他们取得尚佳的条款。弗拉米尼努斯也与腓力一样渐知那些同盟的可鄙，他饶有修养，见战败的国王对他本人恭而有礼而对同盟却倨傲，自己深觉荣幸；不过他的权力不甚大，不能使腓力如愿以偿。他许给腓力两个月的休战，以报他的退出浮西斯和罗克里；关于主要问题，他却指示腓力向罗马政府请命。罗马元老院久已认为马其顿应放弃一切国外领土，所以当腓力的使团来在罗马之时，只问他们是否有全权允许放弃全希腊，特别是放弃科林斯、喀尔基斯和德摩特利亚斯，他们答以没有全权，于是交涉作罢；元老院决定努力进行战事。以平民保民官的协助，元老院竟能阻止易帅之事——这是屡经证明有害的事——竟能延长弗拉米尼努斯为元帅的任期；弗拉米尼努斯得到大批增援，而且两个前任统帅普布利乌斯·伽尔巴和普布利乌斯·维利乌斯都奉命受弗拉米尼努斯的调遣。腓力又复决定赌一场对阵战。现在希腊各国，除阿加那尼亚人和彼奥提亚人外，一概举兵叛腓力；为保全希腊计，他增加科林斯戍兵至六千人；他本人倾马其顿最后的力量，把幼童老叟都编入方阵的行列，竟能调动约二万六千人的兵到战场，其中一万六千名为马其顿的方阵兵。

于是第四战役即557年即前197年的战役开始。弗拉米尼努斯派一部分舰队攻阿加那尼亚人，把他们围在路卡（Leucas）；在希腊本部，他用诡计占领了彼奥提亚的首都底比斯，因此彼奥提亚人被迫至少在名义上加入反马其顿的联盟。既这样断绝了科林斯与喀尔基斯的交通，他便以为足，向北进发，只有在北方才能给马其顿一个决定性的打击。在一个大部荒凉的敌国，军队给养大感困
239 难，军事行动常常受其阻碍，现在舰队陪着陆军沿海岸进行，载着非洲、西西里和撒丁运来的供应，随在陆军的后面，给养的困难遂告消灭。然而决定性打击之来却早于弗拉米尼努斯之所料。腓力素性急躁而自恃，不耐在马其顿尼亚边界上等候敌人，他已在狄穆（Dium）集合军队，便由唐培进兵，入色萨利，在斯科图萨（Scotussa）遇着前来与他会战的敌军。

阿波罗尼亚人和阿达马尼人所出的助兵、纳比斯派来的克里特人，特别是一大队埃托利亚人已来增援罗马军，所以马其顿军和罗马军在兵数上大约相等，每军约二万六千人；然而罗马的骑兵却占优势。在斯科图萨前面迦拉达（Karadagh）高原上，在一个黯淡的雨天，罗马先锋队无意中遇见敌人的先锋队，敌人盘踞在两营之间一座高峻陡峭的小山上，山名奇诺斯法莱（Cynoscephalae）。罗马先锋队被逐回平原，营中派轻骑兵和埃托利亚的精良骑兵一队来援，现在反逼得马其顿先锋队退到山上，逃过山去。可是在这里，马其顿人又得全部骑兵和大部轻步兵的援助；罗马人冒险轻进，大受损失，几乎被追到他们的营垒，如果埃托利亚骑兵不延长平原上的搏斗以待弗拉米尼努斯调来他部下仓促列队的兵团，他们便会完全逃窜。马其顿得胜的队伍大声疾呼，要求继续战斗，将军和兵士却都未预料此日交战，腓力听从他们的要求，急忙把重装

兵列成作战的阵势。小山上一时全无一兵，占据小山是件重要的事。腓力亲率方阵的右翼及时赶到山上亦难列成作战行列；左翼尚未来到，马其顿的轻兵为罗马兵团所击走的，便冲上山来。腓力急使这一群逃回的兵挤过密集队，归入中军；尼迦诺率密集队的另一半随后而来，较为迟缓，腓力不俟他来到左翼，便命密集队的右 240
翼斜捻长矛，下山向兵团冲击，同时轻步兵已重整队伍，绕过兵团，攻其侧面。在这样有利的地势，密集队的攻击势不可挡，把罗马步兵击破，把罗马军的左翼也完全击败。尼迦诺在另外一翼，见其王发动攻势，便命密集队的另一半赶快前进；这些动作陷其军于混乱，前列已急随胜利的右翼下山，因地势不平而更陷于紊乱，后列才到山顶。在这种情形之下，罗马右翼不久便解决了敌军的左翼；单是列在此翼的战象就重创马其顿的零落队伍。一场可怖的屠杀正在此处进行之际，罗马一员勇将集合兵士二十排，率他们攻马其顿得胜的一翼，这翼追击罗马左翼，前进太远，以致罗马右翼反在其后。密集队对于来自后面的攻击无法抵御，于是这个行动结束了战事。由于两个密集队完全瓦解，我们很可认为马其顿的损失达一万三千人，一部被俘，一部阵亡，可是阵亡的占大多数，因为马其顿人投降的表示是高举长矛，罗马兵不知。战胜者的损失轻微。腓力逃到拉利萨，把一切文件都焚毁，以免使他人遭连累，然后退出色萨利，回到本国。与这个大败同时，马其顿人在其仍占据的一切地方遭受挫败；在迦利亚，罗德岛佣兵击败驻在那里的马其顿军，迫使他们困守斯特拉托尼恺（Stratonicea）；科林斯戍兵为尼科斯特拉图斯（Nicostratus）及其部下的阿喀亚人所败，损失重大；阿加那尼亚的路卡于英勇抵抗后被攻陷。腓力完全失败；他最后的同盟阿加那尼亚人听得奇诺斯法莱一战的消息以后，也投了降。

罗马人完全握有指定和约的权力，他们使用其权力，却没有滥
241 用它。亚历山大的帝国可能被灭；在同盟国的一次会议中，埃托利亚人实提出这种建议。可是这办法除拆毁那保障希腊文化以抵御色雷斯人和凯尔特人的屏藩外，还能有何效果？在新结束的战争期间，繁荣的里西马乞亚（在色雷斯的刻尔松尼斯）已全为色雷斯人所毁，这对将来是个严重的前车之鉴。弗拉米尼努斯已洞见希腊各国间的深仇痛恨，即使优雅侠义的腓力未博得他对希腊的同情，埃托利亚人自称为“奇诺斯法莱的战胜者”的夸张未触犯他那罗马人的民族意识，他也绝不许罗马大国执行埃托利亚同盟的泄忿计划。他答复埃托利亚人说：罗马没有灭战败国的习惯，他们可自由行动，他们若能灭马其顿，便可任意做去。腓力备受可能的尊礼，他既声明现在愿接受往日所提的要求，弗拉米尼努斯便同意给他一个期限颇长的停战协定，以为他付一笔款和交纳人质的报酬，王子德摩特里乌斯也在人质之列。腓力为驱退达尔达尼人，很需要这个停战协定。

希腊的事纠纷甚多，罗马元老院把最后整理权委诸一个十人委员会，弗拉米尼努斯又是这委员会的首长和主脑。由这个会，腓力所得的条件与许给迦太基的相似。他丧失一切在小亚细亚、色雷斯、希腊和爱琴海诸岛屿的国外领土；他保有马其顿本部，无所减削，只有边界上几处不重要的地方和奥列斯提斯郡为例外，奥列斯提斯宣告自主——这一条很使腓力痛心，可是罗马人不能不这样规定，因为此地人民已背叛腓力，人既知腓力的性格如何，便不能任他随意处置这里的人民。马其顿又约定若不先通知罗马必不

与外国结盟，不派戍兵到国外；再则她又约定绝不对文明国或罗马的同盟国作战，她除五千人外不保持军队，不养战象，有甲板船不逾五艘；其余的都交给罗马人。最后，腓力加入罗马人的同盟，他 242
有一受要求即派兵助战的义务；诚然，以后马其顿的队伍立刻与罗马兵团并肩作战。更有进者，他付战费一千塔兰特（二十四万四千英镑）。

马其顿既已这样沦于毫无政治力的地位，所余力量仅敷守希腊边境以御蛮族的需要，罗马人便进而处理腓力所割让的领土。正在此时，罗马人由西班牙的经验渐知海外属地是个很可疑的利益，他们开战之时又绝无获得领土的志愿，所以他们对于战利品一无所取，他们的同盟也不得不适可而止。他们决定宣告希腊往日属于腓力的国家一概自主；弗拉米尼努斯被委于希腊人群集于土腰赛会之时（558 年即前 196 年），向大众宣读依此意制定的法令。思深虑远的人士无疑地或会发问：自由是不是一种可以这样授予的幸福，没有团结和统一，自由对于一个民族有何价值；可是罗马元老院有给人自由的诚意，所以欢声雷动，发于挚诚。①

这个一般原则仅有下列的例外：伊利里亚自埃庇丹努斯以东各区均落于斯科德拉君主普勒拉图斯（Pleuratus）之手，使这海陆盗匪的国家，一百年前为罗马人所制伏的，又在这一带成为一个最强的小君主国；西色萨利几个地方为阿密南德所占领，许他保留；

① 一种金币至今尚存，这种金币镌有弗拉米尼努斯的头像和 T. 昆克提乌斯（T. Quinctius）的铭文，在希腊解放者的治下造于希腊。拉丁文的使用是个饶有意义的恭维。

帕罗(Paros)、塞罗斯(Scyros)和茵布罗(Imbros)三岛赠给雅典,以偿其多遭患难和更多的道谢以及种种殷勤。罗德岛人当然保持其迦利亚的属地,波加蒙人保持埃基那。其余同盟国仅获得间接的报酬,各同盟都有新解放的城邑加入。阿喀亚人虽参与反腓力
243 的联合最晚,却受最优的待遇,显因希腊一切国家之中以这个联盟为最有组织,最可敬重。腓力的一切属地在伯罗奔尼撒和地峡,因而特别是科林斯,均被并入这个同盟。反之,对于埃托利亚人,罗马人却毫不客气;他们得到许可,把浮西斯和罗克里收入他们的同盟,可是他们企图把同盟也扩张到阿加那尼亚和色萨利时,却一部分被断然拒绝,一部分被延搁,色萨利各城组成四个独立的小同盟。罗德岛城市同盟的收获,是塔索斯、朗诺和色雷斯以及小亚细亚的城邑均得解放。

希腊各国事务的整理,无论关于它们的相互关系和它们的国内情形,都有困难。最急迫的,是自从550年即前204年以来斯巴达人与阿喀亚人进行的战争,调停这个战争的责任当然落在罗马身上。可是,阿尔哥斯城原属于阿喀亚同盟,腓力把他交给纳比斯,现在罗马人用种种方法企图使纳比斯就范,特别使他放弃阿尔哥斯,纳比斯却恃人所共知的埃托利亚人对罗马人的怨恨和安条克的将入欧洲,坚持不肯;弗拉米尼努斯别无他法,只得使人向这梗顽的区区盗酋宣战。于是全希腊在科林斯开一个大会,向纳比斯宣战,弗拉米尼努斯入伯罗奔尼撒,舰队和罗马同盟的陆军与他偕行,内有腓力派来的助战兵,和斯巴达正统国王阿吉西波里斯(Agesipolis)所率的拉西第孟流亡人一队(559年即前195年)。他们要用压倒的优势兵力即刻击破敌人,调到战场的兵不下五万

人；他们置其他城邑于不顾，即刻包围首都，可是未达到所欲的结
果。纳比斯已派一个大军到战场，共一万五千人，其中五千人为佣
兵；他又完全实行恐怖政策以保他的政权，把全国的官吏人民是凡
他所疑忌的，一律处死。罗马海陆军初得几次胜利以后，他决定投 244
降并接受弗拉米尼努斯所提出的较优条件，可是就是此时，“人民”
即纳比斯收容在斯巴达的匪党却不无理由地恐怕胜利后要受报
应，又加以种种误传，说和约的性质如何，埃托利亚人和亚细亚人
如何进攻，他们为其所欺，便拒绝罗马将军所提的和约，于是斗争
再起。两军战于城下，城墙为敌军所攻；罗马人已登城，守兵纵火
焚烧已陷的街市，攻军被迫后退。

顽强的抵抗终于停止。斯巴达保持其独立，不必容纳流亡人，也不必加入阿喀亚同盟；甚至现有的君主政体和纳比斯本人都一仍旧贯而不动。另一方面，纳比斯须割让其国外属地；阿尔哥斯、梅森、克里特各城和全部海岸；须约定不与外国结盟、不作战，除两只轻舟外不保持战船；最后，交出他所掠的一切，交人质给罗马人，并且赔给他们战费。拉科尼亚(Laconian)沿海各城邑归斯巴达流亡人所有，这个新民社自称为“自由拉科尼亚人”，以自别于君主政治下的斯巴达人，并且奉命加入阿喀亚同盟。流亡人未收回他们的财产，因为分给他们的地方便算是财产的抵偿；另一方面，按条约的规定，他们的妻子应听其去留任意。由于这种办法，阿喀亚人得有自由拉科尼亚人和阿尔哥斯加入同盟，可是他们仍深觉不满；他们曾期望废除其所畏所恨的纳比斯，送回流亡人，扩大阿喀亚同盟到伯罗奔尼撒全境。然而胸无成见的人士不能不见，在两个俱犯有不公不平罪的国家互相对立的场面，弗拉米尼努斯办理这种

棘手的事，已尽可能做到又公又平的地步。斯巴达人与阿喀亚人既有深沉的旧仇，若把斯巴达并入阿喀亚同盟，便等于把斯巴达置
245 在阿喀亚的羁络之下，这是既欠公平又不明智的办法。使流亡人复归本国，恢复已废了二十年的政府，势必仅为以暴易暴；弗拉米尼努斯采用的是个适当的计划，正因为这种计划不能满足各走极端的双方。人们似乎终于做了一个彻底的规定：斯巴达海陆行劫的制度应即终止，斯巴达那种不过如是的政府应仅骚扰其本国的臣民。弗拉米尼努斯深知纳比斯的为人，不能不觉得如何宜于把他废除；他所以不做这一步，可能只因为他愿速了此事，不愿纠纷无限延长，损害他所立功业的美好印象；再者，他可能要保存斯巴达，以使其在伯罗奔尼撒牵制阿喀亚同盟的势力。可是前一异见仅关于一个次要之点；至关于后一见解，罗马人绝不屑于对阿喀亚人有戒心。

于是希腊各小国实现了和平，至少表面如此。可是各民社的内部状况也有需要罗马仲裁之处。彼奥提亚人公然表示其倾向马其顿，就是马其顿被逐出希腊以后依然不改；弗拉米尼努斯应他们的请求，已许服务于腓力的彼奥提亚人回国，可是一个最坚决的马其顿党布拉奇拉斯(Brachyllas)却被选为彼奥提亚同盟的主席，又有种种其他事件触弗拉米尼努斯之怒。他以无双的耐性加以容忍；可是亲罗马的彼奥提亚人知罗马人去后他们必将遭难，决定杀害布拉奇拉斯；他们认为须请弗拉米尼努斯许可，弗拉米尼努斯至少没有禁止他们，所以布拉奇拉斯被杀；事后，彼奥提亚人不止于检举凶手，而且暗地等候罗马兵单身或小队经过他们境内时，杀死他们约五百人，这事太大，不能容忍；弗拉米尼努斯罚他们为每个

士兵支付一塔兰特的罚款；他们不付，他便集合最近处的队伍围攻科罗尼亚（Coronea，558 年即前 196 年）。现在他们改用恳求，又有阿喀亚人和雅典人从中调解，弗拉米尼努斯实行罢休，仅向有罪 246
的人勒取很不重的罚款。马其顿党虽在这小国里继续掌权，罗马人对于他们那种无谓的抵抗却只以上国的宽厚态度来应付。在希腊其余的部分，弗拉米尼努斯仅止于行下列政策：在不必用武而能做到的范围内，用他的势力影响各民社的内政，尤其是新解放民社的内政；把参议会和朝廷置于较富人士之手，使反马其顿派当权；把每民社依战事法应归罗马人所有的物品，一概加在该民社的公产上，以使市府国家尽力依附罗马。这种工作完成于 560 年即前 194 年的春季；弗拉米尼努斯又复在科林斯集合希腊一切民社的代表，勉励他们以合理适中的态度使用那赠给他们的自由，并且请求他们于三十日内把在汉尼拔战争期间意大利被卖到希腊的俘虏都送给他，作为罗马所施恩惠的唯一报酬。然后他退出最后一批驻有罗马戍兵的堡垒：德摩特利亚斯、喀尔基斯连同其属下在优卑亚和阿克罗科林苏斯（Acrocorinthus）的小堡垒——这样，埃托利亚人所谓罗马由腓力承继了希腊的“脚镣”，证明是无稽之谈——率一切罗马军队和被释的俘虏回国。

只有卑鄙不堪或病态感情用事的人，不能洞见罗马人十分诚意地谋希腊的解放；那样存心高尚的计划竟造成这样可怜的结构，其唯一原因是希腊民族道德和政治上的完全解体。罗马人惯于视希腊为其原始的家乡，为其智识和其他高等兴趣的圣地，一个大国竟能以其大力忽然使此地得有完全自由，竟能以免去外国的征税驻兵和无限自治权赐给这里的每一民社，诚非细事；有人以为这不

过是政治上的计策，徒见其鄙陋而已。政治的计策以解放希腊的可能性昭示罗马人；对希腊的同情，在当时罗马有强大莫名的势
247 力，而在弗拉米尼努斯为尤甚，所以可能性一变而为事实。如果罗马人应受批评，这批评就是：一切罗马人，尤其是打破元老院那种确有根据的顾忌的弗拉米尼乌斯，都为希腊声名的魔力所迷，因而不能见当时希腊各国的全部可怜状态；无能为力的厌恶心鼎沸于一些民社的内部关系和相互关系之中，他们因而既不知如何行动，也不知如何不动，罗马人竟仍听其进行不息。就当时情势而言，实须有个永在当地的优越势力把那既可怜又有害的自由一举打消；这种感情用事的软弱政策表面虽似仁慈，实较最严厉的占领残忍远甚。例如在彼奥提亚，因为罗马人已决定由希腊撤兵，于是不能禁那亲罗马的希腊人用当地常用的方式自谋补救，所以罗马人即使不曾主使，至少允准一件政治的凶杀案。可是这种狐疑的结果使罗马本身也受其害。若不是因为在政治上犯了解放希腊的错误，罗马与安条克的战争便无由而起；若不是因为在军事上犯了把戍兵由欧洲境上主要堡垒撤退的错误，这战争便不致危急。历史对于每一罪孽都有果报，对于无能力而妄想自由如是，对于不明智的侠义亦复如是。

第九章　罗马对亚细亚王安条克之战 248

在亚细亚王国，自531年即前223年以来，塞琉古王朝始祖的玄孙安条克三世即头戴此朝的王冠。他与腓力同，也在十九岁即位，并且显出充分的勤奋和胆识，特别是在他早年东征的时候，以致足当宫廷口吻所称的“大”字，而无戏谑失礼之嫌。他已做到——可是多由于他敌人尤其是埃及王菲洛帕特的疏忽，而少由于他自己的能力——稍恢复这王国的完整，先把东方的米底(Media)和帕廷(Parthyene)两郡，而后把小亚细亚陶鲁斯山(Taurus)此方亚凯(Achaeus)所创的独立国又收归王室。叙利亚沿海的沦丧使他深感痛心，他想由埃及人手中夺回此地；在特拉西美涅湖之战那年，他的初次尝试在拉菲亚(Raphia)遇到菲洛帕特的迎头痛击，大败而归；这个人虽则是个懒人，他居埃及王位一日，安条克便一日力戒再与埃及争衡。可是菲洛帕特死后(549年即前205年)，灭埃及的正当时机似乎已到；安条克抱着这个见解，与腓力结成协定，腓力攻打小亚细亚各城邑时，他猛扑科勒叙利亚(Coele-Syria)。当罗马人干涉此地之时，安条克一时似将与腓力同心协力地对付他们——这不但是盟约所规定，也是时局所要求。可是安条克眼光不远，不即刻竭力拒绝罗马人对东方事务的任何干涉，却以为最善之道无过于利用罗马人征服腓力的机会(这是易于料到的)来取埃及,他昔曾愿与腓力共分埃及,现在他想把它独吞。罗马尽管与亚历山大城的朝廷和受它监护的国王关系密切,元老院却仅为它的名义“监护人”,而无意成为它的实际“监护人”,便断然决定除非万不得已,不关切亚细亚的事,把罗马的势力范围限制
249 在赫尔克勒斯柱和赫勒斯滂以内,让亚细亚大王自由行动。征服埃及本部,言之易而行之实难,他大概没有为此的诚意,可是他想陆续征服埃及的国外属地,所以立刻进攻西利西亚以及叙利亚和巴勒斯坦的埃及属地。到了 556 年即前 198 年,他在约旦河源附近的巴宁(Panium)山,大破埃及将军斯科巴(Seopas)的兵,这一战不但使他完全占据那个地域,直抵埃及本部的边境,而且使幼主的埃及监护人非常惊恐,以致为预防安条克侵入埃及起见,他们委曲求和,并且使埃及王与安条克之女克娄巴特拉(Cleopatra)订婚,以为和约的保证。既这样达到他的第一目的,他便于次年即奇诺斯法莱之战那年,率甲板船和轻舟各一百艘的舰队进至小亚细亚,要占领小亚细亚南岸和东岸那些原属于埃及的地方——这些地方当时实际在腓力之手,埃及政府可能已在和约里把它们割给安条克,并且把埃及一切的外国属地都舍给他——并且要把小亚细亚全部的希腊人都收复回来。同时,一支强大的叙利亚陆军在萨底斯(Sardes)集合。

这种举动是对罗马人的间接反抗;罗马人自始即向腓力提出条件,要求他把戍兵撤离亚洲,让罗德岛人和波加蒙人安然无恙地保其领土,让各自由城市安然无恙地保其旧宪法;他们现在竟眼看着安条克代替腓力,把此等地方占领。如今阿塔鲁斯和罗德岛人见到安条克对他们的直接威胁正是几年前逼他们对腓力作战的威

胁；他们既已把罗马人卷入新结束的战事，当然也想把罗马人牵连在这次战事之中。在555—556年即前199—前198年，阿塔鲁斯即已请求罗马的军事援助以抗安条克，因为阿塔鲁斯的军队从事罗马的战争时安条克曾占据他的领土。罗德岛较为强硬，557年即前197年春间，安条克的舰队出现于小亚细亚的海岸外，他们甚至对他声明说，这舰队若驶至喀里多尼亚群岛（Chelidonian，在利 250
西亚［Lycian］海岸外）以外，他们将认为宣战；安条克不理这种恫吓，他们新接到奇诺斯法莱的战报，勇气倍增，即刻开战，竟能抗安条克，保全迦利亚最重要的城邑考奴（Caunus）、哈利卡纳苏斯和明都以及萨摩岛。半自由的城邑大半均归附了安条克，可是有几个尤其是士麦拿、亚历山大里亚·特罗亚（Alexandria Troas）和朗萨科等重要城市一听得腓力的败讯，便也奋勇抵抗叙利亚人；他们的急迫请求与罗德岛人的联合为一。

不容置疑，只要他能做一决断而依以行事，安条克已立下决心，不但要使埃及在亚洲的属地归在他的帝国版图，而且要自行在欧洲开疆拓土，因此即使不求与罗马一战，至少要冒与罗马一战的危险。既然这样，罗马有一切理由应允他同盟的请求，直接干涉亚洲的事，不过他们显然不愿为此。他们不但在马其顿战事未了时迟疑不决，仅给阿塔鲁斯外交的保护（迄今为止这种保护证明起初有效），而且就是在得胜以后，他们固然口称那些曾在托勒密和腓力手中的城邑不应为安条克所占领，并且亚洲各城阿卑多斯、契欧 251
和密林那的自由也显见于罗马的文件，他们却毫不采取实行步骤，让安条克乘着马其顿撤退戍兵的良机，派他自己的军队去填防。就事实说，558年即前196年春季，安条克登陆于欧洲，侵入色雷斯的刻尔松尼斯，占领这里的塞斯图斯和马第都（Madytus），费很多时间来征讨色雷斯的蛮族和修复被毁的里西马乞亚，他已择定此城为其主要堡垒和新设的色雷斯郡的首府；罗马人竟至于对此加以容忍。弗拉米尼努斯受了委托来办理这些事务，诚然派使者往里西马乞亚见亚细亚王，使者谈到埃及领土的完整和一切希腊人的自由，可是毫无结果，亚细亚王在对答中谈到他的祖先塞琉古曾征服里西马库斯（Lysimachus）古国，他对于此地自有法定的权利；并且解释说，他不是夺取领土而仅是保持他世传领土的完整，至于他与属下小亚细亚各城的争执，他谢绝罗马人的居间调停。他又能正当地加上一句说，对埃及的和约业已缔结，因而罗马人没有施行干涉的口实。[①] 因为谣传埃及的幼主已死，又由此起了登陆塞浦路斯或甚至亚历山大城的计划，安条克忽然回到亚细亚，所以会议中断，即未得到任何结论，更未产生任何结果。次年即559年即前195年，安条克率增强了的舰队和陆军回到里西马乞亚，从事于经营这个新郡，拟把他传给其子塞琉古。汉尼拔已被迫逃出
252 迦太基，到以弗所来投奔他，这个流亡人所受非常尊荣的招待，实不啻对罗马宣战。然而在560年即前194年春季，弗拉米尼努斯却把罗马一切戍兵撤离希腊。在当时状况之下，即使这不是明知故犯的罪行，至少也是个很坏的荒谬举动；因为我们不禁以为弗拉米尼努斯的目的在把完全结束战事和解放希腊的光荣丝毫不减地

① 希耶罗马穆谓叙利亚公主克娄巴特拉于556年即前198年与托勒密·埃庇方尼订婚，他的明确证据再加以李维书和阿庇安书中的暗示，而且有561年即前193年完婚的实事，则罗马人此次干涉埃及的事务，在形式上实无此必要，毫无可疑。

带回本国，所以仅止于把叛变和战争未熄的余烬一时在表面上加以掩盖。罗马的政治家声明说，任何使希腊直接受罗马统治的企图，罗马人对于亚洲事的任何干涉，都是政治上的错误，这话也许不谬；可是希腊沸腾的反对党，亚细亚王的虚骄，罗马人不共戴天之仇已唤起西方的兵抗罗马的，如今驻在叙利亚的大本营——凡此种种都是希腊东方再动干戈的明兆，其目的当然至少是把希腊由罗马的附庸变为反罗马国家的附庸，这目的一旦达到，便将立刻扩大其行动的范围。罗马不但任此事发生，彰彰明甚。弗拉米尼努斯忽略了这一切确凿的战兆，撤退希腊戍兵，可是同时向亚细亚王提出要求，又无意用军队为要求的后盾，他未免言语太多而行动太少；他怀着虚荣心，要享以和平赠给罗马人、以自由赠给两大洲的希腊人的荣誉，只顾逞他个人的虚荣心，却忘了他那为将军、为公民的责任。

安条克获得意外的喘息时间，便先用来巩固他在本国的地位和对邻国的关系，然后开战——敌人愈形延宕，他愈决心作战。现在（561年即前193年）他把先已订婚的幼女克娄巴特拉嫁给埃及的幼主。据说他同时允归还那些夺自其婿的疆土，以后得到埃及方面的确认，不过似乎是无稽之谈；无论如何，土地仍实际为叙利 253
亚国所有。[①] 尤美尼斯（Eumenes）已于557年即前197年继其父阿塔鲁斯为波加蒙王，如果他放弃罗马的盟约，安条克自愿归还那

① 关于此事，我们有波利比乌斯的话为证，他的话又由续犹太史完全证实；尤西比乌斯误以菲洛梅特（Philometor）为叙利亚王。我们诚然见叙利亚的包税商于567年即前187年缴款于亚历山大城，可是此事并不妨害主权，只因为克利奥帕特拉的嫁资是由这些岁入来负担；以后的争执可能就起于这种情形。

些由他手里夺来的城邑，并且也嫁给他一个女儿。同样，他把一个女儿嫁给卡帕多奇亚王阿利亚拉底(Ariarathes)，用馈赠牢笼加拉提亚人，同时用武力剿平那常常叛变的庇西底亚人(Pisidians)和其他小部落。他给拜占庭广大的特权；关于小亚细亚各城，他宣布准许罗德岛和乞契古一类的自由古城独立，其他各城仅须在形式上承认他的主权，他便满意；他甚至明白表示愿听罗德岛人的仲裁。在欧洲的希腊，他能安稳地倚赖埃托利亚人，他希望使腓力再动干戈。诚然，汉尼拔的计划得到安条克的赞成，依这计划，汉尼拔应由安条克领得船一百艘战舰队和由一万名步兵和一千名骑兵组成的陆军，用这个兵力先在迦太基引起第三次布匿战争，而后在意大利引起第二次汉尼拔战役；推罗的密使赴迦太基，在那里布置用武的准备。最后，西班牙的叛乱在汉尼拔离开迦太基时正在登峰造极，可望有良好的结果。

反罗马的风波在广大区域中正在酝酿时，与此举有干系的希腊人虽最不关重要，他们却采取最重要的步骤，做极暴躁的行动，每次如此，这次也非例外。埃托利亚人愤怒骄横，渐自以为击败腓力的不是罗马人而是他们自己，甚至不能等待到安条克进入希腊之时。他们政策的一斑见于他们的都统回答弗拉米尼努斯的话：
254 以后不久，弗拉米尼努斯要一份对罗马的宣战书，他答道：埃托利亚军扎营于台伯河畔时，他将亲递给他。埃托利亚人充叙利亚王的希腊代办，对双方行欺骗，对安条克表示一切希腊人都认他为真救星，伸开两臂等候迎接他，对希腊那些愿听其言的人说安条克的登陆将较实际为早。如是，他们竟做到诱使愚顽的纳比斯破坏和平，在562年即前192年春间弗拉米尼努斯去后两年时再在希腊燃起战争的火焰；不过这样一来，他们失去了目标。拉科尼亚的吉庭(Gythium)是依上次条约归并到阿喀亚同盟的一个自由市，纳比斯把它攻陷；可是阿喀亚久历戎行的都统菲洛波门在巴博斯替尼(Barbosthenian)山中把他击败，这位暴君仅带原有部下的四分之一回到首都，菲洛波门把他困在城内。因为这种开端不足以使安条克来欧洲，埃托利亚人决定自取斯巴达、喀尔基斯和德摩特利亚斯，以取得这些城市来劝亚细亚王上船。首先，他们想用个计策成为斯巴达的主人，使埃托利亚人阿勒札美奴(Alexamenus)率一千人诈称依盟约带兵来助战，而后乘机铲除纳比斯，占据此城。这计策见于实行，纳比斯在阅兵时被杀，可是埃托利亚人四散劫掠此城时，拉西第孟人却有了集合的时间，把他们杀得一个不剩。然后斯巴达受菲洛波门的劝诱，加入阿喀亚同盟。如是，埃托利亚人这个妙计不但当然失败，而且得到恰好相反的结果，使反对党几乎统一伯罗奔尼撒全部于其掌握。在喀尔基斯，他们也没有较佳的结果，因为优卑亚的埃勒特里亚(Eretria)和迦利斯都(Carystus)的公民亲罗马，喀尔基斯的罗马党召他们及时来援，以抗埃托利亚人和喀尔基斯的亡命徒。反之，德摩特利亚斯的占领却告成功，因为此城原被分给马格内西亚人，他们不无理由地恐怕罗马人已把此城许给腓力，以为其助抗安条克的报酬；并且反罗马党首领犹利洛 255
库(Eurylochus)被召回国，埃托利亚几队骑兵以保护他为借口，设法潜入此城。如是，马格内西亚人半出于自动，半由于强迫，投归埃托利亚方面，埃托利亚自急于使塞琉古王朝受此事的影响。

安条克立下决心。他尽管用外交上遣使的计策力求拖延对罗马的破裂，这破裂已不能再免。弗拉米尼努斯在元老院里仍对东方事务有决定的发言权，早在561年即前193年春间，他已向安条克的使者梅尼普(Menippus)和海吉西那斯(Hegesianax)表明罗马的最后条件，即安条克或退出欧洲而随意支配亚洲，或则保留色雷斯而任罗马保护士麦拿、朗萨古和亚历山大里亚·特罗亚。以弗所是此王在小亚细亚的主要堡垒和总部，到了562年即前192年春间，安条克又与元老院的使者普布利乌斯·苏尔皮奇乌斯(Publius Sulpicius)和普布利乌斯·维利乌斯(Publius Villius)讨论这种要求；他们分手时，双方均深信和平解决已不复可能。自此以后，罗马也决定开战。就在562年即前192年的夏季，奥卢斯·阿提利马斯·塞拉努斯(Aulus Atilius Serranus)率罗马战舰三十艘的舰队载着三千名士兵出现于吉庭的海外，他们的来到加速了阿喀亚人与斯巴达人的缔结条约；西西里和意大利的东海岸都派有重兵戍守，以便对任何登陆的企图有备无患；一支陆军可望于秋季到希腊。562年即前192年春间，弗拉米尼努斯已奉元老院的指示赴希腊，为的是抵制反对党的阴谋，尽量消弭那非其时而由此撤兵的恶果。埃托利亚人已做到在公会里对罗马正式宣战的地步。可是弗拉米尼努斯使五百名阿喀亚人和五百名波加蒙人进入喀尔基斯戍守，竟能为罗马人保存这个城市。他也想恢复德摩特里斯，马格内西亚人起了动摇。虽然小亚细亚几个城邑是安条克想在开
256 战前征服的，现在仍固守不屈，可是除非他愿使罗马人恢复其两年前撤退希腊戍兵时所抛弃的利益，他的登陆不能再迟。他收集船只和现兵——他仅有甲板船四十艘和步兵一万人，再加骑兵五百人、战象六匹——便由色雷斯的刻尔松尼斯出发赴希腊，在562年即前192年秋季登陆于帕伽赛(Pagasaean)湾的普台琉(Ptele-

um)，即刻占领那与之毗连的德摩特利亚斯。约在同时，罗马副执政官马尔库斯·巴比乌斯(Marcus Baebius)率罗马军约二万五千人登陆于阿波罗尼亚。于是双方开战。

安条克挺身而出，做这规模宏大的反罗马联合的首领，一切皆系于这个联合能实现至何等程度。第一，关于在迦太基和意大利鼓动罗马敌人的计划，汉尼拔的不幸就在为器量偏小、性格卑鄙的人规划豪迈侠义的策略，处处如此，在以弗所朝廷上也是如此。关于这种策略的实行，除连累了几个爱国志士外，却一事无成；迦太基人无选择的余地，只好对罗马绝对服从。迦太基当局所不要的正是汉尼拔，此人过于胆大，使朝中朋党太感不安；他们既试用了一切荒谬的计策，例如罗马人以这位将军之名恐吓小儿，他们却诬赖他与罗马使者有默契，竟做到使安条克大王——这位君主与一切不足道的君主无异，甚以其特立独行自豪，最易于动其心的无过于怕受人控制——恍然大悟，以为他不当让这样鼎鼎大名的人高出己上。因此，在郑重的会议中议决：这个腓尼基人将来仅可用在次要事业和进言献策——当然以不听其言为保留条件。汉尼拔对这些狐群狗党施报复，有所差委，无不承受，一切差事，无不做得很精彩。

在亚洲，卡帕多奇亚亲附大王；反之，比提尼亚王普卢萨仍旧参加强者方面。尤美尼斯王仍信守其家族的旧政策，这政策到现在终于为他产生了真结果。他不但坚拒安条克的提议，而且无日不力劝罗马人作战，他期望由这个战事扩大他的国家。罗德岛人 257
和拜占庭人也与其旧同盟合作。埃及也归附罗马，愿供饷出兵，然而罗马人不受。

在欧洲，结果如何，要大半视马其顿王腓力将取何种态度而定。他的上策或为不咎既往，不念缺憾，与安条克联合一致。可是腓力的行为素常决定于爱憎而不决定于这种顾虑；这个不忠实的盟友曾听他独挡公敌，仅求夺取个人应得的战利品，成为他在色雷斯的可厌的邻国；战胜者却尊重他，向他敬礼；腓力当然对于其盟友的仇恨多，而对于战胜者的仇恨反较少。加之安条克扶植那妄想夺马其顿王位的伪主，又用铺张的方式把暴露在奇诺斯法莱的马其顿人白骨掩埋起来，因此深深得罪了那性如烈火的腓力。所以腓力以真心诚意，把他的全部兵力置在罗马人支配之下。

希腊第二大国阿喀亚同盟不亚于第一大国，也坚决固守罗马的盟约。至于各小国，色萨利人和雅典人依附罗马；雅典爱国党为数众多，弗拉米尼努斯调阿喀亚兵入驻其子城，爱国党始可理喻。伊庇鲁斯人力求如果可能仍与双方和睦相处。如是，除埃托利亚人和与邻邑一部分波希比亚人（Perrhaebians）相结合的马格内西亚人外，支持安条克的只有下列几国：阿达马尼的弱小国王阿密南德，他妄想马其顿的王位，利令智昏；彼奥提亚，反罗马党仍掌此国的政权；伯罗奔尼撒的埃里人和梅森人，他们惯于与埃托利亚人共攻阿喀亚人。这真是个有希望的开端，埃托利亚人又赐大王以全权元帅的尊号，似乎是辱上加辱。双方正无异于寻常，都曾用欺诈手段。大王带来的军队还不逮罗马执政官常带的一军，而不是亚
258 细亚无数的队伍；希腊人没有全体张开双臂来欢迎这使他们脱离罗马羁绊的救主，与大王称兄道弟的不过是一两股希腊匪徒和几群放荡的人民而已。

在希腊本部，安条克诚然比罗马人着了先鞭。喀尔基斯有罗

马同盟军戍守着，拒绝最初的号召，可是安条克率全军前进时，这个堡垒便投了降，罗马的一支小分队来得太迟，不及据守此城，在德琉(Delium)地方为安条克所歼灭。如是，优卑亚非罗马人所有。到了冬季，安条克又与埃托利亚人和阿加那尼亚人合谋，想攻取色萨利；塞莫皮莱(Thermopylae)被占领，菲雷(Pherae)和其他城邑陷落，可是阿皮乌斯·克劳狄乌斯(Appius Claudius)由阿波罗尼亚率两千名士兵来到，解救了拉里萨(Larisa)，加以据守。安条克倦于冬季出征，宁愿回到喀尔基斯，在他那怡人的驻所里行乐度日，此王虽则年已五十，志在用兵，却甚至娶了一个喀尔基斯的美女。562—563年即前192—前191年的冬季就这样度过，安条克所做的不过是忽此忽彼的传檄于希腊各地；一位罗马军官说，他用笔墨作战。

563年即前191年初春，罗马将领来到阿波罗尼亚。元帅是曼尼乌斯·阿奇利乌斯·格拉布里奥(Manius Acilius Glabrio)，一位出身微贱的人，可是为部下和敌人所共畏的良将；水师统领是盖乌斯·李维乌斯；军团长官中有西班牙的征服者马尔库斯·波尔奇乌斯·加图(Marcus Porcius Cato)和卢奇乌斯·瓦勒里乌斯·弗拉库斯，虽则他们都曾任执政官，却守罗马的旧习惯，不辞再入军队，做无位的军团长。他们随身带来了增援的船只和兵丁，包括马西尼萨派来的努米底亚骑兵和利比亚战象，又带来元老院的许可，他们可以由意大利境外的同盟领受多至五千人的助战兵，所以罗马全部兵力增至四万人。春初时，安条克曾至埃托利亚，由此漫无目的地远征阿加那尼亚，听得格拉布里奥来到，始回他的大本营，认真开战。可是由于他本人和他在亚洲的摄政难以想象的

疏忽，没有增援来到，所以他除了去年秋季所率登陆于普台琉的薄
259 弱军队外，一无所有；而今在放纵的冬营里，疾病和逃亡又减去他的军队的大半。埃托利亚人曾声称将调遣一支庞大的军队出战，现在他们的援助关系重大时，他们带给元帅的不过四千人。罗马队伍已在色萨利开始行动，罗马前锋队与马其顿军联合，把安条克的戍兵逐出色萨利各城，占领阿达马尼人的疆土。执政官率主力军继其后，罗马全军在拉利萨集合。

样样占优势的敌人当前，安条克不赶快回亚洲，退出战场，却决定在他所占领的塞莫皮莱婴城自保，在这里等候来自亚洲的大军。他自己据守主要隘路，那条昔日薛西斯(Xerxes)所经由以包围斯巴达人的山路，则令埃托利亚人据守，可是埃托利亚的助兵仅有一半以为应听元帅的命令；另外两千人却进入邻邑赫拉克利亚，除在战事进行中谋袭劫罗马营垒外，未在这里参加战事。就是驻在山上的埃托利亚人也以玩忽勉强的态度尽其职责，他们在迦里得罗穆(Callidromus)山上的据点竟受加图的奇袭，同时罗马执政军攻亚细亚密集队的正面，把他击溃，赶下山来的罗马兵又攻其侧翼。安条克既毫无防备，又未想退却，他的军队便一部分被杀戮在战场，一部分被杀戮在逃窜的途中；一小队勉强来到德摩特利亚斯，安条克本人率五百人逃到喀尔基斯。他急登船到以弗所；除色雷斯的属地外，欧洲一切皆不复为他所有，甚至堡垒也不能再守。喀尔基斯降于罗马人，德摩特利亚斯降于腓力；腓力正攻拉密亚(Lamia)，城陷在即，又受执政官之命把它放弃，为赔偿计，罗马人许他统治色萨利本部一切曾叛归安条克的民社，甚至许他统治与埃托利亚交界的地方，即度洛庇亚(Dolopia)和阿裴朗沙(Aperansa)。

一切曾响应安条克的希腊人都急于讲和;伊庇鲁斯人低声下气地 260
求人饶恕其狂妄行为;彼奥提亚人无条件投降,埃托利亚人和梅森人都随顺了阿喀亚人,不过后者略作挣扎,而后屈服。汉尼拔曾向安条克预言,希腊人对任何战胜者都愿屈服,人绝不能倚赖他们:这话应验了。甚至埃托利亚人,当他们被困在赫拉克莱亚的队伍于顽强后被迫立约投降时,也想与痛恨他们的罗马人讲和;不过罗马执政官提出苛酷的条件,安条克又适于此时寄来一笔款项,他们始又敢停止交涉,在瑙帕克图斯(Naupactus)受两整月的围攻。此城已沦于绝境,陷落或投降已不能再缓,弗拉米尼努斯无时不援救任何希腊民社,使免于其自己痴迷所造的最恶后果,和他那较为鲁莽的同僚的严酷待遇,便在此时调停,先以尚可的条件商订一个停战协定。此事结束了希腊的一切抵抗,至少一时如此。

在亚洲,一场较为重大的战争迫在眉睫,这个战争似乎很是凶险,原因并不在敌人如何,而在路途甚远,与本国的交通又不安全,然而因为安条克的执迷不悟,除攻敌人于其本国外,却无结束战事的良策。罗马人的首务是取得海上的安全。在征希腊期间,罗马舰队担任的工作是切断希腊与小亚细亚的交通,约在塞莫皮莱之战时,已能在安德罗附近捕获亚细亚一个强大运输船队,此后即以准备次年运罗马人至亚洲为务,而以把敌人舰队逐出爱琴海为首务。敌人的舰队停泊在奇苏港(Cyssus),在由爱奥尼亚伸向契欧的舌形地南岸;盖乌斯·李维乌斯率罗马舰队驶到那里去搜寻他,专就其甲板船而言,计有罗马船只七十五艘、波加蒙船只二十四艘、迦太基船只六艘。叙利亚的水师统领波里森尼达(Polyxeni- 261
das)是个罗德岛的移民,仅有甲板船七十艘与罗马舰队相对抗,不过因为罗德岛的战船尚未来与罗马舰队相会，又因为波里森尼达恃其船较良，推罗和西顿的船尤良，所以他即刻应战。开头时候，亚细亚人竟能击沉迦太基船一艘，可是当他们互相搏斗之时，罗马人以骁勇占上风，敌人端赖荡桨和驾驶的迅速，损失才不至于过二十三艘。在追击中，罗德岛船二十五艘来与罗马舰队相会合，于是罗马人在那些海洋上的优势倍加确定。自此以后，敌人舰队永远躲在以弗所港内，因为不能诱他再冒险一战，罗马与同盟的舰队散伙过冬，罗马战船驶往波加蒙邻近的迦恩(Cane)港。

在冬季，双方都忙于准备下次的出战。罗马人欲诱小亚细亚的希腊人归己；亚细亚王曾企图据有士麦拿，士麦拿坚韧不拔，加以抵抗，现在自以热诚欢迎罗马人；又在萨摩斯、契欧、埃利特雷(Erythrae)、克拉佐美尼(Clazomenae)、浮西亚、库迈等地，罗马党都占优势。安条克决定，如果可能，阻挡罗马人渡海至亚洲，因此他热心经营海军，使波里森尼达装配和增加那驻在以弗所的舰队，使汉尼拔在利西亚、叙利亚和腓尼基装备一支新舰队；同时他由他那广大帝国的一切地区，调集一个强大的陆军到小亚细亚。次年(564年即前190年)年初，罗马舰队再取行动。罗德岛舰队三十六艘船今年来得很早，盖乌斯·李维乌斯把他留在以弗所海面以监视敌人的舰队，率罗马和波加蒙船舰的大半依训令开往赫勒斯滂，以夺取那里的堡垒，为陆军渡海开辟道路。塞斯都已被占领，阿卑多斯已濒绝境，适值罗德岛舰队战败的消息传来，李维乌斯不得不回兵。罗德岛的水师统领鲍西斯塔图斯(Pausistratus)听其同国人欲叛安条克的表示，为其所惑，疏于防范，竟在萨摩斯港内
262 受了敌人的偷袭，他本人战死，除罗德岛船五艘和科恩(Coan)船

两艘外，他所率的舰队全被毁灭；萨摩斯、浮西亚和库迈一听到这个消息，便投归塞琉古，塞琉古在那些地方为其父治下的陆军元帅。但罗马舰队一部自迦恩，一部自赫勒斯滂来到，以后又有二十艘罗德岛新船在萨摩斯与之会合，波里森尼达便又被迫固守以弗所港。他既谢绝罗马给他的海战，并且因为罗马兵少陆路进攻也不可能，罗马舰队别无他法，只得也照样屯在萨摩斯。同时，罗马一支队驶至利西亚沿海的帕达拉(Patara)，其目的一部分是使罗德岛人免受由那里向他们发动的讨厌攻击，主要目的是阻挡汉尼拔料将带来的敌人舰队，使不能入爱琴海。奉派往攻帕达拉的支队一事无成；时新水师统领卢奇乌斯·埃米利乌斯·雷吉卢斯(Lucius Aemilius Regillus)已自罗马率战舰二十艘来到，在萨摩斯岛继盖乌斯·李维乌斯之位，闻知此事，便勃然大怒，率全部舰队前往；途中，他部下军官煞费力气，始能使他了解主要目的不在攻克帕达拉而在控制爱琴海，劝得他回到萨摩斯岛。同时在小亚细亚大陆上，塞琉古已开始攻打波加蒙，而安条克率其主力军蹂躏波加蒙的领土和米提利尼(Mytilenaeans)岛的陆上属地，他们想在罗马人来到以前灭掉所恨的阿塔鲁斯王朝。罗马舰队驶往埃勒亚(Elaea)和阿德拉米提乌姆(Adramyttium)港以援助他们的盟友，不过因为水师统领缺乏军队，他无所成就。波加蒙似已不可挽救；可是敌人的围攻松懈疏忽，因此尤美尼斯能使狄欧芳尼(Diophanes)所率的阿喀亚援兵冲入此城，狄欧芳尼又大胆出击而获胜，高卢佣兵曾受安条克的托付来攻城，现在不得不解围。在南方海洋，安条克的计划也遭挫败。汉尼拔所装配率领的舰队遭连日不止的西风，停留甚久，然后试行开入爱琴海；可是在犹利梅顿

(Eurymedon)河口，在潘菲利亚的阿斯本都(Aspendus)海面，这舰
263 队与犹达穆(Eudamus)所率的罗德岛舰队相遇，双方随即交战；罗德岛战船和海军官佐极佳，汉尼拔虽善于战阵，并且在数量上占优势，罗德岛却得胜利。这是迦太基英雄的首次海战，也是他对罗马的末次战争。罗德岛舰队得胜后停泊在帕达拉，在这里阻挡亚细亚两舰队所希图的会合。在爱琴海，波加蒙船只被分派到赫勒斯滂去援助已至该处的陆军，因而驻在萨摩斯的罗马、波加蒙舰队实力大减，较波里森尼达的舰队少九艘，反为所攻。564 年即前 190 年，按未修正的历法在 12 月 23 日，按修正的历法在 8 月底，双方交战于泰奥斯(Teos)与科洛丰(Colophon)之间的迈翁尼苏岬(Myonnesus)；罗马人冲破敌军的战线，把敌军左翼完全包围，以致被他们掳获或击沉的船达四十二艘。为纪念这次胜利起见，罗马人在玛尔提乌斯场(Campus Martius)建筑了一座海神(Lares Permarini)庙宇，庙上题着一首萨图宁体的诗，以后数百年，这个铭文总在昭示罗马人，亚细亚人的舰队如何在其王安条克和全体陆军的眼前被击破，罗马人如何就这样“解决了这场大斗争，征服了众君主”。自此以后，敌人的战船不敢再露面于大海，不再企图阻挠罗马陆军的渡海。

罗马选扎玛的战胜者来指挥亚细亚大陆的战事；其兄卢奇乌斯·西庇阿(Lucius Scipio)为名义上的元帅，此人智力不高，且无军事才，所以普布利乌斯·西庇阿实际代其兄行使最高统帅的权力。预备队迄今驻在下意大利，现在被派往希腊，格拉布里奥麾下的军队被调到亚细亚；元帅的人选传出之后，汉尼拔战役的老兵五千人自愿入伍，要在他们所爱戴的首领麾下再行作战。在罗马历

的7月，但按正历则在3月，西庇阿兄弟来至军中，以发动亚细亚的战事；可是他们不料先要与拼命的埃托利亚人卷入无穷的斗争，又惊又恼。元老院见弗拉米尼努斯把对希腊人的无限体谅做得太过，已向埃托利亚人提出条件，或付极为过分的战费，或无条件投降，听其自择，于是逼得他们再动干戈；这种山中堡垒的战事何日可告结束，无人能知。西庇阿与他们商订六个月的停战协定，才解除这讨厌的障碍，而后动身往亚细亚。因为敌人的一个舰队仅被封锁在爱琴海，另一舰队尽管有罗马分舰队奉命拦截，却日日可到爱琴海，所以西庇阿似宜取陆路，经过马其顿和色雷斯，而后渡过赫勒斯滂海峡。在这一方，可料没有真正的阻碍；马其顿王腓力完全可靠，比提尼亚王普卢萨与罗马联盟，并且罗马舰队不难占据海峡。沿着马其顿和色雷斯的海岸，罗马人做长途劳苦的行军，终底于成，并无重大损失；腓力一方面筹备供其匮乏的方法，一方面设法使色雷斯的蛮族善待他们。然而他们所费的时间却甚多，约在迈翁尼苏之战时，他们才达到色雷斯的刻尔松尼斯。可是西庇阿的神奇幸运，如今在亚细亚无异于往昔之在西班牙和非洲，扫除了在他路上的一切困难。 264

听得迈翁尼苏一战的消息以后，安条克全失其判断力；在欧洲方面，里西马乞亚戍兵强大，存粮甚丰，人民对复兴此城的亚细亚王一心尽忠，他却令这里的戍兵和居民撤退，可是埃奴(Aenus)和马罗讷亚(Maronea)也有戍兵和充盈的仓库，他却忘掉撤退戍兵、毁坏仓库；在亚细亚沿岸，他对于罗马人的登陆毫不抵抗，反而于罗马人举行登陆时，在萨迪斯(Sardes)耗其光阴于诅咒运命。只要他能筹备据守里西马乞亚到那已不再远的夏末，使他的大军前进到赫勒斯滂，西庇阿必被迫在欧洲海岸上驻营度冬，殆无疑义，而无论由军事或政治的眼光看，这个地位都甚欠安全。

265 罗马人既在亚洲海岸下船之后，停留数日，一方面休养将士，一方面等候他们那为履行宗教义务不克前来的首领，大王派使者来他们营里议和。安条克愿出一半战费，割让欧洲属地和小亚细亚一切已归降罗马的希腊城市；可是西庇阿的要求却是支付全数战费，交出全部小亚细亚。他说，如果军队仍在里西马乞亚城下，甚或仍在赫勒斯滂海峡的欧洲方面，前种条件或可接受；可是现在战马已知衔辔，甚且识其乘客，那种条件已嫌不足。大王想按东方的办法用一笔款由敌人买和平——他愿付出其岁入之半——当然失败；西庇阿之子被俘，大王把他送还，不受酬谢，这位高傲的罗马市民却报以友谊的忠告，劝他以任何条件结和。实则这可不必；如果大王抱有延长战事的决心，退入内地，诱敌来追，他未始不能得个有利的结果。西庇阿可能故作骄横之态，安条克为所激怒，又懒于做持久不懈的战事，便火速使他那庞大、庞杂而无纪律的乌合之众抵挡罗马兵团的突击。

564 年即前 190 年晚秋，罗马军与敌人相遇于赫尔穆斯(Hermus)河谷的西庇鲁斯(Sipylus)山麓，在马格内西亚附近，距士麦拿亦不远。安条克的兵为数将近八万人，内有骑兵一万二千人；罗马人连同来的阿喀亚人、波加蒙人和马其顿志愿兵共约五千人在内，尚远不及敌军之半，可是他们自信必胜，他们的元帅抱病留居埃拉亚(Elaea)，他们也不等候他复原，由格涅乌斯·多米提乌斯(Gnaeus Domitius)代他统军。为便于使他的巨大军队列阵起见，安条克把他们分成两部。第一部大半为轻兵，有轻盾队、弓手、轮索手，密塞人(Mysians)、达赫人(Dahae)和埃里迈人(Elymaeans)的骑射兵、骑单峰驼的阿拉伯人和镰车。在第二部，重骑兵(Cataphractae，一种披甲骑兵)列在两翼；骑兵后面是夹在中层的高卢和卡帕多奇亚步兵；在方阵中心是全军的精锐一万五千人，其装备为马其顿式，可是在这狭窄的空间，他们没有用武的余地，不得不列 266
成双重队伍，纵深三十二层。战象五十四匹列在两部中间的隙地，分属于方阵和重骑兵的各中队。罗马人仅把少数几队骑兵置在左翼，倚河为固；骑兵大部和轻兵全部都置在尤美尼斯所率的右翼；罗马兵团立在中央。尤美尼斯于开战时派他部下的弓手和轮索手攻镰车，命他们射击驾车的马；顷刻之间，不但镰车陷于混乱，而且离得最近的驼兵也被冲散，甚至立在后面的第二线重骑近左翼也被搅乱。尤美尼斯现在率全部罗马骑兵三千人，猛扑那列于第二线，在方阵与重骑兵左翼之间的佣兵步队，步队退走时，行列已陷紊乱的披甲骑兵也就逃窜。方阵刚容轻兵穿过阵去，正预备进攻罗马兵团，为敌骑的侧击所困扰，不得不停止，在两侧排成战线——其阵势的纵深适于做这种运动。如果亚细亚的重骑兵就在近旁，这战事或者尚可挽回；不过左翼已瓦解，安条克亲率的右翼已去追击对面的罗马小队骑兵，直抵罗马营垒，罗马人煞费力气始挡住这个攻势。这样，在决定胜负的俄顷，骑兵竟不在场。罗马人谨慎，不用兵团攻方阵，却派弓手和轮索手去攻他，对于这密密拥挤的群众，他们的投射武器无一不发生效力。然而这方阵徐徐退去，秩序井然。后来站在中间隙地的战象受了惊骇，冲破行列，于是全军四散乱窜，守营企图也告失败，仅使阵亡和俘虏的人数更多。安条克的损失据估计为五万人，以那种无限的混乱而论，并非

267 不足信；罗马兵团并未参战，他们由这场胜利取得第三个大洲，所费不过是骑兵二十四名，步兵三百名而已。小亚细亚降服；就连以弗所和朝廷所在的萨迪斯也在其内，亚细亚水师统领连忙把舰队撤离以弗所。

亚细亚王求和，并且同意所提出的条件，这些条件照例正是战前所给的条件，所以也把割让小亚细亚包括在内。条约批准以前，军队留驻于小亚细亚，费用由亚细亚王负担；他为此事花费的钱不下三千塔兰特（七十三万英镑）。安条克本人素性懒散，不久便淡忘那失其国土之半的痛苦；他明言感激罗马人，因为免去他统治一个太大帝国的烦劳，这正是他这等人所说的话。可是自从马格内西亚一战以后，亚细亚便失其大国的地位，一个强国衰落得迅速、彻底而可耻，或未有如这安条克大王治下的塞琉古王国的。不久以后（567年即前187年），他到波斯湾头的埃里迈，却劫掠一座贝尔（Bel）庙，想以其财宝补充他空虚的库藏，激起居民的愤恨，为其所杀。

得胜以后，罗马政府须整顿小亚细亚和希腊的事务。如果罗马要在这里把统治权奠定在坚固的基础上，仅是安条克放弃其前亚洲的宗主权，尚嫌不足。上文已述此地的政治关系。爱奥尼亚和埃奥利亚沿海的希腊自由城市以及与它们大致相同的波加蒙王国，诚然是罗马新主权的天然栋梁，并且罗马在这里也实际挺身而出，为同种的希腊人做保护主。可是小亚细亚内地和黑海北岸的君主却久已不真正服从亚细亚王，罗马人仅与安条克一人订条约，不能得到控制腹地的权力。当时的急务实为把此后罗马领导权的势力范围划出来。因此，最关重要的是亚洲希腊人与那居此已一
268 百年的凯尔特人的关系。这些凯尔特人已正式瓜分小亚细亚，三

邑各在其焚掠区内征求定额的捐税。固然，波加蒙的市民，在其因此得跻于世袭王位的领袖强力指导之下，已摆脱这种可耻的羁绊，而希腊艺术近来重见于世的美丽花朵，就渊源于这最后一次民族爱国心所激发的希腊战事。但这不过是个强大的反击，没有决定性的结果；波加蒙人为保全其城的平安，须再三用武力抵御东山蛮族的攻击；其余希腊城市多半或仍旧独立。如果罗马对于希腊人的保护在亚洲也不徒有其名，则其新附庸对凯尔特人的纳贡义务必须解除；因为罗马当时的政策不许在希腊、马其顿半岛，更不许在亚洲自有领土和连带的派兵常驻其地，所以实际别无他途，只好把罗马武力推到罗马势力范围所及之处，以武功建立新宗主权，在小亚细亚一般地方如此，而在凯尔特人的各邑尤甚。

罗马派格涅乌斯·曼利乌斯·弗尔索(Gnaeus Manlius Volso)到小亚细亚接替卢奇乌斯·西庇阿的职位，新元帅所做的正是此事。他因此受了严厉的指责；元老院有些人不喜政策有这种新转变，他们既不见此战的理由，也不见此战的目的。第一个特为针对此战而发的批评实为理由；罗马政府既那样实际干涉希腊的关系，这战事是政策的必然结果。至于保护全体希腊人的政策，在罗马是否适当，诚然可疑；可是由弗拉米尼努斯及其所领导的多数派现在所持的观点看来，剿平加拉提亚人，实是个不但名誉攸关而且智者必为的义务。另一个批评是当时没有对加拉提亚人开战的正当理由，此说较为有理，因为他们并未真与安条克联盟，不过仅依 269
他们的习惯让他在境内招募佣兵。可是另一方面，有一种决定的重要情形在：只在完全非常的情势之下，人始能向罗马人民要求派罗马军队到亚细亚，而这种远征若系必要，他们便即刻赞成一切，并且用那已在亚洲的得胜军队执行一切。

弗尔索由以弗所出发,无故向迈南德(Maeander)河上游和潘菲利亚的君主和城市勒索无量的战费,然后转而向北,攻凯尔特人。凯尔特人最西的托里斯托包吉部已携其财产退居奥林匹斯山,中央的特克托吉部退居马伽拔(Magaba)山,希望能在此自保,以待冬季到来,外国人不得不退。可是罗马弓手和轮索手的投射武器——他们常决定战局使不识此物的凯尔特人遭受不利,略如近代火器的不利于野蛮部落——猛攻高山,凯尔特人战败;他们以前在波河上和以后在塞纳河(Seine)上屡遇与此相似的覆败,不过这次在亚洲的覆败,与这个北方人种出现于希腊和弗里吉亚等民族之间的整个现象却同样稀奇。两地被杀戮的人为数甚众,俘虏为数更众。残余的人逃过哈里斯河,往归第三部落特罗克密部,罗马执政官不扰他们,因为西庇阿与安条克所订的初步条约已商定疆界,他不敢越过。

罗马人整理小亚细亚事务的方法,一部分是与安条克缔结和约(565 年即前 189 年),一部分是设立一个委员会,由执政官弗尔索主持,发布法令。安条克须纳人质,与他同名的少子居其一;他须付战费——其数与亚细亚的财富成比例——一万五千优卑亚塔兰特(三百六十万英镑),其中五分之一须立即缴纳,其余按十二年
270 摊付。他须割让一切欧洲属地,小亚细亚领土在整个哈里斯河和陶鲁斯山以西的也须一概割让,陶鲁斯山是西利西亚与利考尼亚(Lycaonia)中间的界山,所以他在安那托利亚(Anatolian)半岛仅余西利西亚。他对于小亚细亚各国和诸侯的保护权当然作废。甚至在罗马疆界以外,不但卡帕多奇亚对亚细亚或叙利亚取独立的

态度，叙利亚是现在塞琉古王国较为通用也较为适当的名称；而且亚美尼亚两郡阿达西亚（Artaxias）和扎里德里（Zariadris）的郡主，即使不确依罗马的和约必是在罗马影响之下，也变成独立国王，创立了新王朝。叙利亚王丧失了对西方国家做侵略战之权，并且就是作防御战，也没有在缔和时由他们获得领土之权。除载运使者、人质或贡品外，他的战船不得航行至西利西亚的迦里喀德奴（Calycadnus）河口以西；除非做防御战，所有甲板船不得过十艘；最后，不得在西方各国招募佣兵，也不得在他宫廷里收容这些国家的亡命政客和叛人。他放弃定额以外的所有战船、战象和投靠他的亡命政客。这位大王受了“罗马共和国之友”的称号，作为补偿。如是，无论在陆上和海上，叙利亚国永被完全逐出西方；一切为罗马所击破的大国，唯有塞琉古王国于首次破败以后永不再兴兵决战，由此可以显见这个王国组织的薄弱和散漫。

卡帕多奇亚王阿里亚拉底（Ariarathes）的国土在罗马所定保护范围之外，以罚金六百塔兰特（十四万六千英镑）了事；以后经其婿尤美尼斯居间调停，罚金减至半数。

比提尼亚王普卢萨保持其原有的领土；凯尔特人亦然，不过他 271
们须允诺不再遣武装人群到境外，小亚细亚许多城市向他们纳贡的丑事因此作罢。如是，罗马把一种真实恩惠赐给亚洲的希腊人，他们不忘以金冠和虚幻的赞颂来报恩。

在小亚细亚西部，领土状况的调整不无困难，又因为尤美尼斯在那里所行的王朝政策与希腊城市同盟的政策相冲突，尤为棘手。他们终于达到一个谅解如下：一切希腊城市在马格内西亚一战之日原系自由城并与罗马会师的，他们的自由均受确认；这些城市除以前向尤美尼斯纳贡的以外，将来一概免向各诸侯纳贡。如此，达尔达奴城和与罗马有上追埃涅阿斯时代的古代亲谊的伊里翁城，连同奇密、士麦拿、克拉松美尼、埃利德雷、契欧、科洛丰、米利都和其他自古闻名的城邑，都变为自由城。浮西亚立约投降后曾遭罗马舰队兵丁的劫掠，却能收回其领土和自由，虽则这不在条约所指定的范围以内。希腊、亚细亚的商业城市同盟多半都获得新增的领土和其他利益。罗德岛所得的报酬当然最多；它得有特尔密苏(Telmissus)以外的利西亚和迈南德河以南的迦利亚大部；此外，安条克保证罗德岛人在其王国内的财产和权利，以及他们素来享受的免税权。

其余一切，占战利品绝对最大的部分的，均归于阿塔鲁斯王朝；此朝自昔以来即忠于罗马，尤美尼斯在此战中又饱尝患难，而且他个人在这决定性战争的结果上立有功劳，所以罗马给他的报酬为任何君主报答其同盟的所不及。尤美尼斯所得的：在欧洲是包有里西马乞亚的刻尔松尼斯；在亚洲，除他已有的密西亚(Mysia)外，是赫勒斯滂海峡上的弗里吉亚，包有以弗所和萨迪斯的吕底亚，包有特拉勒(Tralles)和马格内西亚的迦利亚北区直抵迈南德河，大弗里吉亚和里考尼亚连同西利西亚的一部，弗里吉亚与利西亚之间的密里亚(Milyas)区域，利西亚境内作南海港口的特尔密苏城。以后关于潘菲利亚究在陶鲁斯山内或山外，因而此地究
272 应谁属的问题，尤美尼斯与安条克起了争执。另外，他对未得绝对自由的希腊城市得有保护权，受他们的贡献；可是这里有个条件，即各城应保其特许状，贡额不得提高。再者，安条克须约定付尤美尼斯三百五十塔兰特(八万五千英镑)以偿还欠其父阿塔鲁斯的债

款，又须付他一百二十七塔兰特（三万一千英镑）以补偿积欠的粮食供应。最后，尤美尼斯得有安条克交出的御用森林和战象，但不得其战船，战船被焚毁，因为罗马人不容另一海权国与他们并立。这样一来，阿塔鲁斯王国在东欧和亚洲的地位变成努米底亚在非洲的地位，一个行专制政体而附属于罗马的强大国家，以控制马其顿和叙利亚为使命，又能尽其使命，除非遇到非常情形不需罗马的援助。权谋所要求的是创造这种势力，对共和政治和对希腊的同情以及虚荣心所要求的是解放亚洲希腊人，罗马人已尽可能地把二者联合为一。至关于较远的东方在陶鲁斯山和哈里斯河以外的，他们断然决定置之度外。他们对安条克的和约条款是此意的明证，罗德岛人代西利西亚的索洛伊城（Soloi）请罗马保证其自由，元老院加以峻拒，更是此意的铁证。他们也一样忠实地坚守不取海外属地的原则。罗马舰队既已远征克里特，解放了被卖到那里做奴隶的罗马人，海陆军便在566年即前188年夏季将尽之时离开亚细亚，这次陆军又经过色雷斯，因为将军的疏忽，为蛮族所攻，大受损失。罗马人仅载荣誉和黄金回国，即在此时，致谢辞已取实用的形式，常把荣誉和黄金合为一物，成为金冠。

欧洲希腊也曾为这场亚洲战争所激荡，需要改组。埃托利亚人尚未知自安于无足重轻；在564年即前190年与西庇阿结休战 273
协定以后，他们不但以其在塞法伦尼亚（Cephallenian）的海盗船使希腊与意大利间的交通困难危险，而且或在休战尚未期满之时，他们便为亚洲事的谣传所欺，其愚竟至于再扶阿密南德为阿达马尼王；腓力已占据埃托利亚和色萨利之间的区域，他们在这里与他进行混战，其间腓力屡遭挫败。此后，罗马当然以执政官马尔库斯·

福尔维乌斯·诺比洛（Mareus Fulvius Nobilior）的登陆答复他们的请和。他于 565 年即前 189 年春季来至军中，围攻十五天以后，以对守军有光荣的降约，占领了安布拉西亚（Ambraeia），同时马其顿人、伊利里亚人、伊庇鲁斯人、阿加那尼亚人和阿喀亚人都对埃托利亚人猛烈进攻。这里谈不上狭义的抵抗，埃托利亚人再三求和，罗马人终于停战，许给条件，鉴于敌人那样的可鄙和狠毒，这些条件可谓不苛。埃托利亚人失去一切在其敌人手中的城邑和领土，特别是安伯拉西亚和厄尼亚底（Oenia[dae]），以后因为罗马酝酿着不利于马尔库斯·福尔维乌斯的阴谋，安伯拉西亚成为自由独立的城市，厄尼亚底则被赠给阿加那尼亚人；他们也割让了塞法伦尼亚。他们丧失了宣战和媾和之权，在这方面视罗马的对外关系为转移。最后，他们缴纳巨款。塞法伦尼亚用自己的力量反抗这个条约，至马尔库斯·福尔维乌斯登陆此岛，它才降服。萨美（Same）居民恐怕他们这地位优良的城将为罗马殖民团所夺，实先降后叛，被围攻四个月；然而此城终被攻下，全数居民均被卖为奴隶。

关于此事，罗马也固守其原则，自限于意大利和意大利所属的岛屿。那些战利品，除塞法伦尼亚和查金都（Zacynthus）两岛外，她一无所取；这两岛是科西拉属地及亚得里亚海其他海军站的补助，为罗马人所欲得。其余领土的利益都归于罗马的同盟。可是有两个最重要的同盟腓力和阿喀亚人很以分给他们的战利品为不
274 足。腓力心怀不平，并且不无理由。他很可以说，上次战事的主要困难非源于敌人的特性，而源于距离遥远，交通难保，多半赖他的忠实协助，这些困难才得消除。元老院承认这个事实，豁免他积欠的贡献，送还他的人质，可是他却没有得到他所期望的领土增加。

他所得的是马格内西亚人的土地，连同他取自埃托利亚的德摩特利亚斯；此外多洛庇亚（Dolopia）、阿达马尼亚和色萨利的一部也是他把这里的埃托利亚人逐出的，所以也留在他的掌握。在色雷斯，内地仍在马其顿保护之下，可是关于沿海城市以及实际在腓力手中的塔索斯（Thasos）和雷蒙诺（Lemnos）两岛却无规定，而刻尔松尼斯竟被明文给予尤美尼斯；他不难见到，尤美尼斯所以得有欧洲属地，只因为遇必要时他不但可以控制亚洲，而且可以控制马其顿。这位骄傲而且在许多方面有武侠气概的国王当然愤恨不平；然而罗马人所以采取这种办法，并非由于奸诈，而实由于政治上不可避免的必要。马其顿原是一个头等大国，又曾以平等资格与罗马交战，现在须赎其罪；罗马人防备马其顿再跻于强大地位，比防备迦太基更饶有正当的理由。

阿喀亚人却另当别论。他们久已蓄意要把整个伯罗奔尼撒囊括在他们的同盟中，在对安条克战事的进程中，他们已得偿夙愿；先有斯巴达，亚细亚人被逐出希腊之后又有埃里和梅森都多少有点勉强地加入他们的同盟。罗马人不过问此事，甚至容忍他们那故意不顾罗马的做法。梅森声明愿顺从罗马人而不愿加入同盟，同盟便武力从事，那时弗拉米尼努斯不免劝告阿喀亚人说，要支配战利品的一部分，这种单独行动的办法本身就不公平，并且就阿喀亚人对罗马人的关系而言，这办法实不止于失礼；然而他对希腊人抱很不智的姑息态度，大致让阿喀亚人为所欲为。可是问题尚不 275
止于此。阿喀亚人苦于以弹丸之地而渴欲富强，他们在战时占领普勒隆（Pleuron），便不肯放手，强使它加入他们的同盟；他们由故主阿密南德的摄政之手收买了查金都岛，并且也乐于取得埃吉那。

他们勉强把查金都舍给罗马，弗拉米尼努斯善言相劝，要他们以伯罗奔尼撒为已足，他们听了极为不悦。

阿喀亚人愈缺少国家的独立，他们便愈以为应表示其国家的独立；他们谈到战争权利，谈到阿喀亚人在罗马战争中的忠实援助；在阿喀亚公会中，他们质问罗马使者说，阿喀亚不问卡普亚的事，罗马为何干预梅森的事；说这话的爱国壮士便博得喝彩，在选举中不愁无票。如果这一切不是十分可笑，便可谓很正当，很高妙。罗马虽竭诚努力要扶植希腊人的自由，要挣得他们的感激，然而他们所给的却无非是纷乱扰攘，所得的无非是忘恩负义，这里面有个深沉的公理，又有个更深沉的悲痛。希腊人憎恶那保护他们的大国，这种憎恶必渊源于高尚情感无疑，而且几个领导这运动的人物，其私行无玷也毫无可疑。虽然这样，阿喀亚人这种爱国行动仍不失为愚妄，一幅历史上的滑稽画。尽管抱着那种雄心，尽管有那种民族的敏感，全国由最高到最低的人无一不极为彻底感到无能。人人恒在听取罗马的意见，自由人无异于奴隶；他们所惧的法令未曾颁布，他们便感谢上苍；元老院表示他们最好自动顺从，以免有加以强迫的必要，他们便怒容可掬；不得不做的事，他们如果可能常以罗马人所不喜的方式去做，"以保存面皮"；他们报告、解释、拖延，到这一切都不中用的时候，才叹一口爱国的气，服从命令。如果他们的领袖决心作战，如果他们宁愿全国玉碎而不为奴
276 隶，他们的行为即使不能博得赞许，至少也可以要求宽容；可是菲洛波门和利柯达(Lycortas)都不想做这种政治上的自杀——他们的愿望是尽力取得自由，可是他们最高的愿望却是生存。更有进者，他们所畏的罗马干涉希腊内政，并不是罗马人所致，而永是希腊人

自己祈求的结果，希腊人有如童子，把他们所怕的鞭锤招到自己的头上来。希腊和后希腊时代的学者大众不厌烦絮地反复申说，责罗马人想在希腊鼓动内讧；研究政治的学者常虚构最荒谬的论调，此说实居其一。不是罗马人把争执送到希腊——果若是，便实际等于"把枭鸟送到雅典"——而是希腊人把他们的不和送到罗马。

特别是一心想扩大领土的阿喀亚人，竟完全不悟弗拉米尼努斯若不把亲埃托利亚的城邑并入他们的同盟，他们便将如何受益匪浅；在拉西第孟和梅森，他们获得的无非是层出不穷的内争。两民社的人川流不息地在罗马恳求解除他们这讨厌的联系；而且最可奇的是，其中竟有受阿喀亚人之赐始得归国的人。在斯巴达和梅森，阿喀亚同盟不断从事于改革和复旧的工作；两地最荒唐的亡命徒指示公会的政策。斯巴达在名义上加入同盟后四年，竟至有公然开战和不顾理性彻底复旧的事，由纳比斯得有公民资格的奴隶一概又被卖为奴隶，以其价款在阿喀亚的城市梅伽洛波里建筑一座柱廊；斯巴达的财产权也复其原状，以阿喀亚的法律代来库古的法律，城墙被拆毁（566 年即前 188 年）。最后，各方面都向罗马元老院呼吁，请其公断全案——元老院行感情用事的政策，这苦恼的工作正是它所应得的报应。元老院对于这些事绝不过事干预，不但以可为模范的泰然自若，忍受那自负的阿喀亚人讽刺，甚且遇有最甚的暴行也表示不正当的冷淡态度。复旧以后，消息来自罗马，云元老院曾指责此事，但没有把它注销，阿喀亚便举国欢腾。277
罗马没有为拉西第孟人采取行动，只是骇于阿喀亚人枉杀六十至八十个斯巴达人，才剥夺公会对于斯巴达人的刑事审判权——这真可谓对于一个独立国的内政施行万恶的干涉。这种无谓的叫器，罗马的政治家尽量置之不理，其最大的明证就是怨言四起，说元老院断事肤浅、矛盾而含糊；实则四派人同时来自斯巴达，互相攻讦于元老院之前，何能期望他断事清明？再则这些伯罗奔尼撒人，其大多数的私人品格在罗马造成不良的印象：一日，其中一人指点弗拉米尼努斯做某种跳舞的方法，次日又与他款谈国家事务，就是弗拉米尼努斯也不以为然。此等情势愈演愈烈，以至于元老院终失其耐性，告伯罗奔尼撒人说不能再听他们的话，他们可以任意去做(572 年即前 182 年)。这很合乎人情，可是不合乎道理；罗马人既处在那种地位，他们负有道德上和政治上的义务，应真诚一贯地矫正这种可悲的情势。阿喀亚人迦里克拉底(Callicrates)于 575 年即前 179 年往元老院，说明伯罗奔尼撒的状况，要求持久一贯地干涉；以此人的品格而论，他或者不及他同国那创造爱国政策的主要人物菲洛波门，可是他的主张却属不谬。

如是，罗马民社的保护范围现在包有自地中海东端至西端的一切国家。无论何处，没有一个罗马认为值得畏惧的国家。可是还有一个罗马赐以这种殊荣的人在——那无家可归的迦太基人，他先激起整个西方而后又鼓动整个东方起兵攻罗马，或者只因在西方遇到无耻的贵族政治，在东方遇到愚昧的宫廷政治，他的计划竟成画饼。安条克曾不得不在和约里负责交出汉尼拔；可是他逃去，先到克里特，而后到比提尼亚，[①]现在居于比提尼亚王普卢萨

① 有个故事说汉尼拔往亚美尼亚，应其王阿达克其亚(Artaxias)之请，在阿达克西(Artaxes)河上建立阿达克沙达城(Artaxata)，这当然是个捏造的故事；但是汉尼拔几与亚历山大无异，竟混迹于东方故事中，实是个深堪注意的事。

的朝中，以襄助其对尤美尼斯作战为事，仍旧是海陆俱捷。有人说 278
他也想鼓动普卢萨对罗马作战；这种痴想，由其传说的形式看来，似乎很不可信。更为确定的是，罗马元老院认为把这个老人逐出他最后的避难所，未免有失元老院的尊严——旧说归罪于元老院，似不足信——，弗拉米尼努斯的虚荣心不甘宁息，寻求立大功的新机会，他既使希腊得免于缧绁，现在便自己担当使罗马免受汉尼拔危害的责任，即使不做不合乎外交的事，亲执匕首杀死这当代第一伟人，至少磨刀霍霍，指向着他。亚洲可怜的君主以普卢萨为最，罗马使者含糊其词地请他施点小小的恩惠，他自乐于给予；汉尼拔见他的住处为刺客所包围，便服毒自尽。他久已准备这样做，一个罗马人附带地说，因为他深知罗马人，也深知君主的信义。他死的年份不详，他大概死于571年即前183年下半，享年六十七岁。他诞生时，罗马正在争夺西西里的所有权，成败尚不可知；他的寿命正使他及其整个西方被征服，并且他的祖城也变为罗马的属国，在他最后对罗马人的一战，他竟与他祖城的战船交锋；然后他不得不袖手旁观，看罗马如何也把东方压倒，有如暴风雨压倒一只无人掌舵的船，心中却觉着只有他一人能充领港，使这船从暴风雨中平安渡过。他死时，已不再怀着可遭挫折的希望，但是他经过五十年的奋斗，却能精诚地保持他幼年所发的誓愿。

约在同时，可能就在同年，罗马人惯于称为克服他的普布利乌斯·西庇阿也死了。命运使他的敌人处处失败，却不吝给他一切的成功——这些成功有的确属于他，有的却不属于他，他把西班牙、非洲和亚细亚都加在罗马帝国的版图，他曾见罗马仅是意大利的第一民社，到他死时，罗马已是文明世界的主人。他本人拥有很

279 多的胜利尊号，以至于他的兄弟和堂兄弟得分享其剩余。[①] 然而他的晚年也过得十分苦恼，自动离国，在不过五十岁之年死于他乡，给他的亲属留下命令，不要把遗体葬在他一生为之尽力而他的祖墓所在的城。何事把他逐出此城，我们不能确知。人把贪赃和盗用公款的罪名加在他身上，更加在他兄弟身上，其为控词诬告自不待言，实不能为这种愤怒的充分说明；可是有足见此人的特性的，他不直用账簿辩明自己的无罪，却在人民和控诉人面前把账簿撕得粉碎，号召罗马人陪他到朱庇特庙去，庆祝他的扎玛战胜纪念日。人民让控诉人站在原处，随着西庇阿往卡庇托尔；不过这是这个人杰最后的光荣日子。他的傲气，他自以为与众不同才冠一世，他那很确定的家庭政策，特别是他的兄弟卢奇乌斯原是个丑陋的"稻草人"，却被养成一个英雄——凡此种种伤了许多人的感情，并且不无理由。真正的自尊心能保护心胸，妄自尊大却使人心暴露在每种打击、每种刺激之下，甚至原有的高尚精神也被其腐蚀。再者，像西庇阿这种真金与灿烂金箔混合而成的怪性情，全有一种与众不同的特色，即他们须有幸运和少年的光彩才能发挥他们的魔力，这种魔力一旦衰微，最痛感这种变化的却是魔术师自己。

① 克非洲者、克亚细亚者、克西班牙者。

第十章　第三次马其顿战争

280

罗马人与安条克缔和以后，马其顿王腓力很不满他们给他的待遇，以后世事的推移也不适于平息他的怒气。他在希腊和色雷斯的邻国，多为昔日闻马其顿之名而战栗——如今日闻罗马之名而战栗的民社，自从腓力二世以来即受马其顿的侵害，现在这强大国家衰落了，自然以对他报复为事。当时希腊人的虚骄和反马其顿的廉价爱国心，都发泄在各同盟的公会中和向罗马元老院源源递送的诉状。腓力受罗马人的许可，保有他取自埃托利亚人的领土，可是在色萨利，只有马格内西亚同盟曾正式与埃托利亚人联合；色萨利另有两个同盟——一个是狭义的色萨利同盟，一个是波希比亚同盟——腓力曾由埃托利亚人手中夺得他们的几个城邑，他们要求归还，其理由为腓力仅解放而未征服这些地方。阿达马尼人以为可以请求自由，尤美尼斯要求以前属于安条克的沿海城市，尤其是埃奴斯和马罗讷亚，可是在对安条克的和约中以明文许给他的只有色雷斯的刻尔松尼斯。这一切由腓力邻国来的不平声和无数的琐屑怨言，关于他助普卢萨攻尤美尼斯、关于商业竞争、关于破坏契约和强夺牲畜，都向罗马滚滚而来。马其顿王须让这群自主的流氓在罗马元老院面前控告他，并且接受元老院任意给他的判断，无论其公平与否；他须眼见判断永远于己不利；他须咬

紧牙关，撤退驻在色雷斯沿海和色萨利城邑和波希比亚城邑的戍兵；罗马的委员来视察是否一切均已遵命办理，他须恭恭敬敬地予
281 以招待。罗马人对腓力并不如对迦太基那样痛恨，实则在许多方面，他们甚至对这位马其顿王怀有好意；他们在这里不像在利比亚那样任意地不顾体面；可是马其顿的地位根本与迦太基的大体相同。然而腓力的为人却没有腓尼基人的耐性来忍受这种折磨。他既性如烈火，自兵败以后，却不甚恼怒他那可敬的敌人，而深恨他那毫无信义的盟友；并且他久惯行那只顾自己而不顾马其顿的政策，这个盟友曾寡廉鲜耻地把他遗弃和出卖，所以他只认为罗马与安条克的战争是报复这盟友的绝好机会。他达到了这个目的；可是罗马人知道得很清楚，马其顿王的动机不是对罗马的友谊而是对安条克的仇恨，并且他们素不以这种爱憎之心决定政策，所以慎避给予腓力重大的利益而宁可施惠于阿塔鲁斯王朝。自从他们登基以来，阿塔鲁斯王朝即与马其顿争斗甚烈，并且无论在政治和私人方面都最为腓力所痛恨；在击破马其顿和叙利亚，扩张罗马在东方的保护权上，他们的贡献为东方各国之冠；在上次战争，腓力自动而忠实地拥护罗马，他们却因为生存的缘故不得不与罗马联合。罗马人已利用阿塔鲁斯王朝来重建利西马库国——灭亡此国是亚历山大以后的马其顿君主最重大的成就——在马其顿旁边建立一个力量与之相等而受罗马保护的国家。在这种特殊情形之下，一个专心为人民谋利益的明智君主或将决计不与罗马再作强弱悬殊的斗争，可是在腓力的性情中，最强大的高尚动机是荣誉心，最强大的卑鄙动机是复仇心，他不听怯懦或逆来顺受的论调，在他心的深处仍抱着再决雌雄的定策。色萨利各公会常痛骂马其顿，他接

到又有此事的报告，便以德欧克利都(Theocritus)的一行诗为答 282
复，说"末日的太阳尚未落山"。

腓力在筹划和隐瞒他的计策上显出沉着、精诚和坚忍，如果他在盛时能把这等性质发挥出来，或者会改变世界的命运。特别是他对罗马很柔顺，以柔顺换取达到目的所不可少的时间；对于他这种凶猛高傲的人，这是重大的苦难，然而他竟能毅然忍受此苦——他的臣民，和无辜的争执目标如不幸的马罗讷亚，都大受他这郁结的怒气之害。早在571年即前183年，战事就似乎非起不可；可是他的少子德摩特里乌斯(Demetrius)在罗马为质已数年，甚得恩宠，奉腓力之命，竟能使其父与罗马达成和解。罗马人当然非不知腓力的努力；元老院，特别是办理希腊事务的弗拉米尼努斯，想在马其顿组织一个罗马党，以阻碍他的努力，便选定这位热诚依恋罗马的少年王子为党魁，或也选定他为将来的马其顿王。抱着这个宗旨，他们明白表示，元老院因其子之故原谅其父；这事自然使王家发生内讧，王长子波尔修(Perseus)虽是非耦婚姻所生之子，却为其父所预定的嗣子，他想害他的兄弟，以免将来与他争位。德摩特里乌斯似乎未尝于闻罗马的阴谋；只在无罪而妄被嫌疑时他始被迫犯罪；就是在那时候，他也似乎除逃往罗马外别无用意。可是波尔修注意以相当方式使其父晓得德摩特里乌斯的计划，加以弗拉米尼努斯寄给他的一封信中途被人截留，其父遂下令把德摩特里乌斯处死。到了已嫌太晚之时，腓力始知波尔修所设的诡计；他正在深思如何惩治这杀弟之人，使他不得登王位，便突然去世。他于575年即前179年死在德摩特利亚斯，享年五十九岁。他留在
身后的是一个破碎的国家和一个纷纭的家庭，他以悲痛的心情，自 283

认一切辛苦、一切罪恶皆已成空。

于是其子波尔修得握政权，在马其顿和罗马元老院均未遭遇阻碍。他是一个状貌堂堂的人，擅长一切运动，生长于军营中，惯于发号施令，盛气凌人如其父，不拘泥于选择手段。醇酒妇人常常使腓力怠忽政事，却不能诱惑波尔修；其父心粗气浮，感情用事，他却稳健有恒。腓力童年为王，在初即位的二十年间无往不利，受命运的娇惯，为其所毁；波尔修三十岁登王位，因为在童稚时即同遭对罗马的败仗，因为在屈辱的印象和国家即将复兴的念头中长大成人，所以他把他父亲那些忧患、仇恨和希望连同王国一齐继承下来。真的，他极为坚决地着手续做他父亲的工作，较前更为热烈地准备对罗马作战；再加以他戴马其顿的王冠绝非罗马人之赐。高傲的马其顿民族常见他们的君主亲率他们的青年出征作战，以他为荣，他本国的人和许多古民族的希腊人皆以为解放战争在即，他们在他身上见到这个战争的适当元帅。可是他们实际与他的外表不符。他没有腓力的高才和腓力的能屈能伸，二者是君主的真本领，遇幸运则隐晦黝暗，可是一遇到厄运的磨砺，便又光彩焕发。腓力放荡自恣，对一切事听其自然，可是一旦有了必要，他自有所需的力量来采取迅速热烈的行动。波尔修筹划博大而精微的计策，坚忍不倦地依计行事，可是一旦采取行动的时机到来，他所经营缔造的，真正活现于他的前面，他便骇愕于他自己的工作。器量褊狭的人常以手段为目的，他也是如此；他为与罗马作战计，把财
284 宝积了又积，罗马人侵入其国时，他却不能割舍钱财。有一事足以明示人的性格；其父败后急忙毁灭密室中可以连累他的文书，其子败后却先取他的财宝箱而后登船。在寻常的时候，他或可做个平

凡的君主，与其他凡主相等或略胜；可是若遇到一个冒险事业，非有不凡的人来策动便自始无望的，他却不适于担任领导。

马其顿的力量绝不算小。全国对安提哥尼德王家的忠心依然无恙；只有这一国，民族意识不受政党交争的败坏。君主政体有一个大优点，即每易一君，旧日的仇恨和争执辄行作废而另一班人和新鲜希望的新时期代之而兴。这位君主已聪明利用这优点，一登王位，便行大赦，召回破产逃亡的人、豁免积欠的赋税。如是，其父招人怨恨的苛政不但为其子的利益，而且为其子取得人民的爱戴。马其顿人口的缺额，经过二十六年的太平岁月，一部分自行补充，一部分由政府认真设法补救国家的创伤。腓力督促马其顿人结婚育子，他把沿海居民迁到内地，而把忠勇可靠的色雷斯人屯驻在那些地方。为一举永遏达尔达奴人的蹂躏侵掠起见，他在北方造成一层关塞，把马其顿边境与蛮族地方交界之处化为一片荒凉，又在北方各省创立许多新城。总之，后日奥古斯都重奠罗马帝国基础时所行的方法，他那时已逐步行之于马其顿。军队众多——不计助战兵和佣兵尚有三万人——少年人在边境对色雷斯蛮族的经常战事中受到纯熟的训练。可怪的是腓力没有像汉尼拔那样仿罗马的形式编制军队，可是我们一想到马其顿人珍视他们的密集队，这种队伍虽屡次战败却仍被认为常胜军，便可了解此事。由于腓力在矿产、关税和什一税上所辟的新财源，由于农业和商业的茂盛，他竟能把他的国币、谷仓和武库补充起来。以后开战之时，马其顿 285
国币里的金钱足付现兵和一万佣兵的十年饷金，在公家仓库里有足支十年的积谷（一千八百七十万公石）和足供三倍于现兵用的武器。真的，现在的马其顿全非第二次对罗马开战时措手不及的马其顿。此国的实力在一切方面至少增加了一倍;汉尼拔以件件远逊于此的实力曾能震撼罗马,使他根本动摇。

马其顿的对外关系却没有这样顺利。按理马其顿应重振汉尼拔和安条克的计划,把一切被压迫的国家联合起来,反抗罗马的霸权,而自居于这个联合的首领地位;皮德纳的朝廷诚然与各方面都有联络,可是联络的成效却甚微。固然,有人说意大利人的忠节已在动摇,可是无论敌友都不免见到,萨谟奈战事绝不能即刻复发。马其顿代表与迦太基元老院深夜会谈,马西尼萨在罗马所告发的,即使很可能不尽属子虚,也不致使庄重明达的人士吃惊。马其顿朝廷想用通婚方法使叙利亚王和比提尼亚王归附马其顿,可是毫无结果,只有使这想以婚姻手段达到政治目标的外交又复暴露其千古不变的痴愚,供人讪笑而已。马其顿若想牢笼尤美尼斯,必致贻人笑柄,波尔修的代办自乐于把他铲除;他在罗马做不利于马其顿的活动,回国途经德尔斐,他们要在这里杀害他,不过这个妙计竟告失败。

更为重要的是鼓动北方蛮族和希腊人反叛罗马。马其顿的旧仇达尔达奴人居今塞尔维亚地方,多瑙河左岸有一个较达尔达奴人尤为野蛮的日耳曼种部落巴斯登人(Bastarnae),腓力已拟订计划,用巴斯登人来扑灭达尔达奴人,然后亲率这些人和为此所推动如雪崩一般的全数民族,由陆路到意大利,侵入伦巴底,他已派间谍去勘察通到该地的阿尔卑斯山路——这个大计划不愧为汉尼拔
286 所拟,无疑地必受有汉尼拔渡阿尔卑斯山的直接提示。多半因为这个缘故,罗马于腓力晚年(573 年即前 181 年)创立阿奎莱亚堡垒,而且这个建设与罗马人在意大利他处建堡垒时所行的制度不

合。然而达尔达奴人和邻近有关的各部落拼命抵抗，这计划竟遭挫折；巴斯登人不得不退，还家途中踏着多瑙河上的冰层而过，层冰塌陷，全部溺死。而后马其顿王想至少把他的保护权推广到伊利里亚地方的酋长，这地方在今达尔马提亚和北阿尔巴尼亚。其中一个酋长阿迭陶鲁（Arthetaurus）忠实地亲附罗马，死于刺客之手，此事波尔修不无知情。最强大的酋长是普洛拉都（Pleuratus）的嗣子甘提奥斯（Genthios），在名义上与其父同为罗马的同盟；可是达尔马提亚一个岛上的希腊城市伊萨有使者告元老院，说波尔修与这位年少柔弱而酗酒的王子有默契，甘提乌斯的使者在罗马充波尔修的间谍。

马其顿东面向多瑙河的一带地方有色雷斯最强大的酋长寇提斯（Cotys），这人智勇双全，为奥德利西亚人（Odrysians）之主，并为东色雷斯之王，其领域起自马其顿在黑勃鲁（Hebrus，即马里扎[Maritza]）河上的边境直抵满布希腊城市的海岸边缘，他与波尔修结成最密切的联盟。至于这里附罗马的小酋长，有一个萨伽人（Sagaei）的君主阿布鲁波里斯（Abrupolis），因远行侵掠斯特利蒙（Strymon）河上的安菲波利斯（Amphipolis），为波尔修所击败，被逐出国。腓力曾由这些地区吸收了许多移民，并且这里的佣兵随时可得，不拘数目。

对罗马宣战之前，腓力和波尔修都久已在不幸的希腊民族中间热烈进行双层的宣传战，一方面想诱民族党，又一方面想诱——如果我们可以用这个名词——共产党（the communistic party）归附马其顿。当然，无论是亚洲和欧洲的希腊人，其民族党如今都心 287
向着马其顿；并不是因为解放他们的罗马人偶尔做事不公，而是因为一个外国复兴希腊民族，说起来未免自相矛盾，并且到了现在实嫌太晚之时，始无人不知马其顿最可恶的统治为害于希腊较小，而可敬的外国人以最高尚的居心创立的一种自由政体却为害于希腊甚大。全希腊最贤能正直的人反对罗马，自在意料之中；倾向罗马的只有贪贿的贵族和分散各地而独不以民族的现状和将来自欺的诚实人。这种情形最使波加蒙的尤美尼斯感到痛苦，在希腊人中他是主张依外国而获自由的主要人物。他以种种体谅对待他属下的城市，结果徒劳；他以悦耳的话和更为悦耳的金钱想取得各民社、各公会的欢心，结果徒劳；他痛心疾首，听说他的馈赠被人璧还，全伯罗奔尼撒奉公会的法令同时把从前为他竖立的石像一概打碎，把尊崇他的铜表一概熔毁（584 年即前 170 年）。波尔修的名字又复有口皆碑；就是往日反马其顿最坚决的国家如阿喀亚人，现在也考虑废除反马其顿的法律；拜占庭虽位在波加蒙王国境内，却不向尤美尼斯而向波尔修请求并且获得保护和戍兵以抗色雷斯人；同样，赫勒斯滂的郎萨古也投归马其顿；强大精明的罗德岛人用他们整个宏伟的舰队由安条克——因为叙利亚战船不许到爱琴海——护送波尔修王的新娘，载着大量的赐物尤其是造船的木料荣归故里；亚细亚各城市的委员因此就是尤美尼斯的臣民，在萨摩色雷斯（Samothrace）与马其顿的代表举行秘密会议。派遣罗德岛舰队一事至少有示威的模样；波尔修又以在德尔斐举行宗教典礼为口实，展示他本人和军队于希腊人的眼前，其目的当然也在示
288 威。此王想用民族运动来支持当前的战事，自属理之当然。可是他乘着希腊可怕的经济紊乱，想把一切愿改革产权和债务的人吸引到马其顿，却是错误。欧洲希腊的各人和各邦——在这方面伯

罗奔尼撒情形略佳，算是例外——如何空前地债台高筑，我们实难为适当的想象。一城仅为掠取钱财而侵略他城的事屡见不鲜——例如雅典人攻奥罗普(Oropus)——并且在埃托利亚人、波希比亚人和色萨利人中间有产者与无产者正式开战。在这种情形之下，必有最恶的暴行，不言而喻；例如埃托利亚人宣告大赦，制定新公安法，专为的是诱若干移民落网，把他们处死。罗马人企图居间调停，可是他们的使者无功而还，声言双方罪恶均等，他们的相仇不受约束。在这里除用警察和刀斧手外实无其他解救的方法；感情用事的希腊主义自始即为人所笑，现在始惹人厌恶。这一党——如果堪称为党——的人本来无物更无名誉可失，然而波尔修王要抓住他们，不但颁发有利于马其顿破产人的诏书，而且使人在拉利萨、德尔斐和提洛等地张贴告示，号召一切因政治或他罪或因债务而被逐的希腊人来马其顿，并且保证把他们往日的爵位和财产完全复旧。我们不难设想，他们来了，并且北希腊处处酝酿着的社会革命现在公然爆发出来，那里的民族社会党遣人请波尔修来援。如果只用这种手段来拯救希腊民族，我们尽管尊敬索福克勒斯(Sophocles)和菲迪雅斯(Phidias)，却大可发问，这目的是否值得付出这种代价？

元老院见其迟延已嫌过久，现在到了制止这种行为之时。与罗马联盟的色雷斯酋长阿布鲁波里斯被逐，马其顿与拜占庭人、埃托利亚人和彼奥提亚部分城市联盟，都同样违反557年即前197年的和约，已足供官方的开战宣言之用：开战的真正理由却是马其顿想把形式上的主权变成真正主权，想代替罗马成为希腊人的保护主。早在581年即前173年，罗马使者就在阿喀亚公会里说得 289

很明白:与波尔修联盟即等于抛弃与罗马的联盟。在582年即前172年,尤美尼斯带着连篇累牍的诉苦表亲来罗马,向元老院陈明整个时局的状况;然后元老院开了个秘密会议,出人不意地决定立刻宣战,派戍兵驻防伊庇鲁斯各港口。为保存形式计,罗马派使团到马其顿,可是他们所奉使命的性质使那自知不能后退的波尔修答复说,他愿与罗马订立真正平等的新盟约,不过他认为557年即前197年的条约业已作废;他并命使者限三日内离马其顿。如是,两国实际宣战。这事在582年即前172年秋季。如果他愿意,波尔修可以占领全希腊,使马其顿党处处当权;当时格涅乌斯·西奇尼乌斯(Gnaeus Sicinius)率五千名罗马军驻在阿波罗尼亚,他可以击破这支兵,与罗马人争登陆。可是此王已见事态严重而战栗,与其所招待的宾客前执政官昆图斯·马尔奇乌斯·菲力普斯(Quintus Marcius Philippus)从事谈判,以为罗马宣战实是轻举妄动,因此决定暂缓进攻,再努力与罗马讲和;元老院唯一的答复,可以预料,是令一切马其顿人离开意大利,遣兵团登船出发。无疑,守旧的元老指摘他们同僚的"新智"和非罗马所当行的诡计;可是目的达到了,冬季过去了,波尔修方面没有任何行动。罗马外交家更热心利用这个时间来削夺波尔修在希腊的党援。他们对于阿喀亚人确有把握。就是他们的爱国党——他们既不赞成那些社会运动,所表示的也不过是一种谨守中立的愿望——也无意投入波尔
290 修的怀抱;又加以这里的反对党现在借着罗马的势力,取得政权,于是绝对依附罗马。埃托利亚同盟无疑地曾在内乱中请求波尔修援助,可是新统领莱西斯古(Lyciscus)在罗马使者的监视下被选,其亲罗马尤甚于罗马人。在色萨利人中间,罗马党也保持其优势。

甚至自昔即亲马其顿并且财政陷于极端紊乱的彼奥提亚人，也没有以全体名义公然宣布拥护波尔修；然而至少其中的三城，一个是狄斯贝（Thisbae），一个是哈利亚都（Haliartus），一个是科罗尼亚，却自行加入波尔修方面。罗马使者发出怨言，彼奥提亚同盟便把诸事的情形通知他，他声言如果各城分别在他面前宣布他们的决定，则何城附罗马，何城不附罗马，便水落石出；于是彼奥提亚同盟即刻瓦解。所谓埃帕密农达（Epaminondas）的大体系为罗马人所毁，并不足信；实则他们还未动手，这体系即已解体；如此，其他团结更坚的希腊城市同盟的解散，实以此兆其端。① 甚至在罗马舰队出现于爱琴海以前，罗马使者普布利乌斯·伦图卢斯（Publius Lentulus）即率彼奥提亚亲罗马的各城军队，围攻哈利亚都。

喀尔基斯驻有阿喀亚的兵，奥列斯提斯地方驻有伊庇鲁斯的兵，达萨雷泰（Dassaretae）和伊利里亚的堡垒在马其顿西界上的，驻有格涅乌斯·西奇尼乌斯的军队；船只一行复航，拉利萨也屯驻了戍兵二千人。这一切事进行期间，波尔修始终不动，除其本国外没有占据一寸土地，到了583年即前171年的春季即官历的6月，罗马兵团登陆于西岸。即使波尔修勤勉从事而不这样懈怠，他是否能得到重要的盟友，还是疑问；情势既然如此，他当然完全孤立，那长期的宣传至少在当时毫无结果。迦太基、伊利里亚的甘提乌斯、罗德岛和小亚细亚的自由城市，甚至迄今那样与波尔修亲善的拜占庭，都献战船给罗马，然而罗马不受。尤美尼斯出动他的陆军 291

① 然而彼奥提亚同盟的依法解散不在此时，而在科林斯灭亡之后（Paus. 7,14,4；16,6）。

和船舰。卡帕多奇亚王阿利亚拉底未经要求即送人质于罗马。波尔修的姻兄弟比提尼亚王普卢萨二世仍守中立。全希腊无一人采取行动。叙利亚王安条克二世，按朝廷体制称"神圣光武"的尊号以别于其称"伟大"的父亲的，固然奋起，可是在这次战争期间仅从那完全无力的埃及夺取叙利亚沿海的地方。

可是波尔修虽几乎孤立，他却不是一个可侮的敌人。他的陆军共计四万三千人，其中密集队二万一千人，马其顿和色雷斯骑兵四千人，其余大半为佣兵。罗马在希腊的军队计有意大利兵三四万名，此外又有努米底亚、利古里亚、希腊、克里特，尤其是波加蒙的助战兵一万余人。再加以舰队，因为敌人没有舰队与之相抗——罗马条约禁波尔修造战船，波尔修正在德萨洛尼迦（Thessalonica）建立船坞——所以仅有甲板船四十艘，可是这舰队既以助攻为要务，船上载有军队一万名。盖乌斯·卢克雷提乌斯（Gaius Lucretius）为舰队的统帅，执政官普布利乌斯·李锡尼·克拉苏（Publius Licinius Crassus）为陆军的统帅。

罗马执政官把一支强大军队留在伊利里亚，以便由西面侵扰马其顿，而亲率主力军照例由阿波罗尼亚向色萨利进发。他们的艰苦行军，波尔修不拟加以骚扰，他仅止于进入波希比亚，据守附近地方的堡垒。他在奥萨（Ossa）等候敌人，双方骑兵和轻兵的首次冲突发生于距拉利萨不远之处。罗马人毫无疑义地被击败。寇提斯以色雷斯的骑兵击破意大利骑兵，波尔修以马其顿骑兵击破希腊骑兵；罗马人阵亡了步兵两千人、骑兵两百人，骑兵被俘的六百人；他们未遇阻碍而渡过裴臬河，可以算是幸事。波尔修利用这次胜利，请以往日腓力所得的条件来讲和，他甚至愿付同额的款。

罗马人却拒绝了他的请求；他们永不在兵败后缔和，并且在这种情形缔和，必继之以丧失希腊。

然而可怜的罗马统帅不知如何进攻，军队在色萨利往返行动， 292
未做成任何重要的事。波尔修可以取攻势；他见罗马人指挥不良，行动迟缓；希腊军第一战获得灿烂胜利的消息，野火一般地传遍希腊；若再得一胜仗，爱国党便可以到处起事，发动游击战，产生不可计量的效果。可是波尔修虽善战，却不如他父亲那样善于将兵，他从前准备的是个守势战，现在形势一变，他觉得似乎半身不遂。第二次骑兵交锋于法拉那(Phalanna)附近，罗马人得个小胜利，他便借此为由，显出褊狭固执的人的本色，回复他的最初计划，退出色萨利。这当然等于放弃全希腊起兵的一切念头；尽管如此仍有伊庇鲁斯人叛罗马一事，可见若不如此便当有何种成绩。自此以后，双方均无重大成就。波尔修征服了甘提奥斯王，讨伐了达尔达奴人，并且借寇提斯之力把亲罗马的色雷斯人和波加蒙军逐出色雷斯。另一方面，西面罗马军取得伊利里亚几个城邑，罗马执政官忙于肃清色萨利的马其顿戍兵，扼守安布拉西亚以防备好乱的埃托利亚人和阿加那尼亚人。可是罗马人奋其英勇，受祸最烈的是亲波尔修的彼奥提亚城市：狄斯贝一见罗马水师统领盖乌斯·卢克雷提乌斯出现于城下，即刻不战而降，哈利亚都对他闭门不纳，被他攻下，两地的居民都被卖为奴隶，科罗尼亚尽管立约投降，执政官克拉苏却以同样手段对待它。罗马军纪律的败坏从没有像这两个统帅麾下的军队的。他们把军队弄得凌乱不堪，甚至到了下次584年即前170年的出征，新执政官奥卢斯·赫斯提里乌斯(Aulus Hostilius)不能想做任何重大的事，特别因为新水师统领卢奇

乌斯·霍滕修(Lucius Hortensius)显得与他的前任一样无能，一
293 样肆无忌惮。舰队巡行色雷斯沿海各城市，没有结果。阿皮乌斯·克劳狄乌斯所率的西面军以达萨雷泰境内的莱契尼都(Lychnidus)为大本营，屡战屡败；此军既远征马其顿而无功，马其顿王便在初冬深雪阻塞一切山路之时率南境不再需要的军队取攻势，由阿皮乌斯之手取得许多地方和俘虏，与甘提奥斯王成立联络；他竟想攻埃托利亚，同时阿皮乌斯在伊庇鲁斯攻一座堡垒不下，又反为守兵所击败，罗马主力军两次想深入马其顿：第一次越坎布尼(Cambunian)山脉，第二次经色萨利各隘口；可是两次都计划不周，两次俱为波尔修所击退。

这位执政官主要的工作是整顿军队，这事的必要当然高于一切，不过须有个比他严厉和有名望的将官。退伍和请假可以贿买，所以军队永不能达到足额；士兵在夏季住在营里，将领既做大规模的劫掠，所以士兵也做小规模的劫掠。友邦人民受到可耻的猜疑；例如拉利萨那次可羞的败仗，据说系因埃托利亚骑兵的谋反所致，罗马人归罪于他们，做出没有前例的事，把他们的军官解到罗马去受刑事裁判；伊庇鲁斯的摩洛西亚人为虚妄的猜疑所迫，索性叛变。同盟国也须负担战费，——若他们是被征服的国家，如果他们诉诸元老院，他们的公民便被处死或卖为奴隶，例如在阿布德拉(Abdera)有此事，在喀尔基斯也有相似的事。元老院认真干涉；他下令释放那些遭难的科罗尼亚人和阿布德拉人，禁止罗马官吏未得元老院许可便向同盟国索战费。盖乌斯·卢克雷提乌斯受市民一致的谴责。但这些步骤不能改变事实，即这两次出征的结果在军事上等于零，在政治上也成为罗马人的污点；罗马人与希腊政府

的秽德彰闻相反，他们素以道德纯洁和健全著名于世，他们在东方所以能取得非常的胜利，得力于这种声名的并不为小。如果现在 294
统兵的不是波尔修而是腓力，这战事可能一行发动，便把罗马军毁灭，使多数希腊人离叛；可是罗马人十分幸运，他们犯错误，敌人却恒比他们更犯错误。波尔修仅止于深沟高垒，自保于马其顿——马其顿向南和向西两面实固若金汤——无异于守一座被围的城。

上文已述为波尔修贵客的昆图斯·马尔奇乌斯·腓力，他便是罗马派到马其顿的第三个元帅，于585年即前169年到任，绝不胜任这很不容易的工作。他有大志，有进取心，不过不是一个良将。他那冒险的计划，由唐培之西的拉帕图(Lapathus)隘路渡奥林匹斯山，把一支兵留在后面防守此路，自率主力军经那难通的峡道而至赫拉克隆(Heracleum)；其成功也不能证其不谬。不但有少数勇士即可堵住路线，果若是，后退便不可能；而且就是过山以后，他前面有马其顿的主力军，后面有唐培和拉帕图两座防御坚固的山寨，他揳入一条海岸上的狭窄平原，既没有粮草，也没有掠得粮草的可能；他所处地位的毫无希望，不亚于他第一次为执政官也这样被围困在利古里亚山峡中——此山峡以后即以其名为名——之时。可是那次有一件意外的事救了他，这次也有波尔修的无能救了他。波尔修仿佛不能设想除阻塞隘路外尚有抵御罗马人的方法，一见罗马人到了隘路的这面，便很可怪地以为自己必败，无可挽救，仓皇向皮德纳逃窜，下令把他的船只焚毁，把他的财宝沉在水中。然而就是马其顿军的自动退却也不能使这执政官脱离艰苦的地位。他诚然前进无阻，可是行军四日以后，不得不因缺粮而退回；以后波尔修醒悟，急忙取回他所放弃的阵地，如果坚不可拔的

唐培不适在此时投降，把丰富储藏交给敌人，罗马军必陷于极大的
295 危险。这样一来，罗马军与南方的交通有了保障；可是波尔修在小小的埃尔庇(Elpius)河岸边昔日所选的优良阵地，借着坚固的防御以自守，罗马人到这里不能再进。所以自夏季余日以至冬季，罗马军始终停滞在色萨利最远的角落。渡过隘路诚然是个胜利，而且是此战中首次的重要胜利，然而这不是由于罗马将军的贤能，而是由于马其顿将军的失策。罗马舰队空企图攻取德摩特利亚斯，未立丝毫功绩，波尔修的轻艇大胆地游弋于希克拉底群岛间，保护开往马其顿的粮船，攻打敌人的运输船。至于西面军，情况更为恶劣；阿皮乌斯·克劳狄乌斯以其减少的军队不能有所作为，他向阿喀亚人要求派兵助战，为嫉妒他的执政官所阻，助战兵不能来到。更有进者，波尔修允许以大批金钱赠甘提奥斯，诱他与罗马破裂，他竟听其言，囚罗马使者；然而以后这节俭的国王以付出所许的款为浪费，因为如今即使没有金钱，甘提奥斯也不得不放弃他迄今所持的骑墙态度，而代之以断然仇罗马的态度。因此罗马于已历三年的大战外又加上一个小战。实则波尔修如果能不吝钱财，他很不难唤起比甘提奥斯更为危险的罗马敌人。克隆迪库斯(Clondicus)部下的一股凯尔特人——骑兵一万人，步兵相若——自请在马其顿为他效力；可是关于饷金问题双方不能一致。希腊也起了很大的骚动，只要有一点巧妙的手腕和充实的财源，便不难发动一个游击战；可是波尔修既不愿出钱，希腊人又无钱不干，所以希腊平静无事。

罗马终于决定派遣适当的人到希腊。这便是卢奇乌斯·埃米利乌斯·鲍卢斯(Lucius Aemilius Paullus)，即死于坎尼一战的同

名执政官之子;他系出旧贵族,可是家境贫寒,所以在人民大会里
不如在战场上那样成功,在西班牙战场上他曾卓著战功,在利古里
亚战场上尤其如此。人民因为他的功劳,于 586 年即前 168 年第 296
二次选他为执政官——这在当时是罕有的,例外的。他在一切方面都是个适当的人:他是一个旧式的良将,无论对于自己和部下都很严厉,尽管年已六旬,却仍健壮;他是一位不受贿赂的长官,当代人谈到他,说他是"人不能送给他钱的当时少数罗马人中的一个";他又是一个有希腊修养的人,为元帅时,乘着机会遍游希腊,参观其地的艺术品。

新将军一到赫拉克隆营次,便在罗马前哨与马其顿人小战于埃尔庇河的河床,以牵制敌人之时,命普布利乌斯·那西卡(Publius Nasica)出敌不意,袭取无备的庇修(Pythium)隘口;如此,罗马人绕到敌人的后面,敌人不得不退到皮德纳。在这里,在罗马历的586 年即前 168 年 9 月 4 日,即儒略(Julius)历的 6 月 22 日——那天有月食,罗马一个知天文的军官预告军队,不可以此为凶兆,使我们能确定此事的时日——前哨正在午后饮马,偶然陷于冲突;双方原想把交战延到次日,现在决定即刻交战。头发斑白的罗马将军不戴头盔,不持盾牌,亲出入于行列之间,布置他的部下。他们刚列成阵势,凶猛的密集队便向他们攻打;这位屡经苦战的将军以后也承认他那天未免战栗。罗马前锋溃散;一个佩里吉尼人的中队覆败,几致全灭;兵团本身也仓皇退却,直至逼近罗马营垒的小山而后已。战局在这里一变。地面不平,追赶甚急,使密集队行伍零乱,罗马军各中队分头乘隙突入,由两侧和后面攻打密集队,马其顿现在只有骑兵能施援助,可是他们却恬静地袖手旁观,

不久便一齐逃走，国王居最前列；如是，马其顿的命运不到一小时就决定了。密集队的三千精锐给敌人砍杀得一个不剩；密集队在皮德纳的一战是他末次的大战，他本身也仿佛愿灭亡于此地。这次覆败很惨，两万马其顿人陈尸战场，一万一千人成为俘虏。鲍卢
297 斯就元帅职后第十五日，战事告终，全马其顿于两日内归顺。国王携带他的金钱出奔——他箱内仍有六千塔兰特（一百四十六万英镑）以上的钱——到萨摩色雷斯，有少数忠实的侍从随着他。可是侍从之中有一个，克里特的伊凡德尔（Evander），应以主使谋杀尤美尼斯的罪被传讯，马其顿王亲手把他杀死，于是他的侍从和所余的伴侣也弃他而去。一时之间，他希望避难权可以作他的护身符，可是他不久便见所靠的是个冰山。他企图逃依科提斯，又归失败。所以他写信给罗马执政官，可是执政官不受，因为他在信内自称为王。他承认了他的命运，带着儿女和财宝向罗马人无条件投降，怯懦啼哭，甚至惹起战胜者的厌恶。感到严肃的愉快，心念命运的无常而不念及他目前的胜利，这位执政官接待俘虏，这是罗马将军曾带回国的最显赫的俘虏。波尔修为国有俘虏，几年后死于福西奴湖上的阿尔巴，[1]以后其子在这个意大利乡镇里做书记谋生。

亚历山大大帝的帝国曾征服东方，把它希腊化，他死后一百四十四年，这帝国竟这样地沦亡。

再者，为使这幕悲剧不致缺乏做陪衬的笑剧，同时将军卢奇乌斯·阿尼奇乌斯（Lucius Anicius）对伊利里亚“王”甘提奥斯的战

① 有个故事说，罗马一方面要守那保其性命的诺言，一方面又要向他报仇，便用夺其睡眠的方式置之于死；这当然是妄言。

事也自始至终不过三十日。海上行劫的舰队被捕，首都斯科德拉被陷；两位国王，一个是亚历山大大帝的后嗣，一个是普勒拉都的后嗣，并肩入罗马城，俱为俘虏。

弗拉米尼努斯那种不合时宜的宽和态度已惹出祸害，危及罗马，元老院决定此祸不可再有。马其顿被灭。在斯退蒙(Strymon)河上安菲波利斯的会议中，罗马委员团下令以希腊各同盟为模范，把这团结统一、行彻底君主制的国家，分成四个共和联邦制的同盟：即东部各州的安菲波利斯同盟，带有喀尔基斯半岛 298
的德萨洛尼迦同盟，色萨利边疆上的佩拉(Pella)同盟和内地的佩拉哥尼亚同盟。男女不属于一个同盟的，其通婚作为无效；一个人不得在一个以上的同盟为自由业主。一切曾在国王治下为官的人和长成的王子均须离国前往意大利，违者处以死刑；罗马人仍恐怕旧日忠君亲上的心时时发作，而且确非无因。国法和旧制在其他方面仍然有效；长官当然由每一民社用选举方式指定，各民社以及各同盟的政权都置在上流阶级的掌握之中。王家的地产和王家的特权均未被许给各同盟；各同盟特被禁止，不得开采那为全国主要富源的金银矿；不过到了596年即前158年，他们又得有许可，至少能开采银矿。[1] 食盐的输入和造船木料的输出均被禁止。以前纳给国王的田赋现在停征，各同盟和民社均得自征赋税；不过他们

① 卡西奥多鲁斯(Casiodorus)说，马其顿各矿于596年即前158年重行开采，我们借着钱币得到此说的正确解释。马其顿四国的金币没有存到现在的，所以不是金矿仍旧封闭，就是开出的金沙变为金条。反之，我们确有第一马其顿国(即安菲波利斯)的银币，安菲波利斯即为银矿之所在。在铸造银币的短时间内(596—608年即前158—前146年)，所造钱币非常之多，这证明采银矿的很努力，或是旧王家的货币大批改造。

须把旧日田赋的半数交给罗马，按一成不变的定额，每年共计一百塔兰特(二万四千英镑)。① 全国永远解除武装，德摩特利亚斯的堡垒夷为平地，只有在北方边境须保留一串据点以防御蛮族的侵袭。至于交出来的武器，铜盾被运往罗马，其余皆被焚毁。

299 罗马人达到他们的目的。马其顿地方仍有两次起兵响应旧朝王子的号召，可是在其他方面，自那时直到今日，此地始终没有历史。

伊利里亚也受到类似的待遇。甘提奥斯王国分裂为三个小独立国。在这里，自由业主也须把往日田赋的一半纳给新主人；只有各城市为例外，它们昔已归附罗马，现在得到免税的报酬——在马其顿没有造成这种例外的机会。伊利里亚的海盗舰队被没收，转赠给沿海一带声名较好的城市。伊利里亚人借着他们海盗船之力无日不为邻国之患，此患就这样被铲除，至少在一个长时期如此。

色雷斯的科提斯处于鞭长莫及的地方，而且可供防御尤美尼斯之用，所以得到宽宥，领回他那被擒的儿子。

如是，北方的事解决了，马其顿也至少脱离了君主政治的羁绊。希腊实比以前自由，无论何处不复有个国王。

可是罗马人不止于切断马其顿的神经和筋肉。元老院决定立刻使希腊一切国家，无分敌友，都永不能再为祸害，把他们一概降到同为属国的地位。其所行的政策本身或可谓为不谬，可是其对

① 波利比乌斯说，罗马人"免马其顿共和国的封主捐税"，我们不必因此便假定以后豁免这些赋税，要解释波利比乌斯的话，只要假定以往的封主税现在变为国税就够了。鲍卢斯允许马其顿省继续用旧制度，至少直至奥古斯都时代，诚然也与免税相合。

于较强大的希腊属国行此政策的方式却与一个大国的身份不合，可见法比乌斯和西庇阿们的时代已告终结。

交战国在地位上有了这种变化，最受其影响的无过于阿塔鲁斯王国；罗马所以创造培植这个王国原欲以控制马其顿，现在马其顿既已灭亡，这王国当然不再为其所需。尤美尼斯精明谨慎，要觅得一个差可的口实夺去他的优先地位而使他陷于屈辱，却非易事。忽然之间，约在罗马人驻扎于赫拉克隆之时，一种关于他的奇谈甚嚣尘上，说他暗通波尔修；他的舰队好像被风吹去，突然不见；他若 300
不参战，人许给他五百塔兰特，他若居间致成和议，人许给他一千五百塔兰特；只因波尔修吝啬，所以协约瓦解。关于波加蒙的舰队，尤美尼斯于拜谒执政官之后，便在罗马舰队驻冬之时把他的舰队带回本国。关于受贿一说，这当然与今日报纸上的讹传一样子虚；这位有钱有智而且始终如一的阿塔鲁斯氏，原先以582年即前172年的一次旅行致使罗马与马其顿破裂，而即因此故几为波尔修的匪徒所刺，现在到了战争的真难关已被克服——并且他对于此战的最后结局从没有真正的疑惑——之际，他竟为几个塔兰特把他那份战利品卖给那谋杀他的敌人，竟以多年的工作来赌这可怜的东西；这不但是个谎言，而且是个很不高明的谎言。无论在波尔修的文件中或他处都寻不出此事的证据，自属确凿无疑，因为就是罗马人也不敢把这种疑心声张出去。可是他们的目的达到了。罗马人的用意何在，可见于其贵族对尤美尼斯之弟阿塔鲁斯的行为。阿塔鲁斯曾统率波加蒙在希腊的助战兵，他们在罗马热诚欢迎这位英勇忠实的战友，请他不为其兄而为他本人提出要求——元老院将欣然给他一个自有的王国。阿塔鲁斯要求的不过是埃奴斯和马罗讷亚。元老院以为这仅是初步的要求，很客气地允其所请。可是他不复有何要求便离开罗马而去，元老院始知波加蒙王家庭中的相互关系异于王家所常有的相互关系，于是宣布埃奴斯和马罗讷亚为自由市。波加蒙人没有从马其顿的战利品获得一尺领土；战胜安条克之后，罗马人对腓力尚保存体面，他们现在却故意伤感情，施侮辱。尤美尼斯迄今与安条克争潘菲利亚的所有权，约在此时，元老院似已宣布潘菲利亚为独立国。更重要的是，自从尤美尼斯用武力把本都王逐出加拉提亚，并且在讲和时迫他应许
301 不再与加拉提亚各君长相勾结，加拉提亚大体为尤美尼斯所控制，现在加拉提亚即使未受罗马人的直接怂恿，也无疑地倚仗尤美尼斯与罗马人的不和，起兵叛尤美尼斯，蹂躏他的国土，使他陷于大大的危险。尤美尼斯求罗马人调停，罗马使者声言愿任调停，不过那统率波加蒙军的阿塔鲁斯最好不要陪伴他，以免激起蛮族的恶感。很奇怪，他竟一事无成；他回来以后说，他的调停仅使蛮族愤怒。过了不久，加拉提亚人的独立得到元老院明白的承认和保证。尤美尼斯决计亲往罗马，到元老院进行此事。可是元老院仿佛内疚于心，忽然发出一道法令，以后不准任何国王再到罗马，并派一个财务官到布隆迪西乌姆迎接他，向他面陈元老院这道法令，问他有何愿望，而且向他表示愿见他迅速离去。此王半晌无言，最后说他不再要别的，又复登舟。他看出当时的局势；半强制半自由的联盟时代已告终，无力的臣属时代已开始。

罗德岛人也受到相似的待遇。他们曾蒙特殊的优待，他们对罗马的关系不真是所谓联盟关系，而是友谊和平等的关系，他们不被禁结任何种盟约，他们也不被迫应罗马人的要求而出兵助战。

可能就因为这种情形，他们已有些时与罗马伤了和气。第一次与罗马意见不合系因利西亚人的叛变而起；安条克败后，利西亚人被交给罗德岛，罗德岛人拿他们当作叛臣，用暴虐手段把他们降为奴隶(576年即前178年)。然而利西亚人主张他们不是罗德岛人的臣民而是他们的同盟，请罗马元老院决定和约的疑义，以这理由把罗德岛人说服。可是他们受了横暴的压制，罗马人当然寄予同情，同情心或居这个结果的大半；至少罗马人方面不再有所作为，他们对此事和其他希腊争执一概听其自然。对波尔修的战事发作，罗 302
德岛人无异于一切有见识的希腊人也认为憾事，特别归咎于教唆此战的尤美尼斯，甚至罗德岛举行太阳神节时，不许他派来参加庆祝的使团到场。可是这并不妨碍他们依附罗马，不使那处处皆有而罗德岛也有的马其顿党得掌政权。585年即前169年，罗马许他们由西西里输出谷物，可见他们与罗马的友好关系尚未断绝。忽然，在皮德纳一战以前不久，罗德岛使者出现于罗马大本营和元老院，声言此战有害于罗德岛人的马其顿商业和他们的港埠收入，罗德岛人不再容忍这个战事，他们愿对拒绝结和的一方宣战，因此他们已与克里特和亚洲各城结为同盟。一个由人民大会主政的共和国自可能有许多反复无常的举动，可是一个商业城市竟做这样狂妄的干涉，而这干涉只有在罗德岛晓得唐培隘口陷落以后才能决定，这实有特加说明的必要。一个确有证据的报告可为这个疑问的解答：据说罗马执政官昆图斯·马奇乌斯，那“新式外交”的能手，曾在赫拉克隆营中，所以在占领唐培隘口之后，对罗德岛使者阿吉波里斯(Agepolis)表示隆重的优礼，暗地请求他斡旋和议。共和国的虚荣心和愚妄补其不足；罗德岛人以为罗马人已抛弃得胜的一切希望，渴欲即刻充四个大国的调解人；他们与波尔修建立联系；罗德岛同情于马其顿的使者说出不当说的话；于是他们落了圈套。元老院大部分的人无疑地不知有这种阴谋，听到这种奇怪的宣言，当然愤怒，欣然愿乘这个便利的机会来挫辱这骄横的商业城市。一个好战的将军甚至向人民提议对罗德岛宣战。罗德岛使者再三下跪，恳求元老院念一百四十年的友谊，不要想这一次的罪过，结果无效；罗德岛人把马其顿党的首领送上断头台或罗马，结果无效；他们又送来一个厚重的金花圈以为感谢不宣战的信物，结
303 果也是无效。固然，可敬的加图指明：严格说来，罗德岛人没有犯罪，并且问罗马人是否欲对于愿望和思想施行惩罚？各国恐怕罗马一旦不再有足畏的人，她便将任意横行，无所不为，罗马人是否应当因此归罪于各国？他的议论和警戒又都无效。元老院夺去罗德岛人在大陆上的属地，这些属地每年收入一百二十塔兰特（二万九千英镑）。又有更重的打击加在罗德岛的商业上。禁运食盐入马其顿和禁运造船木料出马其顿，似乎都是对罗德岛而发。罗马又在提洛设自由港，更直接影响罗德岛的商业；罗得港税收入迄今每年达一百万德拉克马（四万一千英镑），很短时期以后减到十五万德拉克马（六千一百八十英镑）。一般说来，罗德岛人不复能有行动自由和开明勇敢的商业政策，这个国家始渐衰弱。就是它最初所请求的联盟也遭拒绝，到了590年即前164年，经过屡次的请求，罗马才与它重订盟约。克里特犯同等的罪，可是没有力量，受严厉的申斥了事。

对于叙利亚和埃及，罗马人可以迅速从事。此两国已开战，科勒叙利亚和巴勒斯坦又为争执之所在。据埃及人说，叙利亚的克

利奥帕特拉结婚时，那两省即已割给埃及；然而实际握有这两省的巴比伦朝廷却驳斥此说。这个争执显然起于以科尔叙利亚的税收负担她的嫁资，叙利亚方面有理；战事的爆发系581年即前173年克娄巴特拉之死所致，付款最晚当在她死时终止。此战似由埃及开衅，不过安条克、埃庇方尼王欣然趁此机会做最后一次的努力，要在罗马有事于马其顿之时，达成塞琉古王朝世传政策的目的，即取得埃及。命运似乎对他很好。当时埃及王为克利奥帕特拉之子托勒密四世·菲洛梅托(Ptolemy Ⅳ Philometor)，尚未逾童年，谋臣不良；安条克在叙利亚、埃及边境上大获胜利，而后在罗马兵团登陆于希腊的那年(583年即前171年)进入他外甥的领域，不久
以后，埃及王便为他所控制。安条克仿佛要假菲洛梅托之名而取 304
全埃及为己有；于是亚历山大城闭门拒他，把菲洛梅托废掉，拥立其弟犹儿提斯二世(Euergetes Ⅱ)，绰号"肥王"的代他为王，叙利亚王因本国有乱，由埃及被召归国，他又回到埃及时，见两兄弟于他离去的期间达成谅解，于是他对两人继续作战。皮德纳之战(586年即前168年)以后不久，他正驻在亚历山大城下之时，罗马使者盖乌斯·波皮利乌斯(Gaius Popillius)来到；他是一个粗暴的人，把元老院的命令通知安条克，要他把所攻取的地方一概交还，并且在定期内退出埃及。安条克要求考虑的时间，可是这位前任执政官用他手里的杖在国王周围画个圆圈，吩咐他在走到圈外以前表明志愿。安条克答以愿遵命办理，便率兵而去，回到他的首都，在那里他可以用罗马人的习俗，以他那"神圣光武王"的名义，举行征服埃及的庆祝，并且以可笑方式模仿鲍卢斯的凯旋典礼。

埃及自动地愿受罗马保护，于是巴比伦各君主的最后努力以

维持对罗马的独立的，便也罢休。马其顿有波尔修所从事的战事，塞琉古王朝也有争科勒叙利亚的战争，两国同尽其最后努力来恢复早年的势力；可是有一点足以明示两国的不同：排难解纷的在前者为兵团，在后者为一个外交家的粗鲁辞令。

在希腊本土，彼奥提亚两城市既已受到过多的责罚，波尔修的同盟只有摩洛提亚人尚待征讨。鲍卢斯依元老院的密令行事，纵兵劫掠伊庇鲁斯，一日之内被劫的地方达七十处，把居民卖为奴隶，为数达十五万人。因为态度不明，埃托利亚人丧失了安菲波利斯，阿加那尼亚人丧失了勒迦(Leucas)。雅典人却仍扮演其阿里斯托芬的行乞诗人，不但获得提洛和莱蒙诺斯以为赠，甚且不耻于请求哈利亚都的荒废故址，因此这地方被分给他们。如是，罗马人为缪斯做了些事，可是还要为公道再做许多事。每个城邑都有马其顿党，所以希腊无处不举行叛逆罪的审判。是凡曾在波尔修军
305 中服务的人均被即刻正法；是凡受此王的文件或群来告密的政敌所牵累的人均被解往罗马；阿喀亚人迦里克拉底和埃托利亚人李西斯古(Lyciscus)以操告密业著名。这样一来，色萨利、埃托利亚、阿加那尼亚、勒斯博等地方彰明较著的爱国志士均被迁离本土；特别是一千多阿喀亚人被这样处置——取这个步骤，用意不在检举被解去的一干人而在平息希腊人的反对论调。阿喀亚人照例不得其所预期的答复不甘心，无时不要求元老院进行侦查，元老院感到厌烦，终于直爽地对他们声明，有干系的人应留在意大利，以待后命。他们被安置在意大利内地的乡镇，所受待遇尚好；可是若企图脱逃便被处死刑。往日的官吏被迁到意大利的，其情况大概与此相似。这个策略虽然粗暴，在当时情形之下却仍是最宽厚的；

希腊人中愤激的罗马党对被处死的人不多，很不满意。因此，李西斯古以为在开公会时，应把埃托利亚的爱国党首要人物约五百人尽行杀死，罗马委员有用这人的地方，任此事过去，不加惩戒，仅责备他不当用罗马兵执行希腊的国法。然而我们可以相信，罗马人所以设立把人拘禁于意大利的制度，一部分就为的是防止这种惨事。因为在希腊本土，就是像罗德岛或波加蒙那样重要的国家也没有，所以没有再加以挫折的必要，所作所为的仅是行使公道，当然是罗马人所谓公道，其目的在预防党争那种最可耻最昭彰的发作。

如是，一切希腊化的国家已完全受罗马的保护，亚历山大大帝的整个帝国皆已落在罗马共和国之手，正像此城由他的后嗣把这个帝国继承下来一样。国王和使者由四面八方成群结队地来罗马，向她致贺，显见谄谀的下贱不堪，无过于君主在客厅中之时。马西尼萨王只因受明令挡驾，才不亲来罗马，命其子声明：他认为自己只是使用其国收益的人，罗马人才是其国的真主人，他们愿留 306
给他的，他永远对之感觉满足。这话至少含有真情。可是比提尼亚王普卢萨须赎其守中立之罪，却在献媚的竞赛中得到优胜，他被引入元老院时，俯伏在地，向那些"救苦救难的神"行敬礼。他既这样下贱不堪，波利比乌斯说，他们给他一个客气的答复，把波尔修的舰队赠给他。

此刻至少是适用这种敬礼的时候。波利比乌斯叙述罗马世界帝国的完成，自皮德纳一战算起。一个文明国家以平等大国的资格与罗马对抗于沙场的战事，实以此为最后一次；日后一切的战斗都是叛乱，或是对罗马、希腊文明范围以外的民族即行所谓蛮族作战。自此以后，整个文明世界承认罗马元老院为最高法庭；各国王各民族间若有争执，最后听元老院的委员决定；为学得罗马的语言习俗，外国王子和贵族青年来居罗马。以后明目张胆真想铲除罗马统治权的尝试实仅有一次——系伟大的本都王米特拉达特斯所为。更有进者，皮德纳一战也是元老院仍守旧国策的最后一次；所谓旧国策就是，如果可能，他们应不在意大利海以外据有属地，保持戍兵，而应以纯粹政治的主权使他们众多的属国遵守秩序。他们这种政策的目的，在使那些国家既不衰落到极端孱弱而混乱的地步，如希腊仍遭遇的情形，也不能由他们半自由的地位跻于完全独立，如马其顿已尝试而未成功的情形。他们不许任何一国完全灭亡，可是也不许任何一国用自己的力量来立国。因此，在对罗马外交家的关系上，被征服的敌人至少与忠实的同盟相等，且常胜于忠实的同盟；他们使战败的敌人复其原位，可是企图自复其位的却遭贬黜；这是埃托利亚人、亚细亚战争以后的马其顿、罗德岛和波加蒙由经验得来的教训。可是不但保护者的这种职务瞬即使主仆同感厌烦，而且罗马的保护制有如西西弗(Sisyphian)的苦工，永须
307 周而复始，徒劳无功，显见得是个根本毫无足取的制度。皮德纳一战以后，马其顿君主国的被灭，明示制度的变更，中等国家，就是仅有其所能有的独立的，罗马也不愿容它们与她并立。希腊各小国施行恶政，政治上和社会上陷于混乱，罗马人对于其内政的干涉日益频繁，日益难免；马其顿被解除武装，至少那里的北边急需异于哨兵站的防御；最后，马其顿和伊利里亚始行向罗马缴纳田赋的制度：以上种种都表示罗国的附庸即将变为臣属。

要之，如果我们回顾罗马自统一意大利至割裂马其顿的过程，

则罗马的世界帝国绝不似扩大领土的无厌贪心所画定和实行的大计，却似乎是罗马政府不愿甚至违愿而被迫接受的结果。固然，前一见解是自然呈露的见解。萨卢斯特使米特拉达特斯说，罗马与各部落、各城市、各君王的战事都导源于一个主因，即对于领土和财富的贪得无厌，萨卢斯特自属不谬；不过这是忿怒和争执所形成的判断，我们若引之为史实，便不免谬误。任何人只要观察不失于肤浅的，无不明见：在此期间罗马政府始终除意大利的主权外一无所望，一无所欲；他们仅不愿有太强大的邻国与他们并立；他们——非由于对战败者讲人道，而由于抱着一种正确的见解，以为不当使帝国核心受皮壳的重累——真心反对先把非洲，次把希腊，终把亚细亚纳入罗马的保护范围，直到每次的时势逼迫他们，或至少以不可抵御的力量提示他们，才把那范围扩大。罗马人总力言他们不行开疆拓土的政策，他们永远是被侵者而非侵入者；无论如何，这话不纯属空言。除关于西西里的一战外，他们的大战实全为 308
被迫而战，或迫于直接的侵略，或迫于现存政治关系的空前变动，对汉尼拔和安条克的战争如此，对腓力和波尔修的战争又何尝不如此；所以在战事初起时，他们通常措手不及。得胜以后，他们特别为意大利本身的利益计应适可而止，他们却不如是：例如由意大利的政策看，保持西班牙、担任非洲的监护职务，而最重要的是那半属空幻的计划想给处处的希腊人以自由的，都是重大错误；这是十分明白的。可是这些错误的原因，一方面是盲目地畏惧迦太基，另一方面是更盲目地醉心于希腊的自由；当此期间，罗马人绝无贪得领土的欲望，反而对于攻取土地的结果表示很明智的戒心。罗马的政策始终不是由一个雄才大略的头脑拟订而世世相传的计划；这是一个很有能力而胸襟稍嫌褊狭的议会的政策，这议会太缺乏规划伟大结构的能力，太富于要保全他们本国的天然欲望，所以不能以一位恺撒或一位拿破仑的精神来拟订计划。归根结底地说，罗马的世界帝国实以上古政治的一般发展为基础。上古世界不知有各国的均势，所以每一国家已达到内部统一，便致力于征服邻国如希腊各国之所为，或至少致力于使邻国不能为害如罗马之所为——当然，这种努力最终也以征服为结局。上古大国认真行均势政策的或仅有埃及一国；因为与之相反的政策，塞琉古与安替哥奴，汉尼拔与西庇阿发生冲突。上古其他天赋丰厚而发展远大的一切国家竟均须沦亡以充实其中的一国，仿佛它们生存的究极目的仅在助成意大利的伟大和同实而异名的意大利的衰落；此事虽似可悲，然而历史的公道仍须承认：这种结果非由兵团在军事上优于密集队所致，而是上古一般国际关系的必然结果；所以结局不决定于痛苦的偶然事件，却是实践一个不可变更所以可忍耐的运数。

第十一章　政府与被治者 309

贵族的覆亡绝未使罗马共和国脱去其贵族政治的性质。我们已在上文表明平民党自始即与贵族同含有这种性质，并且就某种意义而言，较贵族更确定地含有这种性质；因为旧市民团里权利无处不绝对平等，新宪政却一开端便区分享受特殊市民权和使用权的元老家族和其他公民大众。所以贵族一废除，市民平等一建立起来，即刻就形成一个新贵族像接木似的插入灭亡的贵族，因此新进步党的最初运动与旧平民反对党的最后运动混合起来。这两个新党的形成始于罗马纪元第五世纪，可是到了下一世纪它们才有明确的规模。这个变迁的进展仿佛为大战和胜利的喧嚣所淹没，所以它的形成较罗马史其他事物的形成隐晦难见。正如一层冰不知不觉地凝结在河面，不知不觉地把河面封冻得愈来愈紧，罗马这个新贵族静悄悄地发生出来；一样地不知不觉，有如藏在冰下慢慢增涨的水流，与新贵族对抗的新进步党也发生出来。这两个相反的运动当时尚未达到任何昭著的实际灾变，要把它们几种单独看来无关重要的迹象总括起来，成为历史上一个概观，甚为不易。可是共和国里素所享受的自由受下暗伤，将来的革命立下根基，却都在此期间；如果我们不略示那表面坚冰的厚薄和强弱，不稍述那预 310
兆大破裂将临的怒号和噼啪声，则这两事的叙述和罗马一般发展的叙述便仍欠完备。

在形式上，罗马贵族固守那些属于贵族时代的古制度。罗马人曾充国家平时的最高官职的，不但当然自始即实际享受较高的。尊荣，而且在早年时即获得与其地位相连的某些荣誉特权。最古的特权，无疑地就是允许这种长官的子孙于其荣显的祖宗死后把他们的蜡像供在家堂，沿着绘有系谱的墙壁陈设，并且遇有家口死亡出丧时，把这些蜡像运出游行。要领略这种荣典的重要，我们须回忆，由意大利、希腊的眼光看，崇拜偶像与共和政体不符，因此罗马的国家警察绝不容许陈列生人的像，并且严厉监督死人像的陈列。种种外面的标志与这个特权相连，由法律或习惯保留给这种长官及其子孙；男子短袄上的紫条和手上的金戒指，少年人的镶银佩饰，童子斗篷上的紫边和盛符箓的金盒[①]——这些固然都是无足轻重的东西，可是这个民社表面上那样严守公民的平等，这个民社就是在第二次布匿战争时，因为一个市民在公共场所违法头
311 戴玫瑰花环而把他逮捕，囚在狱中多年，这些小物在这里却仍至

① 这些标志可能最初仅属于贵族本身，即属于牙座长官同族的子孙；可是依这种徽章的常态，经过相当时期以后，此类标志一概都推广到较大范围。金戒指可为明证：在第五世纪，仅豪族阶级戴金戒指，在第六世纪，每一元老和元老之子都戴它，至第七世纪，骑士阶级人人可戴，到了帝国时期，每一自由人都戴一个。银佩也是如此，在第二次布匿战争时，这仍是豪族阶级独有的标志；斗篷的紫边亦然，最初只有牙座长官之子才许穿紫边的斗篷，以后推到骑士之子，再后推到一切自由人之子，最后——然而早在第二次布匿战争之时——甚至推到解放人之子。短袄上的紫条（*clavus*）仅能证明是元老和骑士的标志，前者的紫条宽而后者的紫条窄；同样，盛符箓的金盒（*bulla*）在第二次布匿战争时，仅被称为元老儿女的标志，到西塞罗时，被称为骑士阶级的标志，而卑贱阶级的儿女则仅佩革符（*lorum*）。不过此等似乎都是旧闻的偶然缺漏，紫条和符箓金盒似乎在最初也为狭义的贵族所特有。

关重要。[1]

贵族政府时代,这些荣典可能已大部存在,贵族家门一日还有品级高下的区别,这些荣典便一日用作高门的外面标志。可是只因有387年即前367年的宪法改革,这些荣典始得到政治上的重要性;由于这次改革,达到执政官资格的平民家始与贵族家同享平等的特权,这些贵族家现在大概都可运祖像出丧。更有进者,由现在的规定,国家官职有此等世袭特权的,不包括低级或额外的长官职,也不包括平民保民官,而只包括执政官、与执政官地位平等的副执政官和有坐贵族座特权的市政官;市政官参与公众司法行政,因此也参加行使国家主权。[2]

这种平民贵族,按这名词的狭义来说,虽然只能形成于贵族官职向平民开放以后,可是即使不是自始已然,至少在不久以后便显出固结的组织——无疑地,因为这种贵族的萌芽久已存于旧平民元老的家族。所以李锡尼法律的结果实等于我们今日所谓册封一批贵族。现在赖有贵族祖先而成为贵族的平民家与贵族家既合为一体,在共和国里获得特殊地位和优越权力,罗马人又达到他们原来的出发点,不但又有了一个握政权的豪族阶级和一个世袭的贵族阶级——二者实未尝绝迹——而且又有了一个世掌政权的贵族阶级,于是把持政府的贵族与起而反抗他们的平民之间不能不再 312

---

① 戴冠出外之权由军功而得,所以无相当身份而戴冠与今日无相当名义而僭用军人勋章相似。

② 如是,行使执政官权力的军事保民官、续任执政官、财务官、平民保民官和其他官职仍被摈于外。至于监察官一职,监察官尽管坐在牙座,似乎不算是牙座官职,然而到了后来,只有具执政官身份的人能为监察官,这问题在实际上便无关重要。平民市政官诚然原不算在牙座长官之列,然而到后来或也算是一个牙座长官。

起斗争。事势不久便达到这个地步。名誉的特权比较无关重要，贵族阶级不以此为满足，而力求一手独揽政权，想把国家最重要的制度——元老院和骑士阶级——由共和国的机关变为平民、贵族合成的豪族的机关。

罗马共和国的元老院，特别是那贵族与平民合成的较大元老院，依法附属于长官，可是这种关系迅即懈弛，实则附属变为独立。244年即前510年的政变始置公家长官于政治会议之下，征召人民的权力由执政官移归监察官，最后也是最重要的，法律承认曾任最高级长官的人在元老院中有出席权和表决权；元老院原是个高级行政长官所召集的会议，在许多方面附属于高级行政长官，现在变为实际独立的统治团体，并且由某种意义说，自行补充其员额；因为元老入院的两种方式——一个是选充高级官职，一个是监察官的征召——都实际受政治会议本身的支配。无疑地，本期的市民仍旧很有独立的精神，不许非贵族完全被摈于元老院之外，并且贵族阶级或也仍甚谨慎，甚至不愿如此；可是因为元老院里有严格的豪族等级——曾任高级长官的元老，各按其执政官、副执政官和市政官的等级，与那些未曾任高级官职而入院所以不得参加辩论的元老截然有别——所以出席元老院的非贵族虽可能人数众多，他们在元老院的地位却无关轻重，势力较为薄弱，于是元老院大体成为贵族阶级的栋梁。

骑士制度发展为贵族阶级的第二个机关，其重要次于元老院，可是绝非不关重要。新世袭贵族既无力篡取人民大会而把它独
313 占，他们势必极愿至少在民社的代表中取得特殊的地位。在部民大会中，此事无法做到；可是塞尔维乌斯编制下的骑士百人队却似

乎正为此事而设。民社所供给的一千八百匹马[①]依宪法也应由监

① 通行的臆说以为单是贵族的六个百人队骑兵就有一千二百名，因而骑士队全部兵力共计三千六百名，此说不能成立。用编年史家所举的倍数来决定骑士数目的方法是错误的；实则这两种见解各有其渊源，也各有其解释。可是第一数没有根据，因为此数仅见于西塞罗书中的一段，就是拥护这个意见的人也承认这段错误；第二数也没有根据，因为此数全不见于古典作家的书中。反之，我们先有非为古书而为制度本身所示的数目，与本书所陈的臆说相合：因为一个百人队确为一百人，骑士百人队原有三队，后有六队，最后在塞尔维乌斯变法之后则有十八队。古书只在表面上与这个意见相左。唯一不自相矛盾的旧闻不把贵族与平民混成的十八个百人队，算作一千八百人，而把那六个贵族百人队算作一千八百人，李维和西塞罗显然都遵此说。可是同时西塞罗又很明白地表示，他的话指当时一般罗马骑士的现在数目而言。编年史家不甚喜熟虑的，常有将后做先的事，所以全体的数目便因此而移为其最显要的一部分的数目；同样他们指定基本民社有三百骑士而非一百骑士，实因为预期其包括提提人和卢塞人的助战兵在内。最后，加图建议把骑士队的马数增为二千二百匹，这既明白证实上面提出的意见，又明白驳倒反面的意见。

帝国时期的骑士团的情形，我们所知的与上说甚相符合。骑士团分成班(*turmae*)，每班有三十至三十三人。骑兵不但有分班同时也有分部的某些痕迹，这却不能有满意的解释；班与百人队的关系也不甚清楚，可是我们非设想三班为一百人队不可。于是便有五十四个班，罗马一切骑士既确都分为班，此数无疑不是太大而是太小。再者，我们这里所论的仅是标准数目，自不待言；以后增加了额外人员，骑士的数目超过标准数目远甚。旧闻未举出班的全数；因为碑铭虽仅表现次序在先的数目直至第五第六为止，这几个数目所以特著仅以第一班名望特高一事即可解释——在碑铭上，我们仅见 *tribunus a populo* 和 *laticlavius* 和 *iudex quadringenarius*，而不见 *tribunus rufulus* 和 *angusticlavius* 或 *iudex ducenarius* 可与此事相比拟。若假定总数为六个班，实乏合理的根据，尽管如此，这仍是常用的臆说，只因为以班长的名称(*seviri equitum Romanorum*)来推测他们所率的班数，这推测全无理由。罗马的公民骑兵确一时有六个百人队，由六个百人队长(*tribuni celerum*)各率一队；不过我们即使假定六队增为十八队以后仍保存这个数目，按理我们不能视 *seviri equitum Romanorum* 即是这些 *tribuni celerum*，因为在碑铭上他们的出现始终不与一般骑兵发生关系，而与各班发生关系，如 *seviri eq. Rom. turmae primae* 等，在希腊文为 ἴλαρχοι，所以不能用百人队组织而须以班组织来说明。因此我们在班组织里得其所求——军事组织规定每班六个军官，即加图所称的 *decuriones* 和 *optiones* 必正是这几个 *seviri*，所以 *seviri* 的数目必为骑兵中队数的六倍。亨赞(*Henzen*)所持异议，即奥列里乌斯(*M. Aurelius*)名班长赛会为 *sevir* "*cumcollegis*" 绝不妨碍我们所假定的众多 *seviri*，因为所谓同僚实甚可仅为同班的同僚。我们甚至认

察官支配。无疑，以其职责而言，监察官应根据纯军事背景选取骑
314 士，在检阅时，骑士因年老或他故而不能胜任或全不中用的，监察官应坚持使他交出公家的马；可是这制度的本质里就含有骑士的马应特别发给富人的意义，并且要使监察官不注重高贵出身而注重能力，不许一度入选的贵人尤其是元老保留其马至相当时间以外，却绝非易事。因此，元老便在十八个骑士百人队会里享有表决权，骑士百人队会的其他位置也大致分给贵族阶级的少年人，实际成为常规。军制当然受其害，原因不在兵团马队中不适于当兵义务的不在少数，而在这种改革破坏军队里的平等；贵族少年日益退出步兵役，兵团马队成为一个不许外人加入的豪族队伍。在西西里战争期间，执政官盖乌斯·奥列里乌斯·科塔(Gaius Aurelius Cotta)命骑士与兵团士卒共同掘壕，他们何以竟不听命(502 年即前 252 年)，加图在西班牙为统帅时何以感到有严厉申斥马队的必要，我们由上面的情形略可明其原因。可是这种变市民马队为贵族卫骑既决然有害于共和国，也决然有利于贵族阶级，这阶级由十八个骑士百人队会所得的选举票不但与众不同，而且为众表率。

与以上性质相似的是，在国庆之日把元老阶级和其余民众的指定看戏场所正式分开。这是 560 年即前 194 年西庇阿第二次担任执政官时所行的改革。国庆与那因为表决而召集的百人队会同

(接上页)下列一事为可能：第一班班长享有殊荣，所谓 *principes iuventutis* 只是任第一班班长的帝室亲王；班长赛会，我们可以猜测，专归此班办理。到较晚的时候，也可能只在第一班有正式编制，设有班长，而在其他国有骑兵团中，这个细类已作废。

姑置意大利境内境外属国的助战兵而不论，只有国有骑兵团或骑士兵团组成罗马军的平时骑兵；是凡遇有“私人骑士团”之外，这名词代表义勇队或被贬的队伍。

为人民大会；那次国庆并无法令颁布，所以宣告统治阶级与全体臣民的区别——分坐一事即含有此意——更有意义。因此，就是统治阶级也很非难这种改革，因为他滥分畛域，徒招怨尤，无所裨益，又因为豪族中明智之士努力以公民平等的形式掩饰他们的独占政府，这个改革与他们的努力显然互相矛盾。

这种情势可以说明许多事实：监察官一职何以成为共和晚期宪法 315
的枢纽；这个官职原不重要，与财务官居平等地位，何以竟拥有那不当属于它的服饰，享有贵族共和国中全无其比的光荣，被目为循吏宦途的极峰和结局；反对党每次企图以他们的人充此职，甚至每次企图令监察官在任期内或以后对人民负责，政府何以视为攻其护符，而用联合战线抵抗这种企图。在这方面，我们只述一事就够了：加图为监察官候补人，激起一场风波，550 年即前 204 年的两位监察官皆不为人所喜，反对党要对他们进行法律诉讼，元老院竟以非常蛮横而违反一切程式的手段加以阻止。可是政府既增大监察官职的光荣，却又连带着对他们这最重要而即因此故也最危险的工具特为猜疑。监察官无条件地支配元老院和骑士阶级的人员组织，实为根本的必要；因为排斥权不甚能与征召权分而为二，而这种排斥权宜保持不废，其目的不在铲除元老院里反对党的贤能人士——当时圆滑的政府慎避此事——而在保存贵族政治的道德光辉，这种政治一旦失去其道德光辉，必致不久成为反对党的牺牲。拒绝权也被保持，不过他们所最需要的是这柄白刃的光华闪灼——他们畏惧白刃的锋芒，刻意使之变钝。监察官职有其天然的约束——豪族阶级的名录以前随时可以更改，在监察官之下，只能每隔五年更改一次——并且政府赋予监察官的同僚以否决权，赋予其继任以取消权，限制他的行动；除此以外，尚有另外一种很有效的节制：有一个等于法律的习惯，监察官把任何元老或骑士开除名籍时，他在职责上须用书面列举这种决定的根由，于是通常采用与裁判手续相同的办法。

在这种政治地位——以元老院、骑士阶级和监察官之职为基
316 础——贵族阶级不但能大致霸占政府，而且能按他们自己的意旨改造宪法。他们政策的一部分，就是为维持公家长官的重要计，尽可能地少加长官职的数额，在领土扩大、事务增多之后，仍使长官数额远不逮所需要的数额。为应付最急迫的需要起见，他们于511年即前243年把迄今一个副执政官所担任的司法职务分给两个法官——一个审理罗马市民之间的诉讼，另一个审理非市民之间或市民与非市民之间的诉讼——又任命四个助理执政官管理海外四省：西西里（527年即前227年）、撒丁与科西嘉（527年即前227年）、近西班牙和远西班牙（557年即前197年）。罗马城提出诉讼手续的方式太嫌简易，官吏干部的势力日增，或皆大部由于罗马长官职的数额不敷实际需要所致。

政府所创的改革——这些改革虽不改现行宪法的文字而仅改其实行，却仍不失为改革——最著名的是军官和文职长官的任用不按宪法文字所许可而其精神所要求的办法，不仅视其功绩和才能如何，而且视其门第高低和资历深浅以为断。关于干部军官的任命，形式上虽不如此，实际上却是如此。前一时期，干部军官的任命即已由将军移至人民；在本时期，每年经常征兵的全体干部——四个常备兵团的二十四名军团长官——都成为部民大会所推举的人员。如是，下级军官与干部之间，划出一条日益不可逾越的鸿沟，下级军官以敏捷卓越的劳绩得将军的提拔，干部却以运动

市民而得其特权的地位。为易于制止这方面最恶的弊端并为预防少不更事的人任这种要职起见，一件事便成为必要：即要求若干年服兵役的证件以为给予干部任用的预备。然而军团长官一职为罗马军制的真柱石，此职一旦被指定为少年贵族入政界的阶梯，服兵役的义务便难免常被规避，于是既有民主政治的竞选运动，又有贵族政治的排斥他人，军官选举因此不免流弊丛生。遇有严重的战争（如 583 年即前 171 年），人们以为必须暂停民主方式的军官选举，而再把干部的任用委诸将军，这是对新制度的严厉批评。 317

说到文官，改革的首要目的在限制一人重行当选为最高长官。如果每年一任的国王主政制不是徒有其名，这事诚属必要；就是在前一时期，一个人做执政官以后未逾十年，也不许再被选为此职；至于监察官一职，则完全禁止重行当选。本时期没有再通过其他法律，不过这条法律的应用却较以前严格；在意大利战事的持续期间，十年间隔法虽于 537 年即前 217 年暂停应用，战后却不复加以通融，并且至本期将终时，重选极为罕有，这是应用较严的明证。再者，本期将终之时（574 年即前 180 年）颁布了一个人民法令，勒令公家长官的候补人按规定的次第申请，要遵守一人前后任期的一定间隔和年龄的一定限制。固然，习惯早已把这两层加以规定，不过使习惯所定的条件升为法定的资格，便是显而易见地限制选举的自由，于是选举人不复有在非常时期不顾这种资格的自由。一般说来，统治阶级各族的人，不问其有能力与否，元老院无不开门延人，同时不但一班贫贱的人全不得入政府任职，而且不属于世袭贵族的罗马人也一律被拒，他们未必不得入元老院，却不得充任那两个最高的长官职，即执政官和监察官。在曼尼乌斯·库里乌

斯之事以后，我们不能指定一个不属于社会贵族的人充任执政官，
318 可能全无此例。可是自汉尼拔战争起至波尔修战争告终为止的半世纪里，首次见于执政官名录和监察官名录的氏族数目极为有限，而这些氏族的绝大多数，如弗拉米尼氏、特伦提氏（Terentii）、波尔奇氏（Porcii）、阿西里氏（Acilii）和莱利氏（Laelii），都源反对党的选举，否则源于与贵族有特别瓜葛。例如564年即前190年盖乌斯·莱利乌斯（Gaius Laelius）的当选显然是因为西庇阿兄弟之故。无疑，贫寒阶级被摈于政府之外，实为应时势的变化而不得不如此。今罗马既已不复为纯粹的意大利国家，又已吸取了希腊文化，不能再从耒耜之间取一个农夫，把他置在民社的首长地位。可是当选的人全限于传统贵族的狭隘范围，殆无例外，“新人”只能用一种僭夺的方式始能进这个范围，这却既非必要，又属无益。[①]

① 由执政官和市政官的纪年，我们可以明见罗马贵族阶级尤其是世袭贵族的稳固性。我们熟知，由388—581年即前366—前173年，每年有一个贵族和一个平民共任执政官（只有399—501年即前355—前353年、403年即前351年、405年即前349年、409年即前345年和411年即前343年等两执政官均为贵族是为例外）。再者，在瓦罗算法的奇数年份至少晚至第六世纪，地位至高的市政官团纯为贵族所组成，他们之可知者共十六年，即541年即前213年、545年即前209年、547年即前207年、549年即前205年、551年即前203年、553年即前201年、555年即前199年、557年即前197年、561年即前193年、565年即前189年、567年即前187年、575年即前179年、585年即前169年、589年即前165年、591年即前163年和593年即前161年。就其氏族而言，这些贵族执政官和市政官分布如下：

	执政官 388—500 / 366—254	执政官 501—581 / 253—173	16人贵族团掌控市政官
科尔涅利氏 ……………………	15	15	14

无疑，不但元老院制度自始即以代表氏族为基础，有某种固有的世 319
传性质，而且因为一般政治智慧和政治经验常由贤父传到贤子，并且显赫祖先的精神感召也能煽动人心一切高尚的火花，使之迅速

(接上页)

	执政官 388—500 / 366—254	执政官 501—581 / 253—173	16人贵族团掌控市政官
瓦勒里氏	10	8	4
克劳狄氏	4	8	2
埃米利氏	9	6	2
法比氏	6	6	1
曼利氏	4	6	1
波斯图米氏	2	6	2
塞尔维氏	3	4	2
昆克提氏	2	3	1
福里氏	2	3	—
苏尔皮奇氏	6	2	2
弗图里氏	—	2	—
帕皮里氏	3	1	—
瑙提氏	2	—	—
尤利氏	1	—	1
福斯里氏	1	—	—
	70	70	32

如是，高级贵族十五六家，当李锡尼立法时代在国家里拥有势力的，以后仍保持其相对的数目历经以后两个世纪，实际至共和结束，无大变动；无疑地，他们一部分用过继法保持其数目。新氏族必时时加入平民贵族范围，可是在平民纪年里，旧家如李锡尼氏、福尔维氏、阿提里氏、多米提氏、玛尔西氏、尤尼氏也占很决定性的优势，历数三百年。

发出更灿烂的火焰，所以一般贵族自然也有其固有的世传性质。就这种意义而言，罗马贵族无时不是世袭贵族；这贵族很坦白地把他的世传性质表现在旧习惯上；元老携其子往元老院，公家长官仿佛预祝似的，把最高官爵的荣典标志——前任执政官的紫衣边和凯旋者的符箓金盒——赏给其子。可是在较早时期，世袭的表面尊严尚略有继承的内在德性为其佐证，元老贵族治理国家，所凭的原不是世袭的权力，而是最高的代表权——即人杰所以异于庸人的权力——到了本期，贵族由其原来的崇高地位，民社中最饶划策和行事经验的团体地位，沦为一个以世世相承补其员额，实行册党比周的虐政的贵族阶级；到汉尼拔战事以后他们堕落得尤为迅速。

诚然，本期事势已达到一个巅峰，由寡头政治的毒害生出几个特殊家族擅权那更恶的毒害。我们已说到扎玛战胜者的家族政策，并说到他努力以自己的名望遮盖其弟的无能和可怜，竟不幸而成功；弗拉米尼乌斯任用亲戚，如果可能，比西庇阿尤为无耻可恶。
320 选举的绝对自由实为这种朋党所利用的机会特多，而为选民所利用的机会却绝少。马尔库斯·瓦勒里乌斯·科尔乎斯（Marcus Valerius Corvus）二十三岁当选为执政官，无疑是为国家谋利益；可是现在西庇阿二十三岁时得为市政官，三十岁时得为执政官，而弗拉米尼乌斯不满三十岁便由财务官升到执政官，这种办法不免陷共和国于严重的危险。世事竟到这种地步，以致要制止一家专政及其后果，非由严格的寡头政治里寻不出有效的防范；就因为这个缘故，所以甚至在其他方面反对寡头政治的人也同意加限制于绝对自由的选举。

统治阶级的精神既有这种逐渐的改变，政府自带有这种改变的形迹。诚然，本期对外事务的管理仍饶有一贯和强力的精神，与往日建立罗马民社的意大利主权时无异。在西西里战争那大受磨难的期间，罗马贵族也逐步登其新地位的绝顶；如果贵族违背宪法，把只有长官和人民大会可共享的政权夺给元老院，他们为此事辩护说：在汉尼拔那场惊风骇浪和由此而起的纷扰中，贵族曾以其固然不甚辉煌而却稳妥坚定的手腕为国家掌舵，他们并且昭示世界，使知只有罗马元老院能统治范围广大的意大利、希腊各国，并且由多方面看来，也只有罗马元老院配得上统治他们。可是我们虽承认罗马主政的元老院以可钦佩的态度抵抗外敌，因而终有最可贵的成绩，我们却不可忽略一个事实：在那不如此显著可是远较重要远较困难的内政管理上，元老院处理原有设施和新制度的办法却透露一种与此相反的精神，说得更确切些，表示出那与此相反的趋势已在这里占优势。

第一，政府对各个市民的关系非复往日之旧。“长官”这个名词原指“一个出类拔萃的人”，如果他是民社的仆役，他即以此故便为每一市民的主人。可是严紧的管制现在变为宽缓。凡在朋党和 321
竞选盛行的地方如当时的罗马，众皆慎避严厉的言辞和直率的行动，以免丧失同人的情谊或大众的欢心。如果往往见有长官显出昔日的庄肃和严厉，他们普通都是科塔（502 年即前 252 年）和加图一流的新人物，不是由统治阶级中间出身的。鲍卢斯被举为讨伐波尔修的元帅，不照常例致谢于市民，却向他们声明说：他断定因为他们认为他最长于发号施令而选他为元帅，所以要求他们不要助他发号施令而只是静默从命；人甚至以此为怪事。

罗马在地中海各地的主权和霸权大都基于其严肃的军纪和司

法。当时希腊、腓尼基和东方各国全陷于混乱，殆无例外；无疑，在这两方面，她大致胜于那些国家不知凡几；然而重大的恶习已见于罗马。我们前已指出，在第三次马其顿战争中，罗马元帅的拙劣无能如何危害国家的利益，不但由反对党所选出的民众领袖如盖乌斯·弗拉米尼乌斯和盖乌斯·瓦罗如是，即身为真正贵族的人亦复如是。司法偶尔的情况如何，可见于执政官卢奇乌斯·昆克提乌斯·弗拉米尼乌斯（Lucius Quinctius Flaminius）在普拉森提亚营中的一件事（562 年即前 192 年）。一个为他所宠的少年随侍着他，因而失去往观首都决斗戏的机会，为偿其损失起见，这位大人命人把一位来罗马营中投靠的波伊部贵族召来，然后在筵席上亲手把他杀死。与此相似的例子可举出很多；可是还有更恶于此事本身的，便是不但凶犯未被传讯，而且监察官加图因此把他从元老名籍上开除时，他同院的人却在剧场中请这被革除的人重坐在元老的座位上。无疑地，他是解放希腊者的兄弟，并且是元老院中最有势力的党魁之一。

本时期罗马民社的财政系统也有退步而无进展。他们的岁入
322 额诚然有显而易见的增加。间接税——罗马无直接税——因罗马疆域的扩大而增加，例如在 555 年即前 199 年和 575 年即前 179 年，因税务加繁，不得不在埃帕尼亚和布鲁提亚沿海的普特奥里、迦斯特拉（Castra，即斯奎拉切[Squillace]）和他处设立新税局。也因为这种缘故，550 年即前 204 年盐税的新税则规定意大利各区域的食盐售价表，因为现在罗马市民散居全境各地，政府不复能以同一价格的食盐供应他们；可是罗马政府即使不减价大概也照原价以食盐供应市民，这个财政方略却不能为国家生利。公地收入

的增加更为可观。诚然，人被许占用意大利的公地，理应向国库缴纳田赋，可是此项田赋既无人征收，又无人缴付。反之，不但牧场税（*scriptura*）存而不废，而且晚近在第二次布匿战争所得的公地，尤其是卡普亚和里昂提尼领土的大半，政府不许人占用，却把它分割，租给短期的佃户；这次若有人企图占用公地，政府便极力反对，因此国家获得一个巨大可靠的财源。国家的矿产，特别是西班牙的重要矿产，也都用出租取利。最后，海外属国的贡献也足以增加岁入。本时期有巨大款项由额外的财源归入国库，特别是与安条克之战，战利品的收入达两亿塞斯特（二百万英镑），与波尔修之战，战利品的收入达两亿一千万塞斯特（二百一十万英镑）——后者为现金一次入罗马国库的最大数目。

可是上述的岁入增加大半为开支增加所抵消。各省，西西里或为例外，经费可能几与其收入相等；领土愈广，大路和其他建设的费用愈大；又有苦战时期所收自由管业（*freeholder*）市民的贷款（*tributa*）今须归还，为罗马国库多年的重负。此外再加以最高长官办理不善、做事疏忽或明知故纵，造成岁入上很大的损失。关于 323
官吏在各省的行为，关于他们耗国币以营奢华生活，关于他们盗用公款尤其是战利品，关于新萌芽的行贿和勒索手段，我们将在下文叙述。国家招人包收捐税和订立供应以及建筑的合同，其一般情形如何，可由一事来推测：587 年即前 167 年因为矿坑的租户不是劫夺人民，便是欺骗国库，元老院议决停止开采那些归于罗马的马其顿矿坑——这个理事会真正坦白地自认无能，宣告对于自己的批评。他们不但如上所述，许占用公地的田赋不声不响地归于废止，而且听任首都和他处的私家建筑侵占公产，让公家渠道的水转供私人用途。有一次监察官对这些侵犯公益的人取严峻的步骤，强迫他们或停止霸占公产，或付出地基和用水的法定代价，激起大大的不满。罗马人的良心在其他关于经济的事件上那样拘谨，可是一与国家有关系，便显得非常懈怠。“行窃于市民的人，”加图说，“终其年于桎梏，但行窃于民社的人却终其年于金紫。”罗马官吏和投机家尽管侵盗民社的公产，肆无忌惮，逍遥法外，波利比乌斯却仍力言罗马罕有盗用公款之事，而希腊则不能举出一个不窃取公款的官吏；又力言罗马的委员或长官管理巨额款项，只要一言承诺，便诚实无欺，而在希腊则最微细的款项也须封缄公文十件，觅取证人二十名，但仍是人人诈骗。如果波利比乌斯这样说，他的话不过暗示社会上和经济上的颓风在希腊远甚于罗马，直接而明显地侵吞公款在罗马不如在希腊盛行而已。我们由公共建筑和库存金额最可洞瞩财政上一般的成绩。我们知道用在公共建筑的款
324 在平时占岁入五分之一，在战时占十分之一，在当时情形之下，这似乎不是很大的经费。用上述款项和不直接缴库的罚金，来修补首都内及其附近的公路，筑造意大利的主要大道，[①]营建公共建筑，无疑地必有不少的成绩。最重要的建筑工程，已知其属于本期的，或为全市阴沟网的大修和延长，大概在570年即前184年订立这工程的合同，即刻便为此事留下专款二千四百万塞斯特(二十四万英镑)，我们可以假定那至今仍在的残余阴沟至少大部分属于这次的工程。然而即使置急迫的战争而不论，本期在公共建筑方面

① 然而修路的费用大概多半由附近居民负担。征发人民服劳役的旧制度没有废除，地主手下的奴隶必常被唤去从事筑路(加图，《论农业》，2)。

似无一处不逊于前期的末叶；在482—607年即前272—前147年之间，罗马未尝造新阴沟。国家的财富无疑多于往日；545年即前209年他们不得不动用最后的储备时，存款仅有黄金四千磅（十六万四千英镑），而到本期告终（597年即前157年）以后不久，国库所存的金银将近八十六万英镑。可是在汉尼拔战争结束后的三十余年间，罗马国库有巨大的额外收入，如果我们计及这笔收入，则我们不讶后数之大而怪其小。我们所有的记载极为不足，就这些记载所许谈到的结果而言，罗马国家的财政无疑显出收入多于支出，不过其总计却不见得辉煌。

罗马民社对待意大利内外那些臣民的办法最能明白显出政府精神的改变。往昔意大利有四种不同的臣民：普通同盟民社、拉丁同盟民社、无选举权的罗马市民和有完全公民权的市民。在本期中间，四种中的第三种归于消灭，因为被动市民的民社要么因汉尼 325
拔战争而丧失其罗马公民资格——特如卡普亚——要么陆续获得了完全公民权。所以到了本期之末，除了一些孤立的人因特殊缘故而不得有选举权的而外，罗马已无被动的公民。

另一方面，新起了一种地位特别下贱的臣民，他们的城市特权和武装权均被剥夺，并且大略被视为几与公家奴隶（*peregrini dedicii*）无异；特别是旧日坎帕尼亚、皮塞努姆和布鲁提亚那些曾与汉尼拔联盟的民社都属于此类。此外还有被容留在阿尔卑斯山以南的凯尔特各部落，他们对意大利同盟的地位固然不能详知，可是在他们与罗马所订的盟约中却附有充分示其卑贱的条款，即此等民社的人永不许获得罗马的公民资格。

如上文所述，因为汉尼拔战争，非拉丁同盟的地位受了对它们大大不利的改变。属于此类的民社只有少数如拿波里、诺拉和赫拉克利亚曾在那次变化无常的战事期间始终站在罗马方面，所以能保其同盟国的旧有权利而不改；其中绝大部分曾投归敌方，罗马人把原有条约修正得对他们不利，他们也不得不服从。非拉丁同盟国的衰落情形可以其人民迁往拉丁民社为证：577 年即前 177 年萨谟奈人和佩利格尼人向元老院请求削减其助战兵额，他们的请求基于下列理由，即近几年来萨谟奈人和佩利格尼人四千户已迁居拉丁殖民地弗雷吉莱。

“拉丁人”这个名词现在表示古拉丁姆未合并于罗马市民团的
326 少数地方如提布尔和普雷内斯特，与它们平等的同盟城市如赫尔尼基人的几个地方，和散布于意大利全境的拉丁殖民地。此时拉丁人仍居较优的地位，他们的名称就含有此意，可是按比例说，他们受害之烈也不亚于他人。他们的负担无理地增加，兵役的压迫日益由市民身上转嫁到拉丁和其他意大利同盟。例如在 536 年即前 218 年，同盟被征发的兵额几乎是公民的一倍；汉尼拔战争完结以后，公民兵一律得到退伍，同盟兵则不尽然；同盟兵大部用于戍守任务和在西班牙服那可厌的兵役。577 年即前 177 年的凯旋劳军，同盟兵不像往常与公民兵平分犒赏，却仅得公民兵的半数，以至于在那兵士狂欢节的无限欢乐中，被这样贱视的队伍随在胜利车后面，怏怏地一声不响。在分配北意大利的土地，公民每人受耕地十尤格，非公民每人三尤格。上文已言 488 年即前 266 年以后创立的拉丁民社不许再有移居的自由。较老的拉丁城市却依法仍有这种自由，可是此等城市的人民群往罗马，当地长官抱怨各城的人口日减，在这情形之下不能供给应出的助战兵；因此，移民把子女留在家乡以后，罗马始许他们行使移居权；按照这个原则，首都警察大举驱逐移来的人（567—577 年即前 187—前 177 年）。这或许是不可避免的办法，不过自由移居权是与同盟城市订约赋予的，此举仍不免使人感觉是对自由移居权的重大限制。再者，本期将终之时，罗马在意大利内地所创立的城邑始得有完全公民权以代拉丁权利，以前只有沿海殖民地才得有这种公民权；拉丁集团一向因有新民社加入照例进行扩大，这扩大于是告终。阿奎莱亚的建立始于 571 年即前 183 年，这是罗马属下得拉丁权利最晚的意大利殖民地，约在同时派出的殖民团往波滕提亚、庇骚隆、帕尔玛、穆提那和卢那等地的，都得有完全公民权（570—577 年即前 184—前 327
177 年）。此事的原因显然在于拉丁公民权衰微而罗马公民权兴盛。在送往各殖民地的人民中，罗马市民被选的永居多数，现在比以前更居多数；就是罗马市民的贫苦阶级也不复有一人，甚至为获得很大的物质利益，情愿以其市民的权利换取拉丁人的权利。

最后，说到非公民——无论其为民社或个人——他们取得罗马公民权的门路几乎全被杜绝。约在 400 年即前 350 年，罗马人废止合并臣属民社于罗马民社的旧办法，以免罗马公民团因过度扩张而太为分散，因此设立半公民的民社。现在他们又放弃了民社集中的办法，一方面许半公民的民社得享完全公民权，又一方面有许多远处公民殖民地加入其列，可是不再用旧日的合并方法。意大利全被征服以后，我们甚至不能指出一个意大利民社由同盟变成罗马公民，可能自当日以后，真正没有一个获得公民权。可是甚至单个的意大利人在此时获得罗马公民权，也较以前困难多多，特别是自由移居的限制依法与被动公民权合为一事；一个意大利人获得罗马公民权的，殆全限于拉丁民社的长官，还有创立公民殖民地时，非公民以个人资格受特殊优待，被许加入。[1]

我们不能否认，意大利臣民关系在事实和法理上的种种改变，至少表示密切的联络和一致性。各级臣民的地位始终恶化，在旧
328 存等级中地位愈低的恶化愈甚；政府昔曾努力缓和各级的区别，规定由一级过渡到他级的方法；到了现在，中间联系处处被废，连接其间的桥梁也被拆断。正如在罗马公民团内，统治阶级自与人民分离，一致规避公家的负担，一致取富贵利达为己有，所以公民方面也力主他们与意大利同盟有别，日益排斥同盟的人使不得共享政权，同时在共同的负担上却把两三倍于己的义务转嫁给他们。豪族对平民既回复到衰微贵族那种深闭固拒的态度，于是公民对非公民亦复如是；平民阶级已因受其制度的厚赐而滋大，现在拳拳取膺于贵族那牢不可破的准则。被动公民的取消，其本身无可非难，并且专就致成此事的动机而言，可能属于将见下文的另一种类，不过由于被动公民的取消，一种中间的联系化为乌有。然而更有危险远甚于此者在，即拉丁民社与意大利其他民社的区别也告消失。拉丁民族在意大利占特权地位，是为罗马政权的基础；拉丁城市一旦觉得他们不复受特许来参与那与之同种的强大民社的统

---

① 如是，众所周知在创设波滕提亚和庇骚隆两处市民殖民地时，鲁迪(Rudiae)的恩尼乌斯(Ennius)受市民权于三头之一福尔维乌斯·诺比里奥尔(Q. Fulvius Nobilior)，因此按人所熟知的习惯，采用诺比里奥尔的姓氏(西塞罗，《布鲁图》，20，79)。非公民被派去参加公民殖民地的设立，虽然他们常要求罗马公民权，却不因此事而在法律上获得此权，至少在本期如此(李维，34，42)；不过每次设立殖民地，与此有关的人民法令辄有规定公民权的一条，负设立殖民地之责的长官得依此把公民权赠给若干人士(西塞罗，《为巴尔博辩护》，21，48)。

治权，而与其他民族无异也在实质上是罗马的臣民，一切意大利人一旦见到他们的地位同样难于忍受，那个基础便形崩溃。诚然，区别仍然是有的：布鲁提亚人及其同遭患难的伴侣受正如奴隶般的待遇，于是也做出正如奴隶般的行为，例如他们在舰队上充划桨奴隶，能脱逃时便乘机脱逃，欣然为罗马的敌人服役；凯尔特臣民和最甚的海外臣民又成一类，其被压迫尤甚于意大利人——政府故意把这类的人弃给意大利人，使他们受其贱视和虐待。可是这种区别虽含有臣民分等的意义，却当然不能补偿以前同族意大利人与异族意大利人的不同。于是强烈的愤懑遍布于意大利同盟的全境，只有恐惧使之不敢发泄于外。坎尼一战以后，有人建议以罗马 329
公民权和元老院议席给予每一拉丁民社的两个人，这建议提出不得其时，当然被拒；不过就是在那时候，统治阶级的人已见拉丁姆与罗马的关系而怀忧，由此可见。如果现在有第二个汉尼拔转战到意大利，他是否再遇拉丁名下那种对外人统治的坚决抵抗，也许是个疑问。

可是本期罗马共和国创始的最重要制度是新设省长职，同时最明确最不祥的乖离旧道的制度也是新设省长职。罗马的古政治法不知有纳贡的臣民：被征服的民社或被卖为奴隶，或合并于罗马共和国，或许其为同盟，他们以同盟资格至少得有民社独立和免税。可是迦太基在西西里、撒丁和西班牙的属地与希耶罗的王国皆曾向其旧主纳贡和什一税；如果罗马愿保持这些属地，据眼光短浅的人看来，最明智也无疑最方便的办法无过于全按当地一向遵行的规则来治理新获领土。因此，罗马人仅保留迦太基-希耶罗的行省建制，并且也按这种行省建制组织那些自蛮族夺来的各省，如近西班牙省。他们由敌人承继下来的却是个害人兼害己的制度。毫无疑问的是，罗马政府最初向臣民课税，用意不全在自富其国，而只在抵补行政和防守的经费；可是他们使马其顿和伊利里亚纳贡而不担任那里的政务和边防，实有乖此道。他们在课税上仍不失其节度，然而这与变主权为牟利特权相比，却是无关重要；无论窃取一只苹果或掠夺全树，其为堕落实无二致。

责罚继过失而来。既有新省制，必须任用省长，省长的地位不
330 但与省民的福利大相水火，而且与罗马宪法根本互相矛盾。各省的罗马民社既代替当地旧有的统治者，省长在那里自俨然居国王的地位；例如西西里将军住在叙拉古王希耶罗的宫室。固然，省长仍受法律的约束，须按共和国的诚实和节俭来为政。加图为撒丁省长时，徒步走到他治下的城邑，仅有一个仆人拿着他的外衣和祭勺跟随着；他为西班牙省长，归国时先把他的战马卖掉，因为他自以为不可使国家负担运马的费用。罗马的省长像加图那样把廉洁做到悭吝可笑的地步的虽然是凤毛麟角，却有许多以其尊祖敬宗，以其充塞于集会中那种谦恭的沉静，以其比较正直的为政和司法，尤其是以相当严厉的态度对付那些最虐待省民的人——罗马的包税商和银行家——一般说来，以其凝重庄严的举止，使臣民大为敬佩，特别使那些轻浮多变的希腊人大为敬佩。省民觉得他们的统治差强人意。省民往昔并未受到迦太基省长和叙拉古主人的纵容，他们不久以后便有一日回忆到当时的鞭棰与将来的毒螯相比尚可感谢：罗马纪元第六世纪，由后世看来，何以似乎是省政的黄金时代，不难了解。可是无论长短的时间不能既行共和而又有君主。罗马统治阶级充当省长，结果极为迅速地败坏了他们的品行。

在那种情形之下，省长对省民骄横无礼，是理所当然，所以这不成为一个省长的罪状。可是一个省长两袖清风地由省归来，已为罕见，又因为政府拘泥于不予公家官吏薪给的旧制，此事更为罕见；皮德纳的战胜者鲍卢斯不要钱，论者称为奇事。以"荣誉酒"和其 331
他"自愿的"礼物馈送省长的恶习惯，似乎与省制同时并起，或许是迦太基人的遗风；就是加图于556年即前198年为撒丁省长时也不得不以节制和减少这种常例钱为止足。长官和一般因公出差的人员皆有免费住宿和免费搭车乘船之权，此权已被用为勒索的口实。省长又有一个更重要的权力，即照平价向辖境内征发谷物——一部分为赡养他自己和侍从（*in cellam*），一部分为遇有战事或其他特别事故时充军粮之用——此权已被滥用得臭名远扬，以至于在583年即前171年西班牙人提出申诉时，元老院不得不撤销省长为这两事而规定粮价之权。自此时起，甚至为举行罗马城的人民节庆，也向臣民征发物品；市政官提比略·森普罗尼乌斯·格拉古（Tiberius Sempronius Gracchus）须备办一个庆典，向意大利内外各民社苛敛无度，引起元老院的公开干涉（572年即前182年）。到本期之末，罗马长官不但对不幸的臣民任意胡为，而且对罗马属下的自由邦和王国亦然，盖乌斯·孚尔索在小亚细亚的侵掠，特别是波尔修战争期间在希腊的丑事都是明证。

政府对这种任意胡为的军事管理既无认真检查、制止，自不当诧为怪事。司法的管制固然不完全需要。有一个普遍可是远为可疑的规则，即不许人控告任期未满的元帅。按照这个原则，罗马的省长虽然在平时只能于恶事已成之后才被传讯，但他可以受无论刑事或民事诉讼的制裁。为提出刑事诉讼起见，罗马有刑事审判权的某长官须受理此案，然后把他提交人民的法庭；至于民事诉讼，主管该将军职务的元老把案件交给一个陪审团，陪审团系按当时法庭的组织法，由元老班中选派出来。所以在两种情形之下，管制权都操在统治阶级之手，统治阶级仍充分地正直廉洁，不至绝对
332 弃置确有根据的诉状，甚至元老院有几次应被虐待者的呼吁，竟垂顾下情，令提出民事诉讼；然而贫人和外国人若控诉统治阶级有势力的人，因为审判官和陪审员都距出事地点甚远，并且即使未犯同罪，至少与被告属于同一阶级，所以他们把诉状递交此辈，自始即须按其罪过的明白昭著与否以计成败；控诉若无成效，灭亡殆成定局。臣属城市和行省常与他们的征服者和其他与他们发生接触的罗马人建立世袭的门下关系，由这种关系，被虐者无疑可以得到一种扶助。西班牙行省省长觉得无人能虐待加图的门下人而不受罚；西班牙人、利古里亚人和马其顿人均为鲍卢斯所征服，他死后，三民族的代表不肯放弃那把他的灵輀抬到火葬堆的特权，这是颂扬这崇高人物的最崇高的挽歌。可是不但这种特别保护使希腊人有机可乘，在罗马施展其在主人面前卑躬屈节的全副本领，以其敏捷的奴颜婢膝败坏主人的品行——马尔凯卢斯既毁灭和劫掠叙拉古，叙拉古人向元老院控诉他的行为而无效，然后颁布尊崇马尔凯卢斯的法令，叙拉古的历史本已甚欠体面，此事实为其史上最丑陋的一页——而且与家庭政策的祸害相连，这种保护制度在大家巨族方面亦有其政治上的危险。这样一来，结果是罗马长官稍稍畏惮神灵和元老院，大半不行劫太过，可是他们仍然行劫，如果能遵守此项节制，便可逍遥法外。于是一个常规成为定例：小小的勒索和不太甚的暴行多少是罗马长官理所当为的事，他在法律上不受

惩处，所以受虐待的人须保持缄默；由这个定例，后世不能不收得恶果。

然而，即使法庭严峻而不宽缓，有罪难逃法网，却也仅能制止
最甚的罪恶。善良政治的真保障在于最高行政当局严厉不懈的监
督，元老院却全未筹备这种监督。在这方面，同僚政治的松弛和一 333
筹莫展，实最先赫然显露。按理说，省长所受的监督应比那足以应付意大利市政府的，远较严厉和专门；现在帝国拥有海外领土，政府所赖以自握全国监督权的设施也应有相当的扩张。在这两方面，事实都适得其反。省长的统治实际无异于君主，而意欲为监督全国之用的最重要机关，即帝国的监察官，仅被扩充到西西里，而不到以后取得的各省。最高行政官这样脱离了中央的权力，不只是危险而已。罗马的省长率领国家的军队，拥有大量的财源，仅受一种松懈的司法管制，势必把他个人和治下人民的利益与罗马民社的利益分为二事而且之为互相冲突，这个省长甚似波斯的一位太守而不像萨谟奈战争时罗马元老院派出的一个委员。再者，一个人方才在外国施行法律认可的军人暴政，不易再回复到那只分发令者与服从者而不分主人与奴隶的普通市民的平等地位。就是政府也觉得，在此事上，他们的两条基本原则——贵族阶级内的平等，长官权力隶属于元老团体之下——始在他们手里发生动摇。政府不喜取得新省和全部省制；设立省财务官以便至少夺去省长的财政权；延长这种官职的任期本系很明智的办法，他们竟把它取消：凡此种种都足以明见罗马较有远虑的政治家已深忧这样播种所结之果。可是诊断不是治疗。豪族的国内政府仍顺着往昔给它的方向行去，于是行政和财政的腐败——将来的革命和篡夺的预

兆——坚定不移地遵其道而行，即使不是无人注意，也是无人拦阻。

334 新豪族虽不及旧氏族贵族的界限森严，并且关于共享政权，一个仅在法理上侵害其余的市民，一个仅在事实上如此，可是即以此故，第二种劣势却比第一种尤难忍受，尤难摆脱。固然，人屡次企图摆脱。反对党倚赖人民大会的支持，一如豪族倚赖元老院；为了解反对党起见，我们须先述本期公民的精神和他们在共和国的地位。

罗马的公民大会不是整个机构的动力而是它的坚固基础，我们所能要求于一个这种大会的一切性质——对于公众利益有真知灼见，对于正当领袖有精明的崇敬，无论处境顺逆总有坚定不移的精神，而最重要的，能为全体的幸福牺牲个人，为将来的利益牺牲现时的安乐——在罗马民社无不有卓越的表现，以至于我们概观他们的全部行为，一切指责都消失在敬佩之中。就是到了现在，明达事理和善应时变仍旧占完全的优势。市民对政府和反对党的一切行为都很明白地显出，那雄伟的爱国心甚至迫使雄才大略的汉尼拔放弃其战场的，仍盛行于罗马的人民大会。他们固然常犯错误，可是他们的错误不源于一伙乱民的恶意冲动，而源于市民和农夫的褊狭见地。然而市民所借以影响国事进程的机构诚然日益庞大，他们又因自己立下丰功伟烈，而置身于他们绝无能力应付的时势。我们已在上文说过，本期中间，旧日被动公民民社的大半和许多新设立的殖民地都得到完全的罗马公民权。到了本期之末，罗马市民团为一个相当紧凑的集团，拥有最广义的拉丁姆、萨宾和坎帕尼亚的一部分，所以它在西岸之地北抵凯里，南达库迈，此区只有少数城市不在其中，如提布尔、普雷内斯特、西格尼亚、诺尔巴和弗伦提努姆。此外又加以意大利沿岸那些一律有完全罗马公民权 335 的沿海殖民地，最近设立而亦须予以公民权的皮塞努姆和亚平宁山外各殖民地，和未组成狭义的市民民社而散居意大利全境市集和乡村(*fora et conciliabula*)的众多罗马市民。这样组织的公民民社庞大难用，关于司法[①]和政治的事务，上述的代理法官可稍稍加以补救；以后小市民社在罗马城大共和国内的组织法，此时或至少已见其雏形于沿海及皮塞努姆和亚平宁山外的殖民地。可是关于一切政治问题，只有在罗马广场举行的大会有行动权，往日一切有投票权的人能在早晨离开田舍，去行使其公民权，当日晚间回家；我们可以一目了然，现在无论就其组织或集体行动而言，这个大会已非复往日之旧。再者，政府——终究由于缺乏见识，或由于疏忽，或由于一种奸谋，我们不知——不把513年即前241年以后得到公民权的民社再编为新部落，而仅把他们归入旧部落；所以每一部落渐为散在罗马全境的不同村落所组成。像这种部落，平均各包含有投票权的人八千名——城市部落人数较多，乡村部落较少——没有地方的联络，也没有内部的团结，自不复能受具体的指导，也不复能有满意的事先商议；因为表决之前没有自由讨论，人们必更感到这种不便。更有进者，市民很能够洞悉本城的利益，可 336

① 加图的农业论著，人所共知，原是关于维那弗鲁姆(Venafrum)地方的一份产业，论文里以法律见地讨论可能发生的诉讼，诉诸罗马的只有一个具体案件，即地主把冬季牧场租给一群羊的主人，于是须对付一个通常不住在本地的租户(加图，《论农业》，149)。由此我们可以推测：在寻常情形之下，与住在本地的人缔结契约，就是在加图的时代，可能发生的讼案也不在罗马裁判，而提交本地的裁判官判决。

是若把一个统治世界的大国须解决的最高最难的问题，交给一群存心良善可是萍水相逢的意大利农夫，让那些对于法令的前因后果皆不了解的人民最后决定任命将军和缔结国家条约等事，实为不智而且绝对可笑。因此，在一切超过市政的事务，罗马人民大会是个幼稚甚且愚蠢的角色。通常人民站在会场，对于一切议案无不赞同；遇有例外情形，他们情不自禁地拒绝认可，如554年即前200年对马其顿宣战之际，广场的政策确对国家的政策做出一番可怜的反抗，可是也得到可怜的结果。

那伙门客终于在独立市民阶级之侧取得形式上与之相等而实际上甚至往往较优的地位。门客起源于极古的制度。自从荒古以来，罗马贵族即对其脱籍奴隶和依赖者行使一种管理权，他们一切重大的事都须向他请示；例如禁止门客未得护主的同意便为子女完婚，并且护主常常直接安排这种婚姻。可是贵族既变为特殊统治阶级，不但权势而且财富都集中在他们的手中，门客便成为寄生虫和乞丐；富人门下的这些党羽无论在外在内都成为市民阶级的蛀虫。贵族不但容忍这种门客制度，而且在理财和政治上运用他们以谋自己的利益。例如，古老的集资活动，其举行素来多半因为宗教目的，或与有功的人的殡葬相连，现在却为地位很高的贵族所利用——首次利用这制度的是卢奇乌斯·西庇阿，时在568年即前186年，以计划举行人民庆祝大会为借口——意欲在额外时期由公众征收一笔捐款。馈赠特被列为受法律限制之事（550年即前204年），因为元老始以这种名义向门客征收经常贡献。可是对于统治阶级，一群侍从的门客最
337 有用之处，却在其为控制人民大会的工具；这个依赖贵族的群众

在此时已如何强有力地挫折了独立中等阶级的势力，可明见于历届选举的结果。

以上种种事实足以指明首都的群众增加得特为迅速，用他种方法也可以证明此事。脱籍奴隶人数和重要性的日增有下列各事为证：关于他们在人民大会中的投票权，前世纪已发生了很郑重的讨论，本世纪仍继续进行；在汉尼拔战争期间，元老院采纳了一个议案，准有身份的脱籍女奴参加公家募捐的事，又许脱奴籍之父所生合法子女用那素属于自由人子女的服饰。大多数卜居于罗马的希腊人和东方人可能不胜于脱籍奴隶，因为前者带有民族的奴隶性，后者带有法律上的奴隶性，同属不可磨灭。

可是不但这些天然原因有造就首都群众的作用；关于故意培养群众而使之滋长，尽力以谄媚人民和更坏的事伤害旧有的公德心，无论豪族和人民领袖也均不能辞其咎。就其全体而言，选举人仍很可尊敬，不致有大规模的直接贿选出现；可是那些间接向有选举权的人献媚取宠的方法却甚不足取。长官特别是市政官历来有使粮食能用平价买得和督办赛会的义务；现在局势每况愈下，终至酿成帝国时代城市人民的可骇口号“面包不要钱买，赛会永远不停”。大批谷物或由外省长官交给罗马市场官吏随意处置，或是外省不取分文自行送到罗马，来巴结某某罗马长官的恩典，于是自从第六世纪以后，市政官能以很低廉的代价供应首都人民的粮食。加图以为“无怪市民不再听善言——肚子没有耳朵”。

人民的娱乐增加得惊人。五百年以来，这民社总以一年一度的节庆和一座竞技场为止足。罗马第一个专业的人民领袖盖乌 338
斯·弗拉米尼乌斯增设第二个节庆和第二座竞技场（534 年即前

220年)①;他可能以这种建设——新节庆名为“平民赛会”,就足以明示其旨趣——赢得人民允许他在特拉西美涅湖接战。此路一开,弊害便迅速进展。穑利女神为平民阶级的保护神,祭穑利的节庆即使果晚于平民赛会,也不甚在其后。再者,应西比林和马尔斯预言的指示,543年即前211年增设第四个节庆以祭阿波罗,550年即前204年“为纪念大母”新从弗里吉亚移至罗马,又增设第五个节庆。这几年是汉尼拔战争的严重时期——第一次举行阿波罗赛会时,市民由竞技场上被召从军;意大利特有的迷信热烈激昂;乘机散播西比林和先知师的神签,借着神签的内容和主张以自荐于人民的不乏其人;政府既不得不要求市民做那样大的牺牲,我们不能以对这事让步责备政府。可是一次让步,便须继续让步;果然,甚至在较为太平的年月(581年即前173年)又增添一个节庆,虽然是个不甚重要的祭春神弗罗拉的节庆。以上新节娱乐的经费由分头承办各节庆表演的长官以其私财来支付;如是,市政官除原有的国庆外尚有神母节和弗罗拉节;平民市政官有平民节和穑利节,市长有阿波罗赛会。那些认可此等新节的人或许在自己心中有以自解,认为这些节庆无论如何总不是国库的负担;但究其实,使公家预算负担若干无益的开支,其害尚小,准许供给人民娱乐在
339 实际上变为取得国家最高官位的条件,其害却远较重大。不久,将来执政官一职的后补人始在这些赛会的花费上互相竞赛,使其费

① 建筑竞技场一事确有实据。平民赛会的起源未见于上古旧闻;不过因为平民赛会在弗拉明竞技场举行,并且首次举行确在其建筑后四年即538年即前216年(李维,23,30),上文所述也便有充分的证明。

用有难以置信的增加；如果想做执政官的人除这种仿佛法定的贡献外再加上一个自愿的“表演”(munus)，自己出钱举行一个角斗戏给公众看，这当然无损于他的利益。选举人渐以赛会的华丽为标准，来衡量执政官候补人的适当与否。豪族实须以重价买他们的爵位——一场具相当规模的角斗戏须费七十二万塞斯特(七千二百英镑)——可是他们情愿付这重价，因为这样一来，他们把不富的人完全排出政界。

然而腐败不限于罗马广场；它甚至传到军营。旧日的公民兵只要能把战功的酬报，如果得胜，能把一点作为战胜纪念的赏赐带回家乡，便自以为幸运。新式将军以西庇阿为首，不但把战利品的价款而且把罗马的钱财都毫不吝惜地散给各队伍。在远征汉尼拔于非洲的最后战争期间，加图就因此事与西庇阿发生争执。第二次马其顿战争和亚细亚战争的老兵，归国时已处处成为富人；甚至一位将军不全把外省人的馈赠和战利品取为一己和亲随所有，并且他的营中有不少的人身带黄金、许多人身带白银回国，也博得上流阶级的称赞：人们开始忘记属于动产的战利品是国家的财产。卢奇乌斯·鲍卢斯又按旧日方式处置战利品，他的兵士，尤其是受前途丰富的掳掠物诱惑而成群投效的志愿兵，几至不肯核准那给皮德纳战胜者一个凯旋荣典的法令——但任何人征服利古里亚三个村落，他们却不惜滥给他这个荣典。

由于战争化为行劫的生意，市民的军队纪律和尚武精神受到何等的损害，可见于对波尔修的战争；气馁胆怯之风流行甚广，在伊斯特里亚那次微不足道的战争期间(579 年即前 175 年)有几乎出丑的表现。一次有个琐细的冲突被谣言无限地扩大，罗马人的

陆军、海军甚至国内的意大利人都闻风逃窜，加图竟不得不向其国人发表一篇特别责其胆怯的训辞。在这事上，贵族少年也先开其
340 端。在汉尼拔战争期间(545 年即前 209 年)，一些应在骑士队里服兵役的人怠于从军，监察官有加以重惩的必要。本期将终之时(574 年即前 180 年?)，一项人民法令规定一个人须有服十年兵役的证件始有充任长官的资格，旨在强迫贵族子弟从军。

可是足以明示真正的自尊心和真正的荣誉心无论是在上在下一律趋于衰落的，无过于猎取名器一事，此事见于一切流品和阶级，其表现的形式虽殊，其性质却大体相同。旧制规定只有平时的长官在公开战争里发扬国威，始得予以凯旋；这规则固然往往使建有最大勋业的人不得享此荣典，可是现在凯旋荣典的要求非常急迫，以致旧制难于维持。将军有向元老院或市民请求凯旋而不得的，或没有得到凯旋的希望的，便自做凯旋游行，至少走到阿尔巴山(第一次在 523 年即前 231 年)，这时便非予以默认不可。与利古里亚或科西嘉部落人的一次决斗，也不太嫌微细，竟能成为要求凯旋的口实。为制止 573 年即前 181 年的执政官那种不战而凯旋的把戏起见，政府规定须呈出一次对阵战至少杀死五千名敌人的证据，始准举行凯旋；不过常有人用虚伪的战报规避这种证明——贵家邸宅里已可看见敌人的衣甲闪烁，这种衣甲却绝非来自战场。往昔一年的元帅以次年进入其继任人的职员之列为荣，现在前任执政官加图在提比略·森普罗尼乌斯·郎古斯(560 年即前 194 年)和曼尼乌斯·格拉布里奥(Manius Glabrio，563 年即前 191 年)的麾下充当军团长官，却被目为对新式的妄自尊大表示反抗。往昔人们为国家效劳，只有民社的一次感谢即以为足，现在每人做

一件有功的事，似乎都要要求永久的优待。密勒一战（494 年即前 260 年）的胜利者盖乌斯·杜伊里乌斯已得特殊许可，允许他在晚间走过首都的街衢时，前面应有一人擎着火炬，又有一人吹着号笛。雕像和纪念碑常由受其光荣的人自己出钱建造，十分普遍，以至于有人嘲弄地说，这只是与一无所有的人的一种区别。可是这种仅属个人的光荣不能久满人意。一种习惯成为时尚：战胜者及其子孙皆由其所获的胜利取得一个永久的别号——这习惯大体为扎玛战胜者所创，他使人称他为非洲英雄、他的胞弟为亚洲英雄、他的堂弟为西班牙英雄。① 在上的人所立的榜样，在下的人便加以仿效。统治阶级既不辞规定各级人民的丧礼，命曾为监察官的人以紫色布作装裹，他们便不能怨脱籍奴隶至少欲其子能被赏穿那很可羡慕的紫边衣。长袍、戒指和符箓盒不但区别市民夫妇与外国人和奴隶，而且区别自由出身的人与脱籍的父母之子，自由出身的父母之子与脱奴籍的父母之子，骑士和元老之子与普通市民，传统贵族的子孙与普通元老——在公民平等造成其一切伟大和优良的民社里竟至有此等事！ 341

民社中的分歧争执反映在反对党的行伍。倚赖农夫的支持，爱国派高呼改革；倚赖首都群众的支持，人民派开始工作。两种趋势虽在种种方面密切相连而不容完全划分，我们却须分别加以讨论。

---

① 这种别号最早的实例是 491 年即前 263 年执政官曼尼乌斯·瓦勒里乌斯·马克西穆斯（Manius Valerius Maximus）的别号，此人曾征服梅萨那，便以梅萨拉（Messalla）为别号。人谓 401 年即前 353 年的执政官仿此称为 Calenus 却系错误。瓦勒里乌斯氏马克西穆斯的别号不与法比乌斯氏的同一别号完全相似。

改革派仿佛化身为马尔库斯·波尔奇乌斯·加图（520—605年即前234—前149年）而出现。旧派思想仅以意大利为限，憎恶世界帝国的计划，加图是这派最后一个有名的政治家，而且即以此
342 故后世称他为古式真罗马人的典型；更公允地说，罗马中流阶级对那希腊化、世界化的新贵族的反抗，可以他为代表。他生长于耒耜之间，邻近有位地主名卢奇乌斯·瓦勒里乌斯·弗拉库斯（Lucius Valerius Flaccus）的，在不与时俗同流合污的少数贵族之列，劝诱加图入政界。这位正直的贵族认这质朴的萨宾人为时代潮流的适当砥柱，他的估量果然不谬。在弗拉库斯庇荫之下，在进言和行事上按古风事奉其国人和国家，加图向上奋斗到执政官之职和一次凯旋，甚且达到监察官的地位。十七岁加入公民兵，他经过整个汉尼拔战争，由特拉西美涅湖之战到扎玛之战；他曾服务于马尔凯卢斯和法比乌斯·尼禄和西庇阿的麾下；无论在塔兰托和辛那，在非洲、撒丁、西班牙和马其顿，他为士兵、担任军官和统帅，无不显出同等的才干。他在罗马广场，无异于在战场。他那敏捷勇敢的演讲，他那粗鲁然而尖刻的乡人隽语，他的谙悉罗马法和罗马事，他那惊人的勤勉和铁一般的体格，先使他在邻近的市邑惹人注目，而后在他终于出现于较大的比赛场即首都的罗马广场和元老院时，使他成为当时最有影响力的辩护士和论政家。罗马政治家中，曼尼乌斯·库里乌斯是他的理想人物，他步武此人所首倡的基本政策，在其长寿的一生中，他始终以尽诚竭智抨击各方面流行的堕落为务，甚至年已八十五岁时，他仍在罗马广场与当时的新精神搏斗。他貌绝不美——据他的敌人说，他有碧眼红发——他并不是个伟大人物，更不是个有远见的政治家。他关于政治和道德的见

解十分褊狭，古代盛世永不离他的心目和口吻，他对于一切新的事物抱有顽固的鄙夷。他生活严肃，便自以为可对一切事一切人严厉苛刻，不稍宽恕；他正直廉洁，可是除警务的纪律和商业的信实外，绝不见有任何义务；他不但敌视一切奸邪和粗俗，而且敌视一切奇才和文雅，最重要的，他以怨报怨；他从不想杜绝病源，他一生 343
仅对病症尤其是对人作战。秉政的贵族无疑以高傲鄙夷的态度藐视这卑贱吵闹的人，并且不无理由地自信比他高明远甚；可是时髦的腐化人士在这共和国趾高气扬的道德监察官面前，在这身经汉尼拔战争满身创疤的老兵面前，在这保护农人很有势力的元老面前，不免暗中战战兢兢。他公然当着他那些同僚的面，把他们一个个的罪状列举出来，自然不十分斤斤于证据，说到那些曾妨害或触犯他的人，也自然特别地津津有味。公民每次新做一件不公平的事，每次新有一件扰乱秩序的行为，他动辄加以谴责和当众申斥，一样无所畏惧。他那愤怒的抨击惹出许多仇敌，他与当时最强大的贵族朋党，尤其是西庇阿氏和弗拉米尼努斯氏，常在公开而不可和解的仇恨中度日；他被人当众控告四十四次。可是农人——在罗马中流阶级中间，那使他们能经坎尼一战而不亡的精神仍如何强盛，可以此为证——绝不让这主张改革的严厉护法缺乏他们投票的支持。诚然，570 年即前 184 年加图和与他同志的贵族同僚卢奇乌斯·弗拉库斯申请任监察官之职，并且预先宣布他们意在一任此职便彻底澄清一切流品、一切阶级，那时豪族尽管努力，这深可畏的两个人竟膺市民之选；大规模的澄清竟而发生，除其他多人外，非洲英雄的胞弟被开除骑士名籍，希腊解放者的胞弟被开除元老名籍，那时豪族也不得不忍受。

这种对个人的攻击和以法律和警察压制时代精神的种种企图，即使其用意可敬，至多只能短期间防止腐化的潮流；可注意的是加图不顾那潮流或可谓借着那潮流竟能尽其政治上的职
344 责，同样饶有意义的是他不能排除反对党的领袖，反对党的领袖也不能把他排除。他和他的同志在市民面前提出的详细诉讼一概与对他的反诉同样无效，至少关于重要政治案件如此。本期颁布的警务法非常繁多，特以取缔奢侈和推行节俭整肃的家政为目的，我们下文述国民经济时仍当论及；这种法律发生的效力也不甚大。

以间接方法抵制腐化的蔓延，却远较切实有益；其中居首位的无疑是分配公地以立新农场一法。由第一次至第二次迦太基战争期间，分配公地甚多，规模甚大，由第二次迦太基战争至本期将终之时亦复如是。其中最重要的是522年即前232年盖乌斯·弗拉米尼乌斯分配皮塞努姆属地；560年即前194年设立新沿海殖民地八处；尤其是536年即前218年和565年即前189年至577年即前177年大规模殖民于亚平宁山与波河间之地，设立普拉森提亚、克雷默纳、博诺尼亚和阿奎莱亚等拉丁殖民地，和波滕提亚、庇骚隆、穆提那、帕尔玛和卢那等市民殖民地。这些可贵的建设有绝大部分可归功于改革派。加图和他的同志要求用这种办法，一方面指出意大利遭汉尼拔战争的糜烂，农场和一般自由意大利人减少得令人吃惊，另一方面指出贵族在阿尔卑斯山内的高卢、在萨谟奈、在阿普利亚和布鲁提亚等地占有广大的土地，这土地与其自有的产业一起被占。罗马的统治阶级虽可能没有充分依从他的要求，可是他们对于这样一个精明

人的忠告却不至充耳不闻。

与以上性质相似的是加图在元老院的建议，即设立新骑士位置四百个，以补救市民骑兵的衰微。国库不至于缺乏做这事用的经费；可是豪族阶级立意排斥他人，力图把非骑士而仅为骑兵的人驱逐出去，所以加图的建议似归失败。另一方面，战事非常急迫，罗马政府不久便试行仿东方办法，由奴隶市场募集军队，幸而没有成功；于是不得不修改一向服务公民军的必要条件，即至少有财产一万一千阿司（四十三英镑）和自由出身。他们除容那些有产四千阿司（十七英镑）至一千五百阿司（六英镑）的人和一切脱籍奴隶在舰队服务外，把兵团兵的最低财产额也减到四千阿司（十七英镑），遇必要时，应服务舰队的人和财产一千五百阿司（六英镑）至三百七十五阿司（一英镑十先令）的自由人都被编入公民步军。这种新制可能属于前期末叶或本期初叶，无疑与塞尔维乌斯的兵制改革同非源于党派的努力；可是新制给民主派一个重大的推动力，因为担负公民义务的人势必要求而终于获得平等化的公民权。贫人和脱籍奴隶自他们为国服务之日起始在国家里占相当重要的地位；大半由于这种原因，发生了本期最重要的宪法改革——即森都里亚大会的改组，此事多半起于西西里战事完结的那年（513 年即前 241 年）。

按森都里亚大会迄今沿用的表决顺序，自由业主虽不再——如阿皮乌斯·克劳狄乌斯变法以前那样——是唯一的投票人，富人却仍占优势。骑士（换言之，即贵族与平民兼有的豪族阶级）先行投票，而后财额最高的人（换言之，即向监察官证明至少有值十

346 万阿司[四百二十英镑的财产的人])再行投票；[1]两组若意见相同，便可决定每次表决的结果。其下四级人的表决不一定有效力；财产在最低级标准(即一万一千阿司，合四十三英镑)以下的人，其表决权实际是水月镜花；解放人则全无表决权，很少例外。按新办法，骑士虽仍自成一组，他们在表决上的优先权却被撤销，人由第一级里用抽签法选出一个表决组，而后把优先权移归此组；解放人和自由人居平等地位；最后，五个等级各得同数的票，[2]所以即使市民都同意，只有第三级的表决才能决定大多数。新反对党由贵族阶级赢得的重要宪法改革，以森都里亚大会的这种改良为最早，

---

① 关于罗马估计民富的原比率，不易有何具体的可写。到了后来，人所共知，十万阿司被视为第一级最低的富额，其他四级的富额与第一级的成四分之三、二分之一、四分之一、九分之一等比率，至少大致如此。可是这些比率，波利比乌斯和一切较晚的作家都认为指轻阿司(第纳尔的十分之一)而言；虽则考诸沃克尼亚(Voconian)法案，此数按重阿司(第纳尔的四分之一)计算，我们显然仍须固守这个见解。可是阿皮乌斯·克劳狄乌斯于442年即前312年始不以土地而以金钱表示财富额，却不能用轻阿司为本位，因为到了485年即前269年始有轻阿司。所以他或者是用重阿司表示这些数额，以后钱币减轻时，始把它们折合轻阿司，或者他所建议的是日后的数目，以后钱币尽管减轻，数目仍旧不变，因而分级比率不免降低一半以上。两种臆说都引起重大的疑问；不过前者似乎较为可信，因为在第五世纪之末民主政治的发展不会有这样过分的进步，也不会仅是行政手段难免的结果，并且此事也不能丝毫不见于旧闻。再者，罗马一全牛犁田或等于二十尤格，十万轻阿司即四万塞斯特，按理可视为与一全牛犁田相等，所以由此看来，估计民富所用的比率大致仅在用语上有改变，在价值上却无改变。

② 五级的财富数额经调整为十万、七点五万、五万、二点五万、一点一万阿司(四百二十、三百一十五、二百一十、一百零五、四十三英镑)并有每级票数相类的臆说，这暗示财富数额较高一级特别是第一级人的总数可能多于下一级有投票权的人数。可是这个疑惑虽本身不无理由，却不甚关重要，因为监察官在规定投票各组时，行动武断，在我们看来，实为可惊；我们可以猜测，他们遇有这种情形，把高一级财富数额最低的人加在下一级的名册上，至人数至少相等为止；第一级的财富数额所以有时说是十万，有时说是十一万，又有时说是十二点五万阿司，大概即以此故。这个政策的趋势无疑是把同等的选举权给一切有投票权的人，尤其是为首的三级。

民主政治本身的胜利也以此为首次。于是新反对党所得的，一方面是取消贵族已得的优先表决权，又一方面是选举权的平等化。贵族的优先表决权即谓为最关重要亦不为过，特别是在贵族对一般市民的势力实际日增月盛的时代。就是贵族本身在本期也仍强大，以致能专用他们的团体中人充任那依法向贵族和平民一律开放的第二执政官和第二监察官之职，关于前者，这种情形直至本期之末（到 582 年即前 172 年为止）而后已，关于后者，这情形更延长三十余年（到 623 年即前 131 年为止）；实则在罗马共和所经的最危急的时刻——在坎尼一战以后的危急存亡之秋——贵族鲍卢斯战死，执政官出缺，平民马尔凯卢斯在一切方面都是最贤能的军官，受正当合法的手续选为执政官，他们只因他是平民出身，竟把他取消。同时，甚至这个改良的性质也有很饶意义的表征：即只有贵族的优先表决权被撤销，财产额最高的人则否；这个权利由骑士百人队撤去的，不被传给从全体市民中用抽签法偶然选出的一组， 347
而专被传给第一级的人。至少在理论上尤为爽快的是对于有财可估计的人，无论其贫富，无论其为自由人和解放人，都予以平等的选举权，结果最高财产额人仍有的票不占全部票数之半，而仅约占其五分之一。这些新法中最重要的项目之一或者实际上最为重要的项目，就是解放人与自由人的平等化，可是二十年之后（534 年即前 220 年），改革派一个最有声望的人监察官盖乌斯·弗拉米尼 348
努斯把它废弃，于是解放人被排出百人队会——五十年之后（585 年即前 169 年），监察官提比略·森普罗尼乌斯·格拉古，即造成罗马革命的格拉古兄弟之父，见解放人又常闯入森都里亚大会，便恢复这个办法，加以执行。所以几个世纪的改革的永久效果，除取缔骑士阶级特权的法律外，就是对于拥有最低估额以上的财产的公民，在政治上废除其财产区别——公民只要有选举权，其选举权即一律平等。大体就用此法，一切自由出身的自由业主公民久已在部民大会里享平等选举权，而部落共三十五个，非自由业主和解放人的票都被塞入其中的四部，所以他们的票在部民大会中实际毫无价值。因此，一般结果是按部民大会里已被承认的原则改造森都里亚大会；这个改革所以可取，实因为选举、建议法律、刑事案件和一切需要公民合作的事务渐一致提交部民大会，而较为繁重的百人队会议则召集甚稀，只有在选举监察官、执政官和副执政官或决定一场侵略战争，依宪法非召集此会不可之时，才召集。由此观之，这种改革并未把任何新原则加入宪法，而仅把那久已支配一种人民大会——这大会实际上较常举行、较关重要——活动的原则拿来普遍应用。其趋向民主政治而绝非趋向枭雄政治，可明见于一事：即每个真革命党必以无产阶级和解放人为支援，而这些人现在不但在百人队会而且在部落里仍居卑下的地位。因此，说到这种表示投票顺序的改革支配着人民大会，我们不可把它的实际意义看得太高。新选举法无疑在理论上完成了公民平等，可是未能预防或甚至未能大碍当时一个新政治特权阶级的形成。旧闻无疑地必有缺漏，可是我们所以不能在政事进程上指出那屡经讨论的改革发生实际影响之处，当然不仅因旧闻的残缺不全。我们可以附加一句说，这个改革使有权投票的公民都有平等的选举权，这与上述无选举权的罗马民社被废而渐合并于完全市民的民社一事，其间实有密切的关系。进步党以其平等化的精神提倡公民团内部区别的取消，同时公民与非公民间的鸿沟却更加深邃，更加广阔。

考察本期改革派的目标和成绩，我们见此派无疑抱着爱国心 349
并且勤勉努力以制止腐败——尤其是农人阶级的衰落和严肃节俭古风的陵替——的蔓延和新贵族的政治优势，并且稍获成功。可是我们不能发现更高超的政治目标。群众的不满、优秀人士的义愤无疑在这个反对党里有适当而强烈的表现；不过我们既不见有人洞瞩病源，也不见任何明确广大的疗病计划。这一切的努力在其他方面都甚可敬，只是有些漫无宗旨，保守者的纯取守势也是结局欠佳的预兆。这病是否可用人力医治，仍是颇成疑问；本期罗马的改革家似为优秀公民而非优秀政治家，他们指挥旧市府主义与新世界主义的大斗争之时，精神似稍嫌不足，稍嫌褊狭。

可是本时期既有群众起而与公民并立，所以也有谄媚人民的煽动家起而与有身份有裨益的反对党并立。加图已熟识一些以煽动为业的人，这种人有讲演癖——如他人有酒癖或睡癖；如果不能用别的方法觅得自愿的听众，他们便雇人听讲；人民听他们讲演，如听广场承宣人的呼喊，不注意他们的词句，需要救助时也不肯自托于他们的照拂。这位老人以其尖酸的口吻描写这些仿希腊市场演说家而造成的时髦人物，说他们卖弄戏谑和词锋，唱歌跳舞，无所不为；据他的意见，这种人除在游行队里表演小丑和与大众斗口外一无所长——他愿为一点面包出卖他的言谈或缄默。这些煽动家实是改革的最恶敌人。当改革家无处不最注重整顿道德之时，煽动家却反主张限制政府的权力，扩张公民的权力。

在限制政府权力一项之下，最重要的革新是实际取消独裁制。独裁制自始即不为人民所喜，537 年即前 217 年昆图斯·法比乌

350 斯和其得民心的敌党造成危机，这制度受了致命打击。以后有一次，在坎尼战役的直接影响下，政府任命一个独裁官，赋予他统兵的实权，可是在较和平的时期，不敢再这样做。以后又有几次（末次在552年即前202年），政府为处理市内事务任命一个独裁官，有时公民先指示应任命的人；不过此职在形式上虽未取消，在实际上却归于废弃。罗马宪法的构造本来不很自然，由于独裁制的停止使用，这宪法的特点即同僚长官制便失去一个矫正；政府本独掌设立独裁官（换言之，即停用执政官）之权，并且平常也可以指定应任独裁官之人，这样一来，政府便失去一个最重要的工具。自此以后，元老院自谓有权在非常紧急时期，特别是叛变或战争突然爆发之时，把半独裁官的权力暂时给予最高长官，命他们“为共和国的安全便宜从事”，于是造成与近代下戒严令相似的情势；元老院的这种权力实不能完全代替独裁制。

又有一事与这个改革并行：关于任命长官以及政府行政和财政各问题，人民的权力受有可危的扩张。按古代习惯，僧侣团——特别是在政治上最关重要的学术院——自补其班位的缺额，如果这种团体有首长，也自举其首长；实际在这种以世传神道知识为务的机关，互选是唯一适合其精神的选举法，所以下列一事虽在政治上不甚重要，却足示共和制度的初步瓦解：此时选人加入学院的步骤仍旧不改，可是由此等团体的同人中指定首长——族长和桥师——之权却由学院移至民社。然而罗马人在这里以其笃守形式的真性，为避免错误起见，仅使少数部落所以不是“人民”来完成这种选举事务。

还有一件更重要的事：那些属于军政和对外政策范围的人员

和事务问题，日益受公民的干涉。属于此类的事有上述把普通干 351
部军官的任命权由将军移至公民；选举反对党领袖为元帅以抗汉尼拔；537 年即前 217 年那不合宪法并且不合理性的人民法令，使不得民心的元帅与其得民心的副将分任最高统帅一职，副将不但在国内与元帅作对，在营中亦然；以马尔凯卢斯那样的将官，保民官竟向公民控诉他处理战事失策舞弊(545 年即前 209 年)，马尔凯卢斯因此不得不由营次回到首都，在公众面前证明他的军事才能；更丑陋的是想不许皮德纳的战胜者以公民法令举行凯旋礼；以非常的执政官权力给予——固然是元老院提议的——一个在野的人(544 年即前 210 年)；西庇阿那有危险性的恫吓，说如果元老院不肯给他非洲统帅之职，他将寻求公民的认可；一个野心勃勃几至发狂的人想违政府之意志，强迫公民全无理由地对罗德岛人宣战；又在宪法里加入一条新定理，即每种国定条约非由人民核准不得发生效力。

市民在为政和统兵上采取联合行动，危险甚大。可是他们干涉国家财政，危险更大；这不但因为独管公产是政府最古、最重要的权力，攻击这个权力就等于砍伐元老院权力的根本，而是因为把属于这种性质的最重要的事——分配公地——置在公民大会之手，势必陷共和国于危亡。让人民大会决定把公产无限地纳入私囊，不但不合情理，而且开覆亡之端；最怀好意的公民因而败德丧行，建此议的人因而取得与自由共和国势不两立的权力。虽则分 352
配公地系有益的事，虽则元老院未自动分配被占的土地以断绝这最危险的煽动武器，应加倍负咎，然而盖乌斯·弗拉米尼乌斯于 522 年即前 232 年向公民提议分配皮塞努姆公地时，共和国因为他用这种手段而受的损害必多于他达到目的所收的利益。二百五十年前,卡西乌斯必也曾提议此事;然而这两个议案虽在字句上无异,可是全不相同,因为卡西乌斯把这影响民社之事提交给一个仍在生气勃勃、自理政事的民社,而弗拉米尼乌斯却把公众问题提交给一个大国的人民大会。

不但政府党,就是改革党也当然视管理军事、行政和财政为元老院的法定权限;人民大会必不免于内部分裂,他们慎戒拿那赋予人民大会的合法权利充分应用,更不必说使它增长。就是限制最严的立宪君主政体,其分给君主的职分也不如给这至尊的罗马人民的职分那样全等于零。由多方面看来,这固然是个缺憾,不过人民大会机构当时的情形既是那样,甚至由赞成改革的人士看来,这也是势所必致。因此加图和他的同志从不把妨碍狭义政府的问题提交给公民,并且从不直接或间接以人民的法令强迫元老院行他们所愿的政策,例如对迦太基宣战和班田。元老院的统治或者欠佳;人民大会却全不能统治。并不是一班怀恶意的多数人在大会里占优势;反之,显贵人物的意见、荣誉心强烈的要求、必要性更强烈的要求,通常在大会里仍被听纳,因而最有害、最可耻的结果得以避免。马尔凯卢斯向公民辩明他的讼案,公民把控告人责辱遣去,举被告人为翌年的执政官;他们也肯听从那必须对腓力作战的
353 劝告,以选举鲍卢斯结束对波尔修的战事,并且把鲍卢斯应得的凯旋给予鲍卢斯。可是要有这种选举和这种法令,却非有某种特殊的刺激不可;一般说来,大众没有自己的意志,一受冲动,便随之而去,于是决断听命于痴愚或偶然事件。

在任何有机体,一个不能再发生机能的器官必有害于健康,在

国家亦复如是。至尊的人民大会毫无效用,这里面就含有不少的危险。元老院里的任何少数派依宪法都可以控诉多数派于人民大会。任何人只要有不难能的本领来游说未聆教训的听众或仅挥金如土,他便有门路获得地位或取得有利于他的法令,而长官和政府则受法定的约束不得不尊重这种地位或法令。因此产生了那些公民将军,他们惯于在酒馆的席面上筹划战争的计策,凭着他们的天赋将才,以同情的眼光藐视正规的将士;因此产生了那些干部军官,他们由于在首都钻营竞选而得军职,一遇到局势严重,便须立刻全体请假;也因此产生了特拉西美涅湖和坎尼两次战事和对波尔修战事那种可耻的措置。政府步步为公民那不可解的法令所掣肘和贻误,并且我们可以料定,在政府最正当之处,所受的掣肘和贻误也最甚。

可是削弱政府和削弱民社本身,还是奸雄主义产生的较小危险。个人野心演变成激烈的党争,在公民的宪法权力保护之下,更直接地向前推进。名为国家最高权威的意志而正式发表的,实则常常仅系动议者的个人志愿;一个国家的战争与和平、将军及其属官的任免、国库及公产都依那反复无常的群众及其偶然的领袖为转移,这个国家将遭何等的命运?大雷雨尚未发作,可是朵朵乌云愈聚愈密,偶然间雷霆声已隆隆于闷热的空气中。更有进者,在目 354
的和手段皆极端相异的情形下,一些显然相反的趋势互相会合于一处,实是个危险倍增的情势。家庭政策和奸雄主义以相似而同等危险的手段,争先恐后地眷顾和崇拜群众。后一辈的政治家认为格拉古兄弟的改革和——我们可以附加一句——以后民主、君政的革命都源于盖乌斯·弗拉米尼乌斯所开的途径。可是普布利乌斯·西庇阿虽为贵族树立了妄自尊大、猎取名号和招徕门客的风气，却因为私人和几可谓王朝的反元老院的政策，也求助于群众，他不但以其人品鲜明夺目的印象迷惑群众，而且以施赠粮食贿买群众；他求助于兵团，用一切无论是非的手段向之献媚取宠；最重要的，他求助于一群依赖他的无论高低的门客。这位非常人的魔力和缺点大部都基于一种如梦的神秘主义，他深信他不过是罗马第一公民，并且深信他愿做的也不过是罗马第一市民，他所以永不能摆脱这信念而得觉悟或虽有觉悟而不充分，只因为这种神秘主义不容许他。

断言和否认一种改革的可能性，同样不免孟浪；只有这是确凿无疑的，即国家一切部门都急需彻底改正，任何方面却都没有郑重的企图实行改正。在细节上，不但得民心的反对党做了种种改革，就是元老院无疑亦复如是。两方面的大多数人仍存善意，两党尽管隔着一条鸿沟，却仍共同努力来铲除最坏的弊病。可是他们既不杜绝病源，存心良善的人士愁听洪水高涨的沉重汩汩声而修筑堤坝，亦属徒劳。他们仅以用缓和剂为已足，甚至用缓和剂——最重要的，例如改良司法和分配公地——也不能适当其时、恰合其分，于是为其后代人预备下不幸的日子。在正当时节忽略了犁田垦土，他们就是不愿野草丛生，野草自当丛生。在后世经革命风波而仍存的一辈人看来，汉尼拔战争以后的时代似乎是罗马的黄金
355 时代，加图似乎是罗马的模范政治家。实则这时代是狂风以前的无风时期，也是庸人主政的时期，与英国的瓦尔波尔（Walpole）主政时期相似；罗马却没有一个查塔姆（Chatham）把新力量注入那停滞的民族生活。我们无论着眼何处，这古建筑上的洞穴和裂缝

都在张开大口，我们见工匠有时从事填补，有时从事扩大，可是我们未见何处有准备加以重修或改造的痕迹，问题不在这建筑是否将倾，而在这建筑何日将倾。在形式上，任何时期的罗马政制未有如自西西里战争至第三次马其顿战争和以后三十余年间那样稳固的；可是政制的稳固却不是国家健康的表征，而是初期疾病的征候和革命的先驱，处处如此，这里亦复如此。

第十二章 土地和资本管理

到了罗马建城的第六世纪,我们始得有资料来做各事略相连贯的当时历史;也就在这个世纪,罗马的经济状况始更明确昭著地表现出来。就在这个时代,大规模的农业和钱业始奠立其后世盛行的方式和范围;至于这里面有何者导源于较古的风习,何者导源于模仿开化较早民族特别是腓尼基人的农业和钱业,又有何者导源于本民族的资本增多和智力发达,我们却无法加以精密地区别。描述这些经济关系的梗概,可使我们对罗马内政史的了解更加精确。

罗马农业①或从事于经营田庄,或从事于占据牧地,或从事于

① 要真正了解古意大利的情形,我们须牢记近代耕作在这里造成的大变化。属于谷类的,上古不种植裸麦;帝国时代的罗马人熟知燕麦为一种野草,见日耳曼人以之煮粥,诧为奇事。稻在15世纪末叶始种植于意大利,玉蜀黍则始于17世纪初年。马铃薯和番茄都是由美洲传来的;百叶草似仅为朝鲜蓟的一种,为罗马人所知,可是因培植而养成的特性似乎起于晚近。又有扁桃即所谓"希腊果"、桃即所谓"波斯果"和所谓"软果"(nuxmollusca),虽则原为意大利所无,却至少在公元前150年见于意大利。椰枣树由希腊传入意大利,亦如由东方传入希腊,实为东西两方原始商业和宗教的交通的活证,这种树在公元前300年已在意大利培植,可是目的不在此树的果实,而正如今日仅因为它是个美丽植物,并且公众节庆要用椰枣树叶。樱桃又名"黑海上开刺苏(Cerasus)的果子",传入较晚,到西塞罗之时始植于意大利,可是野樱桃却是此地的土产;杏树又名"亚美尼亚梅树"或者来得更晚。香橼树到帝国晚年始植于意大利,橘树则仅到十二、十三世纪始由穆儿人传入,龙舌兰(Agave Americana)至16世纪始由美洲传入。在欧洲种棉的最初为阿拉伯人。又有野牛和蚕都属于近代意大利,而不属于古意大利。

显然,意大利原来没有的物产大半正是我们认为真正意大利的物产;如果近代德意志与恺撒所游的"德意志"相比,可称为"南土",意大利自彼时以来也同等地获得更"南方"的景象。

耕作小产业。在加图的描写中,我们很明白地见到其中的第一种。

罗马田庄,就其为较大的产业而言,一概范围有限。加图所述的田庄有二百四十尤格的面积;很通用的面积单位是所谓的"顷"(*centuria*),合二百尤格。在辛勤从事于种植葡萄之处,农业单位更小;加图在那种地方假定其面积为一百尤格。人们要多投资于农业的,并不扩大一处的田庄,而是取得几处田庄;一人可拥有的田产以五百尤格为最高定额,因而这个数量在想象中代表两三处田庄的面积。 357

世袭租佃不为法律所承认,代用的终身租佃只见于民社公地。短期租佃,或以金钱为代价,或商订条件,由承租人负全部耕作费而得产物的一份通常为一半以为报,[①]并非没有,不过这是例外,是权宜之计;因此,意大利没有发展出一个佃农阶级。[②] 所以地主通常自行监理田产的耕作;然而严格说来,他却不亲自管理,只是时常亲临田庄,以决定工作计划,视察计划的实行,审查奴仆的账目。这样,他便能一方面经营若干处田庄,同时又一方面应时势的

① 据加图说(《论农业》,137,vgl. 16),如行分收的租佃制,田地的总物产先除去耕牛所需的饲料,而后由地主与佃产按议定比例来分配。因其与法国的"租牲畜制"(*bail à cheptel*)和相似的意大利的"平分租制"成类比,又绝无其他分法的痕迹,我们可以推知两方通常各得其半。我们若引"打谷人"(*politor*)为例,便陷入错误;打谷人得所打的谷五分之一,如果在打谷以前分配,便得每束的九分之一至六分之一,他不是分物产的佃户,而是在收割时期被人取用的劳工,他按伙友契约领得每日的工钱。

② 这种出租制就是在法律上也没有适当的形式;因为有一个用于租房而不用于租地的规则,即承租人非用金钱交租不可,这规则明明表示租约最初应用在租房,以后才移用在租地;因此,在罗马人中间,产品租佃制归在实际生活的偶然事件一类,而不在法学理论范围之内。罗马资本家在海外得到大规模的地产之时,租借制才有真正的重要性;实在到了临时租借延续至几世之久,他们始知租借的价值(科路梅拉,《农业志》,17,3)。

要求，专心致力于公家事务。

358 所培植的谷类特以硬壳麦和小麦为多，稍有大麦和黍稷；芜菁、萝卜、蒜、罂粟都见种植，又有羽扇豆、菜豆、豌豆、大果菜和他种有荚植物，特用为牲畜的饲料。播种通常在秋季，仅遇非常的情形始在春季。灌溉和排水工作甚见积极，阴沟泄水的方法应用甚早。供给干草的草地也不缺乏，就是在加图之时这种草地已常用人工施以灌溉。橄榄和葡萄在经济上即使不比谷类更重要，也与它们同等重要；橄榄植于禾稼之间，葡萄则植于专栽此物的葡萄园。[①] 无花果树、苹果树、梨树和他种果树都受人栽培，榆树、白杨树和他种多叶的乔木和灌木亦然，一部分供砍伐木材，一部分因为树叶可用作褥草和牲畜的饲料。另一方面，在那时意大利人的经济上，饲养牲畜的地位远不如现时的重要，因为蔬菜是一般的食品，肉食只在例外情形之下始见于餐桌；如果餐桌上有肉食，那便几乎专是猪肉或羊肉。古人虽未尝不见农业与畜牧业的经济联系，特别是出产肥料的重要性，近代培植谷物和饲养牲畜的合营法却非上古所有。只是因为耕田需要牛，他们才养牛，他们不在专供此用的牧场上养牛，却在全夏和冬季的大半把牛养在牛栏里。又有田禾既已收割，羊被驱往其间牧放，加图估计二百四十尤格可牧羊一百只。然而产主宁愿把冬季牧场租给一个有大群羊的人，或把他的羊群交给一个租户，与他分享产物，言明以交纳若干羊羔和若干乳酪

① 葡萄树各株间的隙地不植谷类而至多种些易于在阴处生长的刍秣植物，这由加图的书（《论农业》，33，vgL. 137）看来可以显见；所以科路梅拉（3.3）说到葡萄园，除卖出的幼苗外，不计算其他附带的利益。反之，果园里却种小麦与麦田无异（科路梅拉，2，9，6）。只有把葡萄蔓架在活树上之处，中间隙地始种植小麦。

和羊乳为条件。加图谓那份大田产应有十个猪圈；猪、家禽和鸽都
畜在田园，有必要时便加喂养，并且遇有机会还建筑小小的兔棚和 359
鱼池各一个——以后巨大规模畜野味和养鱼的事业以此为滥觞。

田间的工作用牛和驴来做，牛用在犁田，驴特别用在运肥料和推动石磨。或者也养一匹马，显然为供主人之用。这些动物不在田庄畜养，而系由购买而来；至少牛马都普遍地被阉割。加图指称一百尤格的田庄养牛一对，二百尤格的田庄养牛三对；以后一个著书论农业的人萨塞那(Saserna)则谓二百尤格的田庄养牛两对。按加图估计，小田庄须用驴三头，大田庄须用驴四头。

农场上的人工一律用奴隶来做。管家(*vilicus*，源于 *villa*)为田庄上那群奴隶的领袖，这人收支款项、买卖物品、向地主请示，地主不在时，发号令、施惩戒。在他下面，有管家婆(*vilica*)管理住宅、厨房和食料室、家禽场和鸽棚，有若干田夫和普通农奴；又有一个驴夫，一个牧猪人，在养羊群之处，还有一个牧羊人。当然，人数视所行的耕作法而有不同。据估计，一个有两百尤格耕地而无果园的田庄需要两个田夫和六个农奴；一个与上相同可是有果园的田庄需要两个田夫和九个农奴，一个二百四十尤格带有橄榄园和羊群的田庄需要三个田夫、五个农奴和三个牧人。葡萄园自然须费更多的劳力：一个一百尤格带有葡萄园的田庄备有一个田夫、十一个寻常奴隶和两个牧人。管家所处的地位当然比其他奴隶自由；马哥的论著劝人允许管家结婚生子和拥有自己的资本；加图劝人使管家与管家婆结婚，只有他一人如果品行优良可有从主人方面取得自由的希望。在其他方面，全体共成一户。奴隶与牛马无异，也不是生长于田庄，而系在其能做工的年龄由奴隶市场买来；

他们一旦因年老或疾病而不能工作，便又与其他废物同被送到市
360 场。[①] 农场建筑（*villa rustica*）同时备有养牲畜的厩舍、储存粮食的堆栈和管家及奴隶所住的房屋；还另有一所专供主人用的乡间别墅（*villa urbana*）也常建在田庄。每一奴隶甚至管家，其一切生活必需品都有人按定期、依定量替主人发给他；他须靠着这些维持生活。他这样得到由市场买来的衣履，受衣履的人只须把他们勤加修理；每月领小麦若干，每人须自行磨制成粉；也领得食盐、橄榄或咸鱼以调和他的食物和油酒。数量视工作而定；因此管家因工作较普通奴隶的轻松，所得的数量也较普通奴隶的少。管家婆照管一切烘焙和烹饪，一切人都吃同样的食物。把锁链加在奴隶身上，不是常例，不过一个奴隶遭责罚或有图逃的嫌疑，这人便被迫戴锁工作，夜间被关在奴隶牢中。[②]

---

① 马哥或其书的译者（瓦罗，《论农业》，1，17，3）劝人勿自行繁育奴隶，而购买不到二十二岁的奴隶；加图必也意在这种办法，虽然没有这样说，由他那模范农场的人员看，可以显见。加图明明劝人出卖年老有病的奴隶（《论农业》，2）。科路梅拉（1，8）所描写的繁育奴隶办法，即女奴有三个儿子的得免劳动，有四个儿子的甚至可得解放；无疑，他的描写是他个人独立的臆说而不属于管理田产的常法——与加图所做的买奴隶加以训练而后再出卖的营业相似。这段里所说的特别捐税可能指真正的奴隶群（*familia urbana*）而言。

② 由这种严格的意义而言，使奴隶甚至家子戴锁链，是很旧的制度，所以加图说到戴锁耕田的劳工，认为例外；对于这种奴隶，因为他们不能自行磨面，人须给以面包以代谷物。甚至在帝国之时，主人有时使奴隶戴锁，那确实是加之以罪，管家使奴隶戴锁，也是暂时加之以罪。尽管如此，以后用戴锁的奴隶耕田却形成一个特别制度，劳工狱（*ergastulum*）——一间地下室，窗洞很多然而很窄，由地面不能及——却成为农庄必不可少的一部分；这由下列事实而来：乡间农奴境况较他种奴隶艰苦，所以被置在这种境况的大部分是犯过罪或似乎犯过罪的奴隶。再者，残暴主人无故而使奴隶戴锁，我们无意否认实有其事；并且有一件事明示此意，即律书所规定适用于奴隶犯罪的惩罚，并非对戴锁奴隶而发，而是对半戴锁的奴隶而发。至于烙印，亦正是如此；严格说来，其用意在惩罚，不过全群家畜却都有印记。

通常这些属于一个田庄的奴隶足敷所需；遇必要时，邻人当然以奴隶互相帮助，按日支取工钱。否则人不常雇用外来的工人；只有在特别不适于健康的地方，人觉得限制奴隶的数目而雇人代替他们为有利，或在收获禾稼之时，农场的常备劳工不敷所需，才有例外。收谷割草的时候，他们取用雇工，雇工没有工资，而得所收割的禾束六分之一至九分之一，或者他们如果也做打谷工作，便得有所收粮食五分之一：例如翁布里工人每年大批地到利替(Rieti)的谷地，助人收割那里的禾稼。葡萄和橄榄的收获通常交给人承办，承办人借着手下人——被雇的自由工人或自己或他人的奴隶——之力，在地主为此事派定的人监临之下，做收果和榨汁等工作，然后把产品交给主人；①地主常常把树上或枝上的产物出卖，让买主照管收获的事。 361

这整个制度充溢着资本势力所特有的毫无顾忌。奴隶和牲畜受同等的看待；罗马一个著农业书的人说，一个看家的好狗不可与其"同侪奴隶"过于和睦。奴隶和耕牛能做工一日，便一日受相当的饲养，因为让他们饿死实不经济；他们一不能做工，便与破烂犁头一样被卖掉，因为再留他们也不经济。较早时期，宗教的顾虑曾发生减轻痛苦的影响，在规定为庆祝和休假的日子，奴隶和耕牛得免工作。② 最足以代 362

---

① 关于酿葡萄酒，加图并未明说这话，不过瓦罗却明明这样说，并且就事理来看，不言而喻。按收获工作的标准来规定一处地产的奴隶数目，实不经济；果如是，则葡萄在树上时便抱来出卖，实为最不经济；然而人却常做这事(加图，《论农业》，147)。

② 据科路梅拉(2，12，9)计算，每年雨日和假日平均共四十五天；特图里安(Tertullian)说：基督教由复活节至降灵节的假期有五十天，异教节日还不及此数，与科氏相合。此外还要加上秋季播种以后的仲冬假期，按科氏的计算，为三十日。无疑，不定期的播种节(*feriae sementivae*)一概在这时期之内。这一个月的休息不可与收获和酿酒期间的开庭假日混为一谈。

表加图及其同志的精神的无过于他们教人在形式上举行节庆而在
实际上加以规避，他们劝人在这些节日诚然须让耒耜停工，可是就
在此时，奴隶也应不息地从事于他种未经明文禁止的工作。他们
在道义上不许奴隶有丝毫的行动自由——加图有个格言说，一个
奴隶须不做工便睡觉——绝不设法以人类同情为约束，使奴隶依
恋田庄或所事的主人。法律条文赤裸裸地毕露其狰狞面目，控制
这种关系，罗马人对于此事的结果并不为幻觉所惑。“有多少奴
隶，便有多少仇敌”，一句罗马谚语说。治家有个守则，即奴隶间的
不和，应鼓励而不应抑制。柏拉图和亚里士多德本着与上相同的
精神告诫蓄奴隶的主人说，莫把同国籍的奴隶聚在一处，以免他们
发生同国人的联合或谋反；地主的师表迦太基人马哥也同样强烈
地以此为戒。上文业已说过，地主管理其奴隶正如罗马民社统治
“罗马民族的乡间田庄”即外省的臣民；世界由经验而知这个统治
国的新政治制度系以蓄奴隶者的方法为模范。再者，如果我们把
思想提高到无可艳羡的地步，以至于对于一种经济事业只珍重投
到里面的资本，我们便不能不赞美罗马经营田庄的方法首尾一贯、
勤奋敏捷、节俭坚实。加图所描写的理想管家就是一个健全切实
的农夫的写照。在田庄上，他起床最早，就寝最晚；他对待自己与
对待手下人一样严厉，他特别晓得如何使管家婆守秩序，而且也顾
到他的工人和牲畜，特别顾到曳犁的牛；他常常拿手做工，并且做
一切工作，可是从不如一个奴隶那样做得疲倦；他永在家中，从来
363 既不向人借贷，也不借贷给人，不开宴会，除灶神、土地神外不萦心
于他种崇拜，与挚诚的奴隶无异，也把对待神灵和对待人类的事留
给主人；最后又最重要的是他对主人和顺，并且忠实单纯地遵奉主

人所发的训令既不疏忽，又不过于小心。一个人买自己田里所能种的东西，不是个好农夫；一家的父亲若非天气恶劣，把在灯光下能做的事白天着手去做，不是个好父亲；更不好的是他在工作日做休假日可做的事；最不好的是在良好天气他许人在户内而不在露天做工。人对于高等农业也不乏特别的热心；以下便是所定的金科玉律：把田地给农夫，不是让他擦磨打扫的，而是让他播种收谷的，所以农人应先栽种葡萄、橄榄，而后仅在不太早的年龄再为自己建筑一座别墅。这制度以某种鄙野风气为特色，并且不用理性研求因果关系，却引用乡村经验中人所熟知的成规；然而这里显然有采取他人经验和外国产物的努力；例如希腊、非洲和西班牙的品种见于加图的果树种类名录。

小农的农业所以异于田庄主人的农业，仅在或多半在其规模较小。在这种情形，主人及其子女与奴隶共同工作，或自做奴隶的工作。牲畜的数目较少，并且在一个田产不复能供买犁和曳犁的一对牛的费用之处，便以锄为代用品。橄榄和葡萄的培植不那样占显要的地位，或全付阙如。

在罗马和其他消费大城也有注意灌溉的花园和菜园，略如我们今日在拿波里四周所见的情形；这些园子产生很丰厚的赢利。

畜牧业的经营，其规模比农业的大得远甚。无论何处，一个牧畜田庄(*saltus*)势必有甚大于耕地田庄的面积——最低定额为八百尤格——并且为谋事业的便利，这种田庄可以无限地扩大。在气候方面，意大利的情形是夏季山间牧场与冬季平原牧场能互相补助；这时期正与当今无异，可能也沿着同一路径，牛羊群在春季 364

已由阿普利亚被驱往萨谟奈，到了秋季，又由萨谟奈回到阿普利亚。然而冬季牧场，如上所述，却不全限于留供此用的土地，而一部分为满布禾根的牧场。马牛驴骡所以受人豢养，只为的是供给地主、脚夫、兵士等人所需要的兽类；成群的猪和山羊也不为人所忽。可是穿羊毛布料衣服，几为普遍的习惯，所以养羊业远较富于独立性，也有远较高超的发展。这种经营操在奴隶手中，大致与耕地田庄的经营法相似，畜主（*magister pecoris*）居管家的地位。牧羊奴隶全夏季大半不住在室内，而常住在距有人居之处若干里的棚和羊圈；所以要做此事，须选最精壮的人，须供给他们马匹和兵器，并且许给他们的行动自由须比许给耕地田产上的奴隶的大得远甚。

为约略估计这种农业制度的经济结果起见，我们须检讨本期的物价情形，特别是粮价情形。平均看来，物价低得惊人；而这种情形大都由于罗马政府的失策；在这个重要问题上，政府陷于极大的错误，其故不在见识短浅，而在抱有一种不可原谅的偏心，想牺牲意大利农人以施惠于首都的无产阶级。这里主要的问题是海外粮食与意大利粮食的竞争问题。外省人民向罗马政府缴纳粮食，有时不取分文，有时仅取低廉代价，政府把这种粮食一部分用在赡养当地的罗马官吏和罗马军队，一部分舍给什一税的承办者，其条件为付一笔款为代价，或承担把若干粮食运交罗马或其他任何需要粮食的地方。自从第二次马其顿战争以后，罗马军队恒以海外
365 粮食为给养，这虽可裨益罗马的币藏，却断绝意大利农人一个推销产物的重要市场。然而这还是祸害的最小部分。政府久已做按理应做的事，小心谨慎地注目于粮价，一有饥荒的威胁，便及时在海

外购粮防范；而今臣民向罗马政府纳粮，政府每年握有大量的粮食——可能多于和平时期所需的数量——并且遇有用贱价取得几无限量的粮食的机会，政府自然为所诱惑，以这种粮食过量地供给首都市场，按极低的价格把它抛售，就其本身来看，或与意大利的价格相比，这是使人破产的低廉价格。在551—554年即前203—前200年间，西班牙和非洲的小麦六牟第（合五公斗半）已按二十四或十二阿司（一先令八便士或十便士）的价格卖给罗马公民；第一次似为西庇阿所提议。数年以后（558年即前196年），西西里的粮食八万七千余公斗按后面那种有名无实的价格分给人民。加图痛骂这种短见的政策，徒劳无功；奸雄主义的勃兴与此有关；政府或长官个人以低于市价的价格这样额外地把粮食分配给人民，或系很常有的事，成为以后谷物法的胚胎。可是即使在那海外粮食不这样以奇特的方式达到消费者之处，这个政策也有害于意大利农业。不但国家卖给什一税承办人的粮食，在寻常情况之下，他们无疑买得很便宜，以致转卖时卖价可低于生产价格；而且一般说来，在外省特别是在西西里——一部分由于土壤适宜，一部分由于盛行迦太基式的大规模农业和蓄养奴隶——生产价格可能比在意大利的低得多，而西西里和撒丁的粮食到拉丁姆的运费，即使不低于由埃托利亚、坎帕尼亚或甚至北意大利到那里的运费，至少也与之相等。所以顺着自然的趋势海外粮食不能不流入半岛，降低半岛所产粮食的价格。可叹的奴工制造成不近情理的扰攘关系，在 366
这种情形之下，若能课税于海外粮食以保护意大利农民，或不失为正当办法；可是所取的途径却似乎适为其反，并且为便利海外粮食运入意大利起见，似乎有在外省应用禁粜制的事——因为罗德岛人虽特受优待，得由西西里运出一批粮食，可是大致看来，由各省运出粮食或只有运往意大利的可以自由，于是海外粮食必为母国的缘故而被人垄断。

这个制度的结果昭然若揭。一个非常丰收的年岁如504年即前250年，首都人民买五公斗半的硬壳麦，所费不过五分之三第纳尔（约五便士）；干无花果五公斤半、油二公斤、肉二公斤、酒二公斗也各卖五分之三第纳尔；这种丰年因系特殊情形，不能算数；可是别种事实把这种情形表现得更为明白。就在加图之时，西西里已被称为罗马的谷仓。在丰稔的年岁，西西里和撒丁的粮食按运费的价格在意大利的口岸脱售。在半岛产谷最丰的地方——近代的罗马涅和伦巴底——在波利比乌斯之时，旅馆的房饭费平均每日半个阿司（三分之一便士）；这里五公斗半的小麦值半个第纳尔（四便士）。后面这平均价格约为他处通常价格的十二分之一；[①]由此
367 看来，我们可明见意大利生产粮食的人全无销售产品的市场，因而意大利的谷物和谷田几至毫无价值。

在一个工业国家，农业不足以赡养人口，这种结果或可认为有益，至少不被认为绝对有害；可是在意大利，制造业不足挂齿，专以

---

① 首都至少罗马纪元第七、八世纪的中数粮价可以假定为一罗马斗（牟底）值一个第纳尔，即小麦一蒲式耳值二先令八便士，按1816—1841年勃兰登堡（Brandenburg）和波美拉尼亚（Pomerania）两省的平均价格，小麦一蒲式耳值三先令五便士。罗马物价与近代的小有差异，究由于谷价提高，还是由于银价低落，我们不能断定。

罗马此时或以后粮价的波动是否甚于近代，或属甚为可疑。如果我们以上述的价格即四五便士买一个半蒲式耳，比之于最甚的战时缺粮和饥馑——如在第二次布匿战争同量的粮食涨到九先令七便士，在内战时涨到十九先令二便士，在奥古斯都时代的荒年竟涨至二十一先令三便士——相差诚然甚巨，不过这种极端情形不足为训，今日在相似的情似下，两极端的事均可再见。

农业立国，这个国家竟遭这样有系统的破坏；首都人民根本不能生产，对这种人，面包愈贱愈佳，为这种人的利益，竟以极可耻的方式牺牲了全民族的利益。罗马宪法如何无用，这所谓共和黄金时代的行政如何无能，或没有像这件事表示得这样明白的。任何代议制度，无论如何简陋，至少可以做到申诉和洞见病症之所在，可是在那些集合的市民大会中，除爱国人士的先见外，任何议论都即刻得人听纳。任何名副其实的政府必自动干涉此事，可是元老院忠厚易欺，视粮价低廉为人民的真正幸福，西庇阿兄弟和弗拉明兄弟果真有更重要的事做——解放希腊人，行使共和国王的职务。所以这只船冲向暗礁，毫无阻碍。

小地产既不复生产任何真实明显的利益，农人便一蹶不振，而且因为他们渐渐地，虽则比其他阶级迟缓，丧失共和初期那种端正风气和节俭习惯，所以更加一蹶不振。意大利农人的牛犁田如何迅速地经过购买或放弃而与较大田产合并，现在仅是个时间问题。大地主自保的能力较优于农人。大地主不依旧制把田地租给临时的小佃户，而依新制使其奴隶耕田，他的生产价格可比农人的低廉。因此，甚至在起初未采用这种办法的地方，意大利地主为西西里奴隶生产粮食的竞争所迫，也不得不采用此法，使无妻无子的奴隶做这工作，以代有家眷的自由劳工。更有进者，地主较能借着耕 368
种法的改良或改变，对于竞争者保持其地位；农人既无资本，又乏知识，仅有其生活所必需，地主则比他们能以田地的较小收益为满足。所以罗马地主，相对地怠忽了种植谷类——在许多地方，种谷似仅限于出产劳工所需的数量[①]——日益注意于生产油、酒和繁殖牲畜。在意大利那种适宜的气候，这两种事业不畏外国的竞争；意大利酒、意大利油、意大利羊毛不但控制本国市场，而且不久便被输往海外；波河谷地不能为其谷物觅得销路，却以猪和咸猪肉供给半个意大利。关于罗马农业成绩的记载传到今日的与上述情形极相吻合。我们颇有理由假定土地投资计可生息百分之六，这似乎与当时的平均利率相合，当时平均利率约倍于此数。大致看来，畜牧业所得的成绩优于耕植业：耕植业以葡萄园生利为最厚，其次为菜园和橄榄园，而草地和谷田则生利最少。[②] 我们当然要假定
369 每种耕植的进行都在与之相宜的条件和适合其性的土壤。上述各

---

① 因此，加图概称那两处他所描写的田庄为"橄榄园"(*olivetum*)和"葡萄园"(*vinea*)，虽则两处不但出产油、酒，而且出产粮食和其他物品。诚然，他命葡萄园主准备盛八百库赖(*culei*)的桶，如果这八百库赖为一年酿酒的最高量，则一百尤格所值的必全是葡萄，因为每尤格产八库赖殆为空前的产量；可是瓦罗显然有正当理由，以为这里指一个未卖出旧酒而须酿新酒的葡萄园主而言。

② 我们由科路梅拉的书，推知罗马地主所获的平均利率为百分之六。至于费用和产物的精密估计，我们只有关于葡萄园的数字，据科路梅拉计算，葡萄园每尤格的费用如下：

地价	一千塞斯特
耕作奴隶价(与尤格成比例)	一千一百四十三塞斯特
葡萄秧和木桩	二千塞斯特
首二年利息的损失	四百九十七塞斯特
共　计	四千六百四十塞斯特
	等于四十七英镑

据他计算，物产至少为六十安非罗(*amphorae*)，至少值九百塞斯特，这样便表示获利百分之十七。可是这话稍涉虚妄，因为即置歉收不论，物产收获费和葡萄秧、木桩以及奴隶的维持费在估计上都付阙如。

又据科氏估计，草地、牧场和林场的总产量至多每尤格值一百塞斯特，小麦的总产量所值有少无多；实际说来，每尤格平均产小麦二十五牟底，按首都每牟底一第纳尔的

事本身已足以使大规模耕作制渐渐取代小农人的耕作业，要用立法来抵制这种情形，实为不易。可是下文将述的克劳狄法案（在536年即前218年以前不久）造成一种恶果，这法案禁止元老家们经营商业，因而以不自然的方式强迫他们投其绝大资本于土地，换句话说，以耕地管家所经理的田庄和豢养牲畜的牧场代替农人的
旧田园。再者，与农业有别的畜牧业虽远较有害于国家，却有特殊 370
情形为其发展的助力。只有这样由土地抽取利润——实系须大规模经营才能获利的唯一方式——始能符合绝大资本和当代资本家的企业精神。一个耕作田产虽无须主人永久在场，却需他时常到临；事势又不甚容许他扩大田庄，并且除限于狭隘范围外也不能兼有许多田庄，而畜牧田庄却容许无限扩大，并且不甚需主人照料。因为这个缘故，人们已开始化良田为牧场，就是受有经济损失亦在所不顾——法律（此法起于何时，我们不知，或距此时不远）禁止此

（接上页）平均价格，总值不过一百塞斯特，并且在原产地，总值必更低于此。据瓦罗的计算，较大田产每尤格得一百五十塞斯特的总赢利，就是普通最大的利率。与此相当的经费估计没有传到现在；当然，这里的经费较葡萄园的省得多。

再者，以上这些估计一概在加图死后一百年或一百年以上。加图只有笼统的话，说畜牧业的赢利胜于农业；这话当然不含有处处宜把耕地变为牧场的意义；他的意思是相对的，他说：投资在山间牧场或其他相宜的场所以畜养牛羊群，若与投资于耕植相宜的麦田相比，获利较丰。这计算或也顾及一种情形：地主的缺乏精力和知识在畜牧业上为害甚微，而在高度发展的植葡萄和橄榄的事业上则为害甚大。据加图说，在一个耕地田庄，土地赢利递降的等级如下：（1）葡萄园；（2）菜园；（3）杞柳丛，因栽植葡萄而有大利；（4）橄榄园；（5）产刍草的草地；（6）麦田；（7）树林；（8）伐木林；（9）饲牲畜的橡林。这九项一概包括在加图的模范田庄经营计划之内。

又有一事可证明植葡萄所得的净利较种麦为多；637年即前117年，热那亚城与属下各村落起了争执，仲裁宣判，使热那亚城收取酒六分之一和粮食二十分之一，以为免役税。

事，可是不甚有效。占据公地也有利于畜牧业的发展，这种被占的土地既本来很大，不但此制所造成的殆尽为大田庄，而且公地可由国家任意收回，永无法律的保障，占据公地的人不敢多投资于此种土地的耕植——例如种植葡萄或橄榄。结果是这些土地都被利用为牧场。

关于罗马的钱业经济，我们不能做与上相似的概括叙述，一部分因为罗马上古没有传下有关这问题的特别著作，一部分因为这种经济的性质比耕种业复杂远甚，就所能确知的而论，其特点或比农业的更非罗马人所独有；反之，这些原则是一切上古文明的公产，上古大规模的经济当然正与今日的无异，也是处处相似。在钱业，商业制度似乎先特为希腊人所建立，而后仅为罗马人所采用。然而把这制度实行得那样精确，举办得规模那样博大，却是罗马人的特色，以至于在钱业上罗马经济的精神和伟大，无论其为利为弊，都非常昭著。

罗马钱业的出发点当然是放债业；罗马人最热心从事的商业
371 无过于职业放债者（*fenerator*）和钱商或银行家（*argentarius*）的业务。资本制度发达的特征是把较大的银钱收支由资本家个人转移到为媒介的银行家，银行家为顾主收支款项，投资或举债，代办他们国内外的银钱交易——在加图之时，这事已完全见于实行。然而银行家不但为罗马富翁司出纳，而且处处钻入小事业，而且卜居于外省和属国的日益增多。在帝国全境对需款者放款的事业，始可谓为罗马人所垄断。

与此密切相关的是企业范围的广大无限。间接办事法深入罗马全部的交易。国家为先导，把一切较繁复的征税、一切供应、业务和公共建筑，都以收支一笔定额款项为条件，包给资本家或资本家团体。可是私人也一致立约包办任何可以契约来办的事——建筑、收获禾稼，甚至为继承人瓜分遗产或为一个破产的田庄办理清算：清理破产的田庄时，承办人通常是个银行家，一方面受下所有的资产，另一方面负责解决债务的全部或若干成，然后按情势的要求付出余款。

海外商业在早年罗马民族经济上已占如何显著的地位，上文在相当之处业已论及。意大利关税在罗马财政系统里日益重要，可以证明本时期的海外商业更有一日千里之势。关于海外商业重要性增长的原因，我们不必再加说明，除这些原因外，还有意大利的统治民族在外省所取的特权地位，以及可能即在此时许多属国依条约而让给罗马人和拉丁人的豁免关税权，都是促进海外商业的人造方法。

另一方面，工业仍较不发达。工艺当然不可缺少，并且似乎略有集中于罗马城的痕迹；例如加图劝坎帕尼亚的地主在罗马城购办所需的奴隶衣履、耒耜、大桶和锁头。由毛织品的畅销看，织布 372
业规模必大，获利必丰。[①] 可是罗马人显然未企图把埃及和叙利亚的工业移至意大利，甚或未企图用意大利的资本经营这种工业于海外。意大利诚然种植亚麻，也制造紫颜料；不过至少紫颜料工业属于希腊城市塔兰托，并且就是在这时期，输入的埃及麻纱和米利都或推罗的紫颜料可能在处处凌驾本地出品之上。

---

① 由漂布匠在罗马喜剧里居显著地位，可见罗马织布业在经济上的重要。加图也证明，漂布池有利可获。

然而罗马资本家在意大利境外租购田产以便大规模经营农业和畜牧业，却也多少属于这个范围。这个以后发展为那样大规模的营业，大概即开始于我们现在所讨论的时期；特别是在西西里，罗马把商业限制加在西西里人身上，即使其宗旨不在给不受此限制的罗马人一种独享土地赢利之权，也至少有这个倾向。

这一切部门的事业一致用奴隶来进行。放债人和银行家在其营业的全部范围内，添设办事处和分行，以他们的奴隶和解放人指导业务。承租国家关税的公司大半任命其奴隶和解放人在每一税关收税。谁承办建筑，谁就购买长于建筑的奴隶；谁替主管人员承办游艺或决斗比赛，谁便购买或训练一班善于作戏的奴隶或一队熟习斗术的农奴。商人以奴隶或解放人料理其自有的船只，输入货物，也用同一方法按批发或零卖把货物销售出去。至于矿坑和工厂的工作全由奴隶进行，不待赘言。无疑，这些奴隶的地位绝对
373 无可艳羡，并且全劣于在希腊的奴隶；不过我们若置矿坑和工厂的奴隶而不论，工业奴隶的地位大致尚佳于乡村的奴隶。他们多半自有家眷，并有个实际独立的家计，取得自由和自有财产之日并不在远。所以此等地位实为自奴隶阶级养成暴发户的真正训练所，这些人以其奴隶的美德，也常以其奴隶的罪恶，自跻于罗马公民之列，且往往达到豪富的地位；在道德、经济和政治上，他们实助成罗马共和国的毁灭，其罪至少不在奴隶以下。

本期罗马的商业完全与当时政治力量的发展并驾齐驱，而其超群绝伦的宏伟亦复不相上下。我们要洞瞩罗马与他国交易的茂盛，只须打开当时的文学尤其是喜剧，其中有操腓尼基语的腓尼基人上台，对话中充满了希腊语和半希腊语的字句。可是借着钱币

和币制的关系，我们最能灼见罗马商业的范围和势力。罗马的第纳尔与罗马兵团齐头并进。上文业已说过，罗马征服西西里，西西里的造币厂——最后的是542年即前212年叙拉古的造币厂——均被封闭，或至少仅限于铸造小货币；在西西里和撒丁，第纳尔取得法定的流通权，至少与旧银币一同使用，可能不久即成为唯一的法定货币。西班牙有大银矿，并且以前实际上没有本地的货币，罗马银币即使不更为迅速，至少也同样迅速地深入此地；在很早的时候，西班牙各城市甚至始按罗马的本位铸造钱币。通盘看来，因为迦太基造币有限，西地中海一带除罗马造币厂外，没有一个重要的造币厂，只有马赛利亚人的为例外，伊利里亚境内阿波罗尼亚和狄拉丘希腊人的造币厂或亦如此。因此，当525年即前229年前后罗马人初占领波河一带之时，这些造币厂均服从罗马的本位，它们虽仍有造银币之权，却一致——特别是马赛利亚——须使其德拉 374
克马适应罗马那四分之三第纳尔的重量；罗马政府始造这种钱币，原欲以供上意大利之用，名为"胜利钱"(*victoriatus*)。这个以罗马币制为基础的新币制盛行于马赛利亚、上意大利和伊利里亚的全境；此等钱币甚至深入北方蛮族的区域，例如马赛利亚的钱达到沿罗讷河整个盆地的阿尔卑斯各地，伊利里亚的钱达到近代的特朗西尔瓦尼亚(Transylvania)。地中海的东半尚未归罗马的直接统治，所以罗马的钱币尚未达到此地；可是黄金能补其缺，成为国际和海外贸易上正当而自然的媒介。诚然，罗马的成规是在本国和意大利的铜币外仅造银币，罗马政府依其严格守旧的性质，除在汉尼拔战争期间因财政拮据暂造金币外，固守这个成规；不过商业已达到无货币时可用计重量的黄金来营业的程度。597年即前157

年在罗马国库里的现款，银币或生银不及其六分之一，六分之五为金条；[①]无疑，罗马大资本家的一切钱柜里，所存贵金属的比例亦必大致如此。所以在大交易上，黄金已居首位，由此可以推测，罗马对外国特别是对东方保持贸易的优势，因为自腓力和亚历山大大王以来东方即采用黄金通货。

罗马资本家由这些巨大营业所得的全部赢利，终久必总汇于罗马城，因为他们虽然常到海外，却不易定居于海外；他们早晚必
375 归罗马，或把所获的财产换成现钱而在意大利投资，或以罗马为中心，用这种资本和他们既得的联络继续营业。因此，对文明世界的其余部分，罗马在金钱上的确占优势，完全不亚于其在政治和军事上的确占优势。在这方面，罗马对他国的关系略如今日英国对大陆的关系；例如一个希腊人论及小非洲英雄西庇阿说，“就其为罗马人而言”，他不算富。当时罗马所谓的富意义如何，我们可由下列各事见其一斑：卢奇乌斯·鲍卢斯有值六十塔兰特（一万四千英镑）的产业，并不算是殷富的元老，一份五十塔兰特（一万二千英镑）的嫁奁——如老非洲英雄西庇阿的每一女儿所得的——被认为一个贵家女郎应得的嫁资，而本世纪最富的希腊人也不过有三百塔兰特（七万二千英镑）的资产。

因此，无怪这民族为商业精神所把持，或可谓——因为这在罗马不为新奇——罗马各方面、各阶级的生活无不沉浸淹没在资本家精神之中；于是农业和国政始成为资本家的企业。财富的保持

① 那时罗马国库里有黄金 17410 罗马镑，生银 22070 镑，银币 18230 镑。金对银的法定比率为金 1 镑等于 4000 塞斯特，即 1∶11.91。

和增多确实成为公私道德的一部分。加图作处世箴言以训其子，有云：寡妇的财产可以减少，男子却须增加其财产；一个人死时，他的账簿若表明他所得的多于他所继承的，这人便值得称赞，富有神圣的灵气。所以在任何授予与报偿互相对立之处，每件成交的业务，虽无任何正式手续，亦被认为有效；遇有必要，即使法律不许负屈者有诉讼权，至少商业习俗和司法惯例容许他；[①]可是没有相当手续的赠物诺言，不但在法理上不生效力，在实际上亦然。在罗马，波利比乌斯说，非不得已，无人以物贻人，非到期，无人付出一文钱，甚至在亲近家属之间亦如此。就是立法也赞成这种商业道德，认为一切无报偿的施与皆属浪费；馈赠、传授遗产和代人作保，在本期均受人民法令的限制，并且不归最近亲属的世袭产业至少 376
须纳税。与这种见解有最密切关系的是，罗马人的生活无处不有商人的精细、诚实和体面。每一常人在道义上须备一本记收入和支出的账簿——因此每一秩序井然的家宅都单有一间纪录室（*tablinum*）——每人慎戒去世时未立遗嘱；加图声明他生平有三件憾事，一天未立遗嘱即居其一。按罗马的习惯，法庭里普遍认这些家庭记录为有效的证据，差不多如我们承认商人账簿的证据。声名无玷的人的一言，无论对他本人利与不利，均被认为有效；要解决两个正人君子之间的争执，最常用的方法是一方要求发誓，另一方便向他发誓，这个解决方式就是法律也承认其有效；又有一个由来已久的规则：陪审员在缺乏证据时，若一方声名无玷，另一方声名

① 购买、出租和合股所以可以起诉，即以此为根据，并且一般说来，非正式而可以起诉的学说皆以此为根据。

较劣，则宣判须利于前者，仅遇两方声名不分上下，宣判始利于被告。[①] 有体面的人不当因为私人服务而受报酬，这个规则日益严格地见于实行，特足以昭示罗马人顾全体面的风习。因此，不但长官、职员、陪审员、监护人和一般有体面的而担任公职人士，除至多在开销上得有补偿外，都服务而不受酬；而且相知的人（*amici*）互相效劳的事，如作保、代理诉讼、保管（*depositum*）、出借不想出租的物件（*Commodatum*）、一般的办理和照料事务（*procuratio*），也
377 用同一原则来处理，所以人不当为这些事受报酬，甚至即使约定给酬，也不许提起诉讼。罗马人如何完全蜕化为商人，或最显见于一事：在本期罗马人的生活中以付钱和起诉代替决斗，甚至代替政治上的决斗。要决定个人的荣誉问题，常用的方式如下：侮辱者和被辱者赌那侮辱言辞的真伪，把事实问题编成一个要求赌注的诉讼，按法律上的一切手续提交陪审员；侮辱者或被辱者所提议的这种赌博应否接受，正如今日对于决斗要求的接受问题，在法律上没有规定，不过荣誉攸关，人罕能加以拒绝。

这种商业精神以非商人不能想象的强烈程度表现出来，其最重要的一个结果便是会社异常地增多。在罗马，因为政府采用上文屡述的经纪人制来做事，会社组织特别得到促进，事业范围广大，资本家当然不以个人而以合股的方式承办这些租佃和合同，并

① 关于此点的主要出处是格利乌斯(Gellius)书中引加图书的残余。关于“文字的约束”(*obligatio litteris*)，即完全以债主记在账上的债务为根据而要求的权利，甚至在一方的证据与其本人有关之处，法律也承认这一方个人的可信，这法律的承认是说明的钥匙；所以到了后世，这种商业信誉已不见于罗马生活，文字的约束虽未真被取消，却自归废止。

且国家为求更大的稳妥，可能常规定他们如此。一切大规模的营业都仿照这种企业制来组织。甚至会社组织的特色——几个互相竞争的公司联合起来建立垄断的价格——也有发生于罗马的痕迹。① 特别在航海和其他大有危险的营业，合股制应用极广，以致 378
实际代替上古所无的保险业。最普通的无过于所谓“航海借款”即近代的“船舶押款”，把海外商业的损失和盈余按比例分配到船只和载运货的所有者以及为这次航行而放款的一切资本家。然而罗马的经济有一条通则：一个人宁愿参加许多投机事业的小股份，而不独营投机业；加图劝资本家勿以资金专配备一只船，而应协同另外四十九个资本家派出五十艘船，收取每艘船的赢利达五十分之一。这样，营业必更趋繁复，罗马商人以其敏捷的努力工作和用奴隶以及解放人的营业制度却能胜繁巨——由纯粹资本家的观点看，这种营业制度远胜于我们的账房制度。于是这些商业公司以其满百的支派大有影响于罗马每个上流人的经济。据波利比乌斯的证明，罗马富人无一不以署名或匿名的股东资格参与承租国税的事；每人必更以其平均很大的一部分资本投在一般的商业会社。

罗马财富的持久性由这一切奠定了基础，其持久性较其宏伟尤堪注意。罗马有个或属盖世无双的现象，即大家巨室的状况历数百年殆无改变，上文已唤起对于此事的注意；他们用那稍嫌狭隘

① 加图那可注意的出租橄榄收获的模范契约里有下列一段：

“〔出租时愿订约之人〕，无一得因欲把采榨橄榄出租更高价格而退约，除非〔共同出价人〕即刻声称〔另一出价人〕为其同伙。若似违背此项规定，〔立约公司的〕一切同伙应地主或其所派的监理人的要求，须宣誓说〔他们未尝这样同谋来防止竞争〕。他们若不宣誓，约定的价款便不支付。”这里默然假定，接收契约的不是个人资本家而是一个公司。

可是坚实的原则经营商业资产，可为这种现象的说明。

罗马经济既偏重资本，所以不免有那与纯粹资本主义经济不可分离的弊病。

公民平等已因贵族统治阶级的兴起而受了致命伤，又因贫富阶级在社会上的界限划得日益分明，而受了同样重大的打击。向下面，促进这种区分最有效的，无过于上述以做事而受酬为可耻的
379 原则，这原则似乎无关重要，可是实际上含有资本家方面最深沉的骄傲和暴横。这样一来，不但普通短工和手艺人与体面的地主和工厂主之间起了一层隔膜，而且士兵和下级军官与军团长官之间，书记和使者与长官之间，亦复如是。向上面，盖乌斯·弗拉明所建议的克劳狄法案(536年即前218年以前不久)也立起同样的一道藩篱；这法案禁止元老及其子(除供其田庄产物的运输外)拥有航海的船，可能也禁止他们参加公家的招标——总之，禁止他们经营罗马人所谓"投机事业"(*quaestus*)①，这个法规诚然不源于元老院的提倡；反之，这是民主的反对党的事，他们见统治阶级亲与政府做交易的流弊，最初或仅欲防止这些流弊。再者，资本家以后常与民主派联合行动，这次或亦如是，他们乘着这个机会把元老排斥出去，以减少竞争。当然，第一个目标没有完全达到，因为合股制替元老打开了暗地继续经商的门路；不过这个人民法案却在经商的贵人与全不经商或至少不公开经商的贵人之间，划出一条法定的

① 李维仅说到关于航海船只的法律，可是阿斯科尼乌斯(Asconius)和狄奥(Dio)说法律也禁元老承办国家企业(*redemptiones*)，并且据李维说，"一切投机事业均非元老所宜为"，克劳狄法案可能不止于如他所说。

界限，使纯粹的财政贵族与原来的政治贵族平行并立——财政贵族即后世所谓骑士阶级，下一世纪的史册中，充满了这个阶级与元老阶级的竞争。

资本势力偏于一方，产生另一结果，即最无益而在全部国民经济上最乏生产力的行业却非分地显露头角。工艺应居最高的位置，实际上却居最低的位置。商业兴隆，不过普遍是消极的商业。就是在北方边境，奴隶成群地由凯尔特甚且可能由日耳曼境内流 380
入阿里米努姆和其他北意大利市场，罗马人也似乎不能以货物抵补他们的代价；至少早在523年即前231年，罗马政府即禁止把银币输出到凯尔特人境内。罗马与希腊、叙利亚、埃及、昔兰尼和迦太基通商，贸易的差额当然不利于意大利。罗马始成为地中海各国的京都，意大利成为罗马的市郊，罗马人不再他求；每个仅做京都的大城市不得不营消极的商业，罗马人以富翁的恬淡态度乐其如是——他们果真有钱足以购买所需或不需的东西。另一方面，一切营业中最无生产力的钱业和包税业却成为罗马经济的真正中坚。最后，这种经济所含有的要素足以产生繁荣的中等阶级和丰衣足食的下等阶级的，一概为使用奴隶的不幸制度所摧残，或至多只能助长那讨厌的解放人阶级的日增月盛。

可是，最重要的，纯粹的资本经济自然有其根深蒂固的不道德，不道德侵蚀到社会和国家的腹心，以绝对自私代替了人道和爱国。民族优秀分子洞见腐化的根苗藏在这种投机事业之中；大众出自天性的怨恨以及善意政治家的不满都以放债业为标的，此业久已为法律所不容，现在就法律的条文看，仍应受惩处。本期一篇喜剧里有下列的话：

我真看着娼家和你们放债人完全一样；
他们秘密卖身，你们在公开市场上卖身。
他们用妓馆，你们用利钱，一同剥削人民。
因为你们的缘故，市民已公布法规不少；
你们破坏市民公布的法规，总有法脱身。
你们把这些法规只当作变冷了的热水。

改革派的领袖加图说得比喜剧家更为有力。“贷款取息，”他
381 在农业论的序言里说，“有种种可取处，可是欠体面。所以我们祖先规定并且载在法典说：窃贼须付两倍的偿金，而放债取利的却须付四倍的偿金。”他在别处又认为放债人与杀人犯相去不远；我们须承认他的行为足以配合他的言论——他为撒丁省长时厉行法规，直把罗马银行家逐出境外。握政权的元老阶级大多数憎恶投机制度，在外省时，他们的品行不但大致比这种资本家的正直可敬，而且往往对他们加以抑制。然而最高长官常常更动，他们执法的方式难免参差，所以抑制这种营业的努力必然遭到顿挫。

再者，罗马人见到不难见到的事：把整个国民经济导入另一方向，远较以警察监管投机事业为可靠；加图一流人就大半本着这种见解，用教训和榜样宣传农业。在上面引用的序言里，加图继续说：“我们祖先嘉奖一个贤人，总称赞他是个好农人和好地主，一个人受了这种褒拍，别人便以为他受了最高的称誉。至于商人，我认为他在求利上努力勤奋，不过他的职业太易于遭到危险和厄运。反之，最英勇的人和最能战的兵士都出自农人，没有一种职业能像

他们的那样可敬、安全和不惹人怨的，并且以此为业的人最不易发生恶念。”他常自谓他的财产全来自两项根源，即农业和节俭；虽然这话说得既不甚合于论理，也不切合于实情，①可是当时和后世把加图当作罗马地主的典型，却非不公允。不幸有一个既堪注意而 382
又可痛心的事实：他们确以最大诚意极力赞美农业为救治法，这种农业本身却也弥漫着资本制度的流毒。说到畜牧业，这情形是显而易见的；因此，畜牧业最为公众所喜，却最为欲改良道德的一派人所恶。可是农业本身的情形如何？自罗马纪元第三世纪至第五世纪，资本对劳工作战，以贷款取息剥夺力田农人的土地收入，使他们落在不耕而食的资本家之手；以后大部因为罗马经济扩大范围，存在拉丁姆的资本被移到全地中海的商业活动，劳资战争才告解决。到了现在，甚至这个扩大的商场也不复能容纳大批增加的资本又有一个荒谬的立法，一方面致力于以不自然的方法逼迫元老投资于意大利田产，另一方面致力于以干涉粮价的手段故意贬低意大利农田的价值。于是开始了第二次资本对自由劳工或——在上古大致相同——对小农制度的战争；第一战虽则凶恶，然而较之第二战却尚似宽和仁爱。资本家不再对农人贷款取息——因为小地主不再产生重大的盈余，这办法现在已不适用，并且也不是充分简单和根本的办法——他们收买了这些农场，至多把他们变成用管家经理而用奴隶耕作的田庄。这也称为农业，实则这根本是

① 加图与其他一切罗马人无异，以其财富的一部分投资于畜牧业、商业和其他事业。可是他不常直接违法；他既不营承包国税的投机事业——他身为元老不得为此——也不营放债取息。关于后者，人要加以言行不符的罪名，实欠公允；他诚然从事于航业贷款，这不在法律所禁止的放债取息之列，实则这是租船运输业的主要部分。

把资本制度应用在土地利益的生产。加图所做的农人写照很好，并且完全正确；不过这个写照是否适合于他所描写推荐的制度？一个罗马元老拥有如加图所述的四处田庄，必非不常见的事，果若是，则古代通行小产业时这个面积能赡养农人一百户至一百五十
383 户，而今同一面积却为一户自由人和多属未婚的奴隶约五十人所占据。如果这就是治疗国民经济衰落的方法，这药方便不幸极似病症，以致难于辨认。

这种制度的一般结果不幸竟昭然显著于人口比例的改变。诚然，意大利各处的状况很不一致，有几处甚至可谓繁荣，罗马殖民于亚平宁山至波河一带时设立了很多农场，这些农场不那样迅速地消灭。本期告终以后不久，波利比乌斯来游此地，称赞其人口众多，貌美体健；只要关于谷物有公平的立法，无疑，波河盆地而非西西里可成为罗马的谷仓。同样，由于522年即前232年弗拉明法案所分配的公地，皮塞努姆和所谓高卢地获得大批农民——然而在汉尼拔战争期间这批农民的数目有惨痛的减少。在埃托利亚，附属民社的内部情形不利于自由农人阶级的兴隆，在翁布里或亦如是。拉丁姆所享首都市场的利益不能全被夺去，并且通盘看来此地未遭汉尼拔战事的殃及，境况较佳；在马尔斯人和萨贝利人的深山穷谷中亦然。另一方面，南意大利在汉尼拔战争中受了可怕的蹂躏，并且除若干较小的地方外，最大的两个城市卡普亚和塔兰托均被毁灭，从前两城均能派兵三万人出战。萨谟奈经过第五世纪的恶战，现已复原，据529年即前225年的民情调查，此地能出的壮丁可当一切拉丁城市的一半，并且可能是当时半岛上除罗马地外最繁荣的区域。可是在汉尼拔战争中，此地重遭糜烂，这区域

的土地被分给西庇阿部下兵士的虽然很多，大概仍属得不偿失。坎帕尼亚和阿普利亚一向都是人烟稠密的地带，在这次战争中，所受敌人和友人的待遇尤为恶劣。在阿普利亚，无疑地，以后也行班田制，可是设在这里的殖民地却没有成功。在坎帕尼亚的锦绣平 384
原，人口仍较为众多，可是卡普亚和其他民社的领土在汉尼拔战争中被分裂，成为公产，占有这种公产的一律不是地主而是暂时的小佃户。最后，卢卡尼亚和布鲁提亚全境在汉尼拔战争以前已是地广人稀，这次又遭到惨重的战祸和继之而来的惩治；罗马方面也不大从事于复兴这里的农业——或者除瓦伦提亚（Valentia，即维博[Vibo]，今蒙泰莱奥内[Monteleone]）外，设在此方的殖民地没有一个达到真正的繁荣。

各处政治和经济的情形尽管参差不齐，有几处尽管比较繁荣，然而通盘看来，退步仍显而易见，并且最无可非难的证据已证实意大利一般境况的退步。加图和波利比乌斯异口同声地说，在第六世纪末叶意大利的人口较之第五世纪末叶稀疏远甚，绝不能再如第一次布匿战争时出那样大的军队。征兵日益困难，服务兵团的资格有降低的必要，同盟因须出高额助战兵而抱怨：凡此种种都足以证实他们的言论；至关于罗马市民，数字也表示这种情形。在502年即前252年，雷古卢斯远征非洲以后不久，罗马能服兵役的市民共计二十九万八千人；三十年以后，在汉尼拔战争发动以前不久（534年即前220年），他们降到二十七万人，即减少十分之一；又过二十年，在此战结束以前不久（550年即前204年），降到二十一万四千人，即减少四分之一；又在三十余年之后——其间没有遇到非常的损失，而且特别是北意大利平原上大殖民地的设立使人口有明显额外的增加——罗马市民也没有再达到本期初年的数目。如果关于意大利一般人口我们也有这类的数字，这数字毫无疑义地必表示比较更大的短绌。民族体力的衰落不这样易于证
385 明，可是农业著作家作证说，肉类和乳类日益绝迹于平民的膳食。同时，自由人口既减少，奴隶人口却增加。即在加图之时，阿普利亚、卢卡尼亚和布雷提人之地的畜牧业必已凌驾农业，半野蛮的畜牧奴隶在这里是真正的主人。他们把阿普利亚闹得很不安宁，以至于须在那里屯驻强大的兵力；569 年即前 185 年，这里的奴隶拟订一个规模极大而与酒神节庆混合的造反计划，被人发觉，被判罪的人几达七千名。在埃托利亚，罗马军队也不得不出发对一群奴隶作战(558 年即前 196 年)，甚至在拉丁姆也不乏其例，如塞提亚和普雷内斯特一类的城市竟有为一群逃亡农奴所袭击的危险(556 年即前 198 年)。这个民族的萎缩显然可见，自由市民的民社分化为主人和奴隶的组织；虽然最初使公民和同盟受屠戮和毁灭的，是对迦太基的两次长期战争，然而说到意大利民族体力衰弱、人口减少，罗马资本家在这上面的贡献却无疑不在哈米尔卡和汉尼拔的以下。政府是否能施挽救，无人能言；不过可骇可耻的是，在那大都怀好意和有魄力的罗马贵族界，竟不见一人把时局的严重性洞瞩无遗，把危险的程度尽行料定。有一位属于高等贵族的罗马妇人，其兄于第一次布匿战争时在许多公民水师统领之列，陷国家舰队于毁灭；有一天，她被挤在罗马市场的人丛中，当着四周众人的面厉声说：现在是个适当时机使其兄再率一个舰队，重流公民的血，以免市场的拥挤(508 年即前 246 年)。这样想这样说的人当然占极少数；然而整个富贵世界都以极淡漠的态度蔑视普通公民

和农人，这种恶言仅是淡漠态度的一个强烈表现而已。他们并不真愿人民毁灭，不过听其自然；于是意大利无数自由而欢乐的人民方在享受不多而应得的幸福，他们这富庶之地竟一日千里地变成一片荒凉。

第十三章　信仰和礼俗

罗马人生活于严厉的拘束之下，他的地位愈高，他愈不是个自由人。习惯能左右一切，把他的思想和行动限制在狭隘的范围以内，他的光荣是过庄敬严肃的生活，或用拉丁文特有的语句说，过忧伤凝重的生活。每人须在他的家室里维持纪律，在公众事务上忠于其献议和行事的职守，不可太过，也不可不及。可是个人既不愿也不能不是民社的一员，每一市民都觉得这民社的光荣和势力为其私人之所有，应与其姓名和家园一同传给他的后裔；这样，一辈复一辈既入坟墓，后一代便以其新得的加到旧存的荣誉，于是罗马贵家的综合意识继长增高，成为强烈的市民自尊心，这种自尊在世界上或未见其匹，这种自尊的形迹既新奇而又雄伟，每与我们的耳目相接，辄仿佛有天外飞来的气概。固然，这种强烈的爱国心也有一个特色：市民中牢不可破的质朴和平等，虽不压制这种心情，却使人不得不在有生之时把它沉默地闷在胸中，到了死后，始能把它发泄出来；可是在举行贵人的丧葬时，这种心情却有极为显著的剧烈表现，所以罗马生活的一切现象，都不及这个典礼更适于使生在后世的我们略窥罗马人那种神奇的精神。

那是一个奇特的游行队，公家的传宣人呼唤公民来参加："那边有一位战士去世，能来的务请前来伴送卢奇乌斯·埃米利乌斯；

他已被抬出家去。”开头是一群哭丧的妇人、音乐队、舞蹈团，一个舞人化装戴假面具，扮成死者的形状，并且必也作态表演，使大众宛如再见其所熟识的人。后面跟着就是这典礼中最壮丽最特别的一部分，即祖宗队——与此相比，其余的炫耀均有逊色，所以真正 387
的罗马贵人常遗命嗣子把丧礼的铺张专限于此。上文业已说过，一家里的祖先曾充高级市政官或其他常置的高官的，都留有假面具，假面为蜡制，染有彩色，尽量模拟生人的容貌，可是模拟往古王政时代或以前的也不缺乏；这种假面具常置于家堂沿壁一带的木龛中，被视为家宅最贵重的陈设。一旦族中有人死去，相当的人，特别是演员，便戴上这种面具，穿起相当的公服，参加丧礼；于是这班祖宗每人身穿生时最高的服色，凯旋者穿他的金边外套，监察官穿他的紫外套，执政官穿他的紫边外套，带着他们的仪仗队和其他表示官职的徽章，都坐在车上为死者做最后的扈从。灵輀上铺着绣金紫色的厚重罩布和细麻纱，死者卧于其上，也穿着他所居最高官爵的全套服装，他所杀敌人的衣甲和他游戏或认真赢得的花冠都陈列在他四周。灵輀后面走来一律穿黑衣而不戴饰品的送葬人，蒙着头的孝子，不戴面罩的孝女，亲属和同族，契友、门客和解放人。这样，游行队向前走去，直抵广场。在这里，死尸被扶起直立；祖宗下车，坐在贵族座椅上，死者的儿子或最近的同族亲属走上讲台，以简单的诵述，先把那些围坐在四周的每个人的名字和功业，最后把那死者的名字和功业，报告给集合的大众。

这或可称为野蛮的习俗，一个有美感的民族当然不能容这种死人复活的怪现象继续存在于文明很发达的时代；不过就是很冷静而不惯于起敬的希腊人如波利比乌斯，也为这种壮丽天真的葬 388

仪所感动。罗马生活的严守礼仪、行动一致和傲然自尊都必然含有一种概念：即去世的人仿佛仍以肉身来往于生人之间，并且一个饱尝艰苦和荣誉的市民将与祖宗相会之时，祖宗应亲临广场，欢迎他来团聚。

可是罗马人现在到了一个转折点。如今罗马不止限于意大利，向西向东都拓地很广，意大利固有的旧风俗已成过去，一种希腊化的文明代之而起。诚然，意大利自有史以来，即受希腊的影响。上文业已表明，早年的希腊和早年的意大利均以其一些天真和独创力，在心智的促进上有所取与；以后罗马以偏重外表的方式致力于取得希腊人的语言和发明以供实用。可是本期罗马人的希腊风，无论就其原因和结果而论，都根本非复旧观。罗马人始觉得需要一种更丰富的精神生活，并且对其本身的毫无精神文明，觉得惊惶；如果甚至像英国人和德国人那样有艺术天才的民族，在他们暂停创作的期间，竟不耻利用可怜的法国文化以补其缺，则当时意大利民族以火一般的热诚，服膺希腊人的精神发展，无论灿烂的珍宝和污秽的粪土，并加采纳，又何足怪。可是有一个更深刻入骨的情形，使罗马人不能自禁地卷入希腊的旋涡。希腊文明固然仍自命为希腊的，不过实际上不复如是，反之，这却是人文主义和世界主义的文明。在心智的领域里，这文明已把那陶铸大批不同民族为一体的问题完全解决，在政治的领域里也把这问题解决到某种限度；而今这个工作范围扩大，传到罗马手里，罗马把希腊文明和亚历山大大帝的其他遗产一同接收下来。所以希腊文明不再仅是一种刺激或次要的事；这文明透入意大利民族的骨髓。自然，意大
389 利生气勃勃的土风挺身抗拒这外来的风气。只是经过一番激烈的

争斗以后，意大利的农民始把战场弃给首都的世界主义者；并且正如在德国人中间，法国式的上衣招出德国式的长袍，罗马对希腊文明的反动也激起一种趋势，用前几世纪所无的方式在主义上反抗希腊的影响，因此，屡屡完全陷于愚妄可笑之中。

人类的行为和思想，无一不是这新旧风气交斗的场所。甚至政治关系也受其牵制。罗马人想解放希腊人的妙计，上文已述其遭到应得的失败；他们又想联合各共和国以抗各国的君主，这与以上同类，也是个希腊的观念；他们又欲传播希腊政制以抗东方的专制政治——例如对待马其顿的方式即为上述两原则所支配——凡此种种都是新派的固定观念，正如畏惧迦太基是旧派的固定观念；如果加图把反迦太基的宣传做到可笑的地步，亲希腊派也往往流于至少同等愚妄的举动——例如战胜安条克的将军不但把自己作希腊装束的雕像立在卡庇托尔，而且不自称为好拉丁文的*Asiaticus*却取那意义和语法都乖谬可是壮丽而近似希腊文的别号*Asiagenus*。[1] 主权国对希腊文明抱这种态度，其更为重要的结果是，拉丁化作用，除在遇有希腊人之地，处处占有优势。意大利的希腊人城市，只要未毁于战事的，仍行希腊风俗。罗马人诚然对于阿普利亚漠不关心，希腊文明的完全弥漫此地似乎就在这时，这里的地方文明似乎曾与希腊衰落的文明并驾齐驱。旧闻对于此事一字不提；可是各城造的钱币甚多，一概具有希腊文的款识，并且意大利 390

① 古钱和金石证明马格尼西亚的英雄及其子孙原号称*Asiagenus*；卡庇托尔的纪年却称他为*Asiaticus*；有几个痕迹表示纪年曾经后人修改，此为其一。前面的称号只能是‘Ασιαγένης的讹写——即后世作家所用以代替原来称呼的——这词的意义不是“亚洲征服者”而是“生在亚洲的人”。

只有这一带仿希腊式制造那些生动鲜艳有余而雅致不足的彩罍，可见阿普利亚已完全接受了希腊习俗和希腊艺术。

可是本时期希腊文明与本国文明对敌，其战场却在信仰、礼俗、美术和文学；这场主义上的大斗争固然千头万绪，难有一目了然的观察，可是我们不可不对其试做一番叙述。

意大利人的敬神问题曾引起当代希腊人的赞叹或诧异，由此观之，旧日单纯的信仰仍活跃于意大利人之间，昭然若揭。与埃托利亚人发生争执之时，据说罗马元帅在战争中专事祈祷和献祭，如一祭司；而波利比乌斯则以其稍嫌陈腐的明智，请他同国的人注意这种敬神的政治效用，并且训诲他们说，一个国家不能仅有智士，为大众计，这等仪式甚为适宜。

可是民族宗教在希腊早已成为古董，如果意大利仍有个民族宗教，这宗教却已显而易见地化为僵硬的神学。信仰始陷于麻痹，或最显见于祭神和僧团在经济关系上的变迁。公家祭神的典礼不但日益庞大，而且最重要的，也日益靡费。在558年即前196年，除旧有的鸟占院、造桥院和神签院外，又加了第四个有三位“司宴官”(*tres viri epulones*)的僧院，专为掌神灵筵宴这件大事。公平地看，不但神灵应行宴乐，僧侣亦然；然而为这事新设机关，却可不必，因为每一僧院都竭诚尽智地从事于宴会。僧侣阶级的免税权
391 不免随僧侣阶级的宴乐以俱来。甚至在财政甚感拮据之时，僧侣也主张有免纳国税之权，只是经过很烦恼的争辩以后，他们始被迫偿付积欠的税款(558年即前196年)。不但在民社，虔诚日益成为奢侈品，就是在个人亦复如此。捐赠财产的习惯，和一般为宗教目的而负担永久金钱义务的习惯，盛行于罗马人之间，亦如其盛行

于今日罗马公教国家。这些捐赠——尤其是自从国家最高宗教权威兼最高法律权威的造桥师认为捐赠是不动产税，依法应由每一嗣子或其他继承财产的人负担以后——始成为财产上极为沉重的累赘；“无献祭义务的遗产”是罗马人的一句谚语，略如我们所谓“无刺的玫瑰花”。献财产十分之一的事极为寻常，以至于每月以其所得能在罗马牛市(Forum Boarium)举行两次公宴。东方的神母崇拜输入罗马，许多虔诚的恶习随之俱来，其中有每年一次挨户敛钱的惯例(*stipem cogere*)。最后，下级僧侣和卜人也按公平办法，非给钱不卖力；在罗马戏剧的夫妻帷中谈话里，敬神账与厨役、产婆和其他馈送账并列，这种描写无疑系由实际经验而来：

> 丈夫，给我过明娥娃节须致送的礼物，
> 赠给庙祝、给占卦的、给圆梦的和算命的；
> 还有尼姑，我也须送给她一份很像样的礼，
> 请看她如何瞧我一眼，我若一无所与，岂不丢脸！

罗马人往昔曾创出一个银神，现在没有创出一个金神；然而无论最高级和最低级的宗教生活却均实际上为金神所主宰。拉丁民族宗教旧日引以自豪的——经济的要求有限——已一去而不复返。

同时这宗教也失去其单纯性。理性与信仰非法配合而生神 392
学，这神学已专务把它那累赘无谓的繁文缛节加入民族的旧信仰，因而把这信仰的精神排挤出去。举个例说，朱庇特祭司的职责和权利有一详表，很可以在犹太教经典里占个地位。只有毫无破绽的宗教仪式始为神灵所歆享：这是一个天然的规律，他们把这规律

实行得太过，以致一个祭祀因屡犯错误，须连做三十次之多；赛会也是祭礼的一部分，主持赛会的长官如果在言语举动上有何失错，甚至音乐如果非时停顿，这赛会便被视为无效，须从头再做，往往连做几次，甚至做到七次之多。

在这种过分的矜慎之中已有宗教心陷于麻木的状态在，其所引起的反动——淡漠和无信仰——也接踵而来。甚至在第一次布匿战争（505 年即前 249 年）中，就有执政官公然以临战问卜为儿戏——这名执政官自然出自那与众不同而无论善恶总为当代前锋的克劳狄家族。本期将终之时，已有人大声抱怨鸟占术为人所忽，我们引用加图的话，因为学院的怠惰，若干古鸟占术和卜术陷于遗忘。像卢奇乌斯·鲍卢斯那样的鸟占官以这个僧职为学术而不仅以之为名号的，已属凤毛麟角；政府既日益公然断然利用卜兆以遂行其政略，换言之，据波利比乌斯的意见，政府既视民族宗教为可用以欺蒙一般公众的迷信，无怪民族宗教衰落到此地步。此路一开，希腊化的反宗教精神便有自由驰骋的余地。罗马人对于美术的嗜好初见萌芽，因而早在加图之时，富人已用神灵的圣像点缀居室，与其他家具无异。新兴的文学给宗教一个更危险的创伤。固然，文学不敢公开攻击宗教，其对于宗教观念的直接增益，例如恩尼乌斯（Ennius）仿希腊的乌朗诺（Uranos），由罗马的萨图宁造出
393 一个凯卢斯（Caelus），虽则属于希腊化性质，却不甚重要。可是埃庇查穆斯（Epicharmus of Megara，约生于 280 年即前 470 年前后）和尤希梅鲁斯（Euhemerus of Messene，约在 450 年即前 300 年前后）的学说流传到罗马，却有重大的后果。晚期毕达哥拉斯派由西西里古代喜剧家埃庇查穆斯的著作里撷取其诗意的哲学，或可谓

假借他的名义以传播这种哲学，至少大部如此；这种哲学视希腊神祇为自然界的实物，宙斯为大气、灵魂为太阳的微尘，依此类推。这种自然哲学亦如后世的斯多葛派(Stoicism)，在最普通的轮廓上，与罗马宗教相近似，因此适于化罗马宗教为寓言。尤希梅鲁斯著有《神圣志》(*Sacred Memoirs*)，始宗教一个历史的分析，本书为游记体，叙述作者游历外国所经的奇事，对于所谓神祇的传说加以彻底精确的考察，所得结论是古往今来，未尝有神。要表明此书的特性，我们只须举一个例就够了：此书解释克罗诺(Kronos)自噬其子的故事，以为源于上古所有而为宙斯王所废的食人之风。此书尽管平淡无奇而且有败坏风俗的倾向，甚至正因其如此，却在希腊侥幸成功，与当地风行的哲学联合，葬送了已死的宗教。宗教与新哲学彰明较著地互相水火，又见于一件深堪注意的事，即恩尼乌斯把埃庇查穆斯和尤希梅鲁斯那些以破坏驰名的著作译成拉丁文。译者或可在罗马警察面前自为辩护，说这种抨击仅对希腊神祇而发，非对拉丁神祇而发；可是其为遁辞，不难灼见。加图不分皂白，一见这种倾向，便以其特殊的严厉态度加以攻击，他甚至称苏格拉底为败坏道德、忤犯宗教的人，由他个人的观点看，他完全不谬。

如是，旧日的民族宗教显而易见地趋于没落，正如原始森林的大树既被拔起，荆棘和前所未见的杂草便满地丛生。五光十色的本地迷信和外国骗术互相混合、互相竞争、互相冲突。这种化旧信仰为新迷信的事，意大利各民族无一得免。埃特鲁斯坎人修持内 394
脏卜术和闪电卜术，萨贝利人尤其是马尔斯人盛行观鸟和咒蛇的艺术。甚至在拉丁民族，实则就在罗马，我们也遇见相似的现象，虽则比较而言这些现象没有那样显著。例如普雷内斯特的神签和

573 年即前 181 年努马王墓及其遗著的出世奇事都属于此类。据说遗书教人行完全前所未闻的新奇教仪；不过除这一层和书似很新外，渴想奉教的人却一无所知，不免抱憾，因为元老院把这件宝物抓在手里，命人急速把这几卷书付之一炬。本国的制造已很足以应愚人合理的需求，不过罗马人却绝不以此为满足。当时的希腊文化已失其民族色彩，沾染东方的神秘主义甚深，这文化不但把不信神灵输入意大利，而且也把最可恶最危险的迷信带来；而这些邪术所以特有魔力，正因其来自异域。

罗马纪元第六世纪，迦勒底的占星术和算命术已传遍意大利全境；可是有一件更为重要的事——实是一件在历史上开一新时代的事——就是接迎弗里吉亚的神母入罗马民社公认的神灵界；在汉尼拔战争最后的几年，人心惶惶，政府不得不同意此事（550 年即前 204 年）。一个特别使团专为此事奉派到裴西奴（Pessinus），这是小亚细亚凯尔特人境内的一个城市；于是当地的祭司指田边一块粗石头为真神母开比尔，慷慨地把它献给罗马人，罗马民社用空前的盛礼加以领受。因为要把这件喜事永志不忘，上流阶级设立俱乐部，会员轮流着互相招待，新兴的结党运动似乎大受此事的促进。开比尔教既这样受到许可，东方人的神灵崇拜便在罗马获得合法的地位；政府虽坚持新神的阉人祭司应永久为所谓伽勒底人（*Galli*），罗马市民不得献身于这种敬神的阉人生涯；然而“大母”穷奢极侈的仪仗——祭司团身穿东方的华丽服装，以阉人
395 头目为前导，吹打着外国的笛鼓音乐，结队沿街游行，挨户乞化——以及其半尘俗半修道的全部活动，却在人民的感情和见解上，必发生极重大的影响。

其效果不幸显露得太为迅速可怕。几年以后(568 年即前 186 年),极其骇人的教仪上达罗马当局的听闻:一种夜祭巴库的秘密庆祝初由一个希腊祭司传入埃托利亚,而后如炭疽一般蔓延四播,不久便到了罗马,遍布意大利全境,处处拆散人的家庭,引起穷凶极恶的罪过、空前的淫乱、假造遗嘱和置毒杀人。因此而被处罚的人达七千名,大部分受死刑;政府又颁布严峻的法规以警将来,可是却不能控制这种风气;六年以后(574 年即前 180 年),主管长官抱怨说,又有三千余人被判刑,可是这种罪恶仍不见绝灭。

当然,对于这些既荒谬而又贻害社会的邪教,有理性的人一致加以指斥;笃信旧教的和赞成希腊文化的都异口同声,对这种迷信嬉笑怒骂。加图给他的管家一个训令,有下面的话:"除在家庭炉灶和祭路节的路旁祭坛外,若无主人的知晓和命令,他不可致祭,也不可让别人代他致祭,并且不可向那些看内脏的、算卦的和迦勒底人问休咎。"一个祭司遇到他的同业,如何能设法忍住发笑?这个尽人皆知的问题就起源于加图,原指看内脏的埃特鲁斯坎人而言。恩尼乌斯以大致相同的精神,用真实埃特鲁斯坎式的口吻指责乞化的卜人及其党羽:

这些迷信的祭司,这群无耻的卜人,
疯子和惰夫,迫于饥饿的人,
要把他们自己找不着的路指给别人,
他们向一个人讨钱,却说送财宝给他。

可是在这种时候,理性自始就敌不住非理性。政府固然加以 396

干涉；借神惑众的人遭警察的惩罚和驱逐；任何外国宗教未经特别核准的一律被禁；就是比较无妨的在普雷内斯特求签问卜，也于512年即前242年为官方所禁止；并且如上文所述，那些假神惑众的人都被严厉地究办。可是人心一旦根本失其常态，高级当局的命令也不能加以矫正。由上述的情形看，政府让步若干，并且至少让步若干，昭然若揭。罗马的习惯，国家遇有某事发生便问卜于埃特鲁斯坎的圣人，所以政府设法使埃特鲁斯坎法术在埃托利亚世世相传而不坠，又加以许人秘密崇奉德美特（Demeter），这并不妨害道德，且仅限于妇女：罗马古代曾采取外国无妨而较不重要的教规，这种习惯或亦在其列。可是神母崇拜的被承认却是个凶兆，足见政府遇到这种新迷信时自觉如何软弱，甚至可见政府本身如何深为此种迷信所沾染；同样，政府只在这样迟的时候，甚至已到此时仍因为偶然得有报告，才干涉酒神节庆一类的举动，这不是无可原谅的疏忽，便是尤为恶劣的现象。

按当时罗马体面公民的观念，罗马人应如何度其私生活，我们由老加图留给我们的写照可以见其梗概。加图虽是个活跃的政治家、法律顾问、作家和商业投机家，他却永以家庭生活为生存中心，他以为做个好丈夫胜于做个大元老。他的家中纪律严肃。奴仆不奉命令不得擅离本宅，也不得向外人谈说宅内的事。较重的惩罚不能随意滥施，经一番类似的裁判手续之后，始宣判执行；一个奴
397 隶未奉主人的命令擅行购买，事为加图所闻，这奴隶竟至自缢，治罪的严峻由此可见。因为小过，例如在侍膳时犯有错误，到了饭后，这位前执政官常手执皮条亲笞罪人若干下。他管理妻室和子女也同样严厉，不过方法有异，因为用打奴隶的方式来打妻室或长

子的子女，据他解释，是个罪孽。至于择妻，他不赞成金钱婚姻，劝人注意良好的出身；可是他自己在老年却娶下他一个穷门客的女儿。再者，关于丈夫节欲，他所取的态度与一切蓄奴地方的相似；他也完全仅视妻室为不可免的恶物。对那喋喋不休、酷好装饰而不受管束的女性，他的著作充满诟厉的话；这位大老以为“一切女人都是烦絮虚骄的”，又以为“人类如果没有女子，我们的生活或不至于这样目无神祇”。另一方面，抚养正式婚姻所生的子女却是他的心事和荣誉攸关的事，并且在他眼里，妻室的存在真是专为子女。她通常亲自乳养他们，假若她让女奴乳养她的子女，她也让她们的子女吃她的奶以为报；少数形迹显示欲以人情的维系——共同母性和乳兄弟关系——来减轻奴隶制度的苦痛，此为其一。儿童洗浴和身处襁褓的时候，这位老将一有可能便亲自临视。他戒慎恐惧地注意他们的孩气天真；他向我们保证说：他在子女面前如在维斯塔圣女面前，唯恐口出一句失礼的话，并且从不当着他女儿的面拥抱她们的母亲，只在迅雷暴雨使她惊骇时始有例外。他的活动种类繁多，多属可敬的事，其中最可赞美的或为教子一事。这位老战士的准则是，双颊泛红的幼童胜于面色苍白的幼童，他谨守这条准则，亲自指导其子的一切体操，并且教他角力、骑马、游泳、拳术和忍受寒暑。可是他也很正当地觉得，一个罗马人只做好农人和兵士即可满足的时代已成过去；他又觉得，他的男孩若以后晓得那骂他罚他而得他敬仰的师傅只是一个奴隶，儿童的心情必不免受到有害的影响。所以他亲自把罗马人常学的读、写和国法知 398
识教给他的男孩；甚至到了暮年，他仍努力学习希腊人的一般文化，以至于能用本国语，把他认为这文化对于罗马人有用的部分传给他的儿子。他的著作原一概为其子而作，并且他亲手用清晰的大字母写他的史书以供其子之用。他的生活朴素节约。他厉行节俭，不容在奢侈品上有所耗费。一个奴隶身价不许超过一千五百第纳尔（六十五英镑），一件衣服的价钱不许超过一百第纳尔（四英镑六便士）；他家里不见地毯，他的屋壁很久没有粉刷。在平时，他与奴仆吃一样的饭食，一餐之费不许超过三十阿司（两角一分）；在战时，甚至酒类也总被摈于筵席之外，他饮用清水或按照情形饮用与醋混合的水。另一方面，他却不反对款待宾客；他在城内喜与他俱乐部中的同人，在乡间喜与邻近的地主开筵久坐；并且他那五花八门的阅历和机警敏捷的词锋即使他成为可喜的伴侣，他也不以掷骰子和饮酒为耻；他的农业著作里列有许多方单，其中甚至举出一个治伤食和病酒的验方。他的一生直到极高年龄永远活动不休。每时每刻无不被分配出来做一件事；每晚他必在心里把一日所闻所言或所行的事重想一遍。如是，他不但有顾及朋友和国家以及料理私事的时间，而且有谈话和行乐的余暇；事事都迅速做成，不必多言；以他那真好动的精神，所恨的无过于忙碌和小题大做。

据当时和后世看来，加图是罗马真正典型的市民，他仿佛是罗马那——固然稍嫌乖僻——勤奋和正直的现世化身，以对抗希腊的怠惰和希腊的不道德，而他的生活如此；以后一位罗马诗人说：

399 外国习俗除千方百计的诈骗外一无所有；
世界上行为端正的人莫过于罗马市民；
据我看，一个加图胜于一百个苏格拉底。

这个判词，历史不能无条件地加以采纳；不过任何人只要看一看本期希腊的堕落文化在罗马人生活和思想上造成的革命，他必须加重那对于外国习俗的责难，而不愿予以轻减。

家庭关系瓦解得非常迅速。侍女和娈童的罪恶蔓延四布，有如瘟疫，并且在当时情形之下，绝不能在法律上采取重大的措施加以制止。加图为监察官时（570 年前 184 年），曾对这种万恶的供奢侈用的奴隶课重税，此税不甚被重视，况且一两年以后即与一般财产税同归于尽。独身——早在 520 年即前 234 年即有关于独身的重大怨言——和离婚自然按比例来增加。可骇的罪恶发生在最高等家庭的骨肉之间，例如执政官盖乌斯·卡尔波尼乌斯·皮索(Gaius Calpurnius Piso)为其妻及其妻前夫之子所毒杀，其目的为促成执政官的补选，借以使前夫之子取得最高长官一职，而这个奸谋竟告成功（574 年即前 180 年）。再者，妇女的解放已肇其端。按旧日习惯，已婚女子依法应服从与父权相等的夫权，未婚女子应服从她本族最近男亲属那与父权相差无几的监护权；妻室不能自有财产，至少处女和寡妇没有管理财产之权。可是现在，妇女始力求在产权方面获得独立，一部分用律师的规避方法，特别是用假婚姻，摆脱族人的监护而取财产的管理权为己有，一部分业已结婚，也用不甚较佳的手段，脱离那依严格的法律所不能免的夫权。大批资本集中于妇人之手，在当时的政治家看来，似乎十分危险，以至于他们取过甚的策略，以法律禁止遗嘱命妇人为继承人（585 年 400
即前 169 年），甚至用一种很武断的方法，要把妇女那些无遗嘱而落到她们手里的旁亲遗产夺去大半。同样，家庭对于妇女的裁判权，与夫权和监护权有连带关系，在实际上日趋废弛。就是在公众事业上，妇女也已渐有其自己的意志，有时，据加图说，“统治那些统治世界的人”；她们的影响可见于人民大会，甚至罗马贵妇的雕像已在外省竖立起来。

关于衣服、装饰和器具，建筑和饮食，奢侈之风日增月盛。特别是亚洲、希腊人的奢侈原流行于以弗所和亚历山大城，564 年即前 190 年罗马远征小亚细亚以后，这种奢侈便将其崇尚虚文和费钱费时而扫兴的拘泥琐屑都传到罗马。在这件事，也以妇女为先导；坎尼一战（539 年即前 215 年）以后不久，通过一个人民法令，禁妇女戴金饰、穿彩衣或乘车，与迦太基结和（559 年即前 195 年）以后，加图尽管痛骂，她们竟能促成这法令的废止；激烈反对她们的人士无法可想，只好对这些物品加课重税（570 年即前 184 年）。大批新奇而多半无谓的物品，如形状精美的银器、青铜作架的餐榻、所谓阿塔鲁斯式的衣装和厚重识金锦缎的地衣，都得其门而入罗马。最重要的，这种新奢侈以膳食为中心。罗马人素来每日只进一次热食，毫无例外；如今第二餐（*prandium*）也摆设热食物的，屡见不鲜；往日一次主餐只有两道菜，现已不复足用。家中妇女素来亲自料理烘面包和烹饪；只在招待宾客时才雇用一个职业厨师，他兼管烹饪和烘面包。现在则不然，科学的烹饪术始行于世。上流人家都养一个专门厨师。分工成为必要，于是烘面包业由烹饪业分出来——罗马城第一个面包店起于 583 年即前 171 年前后。歌咏美食术的诗连篇累牍地列举最可口的鱼类和其他海产，不乏
401 读者；并且此事不止于空谈。外国的美味，如本都的沙丁鱼和希腊的酒等，始在罗马为人所贵；加图有一个方单，用卤水使本国常酒有科斯酒味，这未必能使罗马酒商受重大的损失。旧日宾客和童子那

种可敬的高歌朗诵，现在代之以亚洲弹箜篌的女子。迄今为止，罗马人每次晚餐，或者饮酒很多，不过狭义的酒席却未尝有；现在正式的饮酒宴会蔚成风尚，席上用很少或全不掺水的酒，酌以大杯，并且以阖座须依次敬酒为主，即罗马人所谓"希腊的饮酒法"（*Graeco more bibere*）或"仿希腊人"（*pergraecari congraecare*）。掷骰子戏自然久已流行于罗马人之间，因为有这种酣饮风气，这个赌博达到非用立法取缔不可的程度。畏劳动而喜游荡的风习显见地日甚一日。① 加图

① 普劳图斯的象鼻虫（Curculio）有一首进前和歌（*parabasis*），描写首都大街通衢当时的情状，或许缺乏风趣，可是因此更为逼真：

让我指引你们在什么地方找什么人，
以便不浪费你们的光阴，无论你们愿对谁谈话
正人和邪人，好人和坏人。
你要找一个发假誓的吗？我把你送到大会场。
找一个撒谎的和吹牛的吗？请到克露亚辛那（Cloacinae）。
〔在商场里可以找到般富潦倒的丈夫；
就是娈童和惯做小生意的也住在那里〕。
不过醵钱一块儿喝酒的却在鱼市。
忠厚的富翁往来于下市
真骗子却出没在附近的沟渠间。
无耻多言的和恶棍同立在水池边；
他们用傲慢口吻无故骂人
实在自陷于罪，惹人惩治。
借贷取息的坐在维台利布（Veteribus）；
有些人坐在卡斯托（Castoris）庙，不可贸然向他们借贷；
卖身的在图斯科（Tusco）街；
在维拉布罗（Velabro），有面包匠，有屠户，也有算命的僧侣，
有借钱还债的，有放债使人得免破产的；
般富潦倒的丈夫在琉卡底亚·欧庇亚（Leucadiam Oppiam）家。

括弧内的诗句是后世罗马第一个商场落成后（570 年即前 184 年）加入的。此时面包匠（*pistor*，直译为磨面师）的营业已包括售卖珍馐和为宴饮的人办供应，肉商亦然。琉卡底亚·欧庇亚大概开着一座妓院。

402 建议用尖石头铺筑广场的地面，以制止闲游的习惯；罗马人对这个诙谐付之一笑，仍去享受游惰和左顾右盼的乐趣。

上文已述本期人民娱乐的惊人增加。本期之始，除几次不关重要的竞走赛车可算是宗教仪式外，仅有9月举行的一次普通国庆，历时四日，经费不得超过规定的最高额。至本期之末，这个国庆至少历时六日；此外还有4月初的神母节，即所谓"大母节"(Megalensia)，4月将终时的穑利节和花神节，6月的阿波罗节，11月的平民赛会，以上各节日的庆祝，似乎都不止一日。此外又加以一种赛会屡屡重演——在这事上，虔诚矜慎大概往往只是用为借口——和不断举行的额外庆祝。额外庆祝中最显著的为上述由还愿什一税项下开支的宴会神灵宴会、凯旋庆祝和丧葬典礼，最重要的，埃特鲁斯坎-罗马的宗教划分几个长时期，即所谓*Saecula*，每期之末举行一番庆祝赛会，第一次在505年即前249年。同时，家庭节庆也有增加。在第二次布匿战争期间，贵族场中始行上述神母入国纪念日的欢宴(550年即前204年以后)，下等阶级中间始行与之相似的播种节(537年即前217年以后)；二者的兴起都受有此后密切相联的两种势力即外国祭司和外国厨师的影响。当时的情形很接近理想状况，即每一惰夫晓得每日能在何处消磨时光；而这种情形竟见于行动为往日每一人和一切人的生存目标，愈益不但为法律所不容也为习惯所不许的社会！更有进者，在这些庆典之中，恶劣败德的成分日益获得优势。诚然，赛车仍旧是精彩的压轴戏；据本期一位诗人很生动的描写，执政官将发出开车信号时，群众都凝神注目地向着执政官。可是旧日的娱乐今已不复足用，人民想望新鲜而种类更多的游戏。现在希腊竞技家与本国的角力家和拳师并肩出场(首次在568年即前186年)。至于戏剧表演,我们留待下文叙述;希腊的喜剧和悲剧传入罗马,虽或是个价值可疑的利益,不过无论如何,却是当时最佳的收益。罗马人或许久已举行当众逐兔和猎狐的游戏,现在这种无妨的行猎变为正式的挑逗野兽,于是他们耗费重资,把非洲的野兽、狮子和豹子——据可考的而言,始于568年即前186年——运至罗马,为的是使它们杀人或被杀以饱首都游隋人士的眼福。那尤为可恶的决斗戏原盛行于坎帕尼亚和埃特鲁里亚,现在得入罗马,490年即前264年,人初次为游戏而流血于罗马广场。这些败坏道德的娱乐当然也遭到严厉的责骂。486年即前268年的执政官普布利乌斯·森普罗尼乌斯·索弗斯(Publius Sempronius Sophus)因其妻往观丧葬赛会,便送给她一封离婚书;政府设法通过一个人民法令,禁止把野兽运到罗马,并且厉行决斗士不得在公众庆祝时出场的规定。不过在这里,政府也或缺少相当的权力,或缺少相当的魄力,似乎只能取缔挑逗兽类,却不能阻止决斗队出现于私家庆祝,特别是出现于丧葬典礼。政府更不能防止公众舍悲剧家而取喜剧家,舍喜剧家而取走索人,舍走索人而取决斗士,也不能防止戏剧界偏好游荡于污秽的希腊生活。舞台表演和艺术表演所含的修养成分自始即被人遗弃;罗马主持庆典的人,用意绝不在借着诗歌的力量把整个观众提高——即使仅是暂时的提高——到能领略至善的程度,如希腊戏剧在其全盛时期所行的;也不在供给上流社会一种艺术的娱乐,如我们的戏剧所企图的。在罗马,导演人和观众的性质如何,可以一事来表明:在587年即前167年的凯旋赛会,第一次有希腊笛人 403

404 吹笛，他们的音乐不能悦人，导演人便命他们不要吹奏而互相拳击，然后欢呼声不绝于耳。

不但罗马风俗已受希腊传染而腐化；反过来说，学生也始败坏师傅的德行。决斗戏原为希腊所无，叙利亚王安条克·埃庇方尼(575—590年即前179—前164年)以模仿罗马人为事，始演决斗戏于叙利亚朝廷；希腊公众较罗马人仁慈而富审美力，最初对这种游戏只觉厌恶，不感快乐，然而这游戏却保持其地位，日渐成为时尚。

当然，经济革命随生活和风俗的革命以俱来。人日益居于首都，居首都的费用日益昂贵。房租高涨到空前的程度。新奢侈品所费不赀：一桶黑海的沙丁鱼卖一千六百塞斯特(合十六英镑)，竟昂于一个乡村奴隶；一个美童卖二万四千塞斯特(合二百四十英镑)，竟昂于许多农人的家园。所以上上下下都以金钱和只要金钱为口号。无钱不做事的风气久已行于希腊，希腊人自己也以不足取的坦白态度加以承认；第二次马其顿战争以后，罗马始在这方面也模仿希腊人。体面须备有法律的保障，例如人民法令禁止法律顾问收费服务；只有法学家为例外，不必有人民法令的逼迫，就能固守那进善言而不受报的清高习惯。如果可能，人不直接行窃；可是一切赶快致富的诡计却似乎无所不可——抢劫和乞讨、承办人行欺诈、投机家用骗术、钱商和粮商盘剥重利，甚至利用纯粹道义关系如友谊和婚姻为发财的手段。婚姻特成为双方投机的营业；金钱婚姻是寻常事；夫妇互相馈赠的礼物，似有不许其在法律上生效的必要。在这种情形之下，当局发觉四面纵火烧首都的计划，这
405 不必诧为奇事。人既不复在工作中寻快乐，却只为尽可能速得快

乐起见而工作，则他不成为罪犯，仅系偶然。命运毫不吝惜地把一切辉煌的富强赠给罗马人；可是说老实话，潘多拉(Pandora's)的盒子未必是一件可贵的赠品。

第十四章　文学和艺术

罗马文学发展所赖的刺激全属他国所无的特殊性质。要正确估计这些刺激，我们必须首先考察本期的民族教育和民族消遣。

一切精神文化均以语言为根本，在罗马尤其如此。这个民社那样重视演说和文书，其公民在现代观念仍认他为童稚的年龄，便已得有自管产业的无限权力，并且间或有向人民大会高声演讲的必要，所以这民社不但一向很看重本国语流利精雅的应用，而且早已努力使人在童年时获得运用本国语的能力。在汉尼拔时代，希腊语也已普遍流行于意大利。希腊语为上古文明世界一般交通的媒介，在意大利的上流社会，希腊语的知识久已屡见不鲜；现在罗马地位转变，罗马与外人和异域的来往激增；对于商人和政治家，希腊语的知识即使非属必要，却可想而知其甚关重要。意大利的奴隶和解放人有很大部分属于希腊籍或半希腊籍，因此希腊语和希腊学术也有些深入下层人民，尤其是首都民众。由本期的喜剧看，可见甚至在首都下贱阶级中，脍炙人口的拉丁语也非通希腊语不能正确了解，正如不通法语便不能正确了解斯特恩(Sterne)的

英语或魏兰德(Wieland)的德语一般。① 然而出身元老家的人士 407
不但用希腊语向希腊听众演说,而且也用希腊文发表他们的演讲稿——提比略·格拉古(577—591年即前177—前163年)就用希腊文发表他在罗德岛的演讲——并且在汉尼拔战争时期用希腊文写他们的史书,此事当详见下文。希腊人尊崇弗拉米尼努斯,用罗马人的文字示敬意,他也回敬;这位"埃涅伊德苗裔的大将"按希腊方式,用希腊的对句,把还愿祭品献给希腊神祇。② 加图又指斥另一元老,说他在希腊宴会中以相当的抑扬顿挫作希腊的朗诵,不以为耻。

在这种情形的影响之下,罗马的教育发展起来。人以为上古初等学识远不及今日普及,这是个偏见。甚至在下流阶级和奴隶

---

① 一套分明的希腊成语如 *Stratioticus, machaera, nauclerus, trapezita, danista, drapeta, oenopolium, bolus, malacus morus graphicus, logus, apologus, techna, schema* 等在普劳图斯用语里成为很大的特色。这些希腊词不常附带译文,只在我们上面所列各词以外的才带译文,例如在 *Truculcntus*——可是在一句或系后加的诗里——我们得到说明:*φρόνησις est sapientia*。零星的希腊文也屡见不鲜,如在迦西那:

Π ρᾶγματάμαρ ἔχις — Dabo μέγα κακὸν, *ut opinor*.

希腊的双关语也有,如在巴契教徒里:

opus est chryso Chrysalo

恩尼乌斯也同样假定 Alexandros 和 Andromache 的原意为观众所周知。最显明的是半希腊的构造,如 *ferritrilax, plagipatida, pugilice* 等词,或如在光荣军人(*Miles Gloriossus*):

Euge! euscheme hercle astitit sic dulice et commoedice!

真的!他立在这里何等的美,像个说笑话的,演喜剧的!

② 这些在弗拉米尼努斯名下的短诗有一首如下:

狄欧斯库利,请听啊!你们欢乐的马师!

宙斯之子,请听啊!斯巴达亭达雷的主人!

埃尼雅的提图斯奉敬你们盛大的礼物,

一如他赠给希腊民族自由。

中间，也饶有读写算的知识；例如说到一个奴隶管家，加图依马哥的先例，认为他当然有写读的能力。此时以前，罗马必早已大规模地举办初等教学和教授希腊语。可是本期才创始一种教育，以不但供给表面上的训练而且灌输真实的精神修养为目的。迄今一个罗马人通希腊语，在公民生活和社会生活上并不因此而占优势，或
408 如今日在德语瑞士的小村中一个人不因能通法语而占优势。最初用希腊文写史书的人，在元老中所居地位大概无异于今日荷尔斯泰茵(Holstein)沼地一位先读书、然后晚间耕罢回家仍取读架上的维吉尔(Virgil)书的农人。一个人若因通希腊语而妄自尊大，便被目为不爱国的妄人；诚然，就是在加图时代，一个人不善操希腊语或绝不操希腊语，仍能做个领袖人物，成为元老和执政官。可是现在已改旧观。意大利民族性内部的分解作用，特别是在贵族中间，已有很大的进展，以致就是在意大利，也不免用普遍的人性修养代替国民性；并且意大利人对于较高文明也已经起了强大的渴望。希腊语的教学仿佛自然而然地适应这种渴望。希腊古典文学《伊利亚特》，尤其是《奥德赛》一向就是这种教学的基础；希腊艺术和科学那些充盈的珍宝已由此而罗列在意大利人的眼前。教学没有真正地改变外形，便自然发生一种结果，即语言的实验教学一变而为高等的文字教学，与这种文学相联的普通修养被传给学生的日益加多，这些学生又利用这样获得的知识钻研那主宰时代精神的希腊文字——欧里庇得斯的悲剧和梅南德(Menander)的喜剧。

同样，拉丁文教学也获得较大的重要性。罗马上流社会始感觉即使不必舍国语而用希腊语，至少须琢磨国语，使之适合于业已改变的文化状况；要达到这个目的，他们也觉得在各方面须向希腊

人请教。按罗马人的经济组织，国语的初等教学工作，与其他一切不重要而雇人来做的工作无异，大半寄予奴隶、解放人或外国人之手，换句话说，大半寄予希腊人或半希腊人之手；[①]因为拉丁文字母差不多与希腊文的相同，二者又有密切显著的关系，所以这事没有多大困难。不过这还是微乎其微的一端；对于拉丁文教学，希腊文教学在形式上的意义有甚深于此的影响。人只要晓得为青年的高等智力修养求适当教材和适当形式，是如何不可言喻的难事，废弃已经求得的教材和形式又是如何难上加难，他便能了解罗马人缺乏高等拉丁文教学法时，何以不用他法为补救，却只知把希腊语文教学所有的问题解决法移用到拉丁语教学。今日在我们亲眼目睹之下进行着一个完全与上相同的过程，即移死语言的教学法，用在活语言。 409

可是这种转移的主要条件不幸阙如。罗马人自然能用十二铜表法来学习拉丁文的读法和写法，不过要有拉丁文的修养，必先有个拉丁文学，罗马却没有这种文学。

此外又加上另一缺陷。上文已述罗马人民娱乐的增多。舞台久已为此等娱乐的重要部分；这一切娱乐自无不以赛车为主导，不过赛车始终仅在一日即末日举行，而前数日大致都从事于舞台表演。可是在长久期间，舞台表演多半不外跳舞和幻术；遇有表演，临时编唱的歌曲既无对话，又乏情节。到了现在，罗马人始四处寻觅一种真正的戏剧。罗马的人民节庆完全受希腊人的支配，希腊人擅长娱乐和消遣，罗马人当然命他们承办游艺。但在希腊，民族

---

① 例如老加图的奴隶基隆(Chilo)以教授儿童为其主人挣钱。

娱乐没有比戏剧更得人欢心、更花样繁多的；罗马办节庆的人和他们的助理势必迅速注目到戏剧。罗马古代的舞台歌曲诚然含有戏剧的萌芽，或有发展的可能性，不过要使这萌芽蔚为戏剧，诗人和听众均须有传授和领受的天才，罗马人中却绝无这种天才，在本时期尤其如此；即使有这种天才，那奉委办民众娱乐的人急躁不耐，
410 必不给这珍贵果实安宁和闲暇，以使其臻于成熟。这里也有一个表面的缺陷，本国无法加以弥补；罗马人愿有戏剧，剧本却付阙如。

罗马文学就奠立在以上各种因素之上，其缺陷自始就是这个起源的必然结果。一切真艺术都植根于个人自由和欢欣的生活乐趣中，而意大利并不缺乏这种艺术的种子，但罗马在发展中既以公义感和责任意识代替了自由和欢欣，艺术便无喘息的余地，不但不发荣滋长，而且必致凋谢。罗马发展到全盛之日正是没有文学之时。到了罗马民族性渐趋崩坏，希腊的世界主义渐占势力，文学始继之而出现于罗马。所以自始以来，罗马文学就迫于内在的必然性，站在希腊的立场，与罗马的特殊民族精神为劲敌。特别是罗马诗歌并非直接源于诗人内心的感触，而起于外面学校和舞台的要求，学校需要拉丁文教本，舞台需要拉丁文剧本。然而二者——无论学校和舞台——却均为彻底反罗马的革命制度。旧式罗马人庸俗严肃，勤事好动，极憎恶剧场中那种张口凝视的惰态；又因为罗马社会有一个最深远、最伟大的思想，即在罗马市民团内不得有主人和奴隶，也不得有富翁和乞丐，最重要的是一切罗马人均须包括在同一信仰和同一文化之中，所以学校和必被垄断的学校教育远较剧场可畏，并且极有破坏平等感的力量。学校和剧场成为新时代精神最有效的动力，因为所用的为拉丁文，所以效力更大。人或

可说希腊语、写希腊文而仍不失为罗马人；可是在这里，他们惯说罗马语，他们的心性和生活却无一不宗希腊。在罗马这个守旧主义的辉煌时代，希腊文化竟能深植其根于不直属政治的全部精神领域，大众的游艺主任和塾师竟能密切联合创出一种罗马文学，实 411
非当时一件极可喜的事，不过这事极堪注意，并且在历史上极足以昭训诫。

罗马最早一位作家仿佛便具有后世发展的胚胎。希腊人安多罗尼科(Andronikos，生于482年即前272年以前，死于547年即前207年以后，日后成为罗马市民，改名卢奇乌斯·李维乌斯·安多罗尼库斯——Lucius[①]Livius Andronicus)于482年即前272年方在童稚之时即与塔兰托被俘的人同来罗马归辛那的战胜将军马尔库斯·李维乌斯·萨里那托尔(Marcus Livius Salinator，535年即前219年和547年即前207年的执政官)所有。他的奴隶工作一部分是演戏和抄书，一部分是教授拉丁文和希腊文，他主人的子女和本宅内外其他殷实父母的幼童均受他的教诲。他在这方面卓有成绩，结果主人给他自由；政府当局也常用他做事——例如547年即前207年汉尼拔战事好转之后，命他作一首谢神歌——因为敬重他，把阿文廷山上明娥娃庙内一块地方赠给诗人和伶人公会，作为他们公共祭神之所。他的写作生涯便源于他的兼做两事。他做教师，把《奥德赛》译成拉丁文，以便根据拉丁文本教拉丁文，一如他根据希腊文本教希腊文；这种最古的罗马教本竟能在教学上保持地位，历数百年。他做伶人，不但与其他伶人无异，自写剧本，

① 以后解放人须从恩主姓氏的习惯，在罗马共和时代尚未实行。

自行上演，而且把剧本编书问世，就是说，他当众诵读，并把抄本广为流传。更重要的，他用希腊戏剧代替旧日舞台上以抒情为主的诗歌。514 年即前 240 年，第一次布匿战争结束一年以后，第一部戏剧在罗马的舞台上演。此番创出的是罗马语的史诗、悲剧和喜剧各一部，而且创造者与其说是希腊人，不如说是罗马人，这是历史上一件大事；至于这些著作有何艺术价值，却不能说。这些作品
412 绝未以创作自命，然而当作翻译看，却未免粗野，而因为这些诗歌不率真表现其本身的质朴，却自炫博雅，勉强模仿邻国高超的艺术修养，所以其粗野更为彰明较著。他们与原作的大相径庭并非由于不守原文，却由于模仿的粗疏；论述有时淡而无味，有时小题大做，文字生硬古怪。[①] 据古代文艺批评家说，除在学校里强迫阅读

---

① 李维的一出悲剧有下面一行：

Quem ego néfrendem alui lácteam immulgéns opem.

我挤出一个无牙兽的乳汁，替他无限地乳养他。

荷马的诗（《奥德赛》Ⅻ、ⅩⅥ）：

不过塞斯不是不知
我们从阴间回来，她急速
来这里候着，两个使女给她带来
大量面包肉类和灿烂深红的酒。

译成这样：

急急忙忙，我们来到塞斯的家
同时人们把货物先运到船上，
并且装起千百种的其他物品。

最可注意的不是译笔的生硬而是译者的粗心；译者不使塞斯（Circe）往就犹里西斯，却使犹里西斯往就塞斯。又有一个更可笑的错误，把 *αἰδοίοισιν ἔδωκα*（《奥德赛》ⅩⅤ. 373）译为 *lusi*（Festus，*Ep. v. affatim*，p. Ⅱ，*Müller*）。由历史眼光看，这些特点不是无足轻重的事；我们由这些可以认识罗马最早诗人塾师的教育程度，同时我们也可以看出，安德罗尼库斯虽生在塔兰托，希腊语却不能原是他的本国语。

外，无人重读李维的诗：我们不难相信这句话。然而在种种方面，这些作品却为后世的模范。这些作品开罗马翻译文学的端倪，把希腊诗歌的韵律移植到拉丁姆。李维既用本国的萨图宁体写《奥德赛》，何以只在戏剧里用希腊韵律，其理由显然在悲剧和喜剧的短长格和长短格易于用拉丁文模仿，而要用拉丁文模仿史诗的长短格，却困难远甚。

但是文学发展不久就跨越了这个初步阶段。后世认为——无 413
疑地完全不谬——李维的史诗和戏剧有如代达罗斯(Daedalus)的呆板雕像，既不生动，又乏表情，与其称之为艺术品，不如称之为古董。可是基础一经奠定，到了下一世代，便有抒情诗、史诗和戏剧艺术建立在这基础上；考察这种诗歌的发达，就是以历史的观点来看，也甚关重要。

无论就创作的范围和对于公众的影响而言，戏剧总占这个诗歌发展的首位。上古之时，没有收定额入场费的永久剧院；戏剧的出现，只是每年一度或额外举行的公民娱乐的一部分，在希腊如是，在罗马亦复如是。政府见人民节庆的日益扩大，当然引以为忧，便用种种方法加以抵制或企图加以抵制，其中有不许建一石屋以充剧院一事。① 代替石剧院的，是每逢节庆便用木板搭起的一座台子，带有伶人的舞台(*proscacnium*, *pulpitum*)和加上点缀的背景(*scaena*)，在舞台之前用木桩圈成一个半圆形的观剧场所(*cavea*)，此处仅为一无阶梯无座位的倾斜面，所以观众没有自带

① 无疑，这个剧院建在弗拉明竞技场以为 575 年即前 179 年举行阿波罗赛会之用，不过不久以后，这剧院可能又被拆毁。

椅凳的，都蹲踞、斜倚或立在那里。[1] 在早年间，妇女可能与男子分开，仅能占最高最劣的地位；此外迄 560 年即前 194 年为止，法律没有规定地位的分别，本年以后，有如上述，始把最低最佳的位置留给元老。

观众绝非高雅之流。固然，上流阶级并不回避人民的一般娱乐，遇有此等娱乐，罗马城的父老似乎因为礼貌关系有到场的

414 义务。可是所谓公民节庆根本就含着"奴隶被摈于外，外国人或亦如是，而市民及其妻室儿女却无一不得免费入场"的意义；[2]因此，观众与今日见于烟火表演和免费展览的，无甚差异。所以诸事的进行自然不甚有秩序：儿童啼号、妇女闲谈喊叫，有时一个妓女设法挤到舞台；警察以维持秩序为职务，遇到这些节庆，绝无休假可得，且常有在这里没收一件外衣，在那里使用鞭棒的机会。

希腊戏剧既入罗马，演戏人员的需要有加于前，干练的演员似乎并不供过于求；有一次因为缺少演员，不得不用票友扮演奈维乌斯（Naevius）的一出戏。可是艺术家的地位却不因此而有所变更；诗人（即当时所谓的"作家"）、演员和编剧家不但仍旧属于被佣做工的下贱阶级，而且仍旧极显然地为舆论所不容，受警察的虐待。一切顾及名誉的人士当然望着这种职业而却步。戏班的经理（*dominus grcgis*，*factionis*，又名 *choragus*）通常也是主要的演员，大

① 599 年即前 155 年，剧场仍无座位；不过因为不但普劳图斯开场语的作者而且普劳图斯本人皆有几次暗示就座的观众，大多数观众必自带凳子或坐在地上。

② 妇孺似乎无时不可入罗马剧场，可是在法理上奴隶应被排除在外，外国人亦必如是，国宾坐在元老中间或其侧，自属例外。

概是个解放人，戏班中人通常都是奴隶；编剧家有姓名传到现在的，一概都不是自由人。报酬不但微薄——给一个戏剧家八千塞斯特（八十英镑）的酬金，在本期告终不久以后的人看来，就算非常之高——而且只在演戏未遭失败之时，筹办节庆的长官始付酬金。报酬一经付出，一切便告结束；戏剧竞赛和名誉奖品，如阿提卡所举行的，在罗马尚谈不到；此时的罗马人似乎仅做我们所做的喝彩
和叱斥，并且每日只表演一出戏。① 艺术为按天计算的工钱而出 415
卖，艺术家不但得不到相当的荣誉，反而受人凌辱；在这种情形之下，罗马人的民族新剧院不能有独创性或任何艺术性的发展；最高尚的雅典人以其高尚的竞赛已产生了雅典戏剧，而罗马戏剧，通盘看来，却仅能抄袭希腊戏剧，画虎类犬；可诧异的只是这种戏剧竟能在细微处表现那样多的优美和机智。

在戏剧界，喜剧远较悲剧占优势，开演的戏剧若非观众所预料的喜剧而为悲剧，他们便皱起眉头。所以结果是本期诚然有专事喜剧的诗人如普劳图斯和凯基利乌斯（Caecilius），而不见专事悲剧的诗人；本期戏剧的名目传到今日的，每有一个悲剧，必有三个喜剧。当然，罗马喜剧作家（或宁可名之为翻译家）先着手于当时

---

① 由普劳图斯的开场语（《迦西那》，17，《安菲特利昂》，65）推测，未必有发奖品之事，甚至《三元钱》（*Trin.*，706）那段也很可以属于希腊原作而非译者之笔；上古剧名录和开场语以及一切旧闻全未言及给奖和奖品，足为铁证。

观众在开演一出戏时由家里走来看戏，到演完这出时回家，我们由此推知每日只演一出戏。如几种著作所示，他们在第二次早餐后往剧场，到中午又在家吃中饭，如是，演剧时间，按我们的计算，自近午时起而至两点止；普劳图斯的一出戏，各幕间加奏音乐，可能差不多占这样长的时间。塔西佗的书里有一段说观众“整天”在剧院，系指较晚时期而言。

主宰希腊舞台的剧本；于是他们感到不得不局限于[1]雅典新喜剧，尤其是这喜剧著名的诗人西利西亚的菲勒蒙（Philemon of Soli，394［?］—492 年即前 360—前 262 年）和雅典的梅南德（Menander，412—462 年即前 342—前 292 年）。这种喜剧不但对于罗马文学的发展关系重大，就是对于罗马全民族的发展亦然，所
416 以历史也有详论此事的理由。

剧本千篇一律，令人生厌。情节总是帮助一个少年，破费他父亲或某妓院主人的钱财，以取得一位确有美貌而未必有妇德的爱人，殆无例外。恋爱达到成功的路总经过某种骗钱事件，狡诈的仆人供给所需的款项，实行必要的诈骗，同时情人伤悼他那情场的苦痛和经济的艰窘：这是剧本的真正发条。剧中对于恋爱的悲欢、洒泪分手的情景、因为伤心而以将行自戕为言的情人，都不乏感想；恋爱或毋宁谓为好色，古代的艺术批评家说，是梅南德诗的生命。结婚成为不可免的结局，至少在梅南德的作品中如此；结婚之时，为给观众更大的启迪和满意起见，女主角的节操常显得即使不是完全清白，也无异于未受玷污，而女主角又证明她是某富翁迷失了的女儿，于是由种种方面看，她都是个适当的配偶。除这些求爱剧外，还有同情剧。以普劳图斯的喜剧为例，其中有《缆绳》（*Rudens*）叙述船舶失事和避难权，有《三元钱》（*Trinummus*）和《俘虏》

[1] 所谓中期的雅典喜剧罕见采用，由历史观点看，这无须注意，因为这种喜剧不过是不甚发达的梅南德喜剧而已。更古的喜剧毫无被采用的痕迹。无疑地，罗马文学史家称罗马悲喜剧——依普劳图斯《安菲特利昂》的典型——为“林宗戏”（*fabula Rhinthonica*）；不过新雅典喜剧家也做这种戏拟文章，罗马人做翻译时何以取材于林宗而不取材于较近的作家，实难索解。

(*Captivi*)不含恋爱，所描写的却是一个人为朋友慷慨牺牲，一个奴隶为主人慷慨牺牲。人物和境遇直至琐细末节无不屡屡重复，有如地毯上的图案；我们总无法摆脱隐身窃听者的私语、大门上的剥啄声、受着某项差遣的奴隶沿街疾走。常备的面具有某种规定的数目，例如老人的有八种，奴仆的有七种，至少在平时，诗人只须在这里面选择，这更鼓励印板式的写作法。这种喜剧殆必废弃旧喜剧的抒情成分即合唱，并且自始就局限于谈话，至多限于朗诵，不但没有政治成分，而且缺乏一切真热情和一切高妙的诗意。这些戏剧尚属聪明，不妄想产生伟大或真饶诗意的效果，它们引人入 417
胜之处原在不但以其题材而且特以其描写琐事的工巧，使人的心智有事可做。关于题材，新喜剧与旧喜剧有别，不但就内容说，较旧喜剧更加空洞，而且以外表说，情节也较旧喜剧错综复杂。关于描写琐事的工巧，犀利精雅的对话特能使诗人得意而使观众大悦。混乱和误甲为乙甚适于配合荒诞而常流于放荡的笑剧，例如《迦西那》(*Casina*)的结局为两位新郎与一位由兵士假扮的新娘退休，真有浮士塔夫(Falstaffian)的风味；就是在本时期雅典的筵席上，混乱和误认、戏谑、笑话和谜语也于缺乏真实谈话时作娱乐的主要资料，这些喜剧也大部分充满了这些资料。幼波里(Eupolis)和阿里斯托芬(Aristophanes)为一个伟大的民族写戏剧，这些喜剧的作家却不然，他们为受过教育的一个社团写剧本，这个社团与有才智而陷于无所用其才智的人士相仿，也以猜画谜和拆字游戏消磨光阴。所以这些喜剧不表现当代的景象，当时历史和精神上的大运动在这些作品里无迹可寻，我们须追忆始悟菲勒蒙和梅南德实与亚历山大大王和亚里士多德同时。可是上述作品却是雅典上流社会既精美而又真实的写照，喜剧甚至未尝走出这个社会范围以外。我们所以得知这些戏剧，主要赖有拉丁文的摹本，就是在模糊不清的摹本中，原作也未全失其可爱。这些诗人以梅南德为最饶天才，特别在模仿他的作品中，诗人由其经历和目睹的生活，多取厚道、友善的日常生活而少及错乱乖戾之事，作为怡人的写照。家庭中父女、夫妇、主奴的和睦关系以及他们的恋爱和其他小小趣事都描写得合于普遍的真实，就是到了今日仍不失其动人的力量；例如《斯提库斯》(*Stichus*)结尾有个奴仆宴会，以其有限的关系和两男恋一女的和谐而言，同类中没有比这更优美的。更为动人的是，风
418 骚的妓女敷香泽，戴首饰，头梳时髦的发髻，身穿杂彩绣金而长裾拂地的衣裳，现身于舞台，甚至在舞台上理梳妆。跟在她们后面的是鸨母，有时极为粗鄙，如见于《象鼻虫》的那个，有时是歌德的老巴巴拉(Barbara)一流的伴娘，如《摩斯台拉琉》(*Mostellaria*)里的斯迦发(Scapha)；并且也不乏情愿帮忙的弟兄和伴侣。扮演老人的角色甚为丰富，种类繁多：依次出现的父亲有严厉贪婪的，有溺爱情深的，有宽容圆通的；又有好色的老翁，安适的老鳏夫，怀嫉妒心的老太太带着一个助主妇以抗主人的老女仆。反之，少年人的角色却相形见绌，初恋的情人和时时遇见的模范贤子却无一很关重要。奴仆界——奸猾的亲随、严肃的管家、挚诚的老教师、蒜臭熏人的农奴、唐突无礼的小童——已渡到很多的职业角色。其中固定的人物是逗笑者(*parasitus*)，因为富人许他在筵席上共同饮宴，他须说笑话、演拆字戏以娱宾客，或有时破酒壶掷在他头上，他也须忍受。在当时的雅典，这是一种正式的职业；剧中有个这种帮闲者居然以谐语录和逸事集预习他的工作，当然不纯是诗人的虚

构。还有几个得人爱好的角色：厨师不但晓得如何以绝世的汤汁自夸，而且知道像干练的贼那样行窃；无耻的妓院主怡然自得地承认他所做的种种罪恶，《说谎者》（*Pseudolus*）的巴利奥（Ballio）是这种人的典型；口出狂言的军人确示亚历山大继承人时代的佣兵风气；职业的骗子或谄媚者、卑鄙的钱商、道貌岸然的庸医、僧侣、舟子、渔夫等类的人。最后还有描写真正性格的角色，例如梅南德的《迷信人物》和普劳图斯的《奥卢拉里亚》（*Aulularia*）里的守财奴。本国风兼希腊风的诗歌，甚至在他这最后的创作，仍保其不朽的塑造力而未失，不过这里的描写心灵多系就外表来模拟，而不是抒写内心的经验，工作愈接近真实的诗，情形愈是如此。有一件饶有意味的情形，在上文所述描写性格的角色，心理的真实大半以论理的抽象推断为代表；这里的守财奴收集他剪下的指甲，惋惜所流的眼泪为浪费的水。可是性格描写竟至这样欠深刻，新喜剧全无诗意和德性，其咎不在喜剧家而在全民族。每种特殊属于希腊人的事物无不沦胥以亡：祖国、民族信仰、家族生活、一切高尚行动和情感均已消逝；诗歌、历史和哲学也都呈中干之势；雅典人所剩下的只有学校、鱼市和妓院。以光耀人生为使命的诗歌，竟仅能把这种生活化成梅南德喜剧所表现的景象，实不足为奇，殆也不足责备。同时又有一件很可注意的事：本期的诗歌，只要在可以稍离雅典腐败生活而不陷于有意模仿之处，便即刻在理想上转弱为强，气象一新。本期戏弄英雄的喜剧今仅存一残本，即普劳图斯的《安菲特利昂》（*Amphitruo*），剧中的空气始终纯洁而富诗意，为当代舞台的其他残本所不及。以略带讥讽的笔墨表现的忠厚神祇，来自英雄世界的高贵人物和可笑的胆怯奴隶，显出最可惊的相互对照； 419

滑稽情节完毕以后，神祇之子便在轰雷闪电中诞生出来，造成一个几乎至高无上的终局效力。可是与描写当代雅典生活的寻常喜剧相比，这种嘲弄神话的工作还可谓较为纯洁、较有诗意。由历史道德的眼光看，我们不能特别归罪于一般诗人，也不能因为某一诗人立在他那时代的水平线上便指责他个人；腐败风习控制了民族生活，喜剧不是此种风习的原因，而是其结果。可是在这一切精雅和华丽的气象之下张开了一口陷阱，特别为了正确估量这些喜剧对罗马民族的影响起见，我们很有指明这口陷阱的必要。关于粗野和淫秽，梅南德诚然稍事避免，在其他作家却屡见不鲜，这还是微乎其微的事。更甚于此的是人生那可怖的一片沙漠，其中的绿洲
420 只有恋爱和饮酒；那骇人的乏味生活，其中只有骗子因自作诈骗而失其常度，行骗时尚有几分高兴，似乎与热心相去不远；尤其是那不道德的道德，梅南德的戏剧特别以此为点缀。罪恶遇到责罚，善行得到酬报，一切小罪，只要在结婚时或婚后改邪归正，便可遮盖起来。有些戏剧里，如普劳图斯的《三元钱》和泰特伦提乌斯的几种，一切角色下至奴隶都含有一些美德；许人代为行骗的诚实人，酌量情势而行动的守贞少女，均得人助竟能聚会的情人，蜂拥于一切戏剧；道德上的常谈和关于伦理的俏皮话车载斗量。一个言归于好的结局，如两篇《巴契》(*Bacchides*)的那样，行骗的儿子和被骗的父亲一同赴妓院去饮宴，所表现的道德腐败甚足与科泽布(Kotzebue)媲美。

罗马的喜剧就由这种基础和这些成分发展出来。在这里，不但因为缺乏审美的自由，而且似乎特别因为遭警察的控制，创作无立足之地。这种汗牛充栋的拉丁喜剧，为我们所知的，无一不自称

系拟某一希腊范本而作，把希腊剧本的名称和作者附加起来，剧名始告完备；并且如果有时关于一个戏剧的新旧问题起了争执，所争的只是这剧本是否先已译过。喜剧不但常把出事地点设在外国，而且为必要所迫，不得不然；这种艺术的总名（*fabula palliata*）即因其置出事地点于罗马以外，常在雅典，剧中人物皆系希腊人或至少非罗马人而来。就是在细微之处，特别在未受教育的罗马人也能洞察其不同之处，这些喜剧也厉行外国的服装。如是，罗马和罗马人两个名词均被避讳，提到它们的时候，总用纯粹希腊语称之为“异族”（*barbari*）；同样，剧中常见钱财货币的名目，罗马钱却未尝一见。我们如果认为此等做法系作者自由选择的结果，便对于奈维乌斯和普劳图斯那样伟大而多方面的天才，不免造成离奇的观 421
念；罗马喜剧所以这样拙笨而奇怪的布景于外国，无疑是与审美顾虑大不相同的原因所造成。把雅典新喜剧所一致描写的社会状态移到汉尼拔时代的罗马，必致直接危害罗马公民的秩序和道德。可是因为本时期的戏剧表演一律为市政官和副执政官所主办，市政官和副执政官又完全附属于元老院，甚至额外的庆典，例如丧事的赛会，也非有政府许可不能举行；又因为罗马警察对任何事不惯客气，对喜剧最不惯客气；那么，甚至在其被承认为罗马民族娱乐的一种以后，这喜剧何以仍不得在舞台上扮演一个罗马人，仍仿佛被摈到外国一般，其理由不言而喻。

编剧家更断乎不得指名道姓地褒贬一个活人，也不得用微词暗指时事。普劳图斯时代和普劳图斯之后的全部喜剧，据我们所知，绝无引起一件赔偿损失案的资料。同样，如果我们把几个完全无害的戏谑置而不论，我们殆不见任何谩骂一个民社的痕迹，意大利人爱本城的心很盛，这种谩骂必发生严重的结果；只有公然嘲弄那不幸的卡普亚人和阿台拉人，更可注意的，多方讽刺普雷内斯特人的狂妄和不善拉丁文，是为例外。[①]一般说来，普劳图斯的戏剧
422 没有论及当时事件或情形的话，只有下列各端为例外：祝愿战争朝好的方向发展[②]或和平时期到来；粮行钱业的盘剥重利奢侈、候选人的行贿、凯旋礼的屡屡举行、以催收判处的罚款为业的人、包税商的扣押财产、油商的高抬价格，都是一般攻击的目标；有一次——在《象鼻虫》——一段较长的文字里，痛诋了罗马广场上的行为，颇似雅典旧喜剧的进前和歌，不至于干人之怒。可是甚至在此种警察认为极正常的爱国努力，诗人也把他的话头打断说：

不过我为国家担忧，不是傻吗，
这里既有当局以忧国为事？

① 一般看来，奈维乌斯也不这样拘泥，他嘲笑普雷内斯特人和拉维农人。普雷内斯特人与罗马人有某种争执的迹象屡见不鲜，皮罗斯时代的杀戮和苏拉时代的事变确乎与这争执有关。无妨的笑谑（如 Capt.，160，881）的当然不受责难的通过。《迦西那》（V.4 和 1）对于马赛利亚的恭维值得注意。

② 如是《小箱》（*Cistellaria*）的开场语以下面的话为结束，因为当代文学传到现今的只有这段提到汉尼拔战争，这里可以给他个地位：

情形既是这样，再会吧！鼓起勇气
打胜仗，还像你以前那样；
保住你那新旧同盟的盟友；
按着你正当的判断增加助战的兵；
诛除为众所恶的人，博得桂冠和赞美，
这样获胜，予布匿人以惩罚。

第四行所指的是 550 年即前 204 年加在不勤职责的拉丁殖民地的义务。

通盘看来，我们难以想象还有比第六世纪罗马的喜剧在政治上更驯顺的。① 仅有罗马最古的著名喜剧家格涅乌斯·奈维乌斯(Gnaeus Naevius)是个可注意的例外。他所作的罗马喜剧虽不确属创作，可是他传到今日的少数残余剧本却满纸言及罗马的情况和人物。他敢出言无礼，不但指名嘲笑一位画家提奥多图斯(Theodotus)，甚且写下面一首诗来攻击扎玛的战胜将军：

然而这位常常一手做成光荣大事的人， 423
他的功劳永垂不朽，他是超群绝伦的人，
他的父亲却曾把他一衫蔽体地从姘妇家里找回来。

像他所说的：

今天我们在自由节要说自由话，

他或者常常写违犯警律的话，提出危险的问题，例如：

这样强大的一个国家何以竟被你们毁灭得这样迅速？

然后他列举政治上的罪过以为答复，例如：

---

① 因此我们在假定普劳图斯暗指时事时，无论如何谨慎亦不为过。晚近的研究已把这种误用聪明的结果废弃甚多；不过《迦西那》(Ⅴ.4，Ⅱ)暗指酒神节的话不至于遭到谴责吧？我们或可反过来说，由《迦西那》和其他剧本描写酒神节的话，推知这些剧本写作时，谈酒神节尚无危险。

> 新演说家出现了，一些无知的少年。

不过雅典警察以舞台的谩骂和政治的丑诋为特权所许，罗马警察却无意为此，甚至无意加以容忍。因为诸如此类的责骂，奈维乌斯被关在狱里，不得不留在狱中，至其另作喜剧公开表示悔过和道歉而后已。这事似乎使他不得不离乡背井，可是在他以后的人都以他为前车之鉴——有一个人很明白地表示绝不愿如其同业奈维乌斯那样受强迫钳口之刑。于是一种结果造成了——其古今无两不亚于战胜汉尼拔——在一个全国最热烈激昂的时代，竟兴起了一个全无政治色彩的民族舞台。

可是在习俗和警察这个辛勤划定的严密限制之中，罗马诗歌没有喘气的余地。奈维乌斯不无理由地称道，诗人在拉基德王朝
424 和塞琉古王朝治下的地位，较诸在自由的罗马，实可羡慕。[①] 说到个人，其成功如何自然视其所模仿的原作和编剧家本人的天才而定；不过个人之间尽管大有差别，全盘的译本，在某些主要之点，必均归一致，因为一切喜剧都适应相似的表演情形和相似的观众。无论全篇或细节的做法一概非常自由，并且非如此不可。原作是一个人群的写照，也在那个人群的面前演出，其主要的魔力即在于此；本期罗马的观众却与雅典的观众迥异，他们甚至不能正确了解那异域的世界。对于希腊人的家庭生活，罗马人既不谙其可爱之

---

① 《塔兰托的少女》(*Tarentilla*)那可注意的一段话不能有他种意义：

> 在这里舞台上给我赢得正当赞赏的，
> 任何处的君王也不敢反对——
> 那里的奴隶多么胜于这里的自由人啊！

处和人道主义,也不谙其感情用事和虚饰外观。两国的奴隶世界截然不同;罗马的奴隶是一件家具,雅典的奴隶是一个仆人。遇有奴隶结婚或主人向奴隶说温存话之处,罗马的翻译家便说这在雅典是常有的事,请观众不要见怪;[①]以后作家始写罗马装的喜剧时,他们须废去狡猾仆人这个角色,因为罗马公众见这种奴隶监察和指导主人,不能容忍。那些代表职业和特性的角色本是以较粗重而滑稽的笔墨雕琢出来的,受迁移的影响尚小,而日常生活中那些精雅角色则受迁移的影响甚大;不过就是关于前者,罗马编剧家也不得不废去其中的几个——而这几个或可谓正是最优美最独到的,例如梅南德的泰斯(Thais)、媒婆、咒月女巫和托钵僧——而偏重那些因为希腊珍馐已普及于罗马而为观众所熟识的外国职业。普劳图斯的喜剧描写职业厨师和逗笑人,所以那样生动和偏好,其原因就在希腊厨师当时已每日自请效劳于罗马广场,而加图认为甚至有把禁养逗笑人一项记载在致管家训令中的必要。同样,原 425
作中精美的雅典会话,很大部分为翻译家所不能用。罗马市民或农人对于雅典那种精致的酗酒和渔色,甚似一个小乡镇的德人对于王家剧院的神秘戏。编剧家未尝想到狭义的烹饪学;在罗马的拟作中,宴会固然仍旧很多,不过罗马简陋的烤猪肉处处凌驾那种

① 近代希腊对于奴隶的意见,举个例说,可见于欧里庇得斯的一段:

Εν γάρ τι τοῖς δούλοισιν αἰσχύνην φέρει, Τοὔνομα τὰ δ' ἄλλα πάντα τῶν ἐλευθέρων. Οὐδεὶς κακίων δοῦλος, ὅστις ἐσθλὸς ῇ.

那唯一为奴隶的羞辱的

只是名称,此外一切不恶于

自由人,只要是个品行好的奴隶。

类繁多的烧肉以及精制的酱油和鱼肴。猜谜和饮酒歌以及希腊的修辞和哲学都在原作中占重要的地位，在罗马的拟作中，我们却仅偶然遇见一点稀疏的痕迹。

罗马编剧家为顾念观众起见，不得不残害原作，因此必不免用那与艺术结构绝不相宜的删节法和混合法。他们通常不但抛弃原作的整段戏文，而且由原作家甚至由他一作家的他种喜剧中取来戏文以补其缺；因为原作的结构在外表上合于理性，其中固定的角色和情节又屡次重见，这种办法当然不全如表面上的那样坏。再者，诗人可以用极奇特的方式随意编造情节，至少在初期如此。《斯提库斯》在其他方面都很美妙，其情节却为有两姐妹的父亲力劝她们遗弃出外的丈夫，她们却如彭纳罗佩斯（Penelopes）那样守贞，以后丈夫归家，载着经商所得的赢利和一个赠给岳父的美女。《迦西那》很得观众的特别喜爱，剧由新娘得名，剧情也以新娘为枢纽，可是这新娘竟全不露面，收场语却直说结局“将在内里演出”。大致看来，交互错综的情节突然中断，联络的线索失落，和诸如此类表示艺术未臻成熟的情形都很常见。这事的原因，似乎不当求之于罗马编剧家的缺乏技巧，而应求之于罗马观众对于美学规律
426 的淡漠。然而鉴赏力逐渐养成。普劳图斯晚期的戏剧已显然格外注意戏剧的结构，举例来说，《俘虏》、《说谎者》和两篇《巴契》都是同类中的杰作。继其后的凯基利乌斯无一作品传至今日，据赞美他的人说，他的特长在以更合艺术的方法处理戏剧的题材。

关于处理详细的节目，诗人极力欲使各事活现于罗马听众的眼前，警察的规章却令戏剧不失其外国的特性，二者造成极奇怪的对照。罗马的神衹以及罗马在祭祀、军事和法律上用的名词出现

于希腊世界，显得稀奇；罗马的市政官和夜巡三官与希腊的市正和百户长混为一谈，显得不伦不类；原在埃托利亚或伊庇丹努斯布景的戏剧毫不迟疑地把观众送到维拉布隆和卡庇托尔。这样用泼墨的方式把罗马的地方色彩加在希腊的质地上，已化纯粹为芜杂；可是此项填补在其质朴的方式上虽然常甚可笑，却尚可容忍；还有远较此为难容的，就是为适合绝无雅典修养的观众起见，编剧家认为有把文雅戏剧完全化为粗野的必要。固然，甚至新雅典的诗人也有几个在粗野方面无以复加，如普劳图斯的《驴子喜剧》(*Asinaria*)那样无比乏味和粗俗，不能专归咎于翻译家。然而在罗马喜剧里，粗野的情节却很占优势，所以翻译家必曾把它们加入剧本，或至少取材甚为偏颇。其中无量数的挞楚和永久悬在奴隶背上的鞭子使我们明见加图式的治家之道，正如其无穷尽的毁谤妇女使我们洞瞩加图式的反对妇女。罗马编剧家自创笑谈，认为可用以调和精美的阿提卡对话，其中几个的无谓和粗野几乎令人难以置信。①

① 例如在普劳图斯的《斯提库斯》，父亲与女儿研究一个贤妻的德性，这段在其他方面都很优雅，不过插入一个不相干的问题——娶个处女与娶个寡妇，二者孰优——只为的是可以得个同样不相干的回答，而且这回答是个不利于妇女的套话，绝无出自那谈话女子口中之理。可是与下文相比，那还是细事。在梅南德的《项圈》(*Plocium*)里，一个丈夫向朋友诉苦：

A. 我娶了富有遗产的拉密亚，你晓得吧？

B. 当然晓得。

A. 她呀，这所房屋是她的，

　　还有田地和这里附近的其他一切。她想什么，

　　天知道！一切苦恼只有这个最叫我们难受；

　　她是一切人和每个人的累赘，不但是我的，

　　而且是儿子尤其是女儿的。

B. 真的，我知道，确是这样。

427 另一方面，以运用韵律而言，诗句大致灵活响亮，深足为编剧家的光荣。短长格的三节句为原作的主要格律，并且只有这种体裁适合那温和的会话口气，拉丁文的改编本很常代之以短长格或长短格的四节句；这事的原因不在编剧家的缺乏技巧，因为他们都深知如何运用三节句，而在罗马观众缺乏审美的修养，他们就是在不宜用长句之处，也喜爱长句的声音洪亮。

最后，演戏的布置也显出导演和观众都漠视美学上的要求。希腊人的舞台，因为剧场广大又在白昼演戏，所以放弃真正的“作戏”，用男子扮演女角，并且绝对需要以人为的方法增强演员的声音。这种舞台在布景和发声方面全赖使用扩音的假面具。在罗马这已为人所共知，票友演戏时，演员都戴假面具，毫无例外。可是演员要演希腊喜剧时，他们所必需而当然更具艺术价值的假面具
428 却付阙如；这事，其他姑且不论，再加以剧场声音设置的不良，① 不但迫使演员过分用力发声，而且迫使李维应用一种极不合艺术可是难以避免的策略，使不属于本戏班的歌人唱那要唱的戏文，而应

（接上页）这段因为很朴实所以这样优雅，在凯基利乌斯的拉丁文改编本里却变成下面粗俗的对话：

B. 那么你的太太脾气不好，是不是？

A. 是的，不要说！

B. 为什么？

A. 我懒得听这话。如果我回到家中，我一坐下
　　她即刻给我一个冷淡的接吻。

B. 是的，好，她这接吻本身是适当的
　　她要你把在外面喝的吐出来。

① 希腊建筑家用扩音器辅助伶人的努力，就是在罗马人建筑了石剧院之时，这些剧院也没有扩音器。

唱此段的演员却仅默然随着歌声做些姿态。在点缀和机构上，罗马主办节庆的人也不愿多费钱财。又雅典舞台一概表现一条以房屋为背景的街道，并没有可以更换的点缀；可是除其他种种的装置外，特有一个机械把一座代表室内的小舞台推到大舞台上。然而罗马的剧场却没有这种设备，所以即使一切事甚至生育都在街上举行，我们也不能因此归咎于诗人。

这就是第六世纪罗马喜剧的性质。希腊戏剧移到罗马的经过，明示两民族文化程度的差异，在历史上这幅图画是无价之宝；不过用美学和道德的眼光看来，原作已不高明，拟作尤其低劣。罗马编剧家无论如何蒙物品清单之惠，努力于承受贫贱人民的世界，这世界却在罗马呈出孤苦陌生的景象，其精美的特色仿佛被人废弃；喜剧不复站在现实的基础上，而有如玩纸牌戏，似乎任意或不经心地把人物和事件混成一团；在原作是写生，在拟作变成滑稽画。导演竟能宣告一个有吹笛、歌舞队、悲剧组和角力家的希腊竞技会，而终于把竞技会变为拳术比赛；观众，据晚期诗人抱怨说，如果有斗拳的或走索的或甚至决斗的可看，便一齐舍戏剧而逃去；在这种导演之下，又在这种观众之前，诗人如罗马编剧家那样的——地位下贱的雇工——不得不甚或违反其本来较高的见识和鉴赏力，多少迁就那盛行于世的痴迷和粗野。然而尽管如此，在这班人中，很可能起来几个清新活泼的才子，他们至少能排除诗歌的异国和矫揉造作的情调，在已定的路线上产生悦人甚至重要的创作。 429

在此等人中，格涅乌斯·奈维乌斯居于首位，他是第一个不愧称为诗人的罗马人，并且以关于此人的现存记载及其不多的残著许我们做一判断的而言，由一切方面看，他在罗马文学的全部领域中似乎都是一个最可注意、最关重要的才子。他与安德罗尼库斯同时而较年少——他的作诗始于汉尼拔战争以前很久，似乎到战后才告结束——并且一般看来，受到安德洛尼库斯的影响；各种文艺，无论叙事诗、悲剧和喜剧，是凡他前辈曾提倡的，他依人造文学的常规，无不从事，并且紧守前辈的格律。然而这两个诗人和他们的诗却大有天渊之别。奈维乌斯既不是个解放人，又不是个塾师，也不是个伶人，而是个公民，虽非出身贵族，却是身家清白，可能属于坎帕尼亚的一个拉丁民社，并且曾在第一次布匿战争服兵役。[①] 与李维恰好相反，奈维乌斯的文字平易明白，绝不生硬和矫饰，甚至在悲剧里也似乎避免惹人哀伤，仿佛故意如此；他的诗句尽管有
430 母音冲突和其他几种后世所不许的破格，却还流利秀美。[②] 李维

---

① 关于奈维乌斯个人的记载非常混乱。因为他在第一次布匿战争打过仗，他不能生在495年即前259年以后。他在519年即前235年表演戏剧，可能是他最初的戏剧。人通常说他死在550年即前204年，瓦罗怀疑此说，确有正当理由；如果此说是实，他必曾在汉尼拔战争期间逃到敌国。那首讥刺西庇阿的诗不能写在扎玛之战以前。我们可以把他的一生置在490—560年即前264—前194年之间，所以他与543年即前211年阵亡的两位西庇阿同时，比安德罗尼库斯小十岁，或者比普劳图斯大十岁。他出生于坎帕尼亚，有格里乌斯为证，他的拉丁祖籍如果需要证明，有他自作的墓志铭为证。有人假设他不是个罗马公民而可能为坎帕尼亚的加勒斯或其他拉丁城市的市民，罗马警察所以对他那样横暴，得此说而更易解释。无论如何，他不是个伶人，因为他服兵役。

② 例如以李维的诗与下面奈维乌斯悲剧《来库古》(*Lycurgus*)的一段相比较：

那些看守你这御体的人，
将即刻把你安置在枝叶茂密的地方，
那里的树木自然生长，不待种植。

或与赫克托(Hector)在《赫克托告辞》(*Hector Proficiscens*)里向普利亚谟(Priam)所说的名言相比较：

我爱听，父亲，你常被赞美的人赞美。

再与《塔兰托的少女》里可爱的诗句相比较：

她对这人点头，对那人凝眸；心想着这个，手抱着那个。

那似是而非的诗颇与德意志戈特希德(Gottsched)的相似，纯由外表的冲动而来，完全赖希腊人的牵引来进行。奈维乌斯却解放了罗马的诗歌，用诗人真正的魔杖打开那能涌出意大利本土诗歌的唯一源泉——民族历史和喜剧。史诗不复止于供塾师一种教本，现在却能自树立以投听众和读者的嗜好。为舞台编剧一如为舞台制服装，迄今为伶人的副业或由助手代做的事业；奈维乌斯一反旧日的关系，现在伶人成为编剧家的仆役。他的诗歌活动全部带有民族的特性。这特性最显见于其庄重的民族戏剧和待下文再述的民族史诗，可是也见于他的喜剧；以他的全部诗歌成绩看来，喜剧似乎最适合他的才华，并且也最为成功。有如上文所述，他所以在喜剧中那样坚守希腊的原作，可能纯因为外在的理由；这却不妨碍他在清新的诙谐和丰富的现世生活方面远胜于那些继其后的诗人，或甚至远胜于乏味的原作；诚然，以某种意义而论，他又回到阿里斯托芬喜剧的途径。他深知自己对于祖国的关系，并且在墓志铭里表现出来：

> 神祇如果可以哀悼凡人，
> 神圣的缪斯必哭诗人奈维乌斯；
> 因为在他去世归阴以后，
> 罗马人将忘掉说拉丁文。

这个人、这个诗人的自负很与他的身份相合，他曾亲见并且身经那对哈米尔卡和汉尼拔的战斗，又为那深受感动、狂欢鼓舞的时代求得一种诗歌的表现，诗格即使不是至高，却是健全而灵巧的本国产 431

物。上文已述他因此与当局陷于何等的争执，他如何或因此故被迫离开罗马，在乌提卡终其余年。说到这件事，也是为团体幸福牺牲了个人生活，为功用牺牲了美。

提图斯·马尔库斯·普劳图斯（Titus Maccius Plautus，500—570 年即前 254（?）—前 184 年）与奈维乌斯同时而较后，他的社会地位和对于诗业的概念似乎远在奈维乌斯以下。他是小邑萨西那（Sassina）的人，此邑原属翁布里亚，可是到了此时或已受拉丁化。他在罗马谋生，初为伶人，而后既把演戏所赚的钱赔在商业投机上，他又为戏院的编剧家，改编希腊喜剧，不从事他种文学，或且不自命为真正的作家。在当时的罗马，这样以编喜剧为业的人似乎很多；可是他们的姓名，特别因为他们或通常不把作品发表，[1]实际已归遗忘；而这套戏剧留存于今日的，到后世便共用当时最脍炙人口的普劳图斯之名以行于世。下一世纪的文学研究家计算这些“普劳图斯剧本”共达一百三十种，不过其中仅系经普劳图斯修正或与他无关的至少占大部分，其精华至今尚存。然而在原作无存之处，要对编剧家诗歌的特色下一个正当的判断，即使非不可能，也很困难。编剧家不分别原作的美恶一概加以重编；他们不但对观众而且对警察处于附属和服从的地位；他们的漠视美学上的要
432 求不亚于观众，为取悦观众计把原作降到笑闹粗俗的格调：这些指责适用于全部的翻译品，而不适用于各个改编家。另一方面，我们

---

① 这个假设似有必要，因为如果不是这样，古人对于普劳图斯剧本的真假不能那样猜疑；罗马古代名副其实的作家，任何人的著作权没有像他的这样难以确定的。由外表上看，普劳图斯与莎士比亚有最可注意的相同处，在这方面亦然。

可以认为普劳图斯特色的有：善于运用文字和繁复的格律，非常巧于安排和利用剧情以收戏剧的效果，他的对话殆无时不妙，有时可谓绝妙；特别是他那雄浑而清新的诙谐，以其欢快的玩笑、字眼丰富的别号、不断创造的新词、刻薄而往往戏拟他作的描写和叙事，造成一种势不可当的滑稽效果——由以上的妙处，我们似乎认识了往日的伶人。固然，就是在这些方面，编剧家也多系保存原作的佳处，而罕自行创造。剧中那些能确定是翻译家所作的部分，就是从宽判断，也不免凡庸；不过普劳图斯何以一成不变地为罗马真正的民族诗人和罗马戏剧界的真正中心，甚至到了罗马世界沉沦之后，戏剧界何以屡次恢复他的剧本，我们从这些部分可以见其理由。

对于本期第三个也是末一个——因为恩尼乌斯虽然也写喜剧，他的写作全不成功——著名喜剧家斯塔提乌斯·凯奇利乌斯(Statius Caecilius)，我们更不能有特殊的意见。以其生活状况和职业而言，他与普劳图斯相似。他生于阿尔卑斯山内高卢的梅迪欧拉努姆(Mediolanum)，与茵苏勃儿的战俘一同被解到罗马，先为奴隶，后为解放人，以改编希腊喜剧为生计，直至其可能的早死(586年即前168年)为止。他的文字驳杂不纯，由他的出身看来，这个自在意中；另一方面，如上文所述，他致力于较为严谨的结构。当代的人不甚欢迎他的戏剧，后世的观众也弃凯基利乌斯而取普劳图斯和特伦提乌斯。到了罗马文学真正昌明的时代——瓦罗时代和奥古斯都时代——批评家论编纂希腊喜剧的罗马人，都推凯基利乌斯为其魁首，不过这种判断似基于凡庸的鉴赏家喜取那与己相似的凡庸之辈而不取有特长的诗人。这些艺术批评家所以卵 433

翼凯基利乌斯，大概只因为他比普劳图斯循规蹈矩，比特伦提乌斯气势雄厚；尽管如此，他或远在二人以下。

所以文学史家如果既充分承认罗马喜剧家很可敬的天才，同时却不能在他们纯属翻译的全副作品中，认识一种在艺术上关系重大或在艺术上纯正无疵的作品，则关于道德方面，历史对他的判断势必远较严厉。这种喜剧所根据的希腊喜剧在道德上无足轻重，因为希腊喜剧的腐败直是与其观众不相上下；可是当此之时，罗马人正游移于旧的严肃与新的腐败之间，罗马的舞台便成为传播希腊文化兼散布恶习的大学校。这种雅典、罗马的喜剧，以其僭称恋爱的出卖肉体和灵魂——无耻和伤感同样的不合道德——以其可厌的不近情理的侠义，以其对于荒淫生活的一致赞赏，以其混合乡村的粗野和异国的文物于一处，是宣传罗马、希腊颓风的一个无尽的课程，人也深感其如是。此说的证明见于普劳图斯所作《俘虏》的收场语：

看官，这出戏完全合乎礼法，
剧中没有过行，没有恋爱，
没有调换儿女，没有诈骗金钱；
剧中多情的少年也没有瞒着父亲赎出一个妓女。
一个诗人很少写这样的喜剧
使好的更好。现在你们如果喜欢，
你们如果喜欢而不嫉恨我们，请做出一个表示。
谁愿为礼法出奖赏，谁就鼓掌！

我们在这首诗里看见改良道德派对于希腊喜剧所抱的意见，并且可以附带地说，甚至在那凤毛麟角的道德喜剧中，那种道德也仅适用于欺骗无知之徒。说这些戏剧事实上促进颓风，谁能不信？434 一位作家在亚历山大大王面前诵读他的这种喜剧，亚历山大不感兴趣，诗人为自己解嘲，说咎不在他而在大王，又说要能赏识这种戏剧，一个人须惯于开宴饮酒以及为一个少女的缘故打人和被打。这人深谙他的本业，所以如果罗马市民对于这些希腊喜剧渐渐养成嗜好，我们见到为这事付了何等的代价。罗马政府应负其咎，不是因为对这种诗人不加赞助，而正是因为对这种诗加以宽容。恶习就是没有讲台固然也有势力，不过建立一座讲台以宣扬罪恶，却不能以此自解。说阻止希腊喜剧与罗马人民和制度直接接触，这是个遁辞，而非严正的防御法。实则他们如果许喜剧自由发展，以致可以化诗人为高尚职业，发展出一种差能自立的罗马诗歌，喜剧或不至于那样败坏道德；因为诗歌也是一种道德势力，诗歌既能使人身负重创，也很能疗治重创。当时的情势既是那样，政府在这方面也犯了太过和不及的毛病；罗马民族所以遭到迅速且惊人的瓦解，政府监督舞台的人在政治上游移不定和在道德上矫饰虚伪也与有力焉。

可是政府虽不许罗马喜剧家描写本城的情景或在舞台上扮演本国的人，却未完全杜绝本国拉丁喜剧的兴起；因为当时的罗马市民尚未与拉丁民族成为一体，诗人可以随意把剧中情节安置在享拉丁权的意大利城市，正与安置在雅典或马赛利亚无异。原来的

435 拉丁喜剧(*fabula togata*)实由此道而兴,[1]这种戏剧的编造者最早可知的是提提尼乌斯(Titinius),他的盛年似在本期末叶的前后。[2]

这种喜剧也以新雅典的爱情剧为基础;然而这却不是翻译而是拟作;剧中布景在意大利,演员上场时身穿本国衣服,即斗篷。拉丁生活和习俗在这里主宰一切,特有新鲜气象。此等戏剧描写拉丁姆中等城邑的人民生活;剧名如《箜篌女或斐伦替农的处女》(*Psaltra* 或 *Ferentinatis*)、《吹笛女》(*Tibicina*)、《女律师》(*Iurisperita*)、《浆布匠》(*Fullones*)等都表示此意;并且许多特别故事,如邑民使人依阿尔巴王鞋的样式替他做鞋,更证明此意。深堪注

① 在法学和一般专门用语上,*Togatus* 一词表示意大利人,不但与外国人相对,而且与罗马市民相对。如此,特别是有当兵义务而不在兵团服役的意大利人,其名册称为 *formula togatorum*。阿尔卑斯山内高卢被称为 *Gallia togata*,初见于赫尔提乌斯(Hirtius),不久以后又绝迹于习惯用语,这名词大概表示这个区域的法律地位,因为665—705 年即前 89—前 49 年之间,此地大多数的民社都有拉丁权利。维吉尔把 *gens togata* 与罗马人相提并论,似乎也指拉丁民族而言。

据这个意见,我们便须认为拉丁戏是布景于拉丁姆的喜剧,一如希腊戏布景于希腊;二者同转移出事地点于外国,喜剧作家不得把罗马城或罗马市民在舞台上表演出来。实际上拉丁戏只能把情节安置在有拉丁权利的城市,此说有一事为证,即提提尼乌斯和阿夫拉尼乌斯(Afranius)的剧本,据我们所知,其布景所在的城市,如塞提亚、佛伦提努姆、维里特雷、布隆迪西乌姆等直至同盟战争时都可证明为有拉丁权的城市。公民权一扩张到全意大利,喜剧作家便失去其剧本所托的拉丁地点,因为山内高卢虽在法理上代替了拉丁民社,在首都的戏剧家看来却嫌距离太远,所以拉丁戏也似乎实际绝迹于世。可是还有在法理上被灭的意大利民社如卡普亚和阿特拉补其缺,于是阿特拉戏(*fabula Atellana*)便有点为拉丁戏的后继。

② 关于提提尼乌斯,全无文献可考,只有据瓦罗书的残片来判断,他似乎老于特伦提乌斯(558—595 年即前 196—前 159 年);因为大致看来,我们不能再从那段多事推测,那段所比较的两班人,虽则第二班(Trabea,Atilius,Caecilius)大致老于第一班(Titinius,Teientius,Atta),少年班中最老的却未必小于老年班中最小的。

意的是男角退居女角之下。[①] 诗人以纯粹的民族自负的心情，回 436
忆皮罗斯战争的时代，藐视新兴的拉丁邻邑：

是凡说奥斯坎语和沃尔西语的，便是不谙拉丁语。

这种喜剧属于首都的舞台正无异于希腊喜剧，不过乡下人那种反对大城风气和恶习的态度见于当代的加图和以后的瓦罗的，或有些弥漫于这种喜剧之中。德国喜剧出自法国喜剧大致如罗马喜剧出自雅典喜剧，德国喜剧中的丫鬟丽子(Lisette)既然转瞬就变为小女奴佛郎兹斯加(Franziska)，所以拉丁喜剧也起于首都希腊化喜剧的近旁，即使二者诗歌的力量不等，至少趋势一致，成功或也相似。

在本期中间，不但希腊喜剧传到罗马，希腊悲剧亦然。与喜剧相比，悲剧的获得较为可贵，并且由几方面看，较为容易。希腊史诗尤其是荷马史诗是悲剧的基础，这种史诗并非罗马人所不知，且已与他们自己的民族传说交织起来；大致看来，这个善感的外国人觉得在英雄神话的幻境中安适自在，胜于在雅典的鱼市中远甚。然而悲剧却也助长那反对本国而接受希腊化的精神，不过没有那样突兀、那样鄙俗而已。由此说来，当时希腊的悲剧界大半受欧里庇得斯(274—348 年即前 480—前 406 年)的支配，是件确属最关

① 提提尼乌斯的喜剧，我们所知的共十五种，六种以男角命名(baratus? coecus, fullones, Hortensius, Quintus, varus)，九种以女角命名(Gemina, iurisperita, prilia? privigna, psaltria 或 Ferentinatis, Setina, tibicina, Veliterna, Ulubrana?)，其中两种(iurisperita 和 tibicina)显然是对于男子职业的讽刺。女角在残篇中也居多数。

重大的事。这位非常的人和他那及于当代和后世的更非常的影响，本书不能加以详尽的叙述；不过希腊晚期和希腊、罗马时期的精神运动受他的影响极大，所以我们非至少略举他的特性的梗概不可。有些诗人诚然把诗歌提高一等，可是在进行时，他们对于“当然”的真知灼见却远胜于他们在诗上实现这“当然”的能力，欧里庇得斯就在此等诗人之列。“动作即是热情”这句意味深长的话可谓把全部悲剧艺术一语道尽，不但在诗上如此，在道德上亦复如
437 此；这句话当然也适用于上古的悲剧，上古的悲剧表现动作的人，可是不真正表现他的个性。在埃斯库罗斯的作品中，人类与命运的斗争完成得宏伟无比，这种宏伟大体由于悲剧仅着想每种斗争势力的整体而来；普罗米修斯和阿伽门农的人性仅稍微带点诗的个性化色彩。索福克勒斯诚然把握住人性的普遍类型，国王、老人、姐妹；可是他的人物无一表现人类小宇宙的一切方面——个人特性的全貌。此处，达到了高尚的目的，可是尚未达到最高尚的目的；描写整个的人和把各个自成完整的人物组成一个更高的诗的整体，实为一种极峰，因此与莎士比亚相比，埃斯库罗斯和索福克勒斯都代表未臻完美的发展阶段。不过欧里庇得斯既然以表现人类的真相为事，这只是逻辑上的进步，以某种意义而言也是历史上的进步，而不是诗歌上的进步。他能破坏古代的悲剧，却不能创出近代的悲剧。他处处停在半途。精神生活的表现因用假面具而仿佛由特殊变为普遍，上古的类型悲剧非此不可，特性悲剧却与之势不两立；可是欧里庇得斯仍用假面具。旧悲剧有其非常的敏感，因不能让戏剧成分有自由的发挥，便永不表现纯粹的戏剧成分，而永远用抒情的合歌和由神祇和英雄的超人世界取用史诗的材料，以

给戏剧成分一点束缚。人觉得欧里庇得斯不耐受这种束缚；至少在材料上他降到半有史的时期，他的合歌极不重要，以致后世上演他的剧本时往往略去合歌而或无伤于戏剧；可是他却不把人物全置在现实的基础上，也不全废合歌。从一切方面看，他完全是一个时代的代表，这时代一方面进行着最雄伟的历史运动和哲学运动，另一方面，一切诗歌的源泉——纯洁朴素的民族性——却已成为泥淖。旧悲剧家的敬畏神祇仿佛以上天的回光照耀他们的剧本； 438
旧希腊人所受眼界狭小的限制有使听众满意的效力；欧里庇得斯的世界却在苍白蒙眬的冥想中出现，既乏神性，又理智化，于是沉郁的愤气如电光一般闪过灰色的阴云。旧日具有深意的命运信念今已绝迹，命运之神以一种外来的暴力资格支配世界，于是奴隶咬牙切齿地披枷戴锁。不信仰就等于失望的信仰，以莫之能御的势力表现在这位诗人的著作中。所以这位诗人势必永达不到一个使他不能自已的创作概念，也永达不到一个真富诗意的整个效果；因此，他有点忽略悲剧的结构，甚至在这方面往往完全戕害了他的悲剧，使之在情节和人物上皆无中心点——欧里庇得斯实首倡一种苟且的作风，先以开场语编造剧情，而后用神灵显现或其他本事加以阐明。他的一切效果都在详情细节之中；诗人为掩饰那不可补救的诗意残缺起见，以确属伟大的技术由一切方面发动一切的详情细节。欧里庇得斯善于运用所谓效果；一般说来，这些效果带有恣情纵欲的色彩，并且常用特别强烈的调和刺激情欲，例如把凶杀或乱伦穿插在有关恋爱的材料里。他描写那自愿身死的波里森那(Polyxena)和那苦于秘密相思而憔悴的斐德拉(Phaedra)，特别是他以生花之笔摹绘那些受神秘的感动而狂欢的巴克教徒(Bac-

chae)，均属美丽绝伦；不过无论就美学和道德而言，这些都欠纯洁，阿里斯托芬责备这诗人不能绘出一幅佩内洛普图，绝非虚语。与以上性质相近的是欧里庇得斯把普通同情加入悲剧。他那些哀伤的男女角色如安多罗玛契(Andromache)、贫农之妻埃莱克特拉(Electra)、患病破产的商人特勒福斯(Telephus)、《海勒那》(*Helena*)里的梅内劳斯(Menelaus)，都不是可厌就是可笑，通常是既可厌又可笑；反之，有些剧本较限于普通实际的环境，由悲剧过渡到动人的家庭剧或几乎近于感伤的喜剧，如《奥利斯的伊菲吉尼》(*Iphigenia in Aulis*)、《爱翁》(*Ion*)、《亚尔塞斯提斯》(*Alcestis*)，在他的鸿富作品中或最有悦人的效果。这位诗人也一样频繁地想
439 激动理智的兴趣，可是成功较逊。属于此类的有复杂的剧情，这与旧悲剧不同，不想激动感情，而欲激起好奇心；有辩证锋利的对话，使我们这些非雅典人觉得绝对难以忍受；有遍布于欧里庇得斯剧本的格言，正如娱乐园里的花卉；更有欧里庇得斯那种不基于直接的生活经验而基于逻辑思考的心理学。他的美狄亚(Medea)在动身以前自当有人给她旅费，这一层诚然是描写人生；不过关于母爱和忌妒在心灵里的交斗，不偏执的读者却不甚能在欧里庇得斯的剧中见到。可是最重要的，欧里庇得斯的悲剧以道德上或政治上的目的代替诗歌的效果。他不直接讨论当日的问题，他所着眼的完全是社会的而非政治的问题，可是由他推理所得的内在结论看来，他却与当代政治和哲学上的激进主义相吻合，世界大同的新学说破坏了雅典旧有的民族性，他就是这种学说第一个主要的宣传家。这位无神无雅典的诗人所以遭到当代人的反对，其故在此；少年人和外国人所以非常热烈地献身于这位宣扬同情和博爱、标语

和方针、哲学和人道的诗人，其故亦在此。在欧里庇得斯的手里，希腊悲剧逾越其自有的范围，因而归于崩坏；可是这位世界主义诗人的成功却只以此故而更高，因为同时希腊民族也逾越其自有的范围，也归于崩坏。阿里斯托芬的批评或许在道德上和诗上均恰合实情，不过诗歌影响历史，不与其绝对价值成比例，而与其预示时代精神的能力为比例；在这方面，无人能超过欧里庇得斯。于是其结果为亚历山大大王勤读他的著作，亚里士多德阐明悲剧诗人的观念时特别以他为参考，阿提卡最晚的诗歌和造型艺术仿佛都渊源于他，因为新雅典喜剧不过把欧里庇得斯的悲剧变成喜剧形式，我们在晚期酒壶的图案上所见的一派画家不再取材于旧史诗，440
而取材于欧里庇得斯的悲剧；最后，旧希腊愈衰，新希腊主义愈盛，这位诗人的声名也愈大，而海外的希腊生活，无论在罗马和埃及，都大半直接或间接地受欧里庇得斯的陶冶。

欧里庇得斯的希腊主义由很多途径流传到罗马，其在这里间接发生的效果或许比直接翻译所生的更为迅速，更为深远。悲剧在罗马的兴起不必晚于喜剧，不过观众的性质既如彼，在舞台上演一出悲剧又所费远较巨大——人必重视这个理由，至少在汉尼拔战争期间如此——所以悲剧的发展受了阻碍。普劳图斯的喜剧不甚常暗示悲剧，而此种引用或大都取自原作。本期第一个也是唯一有影响的悲剧家是与奈维乌斯和普劳图斯同时而较年少的昆图斯·恩尼乌斯（Quintus Ennius，515—585 年即前 239—前 169 年），他的剧本已为当代喜剧家所歪曲，后世表演和朗诵他的剧本，直至帝国时期。

关于罗马人的悲剧，我们的知识远较关于喜剧的为少，通盘看来，我们在喜剧上所见的特色也见于悲剧。悲剧剧本大半也是由希腊剧本翻译而来。题材都尽先取自围攻特洛伊和与之有关的传说，显然因为只有这套神话是学校里的教材，为罗马公众所熟知。其次，惊心怵目的情节居多数，如《攸美尼底斯》(*Eumenides*)、《阿尔克梅翁》(*Alcmaeon*)、《克里斯芳提斯》(*Cresphontes*)、《梅拉尼裴》(*Melanippe*)和《美狄亚》等的弑母和杀害婴儿，《波勒森那》、《埃莱克提底斯》(*Erechthide*)、《安多罗梅达》(*Andromeda*)和《伊菲吉尼》等的杀处女以祭神——我们不禁想到这些悲剧的观众惯看决斗戏。女角和鬼怪似乎给人最深的印象。罗马改编本与原作最显著的差异，除废弃假面具外，尚有关于合唱一事。希腊剧场有
441 一个特别的跳舞处(*orchestra*)，其中央有一祭坛，为演奏合唱之地，罗马剧场大概首先为无合唱的喜剧而设，缺乏这种设备，或毋宁谓罗马人把这块地方作为池座之用；所以那种编排精雅而音乐与朗诵交织的集体歌舞，在罗马必被删去，合唱即使仍存，也不关重要。至于细节方面，当然不乏格律的更动、删节和割裂，例如在欧里庇得斯的《伊菲吉尼》，拉丁文本把女子的合唱——或取法于另一悲剧，或由改编者自出心裁——变为兵士的合唱。以我们的眼光看，第六世纪的拉丁悲剧自然不能说是好翻译，①然而恩尼乌

① 为比较起见，我们把欧里庇得斯的《美狄亚》原著开头几行和恩尼乌斯的译文附在这里：

我愿亚果船没有驶过科尔奇
那个黑暗的辛浦勒伽底，
裴亮山峡森林的松树也没有
砍下来，那些为裴里亚取金羊毛的
勇士也没有划这只船！那么，我的主母，

斯的悲剧虽不全肖欧里庇得斯的原作，尚远不如普劳图斯的喜剧那样不合梅南德的原作。

希腊悲剧在罗马的历史地位和影响完全与希腊喜剧相似；两 442
种戏剧的体裁各异，悲剧中所表现的希腊化倾向势必较为纯洁，较富灵性；果若是，则本期的悲剧及其主要代表恩尼乌斯所表现的反民族和故作宣传的倾向，可谓更为明确远甚。恩尼乌斯虽非第六世纪最重要的诗人，却是本期最有影响的诗人，他不生于拉丁姆，以祖籍言，是个半希腊人。他系出梅萨庇亚，受希腊教育，至三十五岁始卜居于罗马，初为外侨，自 570 年即前 184 年起为公民，生活在艰窘状况之中，一部分赖教授拉丁文和希腊文，一部分赖其所编戏剧的收益，一部分赖罗马贵人的捐赠以自给；如普布利马斯·西庇阿、提图斯·弗拉米尼努斯和马尔库斯·福尔维乌斯·诺比

(接上页)那为耶孙而害相思病的美狄亚
　　便不会被带到依欧尔沁的碉堡。
恩尼乌斯的译文：
　　我愿裴亮森林的松树
　　没有被斧斤砍倒在地，
　　也没有用它造这只船，
　　我们现在叫她做亚果，
　　因船上有亚果的精良水手，
　　奉裴里亚王之命往科尔奇
　　用计寻取金色的羊毛！
　　这样，我的主母美狄亚
　　便不会伤心害相思病
　　从她的家移步到这里。
译文与原文的出入颇饶意味；译文不但同义反复和纡曲冗赘，而且删去或说明那些不甚习见的神话名词，如辛浦勒伽底(Symplegades)、依欧尔沁国(Iolcian land)和阿尔戈(Argo)。可是恩尼乌斯罕有真误解原文之处。

里奥等贵人都有意提倡新希腊主义，这位诗人歌咏他们本人及其祖先的赞美诗，甚至随他们几个人到战场，仿佛以预定的桂冠诗人资格去歌颂他们将建立的大功，他们自愿给他报酬。他曾以风雅
443 的笔墨自述这种职业所需要的门客性格。[①] 他自始就是个世界主义者，就其全部的生活状况看，也是个世界主义者，他善于采取与他共处各民族——希腊人、拉丁人，甚至奥斯坎人——的特色而不专致力于任何一个；较早罗马诗人的希腊主义是他们从事诗歌的结果而非从事诗歌时有意识的方针，因此他们至少有点采取民族立场的企图；恩尼乌斯却不然，他很明白知道他那革命的倾向，并且显然致力于使新名词所表现的希腊观念成为意大利人的时尚。

---

① 编年史第 7 卷有执政官把他的亲信人唤来一段，古人认为是这位诗人的自述，自属不谬无疑：

他喜欢同这个人
常常共食交谈和讨论他的勾当，
当他倦于大事回到家来的时候，
因为在广场和可敬的国政会议
他已做过了大半天的议事决策；
他也告诉他大事小事以至笑谈，
同时尽量把人所说的善言恶语
都对他倾吐，放心大胆地信托他；
他与这人共享家内家外的大乐；
轻浮或恶意的毁谤不能使得他
错待这个人，此人见闻广、心地忠，
对人和善、言谈便捷、知足而常乐，
在适当的时刻说适当的话，明智简短，
在交际中风度潇洒，精通散佚的旧闻，
因为年岁的关系，他晓得古今的习俗，
也晓得天道和人理的繁杂事物，
他听一段话，不但能报告，而且能缄默。

他最合用的工具是悲剧。由他所残留的悲剧看来，可见他熟谙全部希腊悲剧，特别是埃斯库罗斯和索福克勒斯的作品；所以他竟取欧里庇得斯为他大多数剧本和一切名著的模范，绝非偶然的结果。在选择和处理上，他当然一部分受到外在理由的决定。不过只是外在理由不能说明下列各事：他很分明地表现出欧里庇得斯著作中的欧里庇得斯特色；他比原作更忽略合唱；他比希腊人更注重感觉的效果；像《泰斯提斯》（*Thyestes*）和因受阿里斯托芬不朽的嘲笑而驰名的《特勒福斯》以及其王者之忧而怀忧王者一类的剧本，甚至像《女哲学家梅那里裴》（*Menalippa the Female Philosopher*）那样全部情节都以国教荒谬为主题的剧本，他竟加采取；他以物理学家的见地与国教为敌的意向昭然若揭。对于信神的意念 444
他处处射出极锋利的箭和热骂，并且有一部分在能证明是插入的篇章中，[①]如下列一段：

天神自然是有的，我常说并且我再说；
可是他们绝不，我想，关切人类的命运，
善人应善报，恶人应恶报，实际却不然。

---

① 欧里庇得斯把占算家解释成这样一个人：

凑巧时他的话多假少真，
即不凑巧，也可以通得过。

拉丁翻译家把他译成下面对于算命家的攻击：

他观测天上星宿的示兆，注视
约维的山羊或龙虾或某兽的光芒出现；
他不见眼前之地，却仰观天象。

我们几乎诧异罗马的舞台检查何以竟许这类的话通过。

上文已述恩尼乌斯自作一首垂训诗以科学方式宣扬反宗教的观念；他的自由思想显然出自热诚。与此完全相合的有下列各事：他到处在政治上表示带有激进色彩的反对意见，①他歌颂希腊的筵宴乐趣，特别是他废弃拉丁诗歌最后的本国成分萨图宁体而代之以希腊的六节句。这位“变化多端”的诗人把这些工作无一不做得同样精巧；他用一种绝不合长短格的语言制出六节句，他安然自在的行文于素所不惯的节奏和形式中而不妨碍他那自然流利的风格——凡此种种都明示他有非常的、其实不属于罗马人而属于希
445 腊人的熔铸才能；②在他惹人厌恶之处，其咎不常在罗马本的生硬

---

①　在《特勒福斯》，他说：

平民公然抱怨，是有罪的。

②　下面的诗内容和形式无一不佳，见于改编的欧里庇得斯的《凤凰》：

但是一个有勇气的人自当做真道德的生活，
一个自省不疚的人自当大胆地向仇敌叫战；
人人的心纯洁而安稳之处就有自由，
否则罪恶的行为潜伏在黑暗的深夜。

下面那描写如画的诗句见于《西庇阿》，此剧或被收入杂诗集中：

〔约维指点〕茫茫穹苍，处处万籁俱寂，
海神严命咆哮的海涛止息，
日神收住他那骏马的飞蹄，
河水停在高潮，枝间不见风吹。

这后面一段使我们略窥这位诗人独立创作的方法。这不过是扩充《赫克托的解放》(*Hectoris Lustra*，原作或为索福克勒斯所著）悲剧中的字句，即旁观者看 Hephaestus 和 Scamander 的决斗时所说的话：

看啊！斯伽曼德停住了，枝间不见风吹。

其情节全由《伊利亚特》（XXI，381）而来。

而多在希腊本的双声字头。[①] 他不是个伟大诗人，不过是个风流活泼的才子，为一个有强烈感觉力的诗人，当然要踏上悲剧的靴子始自觉为诗人，可是完全缺乏喜剧的情调。这位希腊诗人以自负的态度蔑视那些粗俗的曲调：

从前林中之鬼与行吟诗人同歌此调，

又以热情歌颂他自己的雅诗：

诗人恩尼乌斯万岁！他把如火的诗
灌到尘俗人的骨髓里。

他的自负和热情，我们都能了解。恩尼乌斯也自知他一帆风顺：希腊悲剧始为拉丁民族所有，并且自此以后永为拉丁民族所有。

有一位更勇敢的水手，经过较少人行的途径，乘着不那样顺利的风，追求一个更为高尚的目标。奈维乌斯不但与恩尼乌斯相同——虽然其成功远不逮他——也为罗马舞台改编希腊悲剧，而且企图不依赖希腊人而自创一种庄重的本国戏剧（*fabula praetextata*）。这里没有外界的障碍阻路，他不但由本国当代史而且由罗马的传说获取题材，在本国的舞台表演。属于此类的，有他的

① 如是《凤凰》中有下面一句：

人若贪欲渴欲而欲得其欲，便是个愚人。

这样连用双声，这还不是最可笑的例。他也有藏头诗。

《罗慕洛和雷穆斯的乳养》，又名《狼》，剧中有阿尔巴王阿穆利乌斯
446 (Amulius)上场；又有他的《克拉斯提迪乌姆》(*Clastidium*)，歌颂532年即前222年马尔凯卢斯征服凯尔特人的胜利。奈维乌斯仿他的例，在《安布拉其亚》(*Ambracia*)里描写他的恩主诺比里奥围攻此城的事。可是这种民族戏剧永远为数不多，这种著作不久便绝迹于舞台：罗马的传说欠丰富，罗马的历史无色彩，不能与希腊神话做持久的竞争。关于这些剧本的诗歌价值，我们不复有法判断；不过我们如果可以概论诗歌的目的，像创造一种罗马民族戏剧那样的独创计划在罗马文学里实不多见。只有在最古时期、在人类觉得接近神灵时的希腊悲剧家，只有弗赖尼库斯(Phrynichus)和埃斯库罗斯一流的诗人，敢于把亲身经历的大事拿到舞台上与神话时期的大事一同表演；此处有位诗人与埃斯库罗斯一样，曾亲打过他所歌咏的战争，并且迄今为止仅有神灵和英雄惯在舞台上出现，他却把国王和罗马执政官带上舞台；如果我们能在某处见布匿战争为何事以及其效果如何，宛然如在目前，则非在此处不可。

诗朗诵也在本时期起于罗马。古人有一种风俗与我们的出版居同等地位，即作者当众诵读他的新作；李维把这风俗传入罗马，至少做到在他学校诵读的地步。这里写诗既不是为面包，至少不直接如此，这类诗歌便不像舞台剧本那样遭舆论的指斥：到本期将终之时，甚至一两个罗马贵人也公然这样以诗人资格问世。[①] 然

① 除加图外，我们在本期另见有两位“曾任执政官的诗人”——一个是昆图斯·拉比奥(Quintus Labeo，571年即前183年的执政官)，一个是马尔库斯·波皮利乌斯(Marcus Popillius，581年即前173年的执政官)。他们是否曾发表他们的诗，仍难断言。甚至关于加图，这事也属可疑。

而修持朗诵诗的人大半是以编剧为业的诗人，两事相较，前者居次要的地位；实则在当时的罗马，诗歌仅能有很有限的读者。

特别是抒情诗、垂训诗和讽刺诗甚少代表作。宗教的节庆 447
歌——作歌者的姓名，本时期的年史确已认为值得举出——以及庙宇和坟墓那些一律用萨图宁体写的碑铭，殆皆不属于真正文学。小诗即使出现，也被归在“杂作”(*satura*)名下，早在奈维乌斯之时即已如此。杂作这个名词原用在旧日没有动作的舞台诗，自李维之时起这种诗即被希腊戏剧排出舞台，可是这名词用在朗诵诗时，略与我们的“杂诗”相当，也与“杂诗”一样，这名词不表示任何确定的艺术种类或风格，而仅表示不属于史诗或戏剧的诗，可随作者的意愿，运用任何多半系主观的材料，写成任何形式。加图的“谕德诗”(poem on Morals)或按前人试作本国垂训诗的例，也是用萨图宁体写的，容下文再述；此外尚有恩尼乌斯的小诗也属于此类，恩尼乌斯在这类著作中作品丰富，一部分发表在他的杂诗集，一部分系单独发表。其中有简短的叙事诗，述传说时代或当代的本国史；有经他改编的尤希梅鲁斯(Euhemerus)的宗教传奇，假埃庇查穆斯(Epicharmus)之名以行的自然哲学诗和论高等烹饪术的诗人阿切斯特拉图斯(Archestratus of Gela)的美食学；又有“生死对话”、伊索寓言、道德格言集、戏拟文字和琐屑的讽刺著作——这些都是小物，可是足以表示这位诗人不但有宣扬新名词的倾向，而且多才多艺，他在审查所不能及之处，显然极自由地畅所欲为。

改年史为诗体的企图应在诗歌和历史上占较重要的地位。这里也是奈维乌斯由传说时代和当代的历史，取其能连贯叙述的材

料，做成诗的形式；他特别简明地记录第一次布匿战争的事，直述真相，不鄙任何事为非诗，不务以任何方法提高诗意或甚至加以藻
448 饰，特别在描写有史时期如此——他的叙述自始至终用现在时和本国半散文式的萨图宁体。[①] 上文关于这位诗人所作民族戏剧的话，大体适用于我们现在讨论的工作。希腊人的史诗一如其悲剧，完全出入于英雄时代；用诗歌的光彩照耀现世，实系一个全新而且至少以计划言值得艳羡的壮志。以实行而言，奈维乌斯的史颂可能不甚优于中世有韵的史书，二者在种种方面性质相似，然而这位诗人以此为其特别得意之作，却诚然有其正当的理由。在一个除官家记载外绝无史书的时代，取当时和往日的事迹为本国人编一种连贯的叙述，又把他们历史上最伟大的功业做成戏剧给他们看，这事非同小可。

恩尼乌斯立志要做的工作与奈维乌斯的相同；可是民族诗人

---

① 由下面几个片段，我们可以略知这诗的情调。关于第铎(Dido)，他说：

她温柔巧妙地问道：埃涅阿斯如何离开特洛伊城。

又说到阿穆利乌斯(Amulius)：

阿穆利乌斯王举手向天，赞颂众神。

又有演说词的一部分，其间接的意义颇可注意：

可是弃这些勇士于危难中而不救，
那将是民族世世的羞耻。

关于498年即前256年在马耳他岛的登陆：

罗马人驶到马耳他，把这岛
完全焚掠残毁，把敌人歼灭。

最后关于结束西西里战争的和约：

又同意以馈赠物品向卢达提乌斯
赎罪，他也提出条件：他们须把
许多俘虏连得自西西里的在内
一齐放还，并且派遣人来为质。

和反民族诗人在政治和诗歌上自有差异，题材的相似仅使二人的差异更为昭著。奈维乌斯为新题材求得新形式，恩尼乌斯却把新题材配合或压成荷马史诗的形式。六节句代替了萨图宁体；荷马派力求塑造逼真的藻饰风格代替了质朴的历史叙事。在任何可以适用之处，人直接翻译荷马的诗，例如仿帕特罗克洛斯(Patroclus) 449
的殡葬描写在赫拉克莱亚阵亡将士的殡葬，军事保民官马尔库斯·李维乌斯·斯托洛(Marcus Livius Stolo)征伐伊斯特里亚人，潜伏在他头盔里的不是别人而是荷马的阿贾克斯(Ajax)——甚至不使读者得免于荷马的呼吁缪斯。史诗的机构全体出动，例如坎尼一战之后，朱诺在众神会议中赦免罗马人，朱庇特得其妻同意以后，允许他们最后战胜迦太基人。"年史"也绝不能不显露作者创新词和希腊化的意向。只是用神灵世界为装饰品一事已带有这种特色。此诗以一场可注意的梦幻开端，用纯毕达哥拉斯派的口吻，报告今日住在昆图斯·恩尼乌斯的灵魂昔曾住在荷马，更早曾住在一只孔雀，而后以真自然哲学家的口吻说明万物的本性和身心的相互关系。甚至题材的选择也以此为目的——至少一切时期的希腊文学家皆以整理罗马史为特别正当的口实，以行其希腊、世界主义的意向。恩尼乌斯注重罗马人：

坚持其为希腊人，并且惯于追述其希腊的先人。

我们既在上文泛论这位诗人的长处和短处，不难估计这负有盛名的年史的诗歌价值。恩尼乌斯是一位同情心旺盛的诗人，布匿战争的大时代提高了意大利的民族意识，他自然也觉得兴高采烈；他不但常能模仿荷马的质朴，而且更常能使他的诗句动人心魄地响应罗马人庄严好义的特性。可是他的史诗也自然地结构欠佳；诚然，诗人竟能插入一卷特殊的补遗以取悦于他处遗忘了的英雄和恩主，这诗的结构必很松懈和拙劣。通盘看来，年史是恩尼乌斯最失败的著作，毫无疑义。他做一本《伊利亚特》的计划不啻自认其过。恩尼乌斯在这篇诗里第一次把顶替史诗和历史的怪物纳入文
450 学，从此直到如今这怪物永远像个鬼魂似的出没于文学，既不能生，又不能死。可是此诗诚然也有其成功。恩尼乌斯自命为罗马的荷马，尚比克洛普斯托克（Klopstock）自命为德意志的荷马，较为公允，与他同时的人也这样看待他，后世更这样看待他。一代复一代的人尊敬这位罗马诗歌之父，甚至文雅的昆体良（Quintilian）也说："让我们如尊敬一个古老神圣的丛林那样尊敬恩尼乌斯，林间的千年橡树并不美观，却是可敬。"任何人如果对此有惊异之感，他可以追想相似的现象，想《埃涅伊德》（*Aeneid*）、《亨利亚特》（*Henriad*）和《弥撒亚德》（*Messiad*）的成功。这民族若有伟大的诗歌发展，则不难摆脱官方以恩尼乌斯的"年史"比肩荷马的《伊利亚特》那殆属可笑的事，一如我们已摆脱以迦辛（Karschin）比肩萨福（Sappho）和以威拉莫夫（Willamov）比肩品达（Pindar）；可是罗马却没有产生这种发展。由于贵族特别对于这种题材感兴趣，诗人又富有造型的才能，"年史"永不失为罗马最古的自创诗歌，在后世有修养的人看来，仍属可读或值得一读的；如是造成一个奇怪的结果：这位半希腊文学家的完全反民族的史诗，在后世竟被尊为罗马诗的真正模范。

散文文学起于罗马，不甚后于诗歌，不过方式很不相同。罗马

诗歌太早受了学校和舞台的揠苗助长，勉强发展，特别是罗马的喜剧受严格的舞台审查人为拘束，罗马散文却既未被助长，也未受拘束。再者，这种文学活动自始即未受“唱曲人”所受的污名而为上流社会所不容。所以散文文学虽远不及同时诗业的广大和活泼，却有远较自然的发展。诗歌殆全在卑贱阶级之手，罗马贵人无一在当时著名诗人之列，可是当时散文作家却无一不属于元老阶级；这种文学完全出自最高贵族界，出自曾任执政官和监察官的人——法比乌斯氏、格拉古氏、西庇阿氏。当然，这种散文写作比诗歌适合于守旧和民族的倾向，可是在这里，特别在这种文学最重 451
要的一门，即历史著作，希腊化的倾向也在材料和形式上有强大的影响，实际上有优越的影响。

直至汉尼拔战争时期，罗马未尝有历史著作，因为市志的记载都属于档案性质而非文学，本不以显示各事的联络为务。罗马特性有一个著名的例证：罗马政权尽管伸张到意大利以外甚远，罗马贵族尽管常与充满了文学活动的希腊人相接触，可是到了罗马纪元第六世纪的中叶，他们始欲用写作的方式把关于罗马民族功业和命运的知识传给当世和后世。他们终于感到这种需要之时，罗马历史既没有现成的文学形式可用，也没有现成的读者大众，而创造二者，须有大才和长久时间。因此，他们起初或用本国文而写成诗体，或写成散文而用希腊文，结果稍稍避免了这些困难。上文已述奈维乌斯的诗体年史（约作于 550 年即前 204 年）和恩尼乌斯的诗体年史（约作于 581 年即前 173 年）；两者都属于罗马人最古的历史文学，奈维乌斯的年史可视为罗马一切历史著作中最古之书。

约在同时,昆图斯·法比乌斯·庇克托[①](Quintus Fabius Pictor,
452 在553年即前201年以后)做了一部希腊史,此人系出贵族,在汉尼拔战争期间曾积极参与国事;普布利乌斯·西庇阿(约死于590年即前164年)也做了一部希腊史,此人为非洲英雄西庇阿之子。他们若用本国文做诗体的历史,便须利用那稍已发达的诗歌艺术,供读诗的大众阅读,这种读者并不完全缺乏;他们若用散文做希腊文的历史,便见有现成的希腊体裁,他们材料上的兴趣既远超过拉丁姆的范围以外,他们自当以受有教育的外国人为对象。平民作家采用前一计划,贵族作家却采用后一计划,正如在腓特烈大帝(Frederick the Great)时期,一种法文的贵族文学与牧师和教授的本地德文著作并肩而立,格莱穆(Gleim)和兰勒(Ramler)一流的人用德文写战歌,国王和将军却用法文写战史。诗体历史和罗马人写的希腊史都不是真正的拉丁历史著作;拉丁历史著作实始于加图,他的《起源》(*Origines*)的问世不在本期告终之前,既为最古的拉丁文史书,也是罗马文学中第一部重要的散文著作。[②]

---

① 这种最古的散文罗马史书是用希腊文写的,狄奥尼修斯和西塞罗对此已有定论,毫无可疑。昆体良和以后文法家所引用的亦名拉丁编年史,实属难解,并且因为他们又以同书名称引用一种详论桥师法的拉丁文作品,困难益增。不过任何人只要曾考究罗马文学有关这方面的发展,必不把后一种书归在汉尼拔战争时期的作家;那时是否有人写拉丁编年史,似有问题;不过古编年史家是否被人与较晚编年史家昆图斯·法比乌斯·马克西姆斯·塞尔维里亚努斯(Quintus Fabius Maximus Servilianus,612年即前142年的执政官)相混淆,或者法比乌斯、阿西利乌斯(Acilius)和阿尔比努斯的希腊文年史都有较古的拉丁文本,或者有两个编年史家皆名法比乌斯·庇克托,必永为一个莫衷一是的问题。那用希腊文写的史书归在与法比乌斯同时的人卢奇乌斯·辛西乌斯·阿利门图斯(Lucius Cincius Alimentus)名下的,似为奥古斯都时代所编的伪书。

② 加图全部的文学活动皆属于他的老年;甚至《起源》最初几卷也不作于586年即前168年之前,而或在此年不久以后。

以上这些作品当然不合希腊人的历史概念，①然而与那仅系零星记载的市志相比，却为诸事互相蝉联的历史，叙述既首尾一贯，结构亦多少整齐。就我们所知而言，它们均包括自罗马建城至作者生时的本国史，虽然以名称而言，奈维乌斯之书只关于第一次对迦太基战争，加图的书只关于古史。如是，这些史书自然分为三段：传说时代、古史和当代史。

在传说时代史，罗马城的起源叙述得甚为详细；此处须打破一 453
个特别的难关，即如上文所述，有两种完全互相矛盾的说法流行于世；一个是本国的说法，至少在主要轮廓上似已载入市志；一个是提迈乌斯（Timaeus）的希腊说法，不能仍为这些罗马史家所不知。前者的目的在使罗马与阿尔巴发生联系，后者的目的却在使罗马与特洛伊发生联系；所以在前者，罗马城为阿尔巴王子罗慕洛所建，而在后者却为特洛伊王子埃涅阿斯所建。合两说而为一的事属于本时期，可能不是奈维乌斯就是庇克托所为。阿尔巴王子罗慕洛仍是罗马的创建人，可是同时为埃涅阿斯之孙；埃涅阿斯未尝创建罗马。可是据说他把罗马的珀那忒斯（Penates）带到意大利来，建拉维尼乌姆（Lavinium）为此等神的庙宇，其子阿斯卡尼乌斯（Ascanius）又创建阿尔巴·朗加，是为罗马的母城和拉丁姆的古都，这一切都是拙劣可怜的杜撰。人素信罗马最初的珀那忒斯保存在罗马广场的珀那忒斯庙，现在又说不在此庙而在拉维尼乌姆，这不能不触罗马人之怒；希腊的虚构结果更劣，因为据此说法神祇

① 那热烈赞赏一切希腊事物的阿尔比努斯曾努力写一部有系统的历史（πραγματικηνιοτοριάυ）；波利比乌斯所以请人注意此事，显然是要与法比乌斯做一对比。

只把他们断给祖父的事物赏给其孙。可是这种编辑法却足达其目的；他不全否认罗马原始于本民族，却迁就希腊化的倾向，稍稍认可那在本期已盛行的与埃涅阿斯的攀亲；于是关于这伟大民社的起源，此说成为固定不移的史实，并且不久便成为公家的史实。

除罗马城起源故事外，用希腊文做史的人甚少或全不关心于罗马民社，结果要叙述本国史再进一步的历程，必多半取材于本国的来源。可是传至今日的资料不见丰富，我们不能由此洞瞩除市志外尚有何种旧闻可供最早史家自由使用，以及他们可能添入何种自己的资料。那些由希罗多德书中取来插入的逸事[①]或仍与此等最早史家无关，并且也无法证明有直接假借这一段的希腊材料
454 之事。所以不但把罗马与希腊连成一气，而且谓意大利民族与希腊民族原为一体的倾向，竟处处极为彰明较著，甚至在希腊文化的敌人加图亦复如是，更堪注意。由这种倾向，我们得有原始意大利人或土人系希腊的移民，以及原始希腊人或皮拉斯基人游徙而入意大利的说法。

流行的故事叙述整个王政时期直至共和的建立，虽然只有薄弱疏松的线索，尚稍形连贯；可是一到此点，传说的源流便告枯竭，要由长官名录和附于其下的些微记载来做成任何连贯而可读的叙事文，不但困难，而且全不可能。诗人最感到这种缺陷。奈维乌斯似乎因为这种缘故由王政时期即刻过渡到争夺西西里的战争；恩

① 例如采用希罗多德书中佐庇鲁(Zopyrus)和僭主斯拉西布洛斯(Thrasybulus)的逸事以编成围攻加比(Gabii)的故事；婴儿罗慕洛的被弃于野系仿希罗多德所述居鲁士(Cyrus)少年的故事而做。

尼乌斯在他那共十八卷的书中第三卷仍叙述王政时期，却在第六卷便达到对皮罗斯之战，他对于最初两百年的叙述必极为概括简略。至于用希腊文写史书的人有何办法，我们不知。加图采用一种特殊方法。他自己说，“报告造桥大师家中铜表所载的事件：麦子涨价几次和何时曾有日月食”，他不感兴趣；所以他用他那史书的第二卷和第三卷专述意大利其他民社的原始及其加入罗马联盟。编年史在当年长官的条目下，一年一年地记载事件，加图这样便摆脱编年史的束缚；据说加图的历史著作“分段”叙事，必指他这种特点而言。在罗马著作中竟有这种对于意大利其他民社的注意，虽属可怪却与作者的政治态度有关系，作者始终赖意大利各市
的援助，以反抗首都的行动；并且自塔克王被逐至皮罗斯战争的罗 455
马史既付阙如，这种办法以其自有的方式表现这段历史的主要结果——意大利统一于罗马霸权之下——也可以作为代替品。

反之，当代史却写得前后贯串、详细无遗。奈维乌斯以其所知描写第一次对迦太基之战，法比乌斯也以其所知描写第二次对迦太基之战；恩尼乌斯至少以其十八卷编年史的十三卷专述自皮罗斯至伊斯特里亚战争时代；加图在他那史书的第四卷和第五卷，叙述自第一次布匿战争至征波尔修之战的所有战事，并且在似乎改变计划而取材较丰的最后两卷，他叙述其平生最近二十年的事件。关于皮罗斯战争，恩尼乌斯或许用提迈乌斯或其他希腊文的史料；不过通盘看来，所有的叙述都一部分根据亲身的观察或目睹者的报告，一部分根据其他史家的叙述。

演讲文学和书信文学与历史文学同时并起，而且就某种意义而言，为历史文学的附庸。这也始于加图；因为罗马人以前所有的

只是几篇丧葬演说词，其中大多数或系后世由家庭储藏室里发现出来的，例如昆图斯·法比乌斯的演说词，他与汉尼拔为敌，身经百战，老年时丧其年方少壮之子，于是为其子做了一次讲演。加图则不然，他经历长久而繁忙的官宦生涯，做过无数次的演说，到了老年，择其在历史上重要的写出来，成为一种政治回忆录，一部分发表在他的史书中，另一部分似乎成单行本问世，为史书的补编。他又有一个信札集。

对于非罗马的史书，罗马人所关心的仅在其被认为博雅罗马人所不可少的某项知识；甚至老法比乌斯据说也不但熟知罗马的战事，而且熟知外国的战事，并且加图勤读修昔底德和一般希腊的史书，确有明证。不过我们若置加图的逸事和格言集而不论，这个集子是他自编的读书心得录，则这个领域内的文学活动便毫无踪迹可寻。

不言而喻，一种不介意、不批评的态度通行于这些初次试做的
456 历史全体；作者和读者对于内容或外表的矛盾均不易发怒。塔克王二世虽然在其父死时已长大成人，到三十九年以后始即位，然而在登位时却仍是少年。毕达哥拉斯于罗马王被逐前约三十年来到意大利，然而据罗马史家的记载，他却是哲王努马的朋友。262 年即前 492 年派往叙拉古的国使与老狄奥尼修斯办交涉，此人却于八十六年之后（348 年即前 406 年）始登位。在处理罗马的年代时，这种天真不批评的态度特为显著。因为按罗马的计算法——此法的轮廓或已定于前一时期——罗马的创建早于奉献卡庇托尔庙二百四十年，又早于高卢人火焚罗马城三百六十年，后一事见于希腊人的史书，据云在雅典执政官派尔金（Pyrgion）的执政那年，

即公元前 388 年，是为第九十八届奥林匹亚纪年的第一年，所以罗马建城应在第八届奥林匹亚纪年的第一年。埃拉托斯提尼（Eratosthenes）的编年已为当时所公认，依他的计算，此事在特洛伊陷落后四年；然而普通故事仍谓特洛伊人埃涅阿斯的外孙创建罗马城。加图既如一优良理财家审计这个算法，当然在此处使人注意其矛盾，不过他似乎未尝提出解除这种困难的任何方法——以后根据这种观点而加入的阿尔巴王名录确非出自他的手笔。

不加批评的态度既盛行于古史，也多少盛行于有史时代的描写。叙事确都带有强烈的偏袒色彩，无一例外，波利比乌斯因法比乌斯论第二次对迦太基战争的起源带有这种色彩，便以其所特有的冷酷笔墨加以指责。然而在这里，我们应怀疑而不应责备。要期望与汉尼拔同时的罗马人对于其仇敌有公正的判断，实有几分可笑；可是首创罗马史的人，尚未经证明有故意误述事实之罪，所有的只是激于天真的爱国心而不能免的误述而已。

科学修养甚至与之有关的写作业也起于本时期。素来的教学 457
大体仅限于读写和国法知识。[①] 可是罗马人与希腊人的接触较前更为密切，罗马人渐知有一种更普遍的修养，因此孜孜努力，即使不想把希腊修养直接移至罗马，至少想依希腊的模范把罗马修养稍加修正。

首先，本国语的知识始形成拉丁文法；希腊的语言移用于意大利那与之相类的方言，文法的积极研究与罗马的写作事业差不多

① 普劳图斯提到为父母的，说他们教子女读书、法权和法律，普鲁塔克也证实其说。

始于同时。约在520年即前234年，一位教写作的塾师名斯普里乌斯·卡尔维利乌斯(Spurius Carvilius)的，似乎曾整理拉丁文的字母，以前拉丁字母无 g，现在他把 g 置在作废的 z 的位置——在西方字母中，g 至今仍保有这个位置。罗马塾师必无日不从事于整理缀字法；拉丁文的缪斯也不拒绝他们那学究派的希波克伦(Hippocrene)，对于诗歌和缀字法无时不兼攻并习。特别是恩尼乌斯——他在这方面也类似克洛普斯托克——不但常以亚历山大城的方式用叠韵作词源学的游戏，①而且始用希腊文更精确的重叠写法，代替那一向通用的代表双子音的单一符号。关于奈维乌斯和普劳图斯，我们固然不知其有此类的事；诗人常不注意缀字法和词源学，罗马的通俗诗人对此必也漫不经心。

本时期的罗马人仍不知修辞学和哲学。他们的演说确乎是公众生活的中心，所以非外国塾师所得参与；真演说家加图把那满口的怒骂发泄在伊索克拉底的愚妄，说他永学演说，却永不能演说。希腊哲学虽然由垂训诗特别是悲剧诗的媒介得以稍播其影响于罗马人，然而人却以村农的无知和忧惧的天性各居其半的疑虑态度
458 看待希腊哲学。加图直称苏格拉底为一个多言者和革命家，他违犯本国的宗教和法律，死得不冤；甚至爱好哲学的罗马人对哲学抱有何种态度，或可见于恩尼乌斯的话：

　　我要谈哲学，可是简略而非全部的哲学，

① 所以在他咏埃庇查穆的诗中，说朱庇特以“助人”得名，塞莱斯以“产生果实”得名。

浅尝她是好的，沉溺于她便坏了。

然而见于加图著作中的谕德诗和演说指南可认为罗马人由希腊哲学和演说术提取的精华，或毋宁谓为希腊哲学和演说术的糟粕。说到谕德诗，加图的材料除不言而喻地赞美先民的淳朴风俗外，或直接取自毕达哥拉斯论道德的著作；说到演说指南，他的材料大概直接取自修昔底德书中的演说词，特别是德摩斯提尼的演说，二者均为加图所热心研读之书。演说术有个金科玉律，“置思于资料而让字句自行随来”，①常为后世所引用而不常为其所遵守，由这条规律看来，我们可以稍知这些手册的精神。

加图又编辑与上相似的指南书，皆系普通初步性质，所论的为医术、军事学、农学和法学——一切这些学科也都多少受有希腊的影响。罗马人虽不甚学习数学和物理学，与二者相关的应用科学却受人某种限度的注意。这话最适用于医学。535年即前219年，第一个希腊籍医生伯罗奔尼撒人阿查迦图(Archagathus)来居罗马，以其外科手术在这里获享盛名以致国家拨给他住宅一所，赠给他公民权；自此以后，他的同业成群结队地来意大利。加图不但以宜用于更佳处的热心辱骂外国行医的人，而且以其自己的经验，459
或也一部分采取希腊的医书，编成他的医学小册，欲借此复兴古代一家之父也是一家之医的美俗。医生和公众都不大关心他那顽强的攻击，自属理之当然；至少医业为罗马一种最有利的职业，仍为外国人所垄断，几百年间，罗马城除希腊医生外没有医生。

① *Rem tene, verba sequentur*.

罗马人素来以不开通的淡漠态度对待计时法，可是现在情形至少稍有进步。491年即前263年，第一个日晷在罗马广场上竖立起来，希腊时始行于罗马；然而事有凑巧，罗马人所立的日晷却原为位在四度以南的迦达那(Catana)而造，罗马人遵其指导，整一百年。本期将终之时，我们见有几个罗马贵族注意关于数学的事物。曼尼乌斯·阿奇利乌斯·格拉布里奥(Manius Acilius Glabrio，563年即前191年的执政官)想用一种法律遏止历法的纷乱，依法许造桥院任意加减闰月；如果这个办法不能达到目的，甚至使弊害愈烈，这失败大概多由于罗马神学家的肆无忌惮而非由于他们的缺乏才智。马尔库斯·福尔维乌斯·诺比里奥(565年即前189年的执政官)是个有希腊修养的人，他努力于至少使罗马历法更为大众所周知。盖乌斯·苏尔皮奇乌斯·加卢斯(Gaius Sulpicius Gallus，588年即前166年的执政官)不但预言586年即前168年的月食，而且计算月与地间的距离，又似以天文学作家的资格显于世，因此与他同时的人都视他为一个又勤勉又聪敏的奇才。

当然，农学和军事学原视传统的和个人的经验标准而定，这在加图两篇农业论那传至今日的一篇中极为明显。可是希腊、拉丁文甚至腓尼基文既被应用于高等学术范围，自也被用到这些低级学术范围，因此关于这些学术的外国书不能不引起一点注意。

另一方面，法学仅稍微受外国成分的影响。本期法学家仍大
460 都专事答复那些征询他们意见的团体，和教授听讲的年轻人；可是这种口头的教导有助于造成一种传统的基本规则，并且著作事业也不全付阙如。法学上有一种比加图那概论更重要的著作，即塞

克斯图斯·埃利乌斯·佩图斯(Sextus Aelius Paetus)所发表的论文,此人别号“智者”(*catus*),为当世实用法学的泰斗,因为他在这方面努力为公众谋利益,升至执政官(556 年即前 198 年)和监察官(560 年即前 194 年)的地位。他的论文即所谓“三部曲”(Tripartita),系一种论十二铜表法的著作,把原文每句——大概以古老和难解的字句为主——加一个解释和与之相当的诉讼办法。这种注释虽确乎表示希腊文法研究的影响,论诉讼法的部分却根据阿皮乌斯较古的搜罗以及民族习惯和先例所发展的一般诉讼法。

本时期学术的一般状况如何,很显明地见于加图为其子所编的手册集,这是一种百科全书,意在用格言阐明一个“正人”(*vir-bonus*)做演说家、医生、农业家、武士和法学家应当如何。现在科学的研究尚不分初步与专门;不过人以为必要或有用的科学程度却为每一真罗马人所不可少。这著作不包括拉丁文法,所以这一门尚未能达到真正科学的语文教学所必有的正式发展;这本书又不列音乐以及全套属于数学和物理学的科学。此书所论列的始终仅是科学上那些直接有实用的成分,论列时又力求简短。希腊文学当然被采用,不过只为的是从那堆秕糠和粪土拣选几句有益的格言;加图得意的话是:“希腊书籍不可不看,不过不可熟读。”传播必要知识的家用便览于是由此而起,这些书既删去希腊的析入毫芒和晦涩难解,当然也排除了希腊的锐敏和深入,可是正因其有那种特色,他们却陶冶了一切时代的罗马人对希腊科学所取的态度。461

如是,诗歌和著作与世界的统治权一同来到罗马,或用西塞罗时代一位诗人的话:

当我们战胜布匿人时，步履如飞地来了
缪斯到罗慕洛那强悍好战的人民中。

在用萨贝利语和埃特鲁斯坎语的区域，同时必也不乏学术的活动。埃特鲁斯坎语的戏剧见于记载，带有奥斯坎文款识的陶器表明造陶器者晓得希腊喜剧。因此发生一个问题：在阿奴斯河和佛尔突奴斯河上，与奈维乌斯和加图同时，是否也有一种类似罗马那希腊化文学的东西正在形成？可是一切关于此点的资料荡然无存，历史在这里只能指出漏洞。

我们现在能加评判的只有罗马文学；虽然由美学批评家看来，其绝对价值或有问题，可是在愿意了解罗马史的人看来，这种文学却因反映第六世纪意大利的内在精神生活而具无与伦比的价值，在这干戈扰攘而决定未来命运的第六世纪，意大利生活的特殊发展告终，意大利始进入古代文明那更为广大的发展。在本时期，分裂现象处处弥漫于民族的全部生活中，为过渡时期的特色，这种现象也流行于罗马文学。对于希腊化的罗马文学，心无成见而不为二千年的古色古香所误的人必不能不见其缺点。罗马文学立在希腊文学之侧，正如一座德国橘树园立在西西里一个橘树林之侧，二者都可以给我们乐趣，可是我们不能想象二者的相似之处。这话既适用于拉丁人本国语的文学，便——如果有更为明确的可能——更明确地适用于罗马人的外国语文学；前者极大部分全非罗马人所做，而为外国人即半希腊人、凯尔特人和不久以后甚至非洲人的作品，他们的拉丁文知识仅由学习而得。在本期以诗人资
462 格问世的人中间，有如上述，不但无一可证明为贵人，而且无一可

证明为生于拉丁姆本土的人。就是诗人的名称也是外国词，甚至恩尼乌斯也极力自称为 *poeta*。[①] 可是这种诗歌不但属于外国性质，而且在塾师成为作家而大众成为观众之处所见的缺点，在这里也不能免。我们已指明喜剧如何为顾及大众起见在艺术上降格相从，甚至陷于粗俗；我们又已指明罗马最有影响的作家有两个是先做塾师，仅到后来始成为诗人，希腊语言学仅起于民族文学衰落之后，纯以遗骸为实验之用，拉丁文法却与文学同时奠基，偕行并进，与近代布教于异教徒之事殆相似。实则我们如果以无成见的眼光看第六世纪的这种希腊化文学——那本身毫无生产力的机械诗歌、那一致模仿最肤浅的外国艺术、那一套翻译、那顶替鬼似的史诗——我们不禁要把这种文学全算在本时期的病症征候之列。

可是这种判断即使不欠公道，也只是很片面的认识。我们须先考虑，这种人为的文学起于一个不但毫无本国的诗歌艺术而且永不能达到这艺术的民族。上古不知有近代那种属于个人生活的诗歌，上古创造性的诗歌事业多半落在一种神秘的时代，即一个民族正在为生长而忧而喜的时代；无伤于希腊史诗和悲剧作家的伟大，我们可以声明，他们的诗歌大体是由那些关于人性的神和神性的人的原始故事改编而来。上古诗歌的此等根基在拉丁姆全付阙如；在神灵世界仍无形状、神话仍属空虚之处，诗歌的金苹果也不 463
能自动地欣欣向荣。此外尚有第二个而且更为重要的理由。罗马

① *poeta* 一词源于希腊俗语 *ποητης* 而非源于 *ποιητης*——如陶工用 *ἐποησευ* 一词——可见其特征。我们可以连带地说，*poeta* 一词在学术上仅指史诗或朗诵诗的作者，而不指编舞台剧本的人，当时称这种人为 *scriba*。

素赖排斥一切高等和个人的精神修养以保持其民族性，如今意大利内在精神的发展和外在政治的演化皆已达到不能再保存罗马民族性和抗拒希腊文化的程度。希腊文化传播到意大利，诚然有一种革命和破坏民族性的趋势，可是要使各民族在精神文明上达到必要的平等化，这事绝不可少：罗马、希腊化文学在历史甚至在诗歌上的正当理由就特别以传播希腊文化于意大利为基础。从这文学作坊出来的无一新鲜纯粹的艺术品，不过这文学把希腊精神文明的水平线扩张到意大利。即使仅就其外表来看，希腊诗歌也假定听者有某些明确的知识，那种自具首尾的完备性；举个例说，是莎士比亚戏剧一个最主要的特色，却非上古的诗歌所有，一个人若不谙那套希腊神话，便不能看出每段史诗和每一悲剧的背景，甚且往往不能明白其普通的意义。如果罗马本时期的大众，如普劳图斯的喜剧所明示，稍知荷马史诗和关于赫拉克勒斯的传说，并且至少熟悉其他流传较广的神话，①则这种知识必原系由舞台和学校传到大众，于是至少向领会希腊诗歌迈出了第一步。可是把希腊的诗歌用语和希腊诗律移植于拉丁姆，其效力却更远为深沉，上古最聪明的文学批评家注重此事，实属正当。如果“战败了的希腊以艺术战胜她的征服者”，那么这种胜利特别由于把僵硬的拉丁方言
464 炼成一种高雅的诗歌用语，结果代替那单调而陈腐的萨图宁体，短长格的三节诗汩汩流出，六节诗汹涌而来，并且雄浑的四节诗、欢

① 甚至特洛伊和赫拉克勒斯传说中的次要角色也出现于世，例如 Talthybius，Autolycus 和 Parthaon。再者，底比斯和阿尔戈（Argo）船员的传说，Bellerophon，Pentheus，Procne 和 Philomela 的故事，萨福和法昂（Phaon）等，其最普遍的轮廓必已为人所知。

乐的短短长格和巧妙混合的抒情节奏都以本国语触动拉丁人的耳鼓。诗歌用语是诗中幻境的钥匙，诗歌的节奏是诗歌感觉的钥匙；人若有耳不闻娓娓动听的形容词，有目不见栩栩如生的比喻，长短短格和短短长格不能唤起他内心的响应，荷马和索福克勒斯便算白替他作了诗。不要说诗歌感觉和节奏的感觉出于自然。观念的感觉当然是自然种在人心的，可是他们须有好阳光而后能发芽滋长，特别是在未受诗歌感动的拉丁民族，这种感觉需要外界的培养。也不要说希腊文知识流布一广，希腊文学便足供罗马那富于感受性的大众之用。语言对于人类有神秘的魔力，诗歌用语和节奏只是增高这种魔力，这种神秘的魔力不寄托于任何偶然学得的语言，而仅寄托于本国语。由这个观点来看，我们对于本期罗马人的希腊化文学，尤其是对于诗歌，可以做个更为公平的判断。如果这文学的趋势是把欧里庇得斯的激进主义移到罗马，把神灵化成死人或心理概念，把无民族性的拉丁姆与无民族性的希腊相提并论，把一切有纯粹和强烈发展的民族特色都浸没在普遍文明那可疑的观念中，那么，人人都可以随意褒贬这种趋势，可是无人能怀疑其历史的必然性。由这个观点看，罗马诗歌的缺点虽不可否认，却可解释，所以也略可为之辩护。固然，其中处处皆是琐碎而且常被肢解的内容与较为完美的形式迥不相称，不过这诗歌的真意义却正在其形式上的特色，尤其在用语和诗律的特色上。不美的是罗马的诗歌大半操在塾师和外国人之手，并且主要的是翻译和模拟之作；不过诗歌的根本目的若仅是搭一座由拉丁姆到希腊的桥 465
梁，则李维和恩尼乌斯诚然有在诗歌上成为罗马造桥师的使命，并且翻译文学是达到这目的最简单的方法。更不美的是罗马诗歌偏好依据最冗长琐细的原作；可是由这个见地看，这正与其目的相合。无人想把欧里庇得斯的诗与荷马的诗等量齐观，然而用历史眼光看，世界主义的希腊文化以欧里庇得斯和梅南德为圣经，全无异于民族主义的希腊世界以《伊利亚特》和《奥德赛》为圣经，由此观之，新派代表特把这一套文学介绍给大众，实有其正当的理由。罗马编剧家又自然而然地感到自己诗才有限，因而大致固守欧里庇得斯和梅南德而置索福克勒斯甚至阿里斯托芬于不顾；因为诗歌虽根本是民族的产物，难于移植，可是欧里庇得斯以及梅南德的诗歌皆以聪明才智为基础，聪明才智却在本质上四海如一。再者，有一件永久值得尊荣赏识的事：第六世纪的罗马诗人不依附当时的希腊文学或所谓亚历山大主义文学，却专在较旧的古典文学中寻求模范，虽则未真正求之于其最丰富或最纯洁的领域。通盘看来，在他们的作品中，我们虽然能指出无数谬误的适应和不合艺术的过失，但希腊文化的宣传家做很不纯洁的宣传工作，自不免有此等过失随之而来；由历史甚至美学的观点看，那与宣传事业不可分离的信仰热诚，已略足以抵偿此等过失。关于这福音的价值，我们也许与恩尼乌斯的意见不同，不过说到信仰，如果“所信为何”不如“如何信仰”关系重大，则我们不能不感谢和佩服第六世纪罗马的诗人。他们对于希腊那种世界文学的势力具有新鲜强大的感觉，对于把这株奇树移植到外国抱着神圣的热望，二者皆弥漫于第六
466 世纪的诗歌，并且特与那时代全然高贵的精神相吻合。以后净化的希腊文化以几分轻侮的态度藐视本时期的诗歌成绩；它或毋宁尊仰这些诗人，他们尽管有些缺点，却与希腊诗歌有密切的关系，比那些较文雅的后辈更接近真正的诗歌艺术。这时代的诗人那种

勇于见贤思齐、那种响亮的节奏，甚至那种对于本业的非常自负，其中都有赫赫的壮观在，非其他时代的罗马文学所能及；就是不惑于这种诗歌的弱点的人，也可以把恩尼乌斯歌颂自己的豪语应用在这种诗歌上：

诗人恩尼乌斯万岁！他把如火的诗
灌到尘俗人的骨髓里。

本期希腊-罗马文学既大体有一种主导的倾向，其反对方即当时民族派的著作业同样拥有一种主导倾向。前者的目的既不多不少地恰在创造一种在文字上为拉丁而在形式和精神上却是希腊的诗，以消灭拉丁民族性，拉丁民族最优秀最纯粹的人士便被迫把希腊化文学连同希腊文体本身一齐排斥，并且置之于法律保护之外。加图时代的罗马人反对希腊文学，甚似恺撒时代的罗马人反对基督教；解放人和外国人为诗歌界的主力，一如以后他们为基督教民的主力；本国的贵族特别是政府不但视基督教徒而且视诗歌为完全敌对的势力；罗马贵族置普劳图斯和恩尼乌斯于莠民群众之列，罗马政府处死使徒和主教，其所据的理由殆属相同。在这方面做领导的，当然也是那代表本国力抗外人的加图。据他看来，在那连根腐烂的希腊民族中，希腊的文学家和医生是最危险的糟粕，[①]并

① 加图对他的儿子马尔库斯说："关于这些希腊人，我将在相当之处把我在雅典得到的经验向你告知，我将证明，看他们的书是有益的，可是不要熟读他们的书，他们是个根本腐败和不受拘管的种族——请你相信我，这话同神签一样真实，如果那民族把他们的文化带到这里，会破坏一切，尤其是他们派医生到这里来。他们图谋以其医术歼灭

467 且他以不可言传的侮蔑对待罗马的“唱曲人”。他和他的同志常因此受人严厉的指责；可是仔细想来，我们不但须承认他在单独之点大体不谬，而且须承认民族派反对党在这方面较胜于在其他方面，已越过那不足济事的纯粹消极的守势。与他同时而年较少的奥卢斯·波斯图米乌斯·阿尔比努斯(Aulus Postumius Albinus)以其可厌的希腊化，甚至贻笑于希腊人。举个例子说，他竟编造希腊诗，并且在他所著史书的序言里说他是罗马生人以为其希腊文欠佳做辩护；那么，问他是否被司法当局判决来干预其所不知的事，不是个正当的问题吗？两千年前专以译喜剧为业的翻译家和为谋生和庇护而歌颂英雄的诗人，是不是比现在的尊荣？诺比里奥把恩尼乌斯——我们可以附带说，这位诗人在诗中赞美罗马当权的人，不问其为谁，甚至对加图以过分的称颂——带到安布拉其亚以歌咏他将建立的功绩，加图没有因此指责他的理由吗？加图在罗马和雅典所认识的那些希腊人，他没有骂他们为一群不可救药的东西的理由吗？这反对当代的文化和当日的希腊文化，甚为正当；可是加图绝不应负那反对一般文化和一般希腊文化的罪名。反之，民族派最大的长处就在他们也洞晓创造一种拉丁文学和以希腊文化促进拉丁文学的必要；不过由他们的目的看来，拉丁文学却不当只是模拟希腊文的范本和冒犯罗马的民族性，而应既受希腊

(接上页)一切蛮族，尽管这样，他们却仍收费，为的是使人信任他们，他们更易于把我们毁灭。他们也把我们叫作蛮族，竟用一个更鄙俗的名称欧庇坎人(Opicans)骂我们。所以我禁止你与行医的人有任何来往。”

欧庇坎人之名在拉丁文里含有恶意，在希腊文里却无恶意，并且希腊人用这个名词称呼意大利人，最无恶意：加图激于热情，不知此事。

影响的促进，又依意大利的民族性来发展。他们以天赋的本能（这 468
本能虽不足以表示个人的明智，却足以证明当时一般人的热烈激昂），见到罗马因早先全未产生诗歌，要发展一种特殊的精神生活，历史是唯一的材料。希腊不是个国家，罗马却是个国家；奈维乌斯胆敢用历史试做罗马的史诗和罗马的戏剧，加图创造拉丁散文，皆因深切感到这事而来。诚然，以罗马的国王和执政官代替传说中的神灵和英雄，无异于巨人想叠起山岳以攻苍天；没有神话世界，便没有上古的史诗，也没有上古的戏剧，诗歌又不知有代替品。加图较为明慎，他认为真正诗歌已无可挽救，便把诗歌本身留给敌党；不过他试拟古代罗马的作品——阿皮乌斯的谕德诗和咏农诗——用本国的格律创造一种垂训诗，其用意仍是关系重大，值得敬重，即使其成功不逮其志向。散文给他一个较为有利的场所，因此他以其特有的全副多才多艺和勤奋，创造一种本国语的散文文学。这种努力，因为以家庭为对象而且当时只有他为此努力，所以更饶有罗马的本色，更值得敬重。于是有了他那原史，他那记录下来的论政演说，他那论专门科学的著作。这些书诚然弥漫着民族精神，运用民族材料，不过绝不反对希腊文化；实则它们大体发生在希腊影响之下，可是与敌党的著作也发生在希腊影响之下，其意义当然不同。他那主要著作的观念甚至标题都由希腊文的“开创史”（κτίσεις）假借而来。他的演讲著作也适用此说；他嘲笑伊索克拉底，可是他想由修昔底德和德摩斯提尼获得教益。他的百科全书大体是他研究希腊文学的结果。特别是这位勤勉爱国的人所作所为，无一比他的文学活动更有效果，更有益于其国家，虽则比较而言，他或者不加以重视。在演说和科学的著作，他有众多可贵的 469

后继者；他的“原史”可与希腊的散文史书相比，虽则以后无希罗多德或修昔底德为之继，却有一个原则由他建立起来：即一个罗马文人从事于应用科学和历史，不但适当，而且光荣。

让我们略述建筑、雕刻和绘画的情形以为结束。就建筑而言，奢侈日增的痕迹在公家建筑不如在私家建筑那样显著。至本期将终之时，尤其是自从加图为监察官（570 年即前 184 年）以后，罗马人在建筑上始不但顾及公众的急需，而且顾及公众的便利；用石块砌成受渠水的水槽（*lacus*）（570 年即前 184 年）；建筑柱廊（575 年即前 179 年）；特别是把雅典作法庭和办公用的厅堂传入罗马，即所谓 *basilicae*。这种建筑略与我们近代的商场相似，其第一座为 570 年即前 184 年加图所建的鲍西亚（Porcian）厅或银匠厅，位于元老院之侧——不久以后，其他厅堂与之联合，终至沿着罗马广场各面，这些壮丽的列柱厅堂渐渐代替了私人的商店。然而日常生活却更深受家庭建筑革命的影响，这种革命至迟须归在本时期。住室（*atrium*）、庭院（*cavum aedium*）、庭园和绕园柱廊（*peristylium*）、文书储藏室（*tablinum*）、神堂、厨房和寝室陆续齐备；至于内部装置，圆柱始应用于庭院和住室以支持开通的屋顶，也作为庭园的柱廊；这些布置可能全系模仿或至少利用希腊模范而作。然而建筑材料仍属简陋；瓦罗说：“我们祖先住在砖屋，仅设低低的石基以防潮湿。”

关于罗马的造型艺术，或者除蜡制凸出的祖先遗像外，不见任何踪迹。画家和绘画较常被提及。曼尼乌斯·瓦勒里乌斯于 491 年即前 263 年在梅萨那海面大破迦太基人和希耶罗，使人把战绩画在元老院的侧壁，是为罗马最古的壁画——以后继起的同类壁

画甚多，这种图画在绘画艺术界的地位等于民族史诗和民族戏剧 470
不久以后在诗歌界所占的地位。我们所见被称为画家的有一个名德欧多都，如奈维乌斯嘲笑他的话：

围着盖被，坐在神龛里
用牛尾画那开玩笑的灶神；

有为牛市的赫尔克勒斯庙作画的布隆迪西乌姆人马尔库斯·帕库维乌斯（Marcus Pacuvius），他就是在老年以编希腊悲剧著名的人；又有小亚细亚人马尔库斯·普劳提乌斯·利科（Marcus Plautius Lyco），为阿迭亚的朱诺庙作美丽的画，因而得到此城的公民权。[①] 可是以上各种事实不但明示艺术业在罗马全居次要地位，与其说是艺术，不如说是手艺，而且也明示这艺术或比诗歌尤专操在希腊人和半希腊人之手。

另一方面，在普通人中，以后业余艺术家和收藏家所表现的鉴赏力始有踪迹可寻。他们赞赏科林斯和雅典庙宇的壮丽，蔑视罗马庙宇屋顶上那些旧式的陶偶；就是像卢奇乌斯·鲍卢斯那样同情加图而不同情西庇阿的人，也以鉴赏家的眼光批判菲迪亚斯的宙斯像。罗马人攻克一个希腊城市，便掳去其艺术宝藏，马尔库斯·马尔凯卢斯攻陷叙拉古（542 年即前 112 年），始大规模地实

① 普劳提乌斯是本期或下期初叶的人，因为写在他肖像上的题跋是六节诗，他不能甚老于恩尼乌斯；阿迭亚因同盟战争而失其独立，所以阿迭亚赠给他公民资格一事必在同盟战争之前。

行这种习惯。受过旧式教育的人对这种办法有苛刻的批评，例如攻陷塔兰托时（505 年即前 249 年），严厉的宿将昆图斯·法比乌斯命人不得侵犯庙内的雕像，让塔兰托人保持其愤怒的神。然掳掠庙宇成为日益常见的事。特别由于两位代表罗马-希腊文化的主要人物，即提图斯·弗拉米尼努斯（560 年即前 194 年）和马尔库斯·福尔维乌斯·诺比里奥（567 年即前 187 年），以及卢奇乌斯·鲍卢斯（587 年即前 167 年），罗马的公共建筑充满了希腊雕
471 刻的杰作。在这里，罗马人也渐渐晓得艺术兴趣与诗歌兴趣同为希腊修养的主要部分，换句话说，同为现代文明的主要部分；可是没有某种诗歌活动便不能获得希腊诗歌，在艺术上仅用观赏和取为己有却似乎已足，所以罗马虽以人为的方法造出本国文学，竟无发展本国艺术的企图。

图书在版编目(CIP)数据

罗马史．第二册／（德）特奥多尔·蒙森著；李稼年译．—北京：商务印书馆，2017(2025.8 重印)
（汉译世界学术名著丛书）
ISBN 978-7-100-13056-1

Ⅰ．①罗… Ⅱ．①特… ②李… Ⅲ．①古罗马—历史
Ⅳ．①K126

中国版本图书馆 CIP 数据核字(2017)第 053649 号

汉译世界学术名著丛书
罗马史
第二册
〔德〕特奥多尔·蒙森 著
李稼年 译

商 务 印 书 馆 出 版
（北京王府井大街36号 邮政编码100710）
商 务 印 书 馆 发 行
北京捷迅佳彩印刷有限公司印刷
ISBN 978-7-100-13056-1

2017 年 7 月第 1 版　　开本 850×1168 1/32
2025 年 8 月北京第 5 次印刷　　印张 15

定价：68.00 元